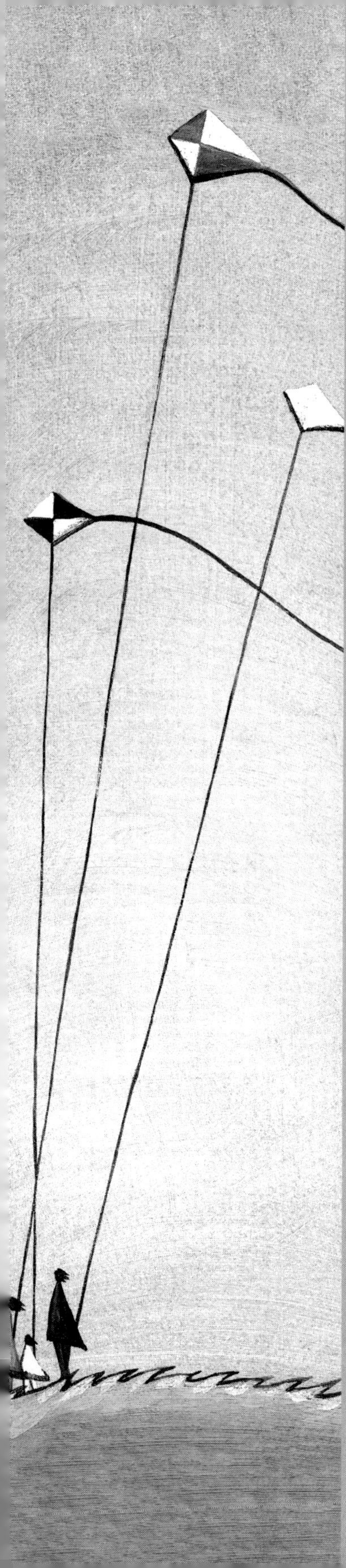

Family Therapy for ADHD : Treating Children, Adolescents, and Adults

ADHD 가족치료

Craig A. Everett · Sandra Volgy Everett 공저

김동일 역

학지사

Family Therapy for ADHD:
Treating Children, Adolescents, and Adults
by Craig A. Everett and Sandra Volgy Everett

역자서문

상담실에서 흔히 만나는 내담자 중에서 산만하고 충동적인 아동을 상담하고 교육하는 것은 상담자에게는 커다란 도전이다. 이런 내담자는 흔히 ADHD(Attention Deficit and Hyperactivity Disorder)로 진단을 받는데, 이는 학령전기 또는 학령기 아동에서 가장 흔히 볼 수 있고, 과잉행동 · 충동성 · 부주의를 특성으로 가지고 있다. 이 책은 ADHD 내담자와 가족이 같이 참여하는 가족상담 접근법과 가족체계를 이해하는 데 초점을 두고 있다. 상담자는 ADHD 내담자의 가족과 더 커다란 체계의 여러 분야에 개입할 필요가 있으며, 상담을 진행하기 위하여 가족 가운데 어떤 사람을 만나야 할지, 만난다면 어떤 순서와 단계로 만나야 할지 등에 대한 원칙을 정할 필요가 있다. 기존의 ADHD 상담은 대부분 증상을 보이는 아동에 대한 면담만을 강조하거나 증상완화에 목표를 두었다. 그러나 효과적인 상담을 위하여 상담자가 내담자의 개인 발달사를 파악하고, 보다 넓은 가족체계 안에서 역동과 역할을 이해하고 개입하며 가족구성원들과 의사소통하는 것에 관심을 두어야 한다. 이는 ADHD 상담이 장기간 이루어져야 한다는 것을 의미하는 것이 아니라 가족체계를 통하여 개입하게 되면, 가족이 가진 역량과 전문가들의 상호작용 등 여러 가지 자원들을 포함한 다양한 방법을 적용하기 때문에 오히려 개인상담보다 상담기간을 단축할 수 있고 전반적인 체계적 변화를 촉진할 수 있는 것이다.

가족상담은 가족체계에서의 역동과 반응에 대한 폭넓은 인식을 필요로 하며, 개인면담에서는 결코 얻을 수 없는 새로운 정보에 대해서 접할 수 있다. 이 책은 상담자들에게 통합적인 ADHD 가족치료의 과정을 상세하게 제시하고 그 방법론을 구체적으로 보여 주고 있다. 특히, 아동, 청소년, 성인 ADHD 내담자에 대한 진단 평가, 상담, 교육, 코칭, 권리옹호 등 상담자의 다양한 역할에 대하여 통찰력 있는 논의를 제공하는 것이 특징이다. 그러므로 이 책은 상담현장에 있는 상담가, 교사, ADHD 자녀를 둔 부모에게 실질적으로 도움을 줄 수 있는 의미 있는 정보를 제공하고 있다. 외국어 번역이라는 한계로 인한 문화적, 맥락적 차이 때문에 저자의 설명과 개념이 전달되지 않은 부분이 있다면 독자들께서 조언을 해주어 다시 수정할 수 있도록 허락을 얻고자 한다.

그동안 문화관광부 전문상담기관 한국청소년상담원의 청소년상담사 연수과정에서 강의를 하면서 전체적으로 이 책을 소개하는 기회를 가졌다. 강의를 제공한 관계자와 수강한 상담가, 교사들에게 깊은 감사를 드린다. 무엇보다도 이 책을 같이 읽으면서 토론에 참여하였던 서울대학교 대학원 교육상담 전공의 제자들과 중간 원고교정을 도와준 김선미, 우홍련, 윤은희 선생에게 고마움을 전한다. 마지막으로 이 책이 나오도록 기다려주고 작업을 해준 학지사의 김진환 사장님과 이지혜 과장님 그리고 편집부 직원들의 노고를 기억하고자 한다.

2005년 10월
관악에서
김 동 일

|저자서문|

이 책은 지난 25년간 아동, 청소년 그리고 그들의 가족들과 함께 한 경험들이 축적된 결과물이다. 우리는 ADHD(Attention Deficit and Hyperactivity Disorder; 주의력결핍 및 과잉행동장애)를 겪고 있는 가족들과 만나면서 그들의 어려움, 성공경험들을 같이 나누는데, 그 과정에서 얻게 된 배움에 대해 감사의 마음을 표하고 싶다.

또한 풍부한 전문지식을 가지고 있는 믿음직스러운 동료들이 많은 도움을 주었다. 특히, 이 책을 준비하며 계속 내담자와 함께 작업해왔던 동료들, Howard Toff, MD, Edward Gentile, DO, Bradley Evans, MD, Michael Cohen, MD, Rebecca McReynolds, Ph.D., Kevin Leehey, MD, Magda Urban, Ph.D., 그리고 Gary Grynkewich Esq에게 감사드린다.

덧붙여 이 책의 원고 작업들이 원활하게 이루어질 수 있도록 변함없이 애써주신 연구실 총책임자, Marion Chacon에게도 감사드린다.

Guilford 출판사의 상임 편집장이신 Kitty Moore 씨는 핵심에서 벗어나지 않으면서 서로의 임상 경험들을 공유하도록 격려해주셨고, 또한 도움이 되는 의견도 아끼지 않으셨다. 한편, 편집국장이신 Margaret Ryan 씨가 전체 원고를 주의 깊게 살펴보고 편집한 덕분에 이 책은 유려하면서 동시에 일관성 있는 구성을 갖추게 되었다.

|차 례|

4장 세대 간 가족 상담에서 ADHD 평가 133

5장 가족체계에서 ADHD 평가를 위한 5단계 발달모형 171

도입
ADHD 가족사례

ADHD(Attention Deficit and Hyperactivity Disorder; 주의력결핍 및 과잉행동장애)는 복합적인 기능 장애로, 장애를 겪는 개인뿐 아니라 그 개인의 위 · 아래 세대에까지 영향을 미친다. 또한 ADHD는 아무것도 없는 진공상태에서 나타나는 장애가 아닌 신경생리학적 요인에 원인이 있는 장애다. 보통 가족 내에 ADHD 증상을 보이는 사람이 있는 경우, 가족들은 가정의 평화를 위해 ADHD 증상을 보이는 가족구성원에게 적응해야 한다. 이러한 가족 체계적인 적응은 부모, 배우자, 형제자매, 조부모에 이르기까지 그 범위가 매우 넓으며 가족구성원 역할에 상당한 혼란을 준다. 그로 인해 가족구성원들은 조화를 이루기 위한 노력에도 불구하고 스트레스와 좌절을 맛보게 되며, 이런 역동은 한 세대의 대가족 체계에서 나타나기도 하고 몇 세대에 걸쳐 나타나기도 한다.

ADHD의 유전적 특성을 볼 때, 아동이 ADHD 진단을 받은 것은 다른 가족구성원(형제자매, 부모, 사촌, 삼촌, 조부)도 ADHD일 수 있는 위험신호가 될 수 있다. ADHD가 가족 내에 있게 되면 가족구조가 몇 배로 복잡해지며, 가족구성원들이 ADHD에 적응해야 하는 필요성도 몇 배로 증가한다.

이런 어려움들은 가족 내에서만 일어나는 것은 아니다. 학교교육, 사회생활 그리고 직업 활동을 거치는 동안 ADHD 가족구성원은 어려움을 겪게 된다. 현재 ADHD에 대한 완전한 치료방법은 없다. 그러나 가족체계를 안정시키고 ADHD를 겪는 개인의 경험을 일반화할 수 있는 방법이 있다. 가까운 친척 또는 세대 간의 중재를 통해 ADHD를 다룰 수 있으며, 그중 가족치료는 가장 효과적이고 유용한 중재방법 중의 하나다.

정신의학적 장애로서 ADHD는 복합적이어서 평가와 진단이 쉽지 않지만, 효과적인 평가 절차가 있다. ADHD가 개개 구성원들과 가족 전체에 미치는 영향을 추정하는 가장 효과적인 수단 중의 하나는 가족 환경이 제공하는 범주 내에서 어린이, 청소년, 성인을 평가를 하는 것이다. 다음으로 우리는 ADHD를 더 기술적이고 임상적인 측면에서 탐색하기 전에, 그들의 어려움을 묘사한 ADHD 개인 사례를 함께 나누고자 한다.

8세인 데이빗은 의자에 얼굴을 푹 파묻고 울고 있었다. 그의 부모는 데이빗이 학교에 다니지 않으려고 한다며 10분 동안 자신들의 힘들었던 이야기를 쏟아놓으며 데이빗에게 화를 냈다. 학기가 시작된 지 얼마가 지나지 않아 벌써 데이빗의 담임선생님은 부모에게 여러 번 전화하여 데이빗의 학업문제와 문제행동들을 얘기해 그들의 악몽을 되살렸다. 지난 5월 담임선생님과 교장선생님은 데이빗이 다시 2학년으로 유급되었다고 알려주었다. 데이빗의 담임선생님은 데이빗이 예상한 만큼 학업향상을 보이고 있지 않으며, 다른 친구들과 잘 지내지 못한다고 하였다.

부모는 그 해 여름 사립학교를 알아보았고, 교회가 운영하는 작은 사립학교에 데이빗을 전학시키기로 결심했다. 그 학교는 수업료가 매우 비쌌고, 집에서 차로 45분이나 걸리는 먼 거리에 있었다. 그 학교는 한 반에 고작 16명의 학생들이 있었고, 교사는 20년 경력의 베테랑이었기 때문에, 데이빗의 부모는 아들의 학습수준과 품행에서 진전이 있을 것으로 예상하였다. 그러나 새 선생님조차 데이빗이 공부할 의욕이 없고, 과제를 끝내지도 않으며, 집중하지도 않는다며 문제행동을 나열하였다. 데이빗은 펜을 잃어버린 뒤에 새 펜을 달라고 떼를 쓰는 등 사소한 요구로 선생님을 방해하기 일쑤였다. 그리고 내용과 관련 없는 질문으로 수업을 어렵게 하곤 했다.

4주째 쯤 데이빗은 아파서 거의 10일을 결석했다. 데이빗의 담당 의사는 데이빗에게서 학교를 결석할 만한 어떤 의학적인 질병을 찾지 못했고 결국 데이빗을 상담자에게 의뢰하였다. 데이빗의 부모는 데이빗이 거짓말을 하고 있다고 생각하여 그에게 더 좋은 학교를 찾아주기 위해 모든 노력을 기울였다. 그러나 데이빗은 부모의 수고에 대하여 별로 고마워하지 않았다. 부모는 그들이 읽은 여러 훈련 테크닉을 적용하려고 애를 썼으나 아무 효과가 없었다.

데이빗은 영특한 소년이었다. 부모가 인터뷰에 함께 참여하지 않을 때, 데이빗은 열심히 참여하였고, 다소 자신의 학교생활의 좌절에 대해 슬픈 빛을 드러내었지만 자신의 생각을 명료하게 표현하였다. 그는 상담자에게 컴퓨터를 다루는 것을 좋아하며 스스로 동영상을 만들 수 있다고 말했다. 그는 인터넷 서핑을 하는 것과 채팅 방에 들어가는 것, 성인처럼 대화하는 것, 어른을 위한 컴퓨터 게임을 즐길 줄 안다고 하였다. 또 그는 2학년 때 큰 어려움을 겪었다고 말하였다. 그는 학교 컴퓨터의 화면에다 담임선생님께 인사하는 프로그램을 설정했는데, 그 인사가 다소 기분 나쁜 것이긴 했지만, 데이빗은 선생님께서 깜짝 놀라며 좋아할 거라고 믿었다. 그는 책 읽는 것을 좋아하지는 않지만 몇몇 웹사이트에 있는 사건기사를 열심히 찾아보았을 뿐만 아니라 아버지가 컴퓨터에 설치한 백과사전을 읽는다고 말하였다. 데이빗은 'G' 로 시작하는 모든 단어를 읽었으며, 어떻게 자이로스코프(회전하는 물체)가 움직이는지도 상담자에게 설명하였다.

데이빗의 부모는 최근에 학교생활 문제에 대한 벌로 데이빗이 컴퓨터를 사용하지 못하게 하였다. 부모는 "어떻게 하면 그 애를 하루에 5시간만 컴퓨터 앞에 앉아 있게 하고, 학교 숙제를 마치고 학교수업에 집중하게 할 수 있을까요?"라고 상담자에게 물어보았다. 첫 번째 가족치료 회기에서 상담자는 데이빗이 상담자 자신에게 말한 것처럼 학교에서 겪는 어려움이 무엇인지에 대해 부모님께 말씀 드릴 것을 권하였다. 처음에 데이빗은 자신의 문제에 대해 부모님께 말씀드리는 것을 꺼렸고, 부모님은 자기를 비난하시기만 할 것이라며 걱정하였다. 그러나 상담자가 재촉하자, 마침내 그의 부모에게 눈물을 흘리며 설명하기 시작하였다. "내 머릿속에는 내가 찾아볼 수 있는 파일들이 있어요. 그러나 때때로 나는 단지 각 파일 안에 정확한 정보를 담아 놓을 수 없을 뿐이에요."

부모와 아동이 같이 참여한 회기 후반부에 상담자는 데이빗의 부모에게 학교에서는 더 잘 해야만 하지만, 데이빗이 매우 영특하며 ADHD일 수 있다는 가능성을 이야기하였다. 부모는 놀라면서 못 믿겠다는 표정으로 서로를 바라보았다. 부모는 둘 다 사회에서 성공한 사람들이었다. 데이빗의 어머니는 대학원에서 교육학을 전공하였고, 아버지는 수십 명의 고용인을 둔 작은 사업체를 성공적으로 운영하고 있었다. 데이빗은 그들의 외아들이었다. 부모의 즉각적인 반응은 ADHD의 가능성을 부정하는 것이었다. 회기 끝 무렵 데이빗의 어머니는 증상을 인식하기 시작하였다. 그러나 데이빗의 장래를 생각하면서 눈물을 글썽거렸다. 데이빗의 아버지는 더 깊이 생각에 잠기더니, 자기 자신이 결코 읽는 것을 좋아한 적이 없음을 받아들였다. 사실, 자신은 초등학교 시기에 읽기와 쓰기가 어려웠다고 말했다. 데이빗의 어머니는 놀라서 그를 바라보았다. 데이빗의 아버지는 부인이 자신과 자신의 성공에 대해 높이 평가하지 않을지도 모른다는 두려움에 이러한 사실을 부인에게 결코 말한 적이 없었다. 그는 훌륭한 도안가가 되었고, 현재 자신의 회사를 운영하고 있음에도 불구하고 항상 건축가가 되기를 원했다. 그는 대학에서 1년간 고군분투해본 후에 그 꿈을 포기하였다. 추수평가와 테스트를 거친 후에 데이빗은 혼합유형 ADHD로 진단되었다. 지능검사에서 데이빗은 132점으로 나타났다. 가족 회기가 끝난 몇 주 후에 데이빗의 아버지는 상담자에게 전화하여 자신에게도 ADHD에 관한 진단을 해주기를 요청했다.

위의 사례는 가족 내 ADHD 발견에 대한 일반적인 경우이다. 때때로 증상은 초기에 인식되기도 하고, 동작이 서툴고 부자연스러운 유아 초기에 발견되기도 한다(과잉행동-충동 유형).

ADHD 증상은 불분명할 수 있으며(부주의한 유형), 데이빗처럼 학교에서 몇 년 동안이나 어려움을 겪을 때까지 나타나지 않을 수도 있다. ADHD가 있으나 ADHD로 진단되지 않은 많은 사람들은 그들의 학령기, 성인기 동안에 계속 ADHD 증상이 나타나며, 결혼, 부모역할, 직장생활에까지 영향을 끼치게 된다.

가족의 한 구성원이 ADHD로 진단되면 가족 전체의 일상적인 관계와 행동에 영향을 미칠 수 있다. 때때로 ADHD의 출현은 부모의 결혼생활에도 심각한 영향을 미칠 수 있다.

데이빗이 ADHD로 진단받은 지 한 달 후, 아버지는 상담자에게 전화하여 자신과 아내가 데이빗 없이 함께 상담받을 수 있는지를 물었다. 데이빗이 처음으로 ADHD로 진단받은 이후 그들은 혼란에 빠졌다. 데이빗의 엄마는 검사를 반복하고, 데이빗의 학교 행동에 대한 약물치료 효과를 인정하면서도, 정서적으로는 데이빗의 ADHD 진단을 받아들이기 힘들어했다. 그녀는 눈물을 글썽이며 데이빗을 '손상된' 아이로 보았고, 이것이 유전된 것에 대해 남편을 원망하였다. 어릴 때 그녀는 차 사고로 남동생을 잃었고, 이러한 데이빗의 문제들은 남동생에 대한 고통스런 기억을 되살아나게 하였다. 불행히도 데이빗의 아버지가 자신이 겪었던 학교생활의 고충을 드러내면서 그녀가 두려워하던 것이 현실로 나타나고 있었다. 그녀는 데이빗의 아버지를 '손상된' 사람으로 보았으며, 건축가가 되고 싶어하던 꿈의 좌절에 대해 비난하였다.

ADHD 아동의 충동 · 과잉행동은 부모의 자녀양육에 대한 자신감에도 악영향을 미칠 수 있다.

6세의 빌리는 막 1학년에 입학했다. 빌리의 부모는 상담자와의 초기 면담에서 빌리와 그들의 어려움에 대해 재검토하였다. 그들은 빌리를 명랑한 소년으로 묘사하였다. 그러나 손위 두 형제들과는 다르게 빌리는 결코 귀여움받는 것을 좋아하지 않았다. 빌리는 일찍부터 기어다니고 걸었는데 그 이후로 더 이상 부모는 빌리를 안아주지 않았다. 빌리는 여러 가지에 정신이 팔려서 부모의 말에 귀를 기울이지 않았다. 3세 때, 빌리는 팔에 심각한 상처를 입고 응급실에 실려 갔다. 책꽂이로 기어오르려다가 그것을 밀치면서 꽃병을 깬 것이다. 4세 때는 집에 걸쳐 있는 거의 5피트 높이의 사다리에서 떨어져 다시 응급실로 실려 갔다. 빌리의 아버지는 지붕에서 일하고 있었고, 필요한 물품을 가지러 창고에 가면서 사다리를 걸쳐두었던 것이다. 아버지가 창고에 간 사이, 빌리는 사다리에서 내려오다가 떨어졌고 부모는 나중에야 그것을 알게 되었다.

빌리는 취학 전 2년 동안 여섯 군데나 되는 유치원에서 쫓겨났다. 선생님들은 빌리가 거칠고, 다른 아이들을 괴롭힌다고 했다. 다른 아이의 부모들은 빌리에 대해 불평을 늘어놓았고, 빌리의 행동이 나아지지 않는다면 자신들의 자녀들을 자퇴시키겠다고 으름장을 놓았다.

빌리의 부모는 수년 동안 빌리를 어떻게 다룰 것이냐를 두고 다투어왔다. 빌리의 아버지는 좀 더 엄하게 다루기를 원했고 주의를 집중하도록 빌리에게 벌을 주는 것을 원한 반면, 어머니는 책을 읽도록 하거나 빌리를 설득하고자 하였다. 그들은 빌리의 손위 형제들도 자신들과 유사한 어려움을 겪고 있다고 말하면서 왜 이런 상황에 놓인 것인지를 이해할 수 없다고 했다. 수년간 그들은 빌리의 문제에 대해 서로를 비난하였다. 곧 빌리의 손위 형제들은 부모님이 항상 빌리에게 신경을 쓰고, 노력을 기울이는 것에 대하여 불평하였다.

부모 둘 다 그들의 역할에 대한 것뿐 아니라 심지어 그들이 왜 이 셋째를 낳았는지까지 의문스러워했다. 그들은 서로 말다툼을 하면서 수차 이 문제를 언급하였다. 그들은 또한 친구와 함께 뿐만 아니라 둘이 함께 외출하지도 않고 있다는 것을 깨닫게 되었다. 왜냐하면 그들은 빌리에게 계속 신경을 써야 했기 때문이다. 빌리와 함께 간 지난 여행이 아주 끔찍하였기 때문에 그들은 가족 여름휴가도 가지 않기로 결심하였다. 그들은 9개월 동안이나 부부생활을 하지 못했다.

빌리는 혼합유형의 ADHD로 진단되었다. 몇 달 동안의 부모교육과 가족상담을 통해 빌리의 행동은 호전되었고 그 부모는 가족에 대해 안도감을 가지게 되었다. 그러나 그들은 여러 해 동안 겪은 갈등, 이로 인해 상실된 친밀감으로 손상된 관계를 치료하기 위하여 6주에 걸친 부부상담을 받아야 했다.

가족 안에서 아동에게 ADHD 진단이 내려지면 형제자매 사이에 심각한 적대관계가 생기며 가족 안에서 대립하는 일이 종종 발생한다.

11세 된 브라이언은 3학년 때에 ADHD로 진단되었다. 지금은 5학년인데, 의뢰되었을 때부터 브라이언은 약물치료를 받아왔다. 브라이언은 기물을 부수고 벽을 치는 것과 같은 심한 과잉행동을 보였고, 충동적이었으며, 또래와 선생님들 그리고 형제들에게 반항적인 행동을 보였다. 선생님이 브라이언에게 주의를 기울일 때나 작은 규모로 잘 구조화된 수업상황에서는 행동이 다소 나아지기도 했다. 그러나 집에서는 주기적으로 반항적인 행동을 보였다. 치료를 의뢰하기 바로 전에 브라이언은 자신을 방에 들여 보내주지 않으려 했던 15세 누나에게 화가 나 있었다. 부모는 직장에 있었고, 누나는 브라이언이 오후 내내 '과격한 행동을 했으며' 자신의 방으로 들어오려고 하자 문을 닫아버렸다. 30분 동안 브라이언과 누나는 말다툼을 했고, 누나는 문을 걸어 잠그고 음악을 크게 틀어 브라이언이 이야기하는 것을 듣지 않았다. 그러자 브라이언은 망치를 가져와 방문을 여러 차례 내려쳤고, 누나는 무서워서 방안에서 엄마에게 전화를 걸었다. 엄마가 집에 도착했을 때, 누나의 침실 방문에는 두 개의 구멍이 나 있었고, 브라이언은 뒷마당으로 달아나 숨어버렸다.

가족이 모두 함께 참여하는 회기 동안에 두 자매는 브라이언과 부모에 대한 분노와 좌절감에 대해서 이야기했다. 한 자매는 브라이언을 "몹쓸 놈"이라고 느꼈으며, 그럼에도 불구하고 왜 부모님이 그를 통제하지 않고 오히려 그렇게 관심을 기울이는지 이해하지 못했다. 최근의 사건이 있은 후, 누나는 자신의 친구와 살고 싶다는 이야기를 했다. 누나는 부모님이 자신과 함께 시간을 보내지 않으며 브라이언을 통제하지 않기 때문에 더 이상 부모를 존경하지 않는다고 이야기했다. 또한 자신이 집을 떠나게 되면 다시는 브라이언을 보고 싶지 않을 것이며 브라이언이 죽는다고 해도 슬프지 않을 것이라는 이야기도 했다.

ADHD 증상은 가족 관계를 극도로 악화시킬 수 있고, 해당 아동뿐만 아니라 가족구성원 모두에게 그리고 세대 간의 관계에도 영향을 미친다.

14세의 수잔은 이제 막 고등학교 1학년 첫 학기를 마쳤다. 그녀는 중학교에서 주로 C와 B를 받았다. 수잔의 오빠는 운동에 관심이 많았는데 주로 B를 받았고, 6학년인 동생은 모든 과목에서 A를 받았다. 수잔의 부모님, 특히 어머니는 수잔이 고등학교에 들어가자 성적을 올리도록 많은 압력을 가하기 시작했다. 그러나 첫 학기가 끝나고 나서 수잔은 F 두 개, D 두 개 그리고 나머지는 C를 받았다. 수잔의 읽기 능력은 학년 수준에 미치지 못했고, 숙제를 마무리하지 않거나 아예 제출하지 않았으며 시험도 치르지 않았다는 이야기를 학교 선생님들에게 전해 듣고서 수잔의 부모는 좌절했다.

수잔의 외조부모는 근처에 살고 있었고 수잔의 가족과 친밀하게 지냈었다. 어느날 그들은 수잔에게 그녀의 성적이 좋지 않기 때문에 그들이 모아둔 돈을 수잔의 동생이 대학에 가는 데에 주겠다고 말했다. 수잔의 동생이 "가족 중에 공부에 신경을 쓰는 유일한 아이"라는 이유에서다. 수잔은 어머니가 자신의 성적을 놓고 외할머니와 여러 차례 다투었다는 이야기를 전해 들었고, 그 후에 어머니가 우는 것도 보았다.

수잔의 부모는 그들이 수잔을 압박하는 것만큼 다른 자녀에게는 심하게 대하지 않았다는 것을 상담자에게 이야기했다. 사실상 그들은 자신들이 부모에게 받았던 것과 같은 압력을 아이들에게는 주지 않기로 맹세했었다는 것을 생각했다. 특히, 수잔의 어머니는, 외할머니가 수잔의 학업 실패를 두고 자신을 "나쁜 부모"라고 비난하였기에 혼란스러운 상태에 있었다. 외조부모는 그녀가 수잔을 다그치지 않았기 때문에 "아무것도 할 수 없는 처지에 이르렀다."고 말했고, 막내 메리에게는 똑같은 일이 일어나지 않기를 바란다고 이야기했다. 수잔의 어머니는 자신의 어머니에게 전화를 하거나 방문하는 것을 꺼렸고, 수잔의 아버지는 외조부모의 개입에 대해서 화가 나 있었다. 그들은 수잔의 성적으로 생긴 외조부모와의 갈등이 그들의 결혼 생활에서 가장 큰 문제가 되었다는 것을 인정했다. 수잔의 아버지는 장인과 장모가 그들의 삶에 개입하는 것을 막지 못한 것에 대해서 아내와 장인 장모에게 매우 화가 났으며, 이혼까지 생각하기 시작했다.

성인기에서 ADHD는 상담자가 알아차리기 어려운 공존장애 증상뿐만 아니라, 가족 역동과 관계에 복잡한 양상을 발생시킨다.

개업 6개월 후, 상담자는 부인들이 치료를 의뢰한 32~45세의 세 남성들을 진단했다. 이 세 사람은 분노, 공격성(두 명은 때때로 사람과 사물에 대해 폭력을 행사함), 조급함, 부정적인 태도, 반발적인 태도, 변덕스러움 그리고 지속적인 결혼생활의 갈등과 같은 증상을 보였다. 세 사람의 아내는 모두 남편들이 조급한 행동뿐만 아니라 자신과 아이들에게 때때로 정서적인 문제를 보였다는 이야기를 했다.

이 중 두 사람은 이전에 양극성 장애를 진단받았는데, 각각 15세와 28세 때였다. 이들은 진단받은 이후 계속해서 치료를 받았고, 여러 종류의 항 우울제와 리튬(Lithium), 데파코트(Depakote) 약물치료에 대해 정신과 의사의 자문을 받아왔다. 한 사람은 처음에 진단받았던 정신과 의사에게 치료를 받고 있었고, 나머지 두 사람은 더 나은 처방을 위해 계속해서 다른 정신과 의사에게 치료를 받아왔다. 그러나 그들의 아내를 포함하여 이들 중 아무도 ADHD에 대해서 들어본 사람이 없었다. 이 장애를 알고 있었던 한 부인은, 몇 년 전에 6학년인 아들이 이러한 장애가 있을지도 모른다는 이야기를 담임선생님으로부터 들은 적이 있었기에 몇몇 자료들을 통해 알고 있었지만 그 이후로 아무런 조치를 하지 않았다.

개별 평가회기 시간에 두 명의 남자가 먼저 상담에 임했다. 두 사람은 각각 가족에 대한 자신의 분노와 때때로 나타나는 폭력성에 대해서 후회했으며, 약물처방과 여러 치료에도 불구하고 여전히 자신들의 문제 행동은 나아지지 않았다는 것을 고백했다. 그들의 부인과 함께 면담했던 다음 회기에서 지난 수년 간의 치료를 돌아보았을 때, 이제껏 부부가 함께 면담을 했던 것은 단 두 번밖에 없었다는 것을 알게 되었다. 세 명의 부인들은 모두 동일하게, 특히 남편들과 극적이고 불쾌한 대립 상황에 처하거나 남편의 변덕스러운 행동이 나타났을 때 정신과 의사나 심리치료자들에게 전화하여 도움을 청했으나 무시당하고 거절당했던 경험을 이야기했다.

부인들과 함께 한 면담에서는 양극성 장애나 잠재적인 성인 ADHD의 정확성에 대해서 많은 임상적인 증거들을 발견할 수 있었다. 부인들의 좌절이나 분노, 무력감 등을 들은 후에 상담자는 남편들의 초기의 사회 및 교육에 대한 개인사와 결혼 및 가족의 경험에 대한 전체적인 구조를 가지고 평가하기 시작했다.

세 사람의 생활사는 매우 유사했다. '학교생활이나 성적이 좋지 않았으며(한 명은 고등학교를 마치지 않았고, 또 한 사람은 검정고시 출신이었다), 5학년 때부터 싸움을 하기 시작하여 고등학교 때까지 종종 싸움을 벌였다(한 사람은 성인이 되어서 여러 차례 폭행에 따른 처벌을 받았으며, 두 명이 아내를 폭행했고, 한 명은 아이들을 구타했다고 보고되었다). 약물중독 문제를 가지고 있었고(두 명은 고등학교 때 심각한 알코올 문제가 있었고, 한 명은 성인이 되어 심각한 알코올 문제를 보였다), 또한 직업 경력이 거의 없었으며(두 사람), 교통사고와 위반행위가 많았다. 세 사람 모두 충동조절이 잘 되지 않았고, 이로 인해 의사소통과 소비 습관에서 계속 문제가 발생했다.'

부인들은 보다 더 광범위한 형태의 충동성, 조급함, 반발행동, 변덕스러움, 일을 시작하거나 완수하지 못하는 것, 대화를 기억하지 못하는 것, 지시를 따르지 못하는 것, TV 독점 시청 그리고 자녀들과 이야기하거나 노는 것에 대해 흥미 없어 하는 행동에 대해서 확인해 주었다. 부인들이 이러한 조증 행동에 대해 이야기하였지만, 심각하게 우울하거나 좌절에 빠진 시기는 한 번밖에 없었다. 이와 같이 결혼생활에 대한 상담에서 얻은 자료는 이 세 사람 모두 양극성 장애로 잘못 진단되었다는 것을 말해 준다. 이것은 또한 이러한 상담자들과 정신과 의사들이 다른 증상이나 진단의 정확성에 대해 고려해 보지 않고 단순하게 진단을 받아들였다는 것을 증명해 준다. 이러한 오류는 나아가 이후에 배우자에 대한 정확한 면담을 불가능하게 하고, 따라서 가족 환경에 대한 커다란 조망을 가능하게 하는 자료들의 수집에 방해가 되어 상담자의 실패로 악화된다.

두 사람이 상담을 시작할 때, 그들이 양극성 장애로 진단되었다는 이야기를 했기 때문에 상담자는 ADHD의 가능성에 대해서 생각하지 못했다. 그러나 그들이 "가능한 모든 것을 다 해보았으며", 그들에게 처방된 "모든 약을 복용했고", 집에서는 스스로를 "통제하려고 노력했으나", 그럼에도 불구하고 아무 것도 나아진 것이 없다는 지적을 통해 ADHD에 대한 가능성을 의심하기 시작했다. 사실상, 두 사람은 수 년 간의 다양한 치료를 통해 아무런 효과를 보지 못했다.

만약에 부부 상담으로 행동 양태와 증상에 대해 이후의 심화된 탐색이 이루어지지 않았다면 ADHD에 대한 신호를 발견하지 못했을 것이다. 확실한 평가를 위해 두 사람에게 전화상담을 실시했다. 한 번은 내담자의 아버지와 통화를 했고, 두 번째는 내담자의 부모, 형제들과 통화를 했다. 이러한 원 가족들과의 상담은, 이후의 장에서 소개되겠지만, 그들의 부모만이 알 수 있는 유아기의 중요한 관찰사실과 사건들을 제공해 준다. 이러한 상담을 통해서 얻은 정보들은 ADHD의 진단을 확증해 준다. 세 내담자 중 한 사람의 아버지와 두 명의 자매들에게서 잠재적인 ADHD의 증상이 있다는 것을 밝혀냈다. 또한 이후의 상담을 통해서 세 가정 가운데 두 가정에 ADHD 증상을 가진 자녀가 있다는 것도 알게 되었다.

초기의 ADHD 진단에 따라 세 내담자는 진단과 약물치료를 위해 두 명의 정신과 의사들을 만났다. 세 사람 모두 약물치료를 처방받았고, 약간의 우울 증상을 보였던 한 사람은 이전과 마찬가지로 지속적인 항 우울제를 처방받았다. 며칠 뒤에 부인들은 남편들에게서 놀랄 만한 변화를 발견하게 되었다. 가장 주목할 만한 것은 남편들의 난폭한 행동이 가라앉았다는 것이다. 한 부인은 3일 뒤에 정신과 의사를 방문해 남편이 한 곳에 5분 이상 가만히 앉아서 자신과 대화를 나눌 수 있었다는 사실에 대해 놀랐다고 했다. 또 다른 부인은 일을 마치고 집에 돌아왔을 때, 남편이 7세인 딸과 함께 거실에서 조용히 놀고 있는 것을 보았다고 눈물을 흘리면서 이야기했다. 그녀는 남편에게서 이러한 모습을 보는 것이 처음이라고 했다.

그들은 자녀와 함께 가족치료 회기에 참여했다. 자녀들도 또한 ADHD를 가지고 있을 것으로 진단 평가되었고, 그들을 위한 치료계획이 수립되었다. 이에 따른 부부 상담은 불신, 상처 그리고 친밀감의 상실을 다루고 치료하는 데 도움이 되었다. 가족 치료에서 아이들이 아버지의 어려움과 이전에 있었던 행동들을 이해할 수 있도록 도움을 주었고, 이는 부모-아이 간의 신뢰감을 치유하는 첫 단계가 되었다.

이상의 사례에서 살펴본 것과 같이 가족 내의 상황에서 개인에 대한 ADHD 평가와 이 결과에 따라 중재계획을 세우는 것이 중요하다. 이를 위해서 상담자는 변화를 위한 환자 가족들의 독특한 특성뿐만 아니라 모든 가족구성원의 좌절과 갈등에 귀를 기울일 줄 알아야만 한다. 우리들은 약 25년 동안의 임상경험을 통해, 모든 가족들은 아무리 그들의 관계가 역기능적이라 할지라도, 지속적인 변화가 가능한 내적 역량을 갖고 있다는 것을 알게 되었다. 이러한 역량이 여러 해 동안 갈등 속에서 변질되거나 사장되기도 하지만, 유능한 가족 상담자는 그러한 역량을 드러내고 보다 건강하게 상호작용할 수 있도록 이끌어낸다.

가족치료를 통해서 우리는 항상 아이들의 증상을 전체 가족의 임상적인 역동을 볼 수 있는 하나의 창으로 주목해 왔다. ADHD 진단을 내리기 이전에도 우리들은 한 아동의 과잉행동과 이에 따른 형제자매 관계 및 부부관계들을 다루기 위해 가족과 치료를 계속했다. 우리들은 함께 작업했던 ADHD 가족들을 통해서 많은 것을 배웠고, 이 경험을 통해서 가족치료가 가장 효과적인 방법이라는 것을 알게 되었다. 다음 장에서는 가족의 체제 안에서 ADHD를 가진 개인—아동, 청소년 그리고 성인—을 평가하고 치료하는 방법에 대해서 이야기하고자 한다.

1
ADHD 진단

ADHD는 연령, 성(性), 문화, 인종 배경에 관계없이 나타날 수 있다. ADHD 내담자가 상담실에 들어설 때, 이들은 다양한 ADHD 증상을 보이며, 이러한 증상은 전형적으로 '증후군'이라 불리는 것으로 나타난다. ADHD 공존장애 증후군을 다룬 경험이 적은 상담자는 ADHD 증상이 아동, 청소년, 성인 등에 걸쳐 나타난다는 것을 알아야 한다. 어떤 ADHD 내담자는 연령과 발달수준을 알고 있는데도 상담자가 바로 판별할 수 없는 증상을 보이기도 한다. 이런 ADHD 내담자는 또한 기저에 있는 ADHD 증상을 가리거나 악화시키는 공존장애 증상을 보이는데, 우울이나 적대적인 행동과 같은 증상은 종종 ADHD 증상을 가린다. 상담자는 또한 부부, 가족과 함께 작업하면서 부모와 여러 세대를 거슬러 올라간 가족구성원에게서 ADHD 증상을 발견하고 놀랄 수도 있다. 앞에서 지적했듯이, 상담자는 ADHD를 개인사와 종합적 증상이란 맥락에서 그리고 확대가족과 사회적 상호작용 환경이라는 조망에서 이해하고 판별할 수 있어야 한다.

ADHD는 또한 세대 간 가족구성원의 상호작용 패턴과 역할을 형성하기도 한다. 우리는 ADHD 증상이 어떤 방식으로 한 아동의 자존감을 낮추게 하고 대인관계기술과 학업능력을 서투르게 하는지 논의할 것이다. 이런 양상은 역으로 부모가 ADHD 아동에게 책임을 전가시키는 형태의 좌절된 반응을 낳고, 이와 같은 부모의 좌절은 부부 사이에 심각한 문제를 일으키기도 한다. 또한 ADHD 증상은 전 생애를 걸쳐 발달문제를 일으킨다. 즉, 아동의 자존감과 정체성, 대인관계기술과 이성교제, 배우자 선택 그리고 장래 부모 역할 등에 영향을 준다. 그러므로 상담자는 아동, 청소년 혹은 성인 누구를 만나든지 평가와 처치에 대해 정보를 줄 수 있는 ADHD의 신경학적인 원인론과 행동에 대한 논문과 연구들을 잘 알고 있어야 하며, ADHD 진단규준의 불명확성에 대해서도 잘 알고 있어야 한다. ADHD 분야는 비교적 새롭고 여전히 연구되고 있는 분야이기 때문에, 여러 연구 논문에는 종종 모순되고 심지어 논쟁을 일으킬 수 있는 가정과 이론적인 입장이 나타나기도 한다.

이 장에서 우리는 다음의 내용을 살펴보려고 한다.

1. ADHD 개관
2. ADHD에 대한 DSM-IV 진단규준과 DSM-IV 제한점 개관
3. ADHD의 원인과 세대 간 ADHD 유전에 관한 논의
4. ADHD 출현율
5. ADHD 공존장애
6. ADHD 성인의 진단과 증상들

ADHD 개관

우리가 현재 ADHD라고 이해하고 있는 증후군은 19세기 후반 의사와 정신병리전문가에 의해 처음으로 알려졌다. 초창기에는 주로 외상이

나 중추신경계의 감염으로 인해 신경학적인 손상을 입은 행동들이 보고되었다. 1900년대 초 뇌염이 유행한 뒤 미국에서는 이와 같은 증후군들이 나타났다. 다른 후천적인 외상환자와 마찬가지로 뇌염에서 회복된 환자들은 전형적으로 과잉행동, 충동성 그리고 산만함과 같은 행동을 보여주었다. 과잉행동, 충동성, 산만함과 같은 주요한 증상은 이 새로운 장애를 정의하기 위한 근거가 되었는데, 처음에 이 장애는 뇌손상으로 명명되었다. 하지만 1940년경 A. A. Strauss는 이런 증후군이 특정한 신경학적인 손상이나 전염병과 상관없이 독립적으로 나타날 수 있다고 제안하였다. Strauss는 이 증상들이 보다 특정한 뇌손상이 생겼다는 증거라고 가정하였다. 이런 관찰로 인해 이 증상은 미소뇌손상(minimal brain damage)이라고 재명명되었고, 몇 년 후 미소뇌기능장애(minimal brain dysfunction: MBD)로 다시 바뀌었다(학습장애 관계기관 합동위원회, 1987; Routh, 1983).

1950년대를 거쳐 MBD는 신경학적인 외상이 없는 과잉행동을 지칭하는 데 주로 사용되었다. 이 기간에 사용된 다른 용어로는 과잉운동성과 과잉행동아 증상이 있다(Wender, 1995). 1960년 이후 이 용어는 의미가 확장되어 학습장애, 일반적인 신경장애 그리고 다른 행동적인 증상을 포함하게 되었다. 『정신장애의 진단과 통계 편람』 2판(DSM-II; 미국정신의학회, America Psychiatric Association, APA, 1968)이 출간되면서 학습장애는 다른 범주로 나뉘어졌고, MBD 행동증상은 주로 과잉행동과 연관된 행동을 의미하게 되었다.

이런 증상의 진단양상은 초창기 광범위한 임상적인 현상을 기술하려는 노력으로, 여섯 가지 특정한 증상, 즉 과잉행동, 침착하지 못함, 충동성, 공격성, 산만함, 짧은 주의집중 시간에 관한 현재의 일치된 견해로 발전되었다. DSM-III(APA, 1980)가 출간되면서, 이 여섯 가지 증상은 ADHD를 정의하기 위해 보다 다듬어졌다. 즉, 이 여섯 가지 증상이 과잉행동성, 충동성, 부주의성이라는 세 가지 행동패턴으로 범주화된 것이다. DSM-III에서는 ADHD의 출현율을 아동의 약 3%로 추정하였다.

또한 DSM-III에 의하면 ADHD는 주로 남자에게 6~9배 더 많이 나타나고, ADHD 아동의 약 1/3이 성인이 되어서도 이런 증상을 계속 나타낸다고 추정하였다.

ADHD는 아동기와 성인기에 나타날 수 있는데, 과잉행동성이라는 전형적인 증상은 줄어들거나 사라질 수 있지만 부주의성이라는 증상은 계속하여 나타난다는 사실이 인식되면서 ADHD에 관한 임상적인 이해와 정의가 널리 알려지게 되었다. 거의 한 세기 동안 ADHD를 진단하는 데 사용한 주요한 증상은 과잉행동성이었다. 그러나 1980년 DSM-III(APA)가 출간되면서, 이때부터 아동들은 과잉행동성이 나타나지 않아도 ADHD로 진단되었다.

부모나 교사들은 과잉행동을 보이지 않는 ADHD 아동들은 행동에는 문제가 없지만 '멍하거나 몽상적' 이라고 흔히 말한다. 상담자에게는 이런 아동들이 의존적이고 대인관계에서 수동적이며 미성숙한 불안장애 아동과 유사해 보이기도 한다. 그러나 뒤에 논의되듯이 과잉행동을 보이지 않는 ADHD 아동들을 임상적으로 변별해내는 작업은 상담자와 교사 모두에게 항상 어려운 과제로 남아 있다.

'과잉행동을 보이지 않는 ADHD' 라는 이 새로운 범주에 대한 이후의 연구와 정의는 활발하게 이루어지지 않았다. 부주의성이라는 주요한 증상은 보통 불명확하여 아동의 타고난 지능이나 다른 인지적 자원에 의해 가려질 수도 있다. 이스라엘에서 수행된 한 연구(Bar-Josef 등, 1995)에 따르면 '부주의한 유형' 의 ADHD 아동들은 이 증상이 뚜렷하지 않고 타고난 지능이 학업문제를 보상해줄 수 있기 때문에 '정확히 진단되지 않는다.' 고 보고하였다. 여러 선행연구와 우리가 관찰한 바에 따르면 부주의한 유형의 ADHD 아동들은 대규모 학급, 과목별 선생님, 보다 복잡한 과제로 인해 당황하고, 중학교에 입학하여 스트레스를 받으면서 비로소 ADHD로 진단된다. ADHD에 대한 DSM-IV(APA, 1994)의 분류와 정의를 보면, 주의력결핍/과잉행동장애, 부주의 우세형(314.00)을 진단하는 데 구체적인 도움을 받을 수 있다.

DSM-IV상의 ADHD 진단 규준을 살펴보기 전에, Barkley의 연구(1990a, 1990b)를 이해하는 것이 도움이 되리라 본다. Barkley는 DSM-IV에 추가된 진단사항을 앞서 연구하였는데, 과잉행동을 보이는 ADHD 아동들과 과잉행동을 보이지 않는 ADHD 아동들을 비교하여, 이 두 유형은 동일한 장애의 하위유형이라기보다는 별개의 장애라고 제안하였다. Barkley는 과잉행동을 보이는 ADHD 아동들이 외면적, 내면적인 증상을 모두 보이고 검사를 할 때 주의가 더 산만하였다고 보고하였다. 또한 과잉행동을 보이는 아동군은 과잉행동을 보이지 않는 ADHD 아동, 학습장애를 지닌 ADHD 아동, 통제집단의 아동들과 비교할 때 약물남용이 잦고 가족구성원에게 보다 공격적이라고 보고하였다. 과잉행동을 보이지 않는 ADHD 아동들은 몽상, 무기력, 손상된 지각-운동속도, 불안장애의 유형을 보였다. Morgan과 동료들(1996)은 과잉행동-충동성 증상과 부주의성 증상을 모두 가진 혼합유형의 ADHD 아동들은 비행과 공격적인 행동을 더 많이 보일 뿐 아니라 보다 외재적인 공존장애를 보인다고 보고하였다. 이와 같은 연구들은 하위유형의 구분과 이러한 하위유형이 진짜 하위유형인지 아니면 별개의 장애인지에 관해 계속적인 논의와 논쟁을 일으켰다.

DSM-IV에 새로운 진단적인 범주와 규준이 추가되면서 여러 비판이 제기되고 논쟁이 일어나게 되었다. ADHD 연구와 이론분야의 선두주자로 널리 알려진 Barkley(1997)는 DSM-IV의 ADHD 이론적 모형이 부적절하며, 따라서 새로운 모형을 개발할 필요가 있다고 제안하였다. Barkley는 ADHD의 하위유형을 정의하는 현재의 범주에 주의력결핍이 공통적으로 나타난다고 보고, 과잉행동성-충동성 증상으로 구별하는 것이 부적절하다고 주장하였다. Barkley는 과잉행동성-충동성 증상은 단순히 혼합유형으로 가는 '발달적인 전조' 이며, '과잉행동성-충동성' 과 '혼합유형' 은 '부주의유형' 과 별개의 장애라고 가정하였다. '과잉행동성-충동성' 과 '혼합유형' 은 학령기 전에 나타나는 반면, 부주의유형은 이후에 진단된다. Barkley는 '과잉행동-충동성' 유형은 충동억제가 되지 않으면서 특히 자기조절 문제를 겪지만 부주의하지는 않다고 했다. 반면 부주의한 유형과 연관된 증상들(몽상, 무기력, 미소행동, 수동성, 멍청해짐, 정보처리속도가 느림)은 다른 특징으로 볼 수 있다고 하였다.

DSM-IV 진단

임상가들은 DSM-IV를 이용하여 ADHD의 진단기준을 정하는 것을 계속해서 어려워했으며, 표현상의 혼란을 거듭해왔다. 그래서 이제 우리는 독자들을 위해 그 범주와 정의를 살펴볼 것이다. DSM-IV(APA, 1994, p. 80)는 다음과 같은 방식으로 ADHD의 기본 하위영역을 정의하고 있다.

314.01 주의력결핍/과잉행동장애, 혼합 유형

이 진단에 따르면, 개인증상은 다음과 같은 세 가지 행동양상인 부주의와 과잉행동 그리고 충동성을 모두 담고 있다고 한다. 이러한 하위유형은 6개월 동안 6개 또는 그 이상의 증상이 부주의와 과잉행동/충동성과 함께 나타날 때 적용된다고 할 수 있다.

314.00 주의력결핍/과잉행동장애, 주의산만이 주로 나타남

이 진단에 따르면, 개인에게 충동성 또는 과잉행동이라기보다는 주로 부주의와 주의산만과 같은 증상이 있다고 한다. 부주의와 관련된 여섯 가지 또는 그 이상의 증상이 6개월 동안 지속되긴 하지만, 6개보다 적은 과잉행동-충동성 증상이 나타날 경우 이 하위유형이 적용된다고 할 수 있다.

314.01 주의력결핍/과잉행동장애, 과잉행동적이면서 충동적인 유형이 주로 나타남

이 진단에 속하는 집단의 개인에게서 나타나는 증상은 부주의라기보다

는 주로 과잉행동이나 충동성과 같은 증상이라고 할 수 있다. 과잉행동 또는 충동성이 6개월 동안 나타나긴 하지만, 부주의와 관련된 증상이 6개보다 적을 경우 이 하위유형에 적용된다고 할 수 있다.

하위유형은 아니지만 아래의 내용 또한 DSM-IV에 포함된다(APA, 1994, p. 85).

314.9 달리 명세화되지 않은 주의력결핍/과잉행동장애

이 범주에 따르면 뇌와 밀접한 관련이 있는 외상들인, 일본 뇌염 또는 납과 같은 독소로 인한 손상들의 결과로서 개인들마다 ADHD 증상이 나타난다고 기술하고 있다. 그리고 초기 기억을 회상할 수 없는 나이나 성인(+60) 또는 위의 준거를 완전히 충족시키지 않은 개인들을 설명하는 데 활용될 수 있을 것이다.

DSM-IV는 ADHD의 진단을 지지하기 위해 다음과 같은 18가지 준거(아홉 가지는 부주의 행동들, 아홉 가지는 과잉행동과 충동성 행동들)의 윤곽을 제시하였다. 적어도 6개월 동안 다음과 같은 증상들 중 최소 여섯 가지 증상이 나타날 때 이 진단이 적용된다. 그리고 그 증상이 같은 나이 또래의 집단에서 정상적으로 나타나는 행동패턴보다 더 문제를 일으키며, 한 가지 이상의 환경, 즉 집과 학교에서 아동이 기능할 수 없을 정도로 증상이 심각하여야 한다는 추가 사항을 명시하고 있다. 더불어 진단 전문가는 이러한 증상들 중 일부가 7세 이전부터 있었는지를 알 필요가 있다. 후자의 준거에 대해서는 여전히 논란의 여지가 되고 있으므로 이후에 더욱 논의될 것이다. 그 준거는 다음과 같다:

부주의:

- 흔히 세부적인 사항에 면밀한 주의를 기울이지 못하거나 학업, 공부 또는 다른 활동을 할 때 부주의한 실수를 저지른다.

- 흔히 일을 하거나 놀 때 지속적으로 주의집중을 할 수 없다.
- 다른 사람이 직접 말을 할 때 보통 경청하지 않는 것으로 보인다.
- 흔히 지시를 완수하지 못하고, 학업, 잡일, 직장에서의 임무를 수행하지 못한다(반항적 행동이나 지시를 이해하지 못해서는 아님).
- 흔히 과업과 활동을 체계화하지 못한다.
- 흔히 지속적으로 정신적 노력을 요구하는 과업(학업 또는 숙제 등)에 참여하는 것을 피하거나 싫어하거나 저항한다.
- 흔히 활동하거나 숙제하는 데 필요한 물건들을 잃어버린다(예: 장난감, 학습과제, 연필, 책 또는 도구들).
- 흔히 외부자극에 의해 쉽게 산만해진다.
- 흔히 일상적인 활동을 잊어버린다.

과잉행동

- 흔히 손발을 꼼지락거리거나 의자에 앉아서도 몸을 가만히 두지 못한다.
- 흔히 앉아 있어야 하는 교실이나 다른 상황에서 자리를 떠난다.
- 흔히 부적절한 상황에서 지나치게 뛰어다니거나 기어오른다(청소년 또는 성인에서는 주관적인 좌불안석으로 제한될 수 있다.).
- 흔히 조용한 여가활동에 참여하거나 놀지 못한다.
- 흔히 '끊임없이 활동하거나' 또는 마치 '자동차(무언가)에 쫓기는 것' 처럼 행동한다.
- 흔히 지나치게 수다스럽게 말을 한다.

충동성

- 흔히 질문이 채 끝나기도 전에 성급하게 대답한다.
- 흔히 차례를 기다리지 못한다.
- 흔히 다른 사람의 활동을 방해하고 간섭한다(예: 대화나 게임에 참견한다.).

이러한 준거는 주로 하위유형인 부주의, 과잉행동, 충동성 간의 경계를 분명하고도 명확하게 구분해준다. 많은 경우, 특히 과잉행동 아이들의 경우 하위 유형들 간의 차별성이 쉽게 나타난다. 그러나 상담자는 과잉행동 증상을 보이지 않으며 똑똑한 아동에게서 발견될 수 있는 미묘한 형태의 부주의를 주의 깊게 살펴볼 필요가 있다. 이러한 아이들은 증상을 가지고 있더라도 ADHD로 진단되는 경우는 거의 없을 것이다. 혼합 하위유형은 부주의, 과잉행동 그리고 충동성이라는 세 가지 모든 영역에서 ADHD 증상을 보이는 아동을 포함하고 있다. 또래 집단에서 다양한 증상들을 구별해내기가 더 어려울 수 있기 때문에 이러한 하위유형은 흔히 어린아이들에게만 사용되는 경향이 있다. 또한 이것은 과잉행동과 부주의를 동시에 경미하게 보이는 ADHD 성인들인 경우에도 사용될 수 있다.

아동, 청소년 그리고 성인들에 대한 이러한 진단적 준거로 판별한다는 것은 불행히도 상당히 어려운 일이다. 주로 아동을 다루는 상담자의 경우, ADHD를 판별하는 18가지 준거가 전형적인 아동 행동과 흡사하기 때문이다. 또한 주로 성인을 만나는 상담자의 경우, 청소년 후기, 청년기 그리고 청년 후기에 보이는 행동상의 변인에 대해 준거를 능숙하게 해석해 줄 필요가 있다. 임상 실제를 다루는 장에서 우리는 다양한 연령의 집단에서 ADHD를 진단하고 이해할 수 있도록 상담자를 도울 수 있는 논의를 제시하였다.

유의한 ADHD 증상을 제시하거나, 7세 이전에 기능장애를 일으키는 준거가 DSM-III부터 DSM-IV에 걸쳐 나타났는데 이는 논쟁의 여지가 있다. 어린이와 청소년들을 위한 준거를 만족시키기 위해 진단가는 부모의 보고나 회상에 주로 의존해야만 한다. 물론 이러한 사항은 ADHD 성인 진단을 내리는 데 특히 어렵다. 왜냐하면 부모의 보고는 종종 쓸모가 없거나 믿을 수 없기 때문이다. 또 다른 진단적 문제는 실제로 '손상' 이 발생했을 것이라고 결정한 시기와 ADHD 증상이 나타난 시기 간에는 차이가 있을 수 있다는 것이다. 최근 연구는 ADHD라는 증상이 발생한 실제 나이가 상당히 유동적일 수 있다는 것을 보여주었다.

11세 ADHD 아동 45명을 대상으로 한 연구에서 McGee와 동료(1992)들에 따르면, ADHD의 최초 출현 연령구간이 3세, 5~6세, 6~7세에 각 1/3씩 똑같이 분포되어 있다고 한다. 또한 Applegate와 그의 동료들의 광범위한 연구에 따르면, ADHD 아동의 부모가 실제 장애시작 시기보다 2.5년 앞서 ADHD 증상을 보였다고 보고했다고 한다. 이 연구는 ADHD 증상이 부모에 의해 더 쉽게 확인되었으며 이후 아이들의 학교경험과 관련해서 갈등과 좌절을 불러일으킨다는 것을 보여주고 있다. 많은 ADHD 중 특히 부주의 유형인 경우, 실제적인 기능장애가 초등학교 고학년에 이를 때까지 일어나지 않을 수 있다.

연구자들은 DSM-IV의 진단적 준거가 갖는 타당도에 회의적이며, 증상의 출현시기보다 기능장애를 보이는 시기에 더 초점을 맞추는 것이 문제라고 주장했다. 또한 Applegate와 그의 동료들에(1997) 따르면 ADHD 진단을 내린 대부분의 전문가들은 이러한 출현시기를 무시하는 경우도 있다고 한다. 하지만 다른 전문가들은 의도적으로 증상의 출현시기에 초점을 모았다. 심지어 Barkley와 Biederman(1997)도 DSM-IV의 진단적 준거를 더 강력히 비판하였다. 그들은 어린 시절 동안 발생한 ADHD 증상들을 살펴보는 것은 지지했으나 증상의 출현이나 기능장애의 출현시기를 7세로 선택했다는 점은 문제가 있다고 보았으며 다음과 같이 주장하였다: "증상의 발현 또는 손상의 발현시기를 위해 엄격한 출현시기 기준을 사용하지 않아도 될 몇 가지 이유가 있다. 출현시기 준거를 과학적으로 옹호할 수 없으며, 사춘기와 성인기에 대한 연구를 수행하기 어렵게 하는 문제점들을 안고 있고, 나이로 차별할 수 있기 때문이다(p. 1204)." 그러므로 우리는 '증상' 의 발현시기를 밝히는 것을 중요하게 생각한다.

DSM-IV 부록인 아동 · 청소년용 기본 지침(Primary Care)이라는 진단 통계 지침서는 공식으로 장애진단을 내리는 데 필요한 DSM-IV 준거에 적합하지 않은 어린이들과 청소년들의 증상들을 준 임상집단으로 밝히기 위해 개발되어 왔다. 아동들과 청소년들은 그들이 처한 환경과 '발달적인 변인'의 상호영향을 주고받을 수 있기 때문에 이것은 상담자들에게 유용한 지침서라고 할 수 있다. 이 지침서는 ADHD와 관련된 다음의 다섯 가지 행동을 밝히고 있다: (1) 과잉행동-충동성, (2) 부주의, (3) 부정적 정서, (4) 공격성 · 반항, (5) 숨겨진 반사회성. 이러한 자료가 경험적 연구에 널리 사용되지는 않았지만, 상담자가 ADHD 분야를 폭넓게 인식하는 데 도움을 주고 있다

ADHD 초보상담자들인 경우 준거를 적용할 때 다양한 관점들과 진단에서 오는 혼란을 이해하는 것이 중요하다. 이 문제에 대해 계속해서 논쟁이 끊이지 않는다는 것은 상대적으로 새로운 분야에서 진단 및 중재 전략이 계속해서 전개되고 있음을 반영한다. 우리는 다음 장에서 이러한 몇 가지 쟁점에 대해 논의하려고 한다.

ADHD에 대한 연구와 이론

많은 상담자들은 새로운 연구를 하기 위해 여러 논문과 책을 읽고 있다. 하지만 임상실제에 의미 있는 효과를 보여주는 새로운 자료는 아직 없다. ADHD에 대한 연구와 이론을 따라가는 것은 중요하다. 이 분야는 계속해서 발전하고 있으며, 장애에 대한 원인론이 분명히 기질적이면서 의학적 영역에 있는 것으로 보인다. 연구의 흐름을 계속해서 인지하고 있으면 상담자들이 최신 정보와 진단 및 처치 기술을 보다 세밀히 습득하는 데 도움이 될 것이다. 더불어 상담자가 신경생물학 분야에서 '전문가'가 될 필요는 없지만, 연구 성과에 대해서는 잘 알고 있어야만 한다. 상담자들이 ADHD 내담자뿐만 아니라 이러한 장애를 겪고 있는 내담자의 가족들에게 보다 나은 정보를 알려줄 필요가 있기 때문이다. ADHD에 대한 연구와 이론을 이해하는 데 특별히 도움을 주는 사항들은 다음과 같다.

- ADHD와 관련된 증상들 이면에 있는 신경학적/생화학적 과정들 이해하기
- 다양한 개입이 증상에 어떠한 영향을 미치는지 이해하기
- 심리학적 증상과 생리적 증상으로 뒤엉켜 있는 것을 분별해낼 수 있도록 하기
- 장애가 유전될 수 있다는 것을 이해하기
- 장애의 원인론에 대해 인식하기
- ADHD 증상과 함께 나타나는 다른 증상들과 장애 알기
- 보다 효과적으로 판별 진단 내리기
- ADHD 어린이, 사춘기 청소년 그리고 성인들에게 나타나는 일련의 증상들을 판별할 수 있는 방법을 배우기

이 분야의 문헌들이 광범위하기 때문에 우리는 독자들에게 임상과 가장 밀접한 관련이 있다고 여기는 자료를 제공할 것이며, 어떤 연구와 문제를 보다 철저하게 다룰 수 있도록 더 나은 자료를 제시하려고 한다.

우리가 논의할 부분은 다음과 같다.

- ADHD 원인에 대한 기존 이론
- 장애가 세대에 걸쳐 어떻게 유전되고 다른 가족원들에게 어떻게 나타나는지 살펴보기
- 일시적인 억제와 조절 문제
- MRI(자기공명촬영기법), 단일광자방출(단층촬영 진단법), PET(양전자방사 단층촬영) 연구
- 장애 원인론
- 우울, 품행장애, 반항성 장애, 불안, 약물남용 그리고 학습장애와 같은 다른 장애와 ADHD의 공존장애

원인론

지난 10년 동안 신경생물학적 연구를 통해서 상당한 발전이 있었지만, 여전히 ADHD에 대한 구체적인 원인은 밝혀지지 않고 있다. 대부분의 연구는 ADHD가 유전된다는 점에 동의하고 있다. 유전과 관련 없는 사례의 경우는 뇌에 외상을 입었거나 심각한 질병으로 뇌에 해를 끼쳤거나 뇌의 생화학적 과정을 바꾸어놓은 경우가 있다. 많은 신경생리학적 연구에서 중점을 두는 것은 유전된다는 점과 가족 세대 간의 전달 여부다.

Frick와 동료 연구자(1991)의 보고에 따르면 7~12세 사이의 ADHD 아동의 친척들을 연구한 결과, 그들의 부모와 친척들이 어린 시절에 ADHD를 겪었음을 발견했다. Biederman과 동료들(1986)은 통제집단의 경우 친척들의 발생률이 5.7%인 것에 비해서 ADHD 집단의 경우는 친척들의 발생률이 31.5%로 높게 나타나는 것으로 보고하였다. 마찬가지로, Robin과 동료들(1995)은 85가족, 즉 전체 355명의 가족구성원들을 통해서 ADHD에 관한 자료들을 검토하였다. Robin 등의 연구보고에 따르면 42%가 ADHD(아버지 24명, 어머니 22명, 아들 80명, 딸 25명)로 진단되었으며, 19%는 ADHD일 가능성이 의심되었다. 두 경우를 합치면 가족구성원의 61%가 ADHD로 진단되거나 혹은 가능성이 있는 것으로 나타난 것이다.

이러한 결과는 유전적인 영향이 매우 높다는 것을 나타내며 다른 연구에서도 지지되었다. 또 이 결과는 쌍생아(Gilles et al., 1992; Goodman & Stevenson, 1989)와 입양아(Barkley, 1990a)들을 대상으로 한 연구들이 포함되어 있다. 아직도 구체적인 관련 유전자는 밝혀지지 않았으나 한 연구에서는 도파민 D-2 수용체가 ADHD 집단의 46% 정도에 영향을 미치는 요인인 것으로 보았다(Comings et al., 1991).

이러한 연구결과가 상담자들에게 주는 함의는 분명하다: ADHD 아동의 친척들인 경우, 많은 수가 ADHD 증상을 보일 수 있다. 이는 두 가지 이유에서 임상실제에 중요하다. 첫 번째는 ADHD 아동이나 어른들의 초기진단에서 상담자들은 다른 가족구성원들을 검토해보아야 할 필요가 있다는 점이며, 두 번째로는 임상적 혹은 교육적 개입 역시 이러한 다른 가족구성원들을 인식하고 포함시켜야 한다는 것이다. 지금까지 대부분의 많은 문헌에서 잘못 제시된 것처럼, 치료 및 처치가 진단받은 아동이나 어른에게만 제한적으로 이루어져서는 안 된다.

ADHD의 원인론에 대한 최근 많은 연구에서는 억제와 조절실패의 신경생물학적 기능에 중점을 두고 있다. 이 기능을 조절하는 조직들은 뇌의 앞쪽 대뇌피질에 위치한다. 이러한 연구들에 따르면 과잉행동이 바로 '피질에서의 억제'와 관련이 있다(Barkley et al., 1992; Chelune et al., 1986; Douglas, 1984; Quinn, 1997). 초기의 EEG연구에서는 이상 뇌파가 ADHD 아동의 전두엽에서 나타나는 것으로 보았다(Lubar et al., 1985). 다른 연구에서는 SPECT(단일광자 방출 단층촬영 진단법)와 PET(양전자 방사 단층촬영법)와 같은 전자영상기법을 이용하였는데, PET연구에서는(Cantwell, 1994; Zametkin et al., 1993; Zametkin et al., 1990) ADHD 자녀가 있는 ADHD 성인의 경우, 뇌에서 주의집중과 근육운동을 통제하는 부분인, 프로모터 대뇌피질과 상부 전 액골 대뇌피질에서 대뇌의 포도당 대사가 보다 낮은 것으로 나타났다. 그러나 ADHD 남자나 통제집단에서는 이러한 것들이 크게 관련되어 있지 않은 것으로 나타났다. ADHD 여자 성인의 경우는 다른 정상 남자/여자 통제집단 혹은 ADHD 남자집단보다 낮은 포도당대사가 이루어지는 것으로 나타났다. 마찬가지로 MRI(자기공명촬영기법)를 통해서는 ADHD 아동이 전두엽 크기와 뇌량(뇌들보)의 조직 및 형태에서 차이가 있는 것으로 확인되었다. 다른 MRI연구에서 역시 ADHD 소년들의 경우 해부학적으로 비대칭인 것으로 밝혀졌다(Castellanos et al., 1996).

ADHD 원인론에서 도파민을 주요 생화학적 요인으로 보는데, 운동 대뇌피질과 뇌의 다른 전액골 앞부분에서 도파민이 미치는 영향이 전두엽 기능에 매우 결정적인 것으로 나타났다. 이 전두엽 부위가 손상되면 혈액순환과 신진대사가 이루어지지 않고, 과잉행동의 억제를 하지 못하게 되며, 따라서 ADHD 증상이 나타나게 된다(Quinn, 1997; Zametkin & Rapoport, 1987).

ADHD의 원인을 설명하기 위해서 다양한 가설과 근거 없는 믿음들이 수년 동안 제시되어 왔다. 예를 들면, 지나친 과당의 섭취, 음식물과 납의 독소성분, 영양결핍, 비타민의 부족 등이 원인요소가 될 수 있음을 제기해왔다. 그러나 이러한 내용을 지지하는 실제적인 연구결과는 없다(Arnold & Jensen, 1995; Barkley, 1990a; Behar et al., 1984; Cantwell, 1996).

몇몇 연구에서 가족의 역동과 심리적인 요인들이 구체적인 ADHD의 원인(Cantwell, 1996)으로 직접적으로 관련된 것이 아니라고 하지만, 그렇다고 해서 가족역동이 ADHD 내담자의 개인적인 정서나 장애에 대한 행동적 반응에 결정적인 역할을 하지 않는다는 것은 아니다. 예를 들면, ADHD 아동을 돌보면서 받는 끊임없는 스트레스가 부모나 형제들에게 불안, 우울, 혹은 정서적인 위축과 같은 증상을 가져올 수도 있다. 책의 후반부에서는 ADHD 아동과 성인이 자신의 문제행동으로 인해 여러 가족구성원(핵가족이나 확대가족), 또래 및 이웃과 어떠한 상호작용을 하게 되는지 살펴볼 것이다.

출현율

학령기 아동 중에서 ADHD가 나타나는 경우는 대략 3~5%(APA, 1994; Cantwell, 1996)이고, 6~9%라고 제시되어 있는 문헌도 있다. 테네시의 일반 학령기 집단을 대상으로 한 DSM-IV규준 연구에서 ADHD의 출현율은 부주의 4.7%, 과잉행동 3.4%, 혼합 4.4%(Wolraich et al., 1996)다. 유사한 독일 연구에서는 부주의 9.0%, 과잉행동 3.9%, 혼합

4.8%(Baumgaertel et al., 1995)의 다소 높은 출현율을 나타냈다.

ADHD 성차에 대한 초기연구에서는 잠재적으로 남녀 9:1의 비율로 나타났으나 보다 최근의 연구표집에서는 4:1의 비율로 줄어들었다. 물론 행동장애 및 품행장애와 관련해서 남자의 경우가 과잉행동과 충동적인 증상이 더 일반적이다. 따라서 이러한 남자들의 경우, 치료에 더 많이 의뢰된다(Cantwell, 1994, 1996; Wolraich et al., 1996).

Quinn에 따르면, 치료자가 부주의에 대한 DSM-IV의 새로운 범주에 익숙해지면서 여학생이 ADHD로 진단받는 경우가 점점 더 증가해왔다. 그는 남녀의 비율이 3:1 혹은 2:1 정도까지 낮을지도 모른다고 하였다. 최근 DSM-IV의 범주를 이용한 ADHD에 대한 연구에서 각 범주마다 여학생들의 비율은 부주의 27%, 과잉행동 20%, 혼합 12%(McBurnett, 1995)로 나타났다.

전반적으로, ADHD 여학생들의 경우는 (1) 과잉행동과 충동성과 같은 전형적인 증상들이 나타나지 않는다. (2) 인지적인 측면에서 손상된 경우가 더 많은데, 특히 언어능력 결손으로 나타난다(Berry et al., 1985). (3) 이들은 보다 내면화되어서 결과적으로 불안이나 우울과 같은 증상들이 더 많이 나타난다. (4) 학습문제가 더 많이 나타나는데, 이들은 주로 나중에서야 상담실을 찾게 되고, 보다 많이 또래들로부터 거부당하게

〈표 1-1〉 ADHD 소녀에게서 나타나는 차별적 증후군

증후군	연구
인지적 손상	Berry 등(1985)
내면화	Brown 등(1989)
불안	Brown 등(1989)
우울증	Brown 등(1989)
학습문제	O'Brien 등(1994); Phillips 등(1993)
또래집단의 거부	O'Brien 등(1994); Phillips 등(1993)
의뢰가 지연됨	O'Brien 등(1994); Phillips 등(1993)
사춘기와 생리기간 동안 기분의 악화	Hussey(1990)

된다(O'Brien et al., 1994; Phillips et al., 1993). (5) 사춘기가 시작되고 생리주기가 되면 이들은 기분이 악화된다고 한다(Hussey, 1990). 이렇게 다르게 나타나는 유형을 〈표 1-1〉에서 정리해 제시하였다.

공존장애

공존장애(Comorbidity)는 임상연구와 진단절차에서 가장 중요한 발전 중의 하나로서, 상담자가 해야 할 평가와 판별 진단에 상당한 도움을 주었다. 즉, ADHD인 경우는 어린이와 어른 모두가 대부분 동시에 다른 정신질환 진단을 받을 수 있다는 점을 인식하게 되었다. 이러한 공존장애에 해당하는 많은 ADHD 증후군은 ADHD 증상과는 다를 수 있다. 물론, 이로 인하여 평가를 내리는 과정이 더 복잡해지고, 차별적 진단을 내려야 할 필요성이 생긴다. 이 장에서는 이러한 다른 장애들과 ADHD와의 관계를 살펴볼 것이다. 또한 아동이나 성인이 주로 품행장애, 정서장애, 학습장애와 같은 문제행동 때문에 의뢰되어온 경우, ADHD의 위험 신호를 알아차리는 것이 중요하다는 점을 강조하고자 한다.

Biederman과 동료들(1987)은 ADHD 아동과 일반아동을 통제집단으로 하여 1년, 4년 후의 추적연구를 하였는데, 결과적으로 ADHD 아동의 경우 인지나 대인관계, 학교 및 가족들과의 관계에서 다양하고 '상당히 위험한' 정신병리적 손상이 나타나고 있음을 발견하였다. 또한 다른 연구에서는 임상평가를 의뢰받은 초등학교 ADHD 학생의 2/3가 다른 정신적 장애를 나타낼 수 있음을 지적하였다. 그밖에도 남녀 모두 과잉행동의 심각성 정도는 공존장애의 가능성을 예견할 수 있다고 하였다(Gabel et al., 1996). Munir와 동료들(1987)은 약 5~16세 사이의 ADHD 소년들의 경우, 통제집단보다 품행장애나 적대적 반항성 장애, 정서장애, 틱, 야뇨증, 그 밖의 학습장애 등이 나타날 비율이 더 높은 것으로 나타났다.

많은 연구 결과 ADHD 아동과 청소년집단에서 가장 일반적으로 진단되는 공존장애는 품행장애와 반항성 장애로 나타났다. Munir의 연구보고에 따르면, 다른 전형적인 진단에서는 불안과 기분장애, 언어와 학습장애, 뚜렛 증후군 등이 포함된다. 이 후에 약물중독과 강박장애가 추가되었다. Barkley(1990a)에 따르면 ADHD인 아동 및 청소년의 75%가 성인기까지 우울 증상이 나타나는 것으로 보고하였다. 또한 27%가 알코올중독일 가능성이 있으며, 23~45%가 범죄로 인해서 소년 전과자가 될 수도 있다고 지적하였다. 외뢰 환자들을 대상으로 한 연구에서는 ADHD인 아동의 2/3가 품행장애 혹은 적대적 반항성 장애로 진단을 받았다고 보고하였다(Carlson, 1986). ADHD 아동과 청소년들에게 가장 일반적인 공존장애를 〈표 1-2〉에 제시하였다.

〈표 1-2〉 **ADHD아동과 청소년들에게 공존하는 정신장애**

1. 품행장애	6. 정서장애
2. 적대적 반항성 장애	7. 불안장애
3. 우울증	8. 약물남용/중독
4. 기분부전장애	9. 알코올남용/중독
5. 양극성 장애	10. 학습장애

품행, 반항장애

품행, 반항장애는 ADHD 아동과 청소년들에 대한 가장 보편적인 공존장애 진단이다. 품행장애는 사람과 동물에게 공격적인 행동들을 하거나 규칙 위반(잔인성과 폭력, 재산 파괴, 반달리즘, 절도, 방화, 통행금지시간 무시, 무단결석 또는 가출행동) 등을 계속 반복하는 행동패턴이 나타날 때 진단된다. Barkley(1990a)는 20~30%의 아동과 40~60%의 ADHD 청소년들이 품행장애의 진단적 기준에 부합한다고 보고하였다. Barkley(1990a)는 ADHD 아동의 추수연구에 따르면, 이들의 43%가 품행장애로 진단되어 왔다고 보고하였다.

유사한 연구에서 ADHD는 8~17세 소년들의 품행장애를 예견한다(Loeber et al., 1995). Soltys와 그의 동료들은 품행장애의 공존장애 진단을 받은 7~12세 ADHD 아동집단이 다른 일반적인 ADHD 집단보다 정신병리학적 측면에서 정도가 훨씬 심하다고 보고하였다. 유사한 연구 결과로, Walker와 그의 동료들(1987)은 ADHD와 품행장애의 공존장애가 더 심한 신체적 공격성과 반사회 행동들을 유발한다고 지적하였다. O'Brien과 동료들의 비교연구(1992)는 ADHD와 품행장애의 공존장애 진단을 받은 아동들은 품행장애 집단보다 학업성취도가 훨씬 낮다고 보고한다.

비행청소년 연구에서, Zagar와 동료들(1989)은 6~17세의 1,956명의 집단에서 9%의 과잉행동 ADHD, 46%의 과잉행동이 없는 ADHD를 발견하였다. Moffit과 Silva(1988)는 13세 ADHD 소년들 집단에서 '비행' 청소년으로 분류된 소년들이 일반 ADHD 소년들보다 더 심한 기억과 인지적 손상을 보인다는 것을 알아냈다.

반항장애는 품행장애보다 다소 덜 심각하고 파괴행동이라기보다는 문제가 있는 태도를 나타낸다. 반항장애 아동들과 청소년들은 불복종, 부모에 대한 적대심, 교사를 포함한 권위자에 대한 반항을 보인다. Barkley(1990a)는 ADHD 아동의 65%가 이 장애의 기준에 부합한다고 하였다. 이와 비교되는 임상연구는 6~12세의 반항장애 집단, ADHD, 공존장애 집단(ADHD, 반항성 장애) 그리고 통제집단을 대상으로 진행되었는데, 이는 공존장애 인식의 중요성을 지지하고, 공존장애가 통제집단보다 더 손상이 크다고 보고하였다(Paternite et al., 1995).

흥미롭게도 ADHD 소년들의 9년 후 추수연구에서는 그들의 훗날 전과 기록을 예견하였다(Satterfield et al., 1994). 연구자들은 약물 처치된 ADHD, 다양한 처치가 제공된 ADHD 그리고 일반 통제집단 소년들을 대상으로 평정척도를 사용하였는데, 이 연구에 따르면 높은 적대감 평정의 ADHD 소년들이 높은 청소년 범죄 비율을 보인다는 결과를 알 수 있다. 또한 적대감이 상대적으로 낮게 평정된 ADHD 소년들조차도 통제집단보다 높은 청소년 범죄 비율을 보였다. 이 결과로 ADHD에서 적대감이 같이 나타나면 반사회 행동에 대한 확실한 위험신호라고 보았으며, 낮은 적대감을 보이는 ADHD 소년들도 유의해야 함을 알 수 있다.

ADHD 아동들과 그들의 형제들을 연구한 Fararone과 그의 동료들(1995)은 반사회적인 가족 출신 아동이 더 큰 정신병리학적 문제를 보인다는 것을 알아내었다. 연구자들은 반사회적 행동은 'ADHD의 뚜렷한 하위유형'이라고 주장하였다. Barkley와 Anastopoulos(1992)는 적대적 반항행동을 보이는 ADHD 청소년과 일반적인 ADHD 청소년 간의 비교연구에서 전자의 집단이 심한 갈등과 분노, 낮은 의사소통 그리고 부정적 상호작용 유형을 갖는 것으로 보고하였고, 이들의 부모는 양육에 더 심한 고통과 적대감을 갖는 것으로 보고하였다.

기분장애

ADHD 아동에게 정서적 문제의 발생률이 높음에도 불구하고, ADHD와 기분장애의 공존장애는 불분명하다. Biederman과 그의 동료들(1987)은 ADHD와 우울증의 공존이 25% 정도라고 보고하였다. 한 임상센터의 연구에 따르면 ADHD 아동의 1/3은 기분 또는 불안장애로 진단되었다. 입원한 5~18세 ADHD 아동을 대상으로 한 연구에서 68%는 기분장애, 36%는 비정신병적 우울, 8%는 정신병적 우울, 22%는 양극성 장애라고 보았다(Butler et al., 1995). Angold와 Costello(1993)는 출현율 연구에서 주요 기분장애 또는 기분부전장애 아동과 청소년 연구에서 57%나 되는 아동, 청소년이 ADHD인 것으로 보고하였다.

5~18세의 입원 아동과 청소년 대상 연구에서 Butler와 그의 동료들(1995)은 ADHD 피험자의 66%가 기분장애(비 정신과적 우울 36%, 정신과적 우울 8%, 양극성 장애 22%)로 진단되었다고 보고한다. ADHD 성인의 우울은 거의 연구된 바 없다.

불안장애

ADHD 아동의 공존 불안장애는 25%에 이르는 것으로 보고되어 왔다(Biederman et al., 1991). Lahey와 그의 동료들(1987)은 과잉행동이 없는 ADHD 아동의 불안장애에 대한 더 높은 비율을 보고하였다. Carson(1986)은 그의 ADHD 외래 임상 아동 피험자 집단의 1/3이 불안 또는 기분장애로 진단되었다고 보고하였다.

약물남용

ADHD 청소년과 ADHD 성인은 다양한 약물남용 문제의 위험에 처해 있다. 임상실제에서 약물남용 치료를 받고 있는 청소년과 성인의 50%가 ADHD로 이미 진단되었거나 앞으로 진단될 것임을 밝혔다. 약물남용 청소년과 성인에 대한 8개의 연구를 검토한 결과 Quinn(1997)은 ADHD의 평균치가 23%라고 보고하였다. 이는 ADHD 아동기를 약물남용에 대해서는 무시할 만한 시기라고 결론 내린 Quinn(1997)의 연구와 Wilens와 Lineham(1995)의 연구에 동의하지 않는다. 왜냐하면 세 가지 하위유형을 포괄하는 ADHD 아동 중 많은 수가, 때때로 8세나 9세의 어린 나이에 마약과 술에 빠지기 때문이다. Huessy와 Howell(1985)은 많은 ADHD 청소년들이 비 ADHD 통제집단보다 더 알코올 중독에 빠지는 경향을 보인다고 보고하였다. 아동의 약물남용에 대한 가족의 반응이 민감한 것은 분명하며, 이것은 후에 검토하겠지만, 청소년 이전의(특히 ADHD로 진단되지 않은 채 사춘기에 들어간) 많은 부주의 ADHD 아동들은 학교생활의 실패와 부모와의 갈등에 의한 기분, 불안장애를 가질 뿐만 아니라, 넓은 범위의 약물남용에도 빠지기 쉬웠다. 부모의 음주 또는 약물복용을 포함한 가족환경은 ADHD 아동의 약물남용에 대한 민감성에 영향을 미치는 분명한 요소가 된다.

우리는 청소년기와 성인기의 ADHD가 약물남용의 위험을 증가시킨다는 Wilens와 Lineham(1995)의 보고에 동의한다. 동시에, 다른 연구들도 ADHD와 품행장애의 공존은 20~40% 정도로 약물남용의 잠재성을 증가시킬지도 모르며, 품행장애는 약물남용에 선행하는 경향이 있다 (Hailikas et al., 1990; Mannuzza et al., 1993).

학습장애

잠재적 ADHD 아동에 대해서 우리는 부모에게 ADHD와 학습장애 사이의 '회색지대'에 대해 설명하곤 한다. 우리는 종종 종이에 선을 그어 연속선을 표현하고, ADHD를 중간에, 학습장애는 끝에 놓고 '회색지대'에 대한 설명을 한다. 이 방법은 여러 장애들이 얼마나 공존할 수 있는지를 부모에게 설명하는 데 유용하다. 일부 ADHD 아동은 진단 가능한 학습장애 문제를 가지고 있다. 이와 유사하게 학습장애 아동의 일부분도 ADHD 증상들을 보인다. Barkley(1990a)는 ADHD 아동의 40%나 되는 많은 아동이 학습장애의 특징을 보이는 것으로 추정한다. 이런 증상의 중복은 특히 자녀의 검사 자료가 아직 구비되지 않을 때 종종 부모에게 혼동을 일으키는데, 왜냐하면 학습장애 교육에 아동이 적합한지에 대한 기준이 학교들마다 매우 다양할 수 있기 때문이다.

일반적으로 IQ검사로 측정하는 학생의 인지능력과 성취검사로 측정하는 실제 학업 수행 사이에 심각한 불일치가 존재할 때 학습장애로 정의된다.

이 불일치는 아동에 대한 기대되는 수행수준과 실재 수행수준 사이의 차이로 설명된다. 불일치는 두 척도 사이의 1 1/2~2 표준편차로 정의된다. 학습장애 진단에 대한 DSM-IV의 기준은 학업성취나 일상 생활에서 겪는 어려움의 인식과 관련되어 있다. 특수학습장애는 읽기, 수학, 쓰기에서 진단된다. 학습장애 특징에 익숙하지 않은 상담자들은 학습장애는 다양하며 지각, 언어, 동작의 문제부터 학업, 행동, 사회성 결손까지 포괄할 수 있다는 것을 알아야 한다.

Barkley(1990a)는 ADHD 아동의 19~26%가 학습장애 문제를 보인

다고 보고하였으며, 특히 수학, 읽기, 철자의 영역에서 문제가 드러난다고 하였다. Carlson(1986)은 학교에서 의뢰한 ADHD 아동 46%가 학습장애로 진단된다고 하였다. 초기 연구에서, Carlson과 그의 동료들(1986)은 과잉행동이 있는 ADHD 집단, 과잉행동이 없는 ADHD 집단과 통제집단을 비교하였다. 과잉행동이 있는 ADHD 집단은 언어점수가 심각하게 낮았으며, 과잉행동이 없는 ADHD 집단보다 시각 협응 과제를 잘 수행해 내지 못하였다. ADHD 두 집단이 철자와 읽기에서 통제집단보다 낮은 점수를 기록하였다. 두 ADHD 집단 사이의 차이는 그들이 예견했던 것보다 적었다.

Quinn(1977)은 '인지적 결손' 범주 안에서 학습장애의 ADHD 특징을 논의하였다. 그녀는 ADHD 아동이 전형적으로 문제해결 능력과 기억에 어려움을 보인다고 하였다. Seidman과 동료들(1995)은 공존장애 증상을 보이는 9~20세의 ADHD 학생들의 읽기 속도가 느리다고 보고한다. 그들은 또한 이러한 영역에서의 아동의 수행에 가족관계가 영향을 미친다고 주장하였다.

기타 관련 장애

덜 심각한 공존장애 증상은 수면장애와 습진이다. 수면장애는 ADHD 아동이 약을 복용했을 때 일반적으로 나타나는 잠재적인 부작용으로 부모들이 보고하는 장애다. 그러나 Ball과 Koloian(1995)은 ADHD 아동의 수면패턴에 대한 각성제의 효과에 대해 '결론이 없다.' 고 보고하였다. 그들은 ADHD와 ADHD가 아닌 아동의 수면장애 패턴의 차이가 연구에서 일관되게 나타나지 않아도 ADHD 아동의 부모들은 지속적으로 자녀의 심각한 수면문제를 보고한다고 했다.

독일에서 이루어진 연구(Roth et al., 1991)는 81명의 습진 아동집단에서 ADHD 증상이 상당히 많이 드러나는 것을 보고하였다. 이러한 아동들은 집중력과 억제기능에서 문제를 보였다. 어떤 연구자들은 습진과

ADHD에 대한 '일반적 병인(病因)'을 제안하였다. 그러나 McGee와 동료들(1993)의 연구는 ADHD와 습진, 천식, 비염 또는 두드러기 같은 알레르기 장애 사이의 관련성에 대한 연구를 지지하지 않고 있다.

ADHD 성인 진단

ADHD 아동에 대한 광범위한 연구가 수행됨에도 불구하고, ADHD 성인에 대한 설명이나 이해로 직결되는 연구는 거의 없다. ADHD 성인들에 대한 과잉진단의 위험을 연구한 Lomas(1995)는 대개 정신과 의사들이 성인들을 ADHD로 간주하거나, 진찰하거나, 치료하는 일은 거의 없다고 주장한다.

임상실제에서, 우리들은 자녀의 진찰 또는 평가에 관한 부모회기에서 그 부모들을 ADHD 성인으로 주로 진단해버린다. 종종 한쪽 부모가 자녀의 증상에 대하여 설명할 때 불편해하거나, 의자에서 몸을 뒤척거리는 것을 알아차릴 것이다. 이따금씩 다른 한쪽 부모는 '알 만하다.'는 얼굴로 자신의 배우자를 보게 된다. 때때로 한쪽 부모는 엉겁결에 "그건 내 어릴 적 얘기 같은데." 하고 말해버릴 것이다. 또는 때때로 다른 한쪽 부모가 동정조 또는 비난조로 "다 당신 이야기같이 들려요! 내가 당신한테 아이가 당신과 똑같다고 항상 말해왔잖아요."라고 말할 것이다.

ADHD 성인 진단에 친숙해지기 위해서 우리는 다음과 같은 문제들을 논의할 것이다.

- 어떻게 ADHD 증상이 아동기부터 성인기까지 지속되는가?
- ADHD 성인 출현율
- DSM-IV성인 진단 기준에 대한 비판점과 대안적인 ADHD 성인 진단 기준
- ADHD 성인의 증상 범위

• ADHD 성인의 공존장애

진단

초기 연구에서 ADHD로 진단된 아동 중 30~50%가 성인기에까지 ADHD 증상을 보인다고 밝혔다(Gittelman et al., 1985; Mannuzza et al., 1991, 1993; Weiss et al., 1985). 우리가 살펴본 것처럼 일반 문헌에서도 성인기 ADHD에 대해서는 상대적으로 관심이 적었다(Spencer et al., 1994). Quinn(1997)은 유년시절에 ADHD 증상을 보이는 사람 중 40~50%가 성인이 되어서 ADHD가 발현하며, 10~15%는 심각한 증상을 보였다고 추정하였다. 우리는 이러한 추정은 매우 낮은 것이며, 후속 연구가 계속된다면 상당히 증가할 것이라고 생각한다.

DSM-III(APA, 1987)에서는 하위유형에 속하는 성인 가운데 잠재적으로 '지속되는' ADHD만 언급하고 있다. 실제적인 목적에도 불구하고 DSM-IV에는 성인기에서의 ADHD를 더 이상 설명하지 않고 있다. '청소년과 성인의' ADHD 증상에 대해 언급하고 있지만, 보다 구체적이고 차별적인 준거를 제시하지 못하고 있다. 실제로 이러한 진단 매뉴얼들은 아동 ADHD의 진단을 위해 만들어진 선별기준으로 성인 ADHD 증상을 설명할 수 있다고 보지만 이는 잘못된 것이다. 여러 측면에서 이러한 일반화의 오류는 청소년 ADHD 증상에 대해서도 마찬가지다.

성인 ADHD의 저명한 연구자인 Wender(1995)는 DSM-III가 성인 ADHD의 설명이나 차별적인 기준을 적절히 제공하지 못하고 있다고 비판하였다. 그는 ADHD가 아동기나 청소년기 이후에 사라질 것이라는 가정에 대해 이는 '형태가 바뀔 뿐 사라지지는 않는다.' 라고 반박했다. 또한 '잔존유형(residual type)' 이라는 ADHD 분류기준은 부분적인 회복에도 불구하고 장애가 지속된다는 것을 의미하기 때문에 잘못된 것이라고 주장했다. ADHD 성인을 아동기의 동일한 장애의 '연장' 으로 본다는 점에서 우리는 그의 견해와 일치한다. 그는 또한 많은 아동기의 증상이 '증상의 감소 없이' 단지 연령에 따른 모방 능력 및 적응 기술에 의해 변형되어 성인기까지 지속된다고 믿고 있다. 아동을 진단하기 위해 사용되는 기준이 성인에게 적절하지 못하다는 것을 강조하기 위해, 그는 '45세의 학식 있는 ADHD'를 진단하는 데에 DSM-III의 '놀이에 집착함'과 '게임에서 자신의 차례가 돌아오는 것을 기다리기가 어려움'이라는 준거를 사용할 수 있는가를 질문하였다.

Wender의 초기의 임상보고서(Wender, 1985; Wender, Reimheirr, & Wood, 1981)를 통해 그가 이름 붙인 'Utah 주의력결핍 과잉행동 성인 진단 기준'의 발달을 볼 수 있다. 이를 통해 제시하고 있는 그의 기준은 유년기의 증상과 현재 나타나는 성인기 행동 모두를 포함하고 있다. 유년기의 증상은 부주의, 과잉행동, 안절부절못하는 행동들과 같은, 이전에 우리가 묘사했던 것들과 일치한다. 또한 부주의와 과잉행동 같은 일반적인 성인 증상과 함께 충동성, 과업완수의 어려움, 조직화 문제, 스트레스에 대한 내성 부족과 같은 다른 증상의 발현에 대해서도 제시하였다. 최근에 제시한 기준(Wender, 1995)에서는 운동 및 주의력 증상의 발현에 대해 정의하고 있다. 또한 Hallowel과 Ratey(1994)도 수행저하, 조직화 문제, 늑장부리기, 과업의 미완성, 주의산만, 충동성/조급함, 안절부절못함, 기분의 양극화, 불안함/불안정한 감정, 걱정근심, 지루함을 참지 못함/자극에 대한 갈망 등을 포함하여, ADHD에 대해 보다 적합한 준거를 제시하고 있다. 일반적인 체크리스트로서 성인에 대하여 검토해보고 실제적인 선별도구로 사용될 수 있도록 이러한 기준들의 통합된 목록을 〈표 1-3〉에서 제시하였다. 환자의 행동을 관찰하는 것과 이러한 행동과 증상을 뒷받침하는 배우자나 생활에서 중요한 관계에 있는 성인의 피드백을 얻는 것이 항상 중요하다. 때때로 ADHD 성인들은 관계에서 나타나는 문제 행동들을 잘 알지 못한다.

Cantwell(1996)은 아동기 ADHD의 성인기로의 연장에 대한 연구를 요약하였다. "과거에는 ADHD를 지닌 모든 아동은 자라면서 '그 어려움으로부터 벗어난다.'고 여겨졌다. 이러한 '벗어남'은 사춘기가 시작

〈표 1-3〉 ADHD 성인 증상 목록

1. 과잉행동/안절부절못함	10. 낮은 자아존중감
2. 조급함	11. 충동성
3. 지루함을 참지 못함	12. 집중력의 손상/주의산만
4. 자극에 대한 강한 갈망	13. 과제 미완수
5. 정서적인 불안/불안정한 감정	14. 조직화 문제
6. 급한 성미	15. 학습부진
7. 부적절한 대처	16. 늑장부리기
8. 걱정	17. 약물 중독 경향성
9. 불안	

참조: Hallowell & Ratey(1994); Wender(1995)로부터 인용.

되면서 일어나는 것으로 여겨졌다. 이제 우리는 여러 연구를 통해서 이것이 사실이 아니라는 것을 알았다(p. 983).” 이에 앞서 Cantwell(1985)은 세 가지의 예후 범주를 제시했고, 그들 간의 관계에 대해 조사하였다. 성인 환자의 30%가 성인 초기에 ADHD 증상이 사라졌고, 40%는 사회적 정서적 어려움을 보이면서 성인기까지 지속되었으며, 30%는 알코올중독과 약물남용, 반사회적 행동을 포함하여 더욱 심각한 정신질환으로 악화되었다.

성인증상 범위

성인 ADHD의 증상은 연령이나 환경, 관계에 따라 종종 변하기는 하지만 대체적으로 아동기와 마찬가지로 나타난다. 주의력결핍은 확실히 성인기까지 지속되지만, 성인은 학교생활을 하지 않기 때문에 학교와 관련된 문제가 빈번한 스트레스 요인으로 여겨지지 않는다. 또한, 이러한 성인 중 몇몇은 그다지 주의력을 필요로 하지 않는 직업을 갖는 행운이 따르기도 한다(Wender, 1995). 그러나 주의력 문제 때문에 많은 사람들이 전문대학이나 기술학교에 진학하지 못한다는 보고가 있으며, 이로 인해 스스로를 다른 형제자매에 비해 ‘바보’ 또는 실패자로 표현하고, 직업을 얻지 못하거나 일자리를 자주 바꾸게 된다. Mannuzza와 그 동료들(1997)은 ADHD로 진단된 아동들을 성인 초기(24세)에 이를 때까지 주기적으로 면접했다. 연구자들은 통제집단에 비해 ADHD 성인들이 유의미한 정규교육을 받지 못했고, 직장 서열에서도 낮은 직급에 있다고 보고했다.

아동기의 주의력과 관련된 열악한 단기기억력은 종종 ADHD 성인들에게 명백하고 지속적인 문제가 된다. 단순한 업무나 지시에 대해 기억하지 못하여 가족, 친구, 동료, 고용주가 자주 비난을 하게 된다. 많은 성인들이 계획된 모임이나 기한이 정해진 일, 배우자를 만나거나 아이들을 태우러 가는 것, 직장에서 귀가할 때 사야 할 식료품 목록과 같은 일들을 잊어버린다고 보고하고 있다. 우리는 8장에서 이러한 증상이 결혼관계에 어떻게 심각한 영향을 미치는지 살펴볼 것이다. ADHD 성인의 배우자들은 종종 그들이 '세부사항과 일정을 일일이 챙겨주는 사람'이 된다고 이야기하였다.

과잉행동은 청소년기 후반에 끊임없이 안절부절못하거나 계속해서 움직이고 부산을 떠는 행동, 지루한 상황에 처할 때 가만히 앉아 있지 못하는 것과 같은 행동으로 변화되며 이는 명백하게 성인기까지 지속된다. 전문직에 종사하는 40세의 한 남자는 그의 삶에서 ADHD의 역할이 어떠했는지 이해하고 나서 울음을 터뜨렸다. 그가 ADHD에 대해 마침내 깨닫고 나서 그가 어린아이들과 놀아주거나 책을 읽기 위해 앉아 있지 못했던 '잃어버린 시간들'에 대해 후회했기 때문이었다.

이러한 증상은 많은 성인들에게 '양날을 가진 칼'이 되었다. 많은 ADHD 성인들에게 특히 짧은 시간에 업무를 수행해야 하는 일이거나 과도한 집중력이 필요한 특정한 직업이 적합한 것으로 나타났다. 여기에는 회사의 의사결정이나 병원의 응급실 근무 또는 전투기 조종과 같은 직업 영역이 포함된다. 그러나 부정적인 측면은 이러한 안절부절못하는 자세나 넘치는 에너지 때문에 그들의 배우자와 아이들과 친밀감을 갖거나 의사소통하는 기회는 적다는 것이다.

반면, 충동성의 경우 어른이라면 긍정적인 측면이 거의 없겠지만, 어린 시절에는 귀엽거나 사랑스럽게 보일지도 모른다. ADHD 성인은 종종 일상생활에서 의사결정을 제대로 하지 못하거나, 의사소통이나 관계에서 무모한 반응을 보임으로써 직업적인 책임감에 부정적인 영향을 미친다. 몇몇 ADHD 성인들은 불필요한 고가품을 배우자와 상의하지도 않고 충동구매하기도 한다. 다른 사람들에게 가혹하거나 비판적인 말을 하고 품위를 떨어뜨리는 성급한 말대답을 하기도 한다. 이러한 특성은 가정과 직장 환경에서 만성인 대인관계 문제와 관련이 있다. 배우자는 종종 이러한 특성을 '자기 파멸적인' 것으로 지각하는데, 그들은 이것이 ADHD 증상이라는 사실을 알고 나서도 여전히 그렇게 받아들인다. 성인기의 모든 ADHD 증상 가운데 충동성은 대인관계에 가장 부정적이다.

아동기와 청소년기에 정리정돈을 제대로 못해서 방을 어지럽히고 숙제를 잊어버리게 된다. 이는 성인기에도 직업이나 개인적인 상황에서 계속 곤란을 겪게 만든다. 예를 들어, 시간에 맞춰 깔끔하게 보고서를 준비하는 것이나 개인의 수입과 지출을 맞추는 것, 세금을 기록하는 것 등에서 어려움을 겪는다. 이는 자신에게 커다란 부담을 안겨줄 뿐만 아니라, 배우자나 고용주와의 관계에서도 즉각적으로 심각한 문제를 야기한다.

42세의 한 내담자는 전자제품 제조회사 조립부에서 10년 동안 일해왔다. 어느 날 고용주는 그가 높은 에너지와 열정, 사회성을 가진 것을 알고 판매 분야에서 일할 것을 제안했다. 몇 주 동안 교육훈련을 받은 뒤 그는 첫 번째 판매를 위해 길거리로 나섰다. 그가 2주 뒤에 돌아왔을 때, 그는 아주 놀랍게도 10건의 거래 가운데 8건을 성사시켜 거의 50만 달러에 달하는 계약을 성사시켰다. 그러나 그는 돌아오는 길에 8건의 주문 가운데 2건을 잊어버렸고, 나머지 가운데 3건은 혼동하여 결국 어떤 회사로부터 어떤 주문을 받았는지 명확하게 기억하지 못했으며, 몇 가지 구체적인 사항에 대해서는 기록조차 해두지 못했다.

운 좋게도 그의 상사는 그의 장점에 초점을 맞추고 그의 약점을 보완해주기로 했다. 그를 회사에서 제일가는 세일즈맨으로 임명하고, 노트북과 모뎀을 제공했으며, 그의 집에서 비서와 직통으로 연결할 수 있도록 했다. 각 계약에 따라서 사무실에서 일하기도 했고(때때로 회사 로비에 그냥 앉아 있거나), 계약 후에 즉각적으로 주문사항을 기록하여 온라인으로 회사에 보냈다. 그가 부부 상담에 의뢰되었을 때, 그의 연봉은 고소득자 계층에 속했다. 그의 세 번째 아내는 그의 급한 성격, 안절부절못하는 모습을 조금이라도 바꾸지 못한다면 이혼하겠다고 선언했기에 상담을 받으러 찾아왔었다. 그는 ADHD로 진단되었다. 약물치료는 집에 있을 때 그의 충동성을 누그러뜨리는 데 효과를 보였고, 그의 아내는 부부 상담에 열성적으로 참여했으며 좋은 진전을 보였다.

Wender(1995)는 ADHD 성인의 정서적인 불안을 내부적이거나 외부적인 요인 때문에 갑작스레 기분이 변하는 것으로 보았다. 이러한 불안 반응은 다른 기분장애와는 달리 종종 몇 분에서 몇 시간에 이른다. 그는 많은 ADHD 성인들이 그들의 아동기와 비교해볼 때, 더 위축되거나 더 고조된다고 보고하였다. 그러나 우리의 임상실제에서는 많은 ADHD 성인들이 위험하거나 흥분되는 활동을 통해서 자극을 찾고자 하였다. 예를 들어, 우울증상을 가진 50대의 한 ADHD 환자는 '소진되었다.' 보고되었다. 그는 지난 5년 동안 모든 것—급류타기, 암벽등반, 비행기에서 뛰어내리기, 아프리카에서 사냥하기, 패러세일링 등—을 다 해보았다. 최근에 그는 마지막 모험에서 골반과 다리가 부러져 회복되는 중이다. 또 다른 48세의 ADHD 환자는 스카이다이빙에서 하강 도중 낙하산이 제대로 펴지지 않아 발목과 다리가 심하게 부러지기도 했다.

공존장애 패턴

ADHD 성인을 대상으로 차별적인 진단규준을 만드는 작업에 여러 제한점이 있는 것과 대조적으로, ADHD 성인이 보이는 정신의학적인 공존장애에 어떤 것이 있는지 설명하려는 시도가 늘어나고 있다. Holdnack과 동료들(1994)은 ADHD 성인에게 다면적 인성검사(MMPI)를 실시한 후, ADHD 성인은 다양한 하위유형 검사에서 '경도에서 중등도'에 이르는 정신장애를 보인다고 보고하였다. Shekim과 동료들(1990)은 19~65세까지의 ADHD 성인을 대상으로 한 연구에서 피험자 중 12%만이 공존장애를 보이지 않으며 53%는 일반화된 불안장애, 34%는 알코올중독, 30%는 마약중독, 25%는 기분장애, 25%는 조울증이라는 공존장애를 보인다고 보고하였다. Tzelepis와 동료들(1994) 역시 자발적으로 상담에 응한 81.5%가 남자인 ADHD 성인을 대상으로 한 연구에서, 다음과 같은 공존장애가 나타남을 보고하였다. 즉, 29%는 우울증, 19%는 기분장애, 25%는 불안장애(대인관계공포증이 11%로 가장 흔함), 38%가 알코올중독, 26%가 마약중독을 나타낸다고 하였다. Biederman과 동료들(1993)은 의뢰된 ADHD 성인들 가운데 31%가 우울증을 겪고 있으며, 이들의 친척 역시 높은 빈도로 우울증을 보인다고 보고하였다. 즉, 통제집단에서는 단지 5%의 빈도로 우울증이 나타나는 것과 비교해볼 때 피험대상인 ADHD 성인의 친척 중 17%가, ADHD 성인의 가족 중 아동의 29%가 우울증을 보인다고 보고하였다.

Wilens와 Lineham(1995), Wilens와 동료들(1995b)은 ADHD 성인은 기분장애, 불안장애, 성격장애, 학습장애뿐 아니라 약물중독과 같은 공존장애가 전형적으로 나타난다고 보고하였다. Wilens와 동료들은 ADHD 성인은 일상생활에서 '사기저하와 낮은 자존감'을 일으키는 다양한 경험을 한다고 설명하였다. Wilens와 동료들은 또한 완고함, 꾸물거림, 열악한 조직능력, 친구, 배우자, 권위 있는 인물과의 불화가 그들에게 공통적으로 나타나는 특징이라고 언급하였다.

한 종단연구에서는 두 ADHD 성인의 일상생활을 비교하였다(Kramer, 1986). 이 ADHD 성인들은 각각 9세와 11세 때 처음 ADHD로 진단되었고 21세 때 추후진단을 받았다. 두 ADHD 성인의 개인사는 매우 비슷하였는데, 단지 어렸을 때, 두 사람 중에 더 공격적이었던 사람이 청소년기에서와 성인이 되었을 때도 더욱 공격성을 보이며 반사회적인 행동을 보인다는 점에서 차이가 났다.

대부분의 연구에 따르면, 아동기에 나타난 품행장애, 기분장애, 불안장애라는 공존장애는 성인기에도 계속된다고 한다(Anderson 등, 1987; Cantwell, 1985; Cantwell & Baker, 1989; Gittelman 등, 1985; Mannuzza 등, 1991; Weiss등, 1985). Biederman과 동료들(1993)은 통제집단과 비교해볼 때 ADHD 성인은 유의미하게 높은 빈도로 반사회적 성격장애, 품행장애, 반항장애, 약물중독, 불안장애, 유뇨증, 말더듬, 언어장애 등을 보인다고 보고하였다. Wender(1995)는 성인이 되어서도 품행장애가 계속될 수 있음을 이해하려면 품행장애, 반사회적 성격장애에 더욱 주의를 기울여야 한다고 제안하였다. 그리하여 Wender는 품행장애와 ADHD의 공존을 확인하기 위한 연구가 필요하다고 역설하였다. Biederman과 동료들(1993)은 또한 ADHD 아동에게는 반항장애가 자주 나타나는 반면, ADHD 성인에게는 품행장애, 약물중독, 불안, 말더듬 등이 빈번하게 출현한다는 점을 발견하였다. Carlson과 동료들(1987)은 ADHD 성인의 '병적인 도박' 과 아동기 ADHD 병력 사이에 '강한 상관' 이 있다고 보고하였다. Schubiner와 동료들(1995), Wilens와 동료들(1995b)은 ADHD 성인에게 이중 진단규준을 찾으려는 노력과 그에 따른 어려움을 설명하였다.

ADHD 아동이 보이는 인지장애와 학습장애는 성인기가 되어서도 지속된다는 것이 발견되었다. 초기 연구(Hopkins 등, 1979)에 따르면, ADHD 성인은 선택하는 것을 어려워하고 부적절한 자극에 주의가 산만해진다고 한다. 또 ADHD 성인은 부정확한 언어적 반응을 하기 쉽다고 보고된다. Biederman과 동료들(1993)은 ADHD 성인과 통제집단을 비교해본 후, ADHD 성인이 지능검사의 어휘, 토막짜기, 숫자, 산수, 읽기 이해 소검사의 점수가 낮을 뿐 아니라 전체 IQ점수, 주의집중 점수가 유의미하게 낮음을 발견하였다. ADHD 성인과 ADHD 아동을 비교했을 때, ADHD 성인은 토막짜기에서 ADHD 아동에 비해 더 낮은 점수를 보인 반면, ADHD 아동은 어휘, 숫자, 주의집중에서 성인에 비해 낮은 점수를 보였다. Biederman과 동료들은 아동기에 나타나는 이와 같은 인지적인 결손은 성인기에도 계속하여 뚜렷이 나타난다고 결론지었다.

Holdnack과 동료들(1995)은 통제집단과 비교해볼 때 ADHD 성인남성은 협응 속도가 느리고, 습득 정보가 적고, 일관성이 낮게 의미를 조직하고, 기억력이 낮고, 전반적으로 인지처리 속도가 느려 간섭이 일어나 구체적인 항목을 회상하는 데 어려움이 있다고 보고하였다. 20대 중반인 ADHD 성인남성을 대상으로 한 회고적인 연구에 따르면, 이 ADHD 성인은 통제집단과 비교해볼 때, 유의하게 낮은 철자, 수학, 독해력 수준을 보인다고 보고하였다(Claude & Firestone, 1995). Wender (1995)는 ADHD 성인에게서 보이는 전형적인 증상으로는 난독증과 읽기장애가 있다고 보고하였다. Wender는 또한 산수장애가 미적분학 같은 고도의 수학적 추론에 영향을 미치지 않는다는 사실을 관찰하기도 하였다. 예를 들어, ADHD인 과학자나 엔지니어는 복잡한 실험을 수행할 수 있지만, 간단한 산수에서 실수를 하고 본인의 금융기록을 결산하는 데 어려워할 수 있다.

마약중독과 알코올중독은 ADHD 성인군에서 쉽게 찾을 수 있는 공존장애다(Eyre 등, 1982; Rounsaville, 1993; Wood 등, 1983). 하지만 약물중독으로 진단되어 처치받고 있는 많은 성인이 ADHD를 함께 가지고 있다고 진단되는 경우는 거의 없다. Schubiner와 Tzelepis(1996)는 700명의 약물중독 성인을 대상으로 연구한 결과 피험자 중 25%가 DSM-III(APA, 1987) ADHD 준거에 따라 ADHD로 진단될 수 있었는데, 이들 중 70%가 남성임을 발견하였다. 이런 공존장애 양상은 ADHD 성인에게 흔히 나타나는 교통법규위반, 우울증, 반사회적 성격장애와 연관되어 있었다. Biederman과 동료들(1995b)은 일반 성인집단과 비교하여, ADHD 성인집단에서 약물중독 현상이 유의미하게 높게 나타나 52~77%까지 보인다고 보고하였다. Biederman과 동료연구자가 ADHD 집단에서는 약물중독과 약물 및 알코올중독이 높은 빈도로 나타나고, 공존하는 정신장애가 무엇이든지 약물중독의 위험도가 높음을 보고하였다. Schubiner와 Tzelepis(1996)는 ADHD 성인에게서 주로 보이는 약물중독은 흔히 생각하듯 코카인이 아니라 알코올이라고 보고하였다.

ADHD 성인이 보이는 약물중독의 양상을 살펴보면, 알코올중독 23%, 마리화나중독 9%, 코카인중독 6%, 여러 종류의 마약중독 5%의 순으로 나타났다(Tzelepis 등, 1994). Wilens와 동료들(1994)이 유사하게 마약중독이 17~45%, 알코올중독이 9~30%라고 보고하였다. Schubiner와 동료들(1995)은 여러 ADHD 남자성인을 대상으로 약물중독을 연구하여, 알코올 사용에 대해 자기치료이론을 지지하였다. Schubiner와 동료들은 또한 약물중독을 보이는 ADHD 성인의 처치에 각성제(psychostimulant)를 성공적으로 사용하여, 치료 후 2~3년간 알코올과 마약을 남용하지 않았다고 보고하였다. 하지만, Wilens와 동료들(1994)은 현재 약물중독인 ADHD 성인에게 각성제 약물투여를 시작하기 전에 먼저 '안정시키라고' 권고하고 있다.

ADHD 성인이 보이는 일반적인 정신의학적인 공존장애는 〈표 1-4〉에 목록화되어 있다.

다음 장에서는 적절한 ADHD 진단시기와 판별진단과 관련된 딜레마에 대해 논의하려고 한다.

〈표 1-4〉 ADHD성인에게 나타나는 정신의학적 공존장애

1. 불안장애	6. 성격장애
2. 물질중독	7. 학습장애
3. 우울증	8. 품행장애
4. 기분부전장애	9. 반항장애
5. 조울증	10. 언어장애

2 임상평가: 진단, 조언, 검사, 약물치료

ADHD의 평가는 중요한 임상 과정으로, 대부분의 경우 가족과의 상호작용을 통해 자세한 병력을 수집하고, 심리검사 자료를 활용하며, 약물을 사용하기 위해 의학적 평가를 하는 과정 등으로 이루어진다. ADHD를 평가하고 치료할 때는 여러 영역이 팀을 이루어 작업하는 것이 효과적이다. 실제로 상담자 혼자서 전 평가과정을 수행할 수 없기 때문이다. 다음 장에서는 여러 영역 간 팀 작업의 중요성을 논의할 것이다. 하지만 ADHD 내담자와 가족을 다루는 전문상담자는 전 과정의 구성요소를 이해하고, 필요할 때 의뢰하는 것이 중요하다.

이 장에서는 다음과 같은 실제적인 측면을 논의하고자 한다.

1. 이전에 치료를 받은 경험이 없거나 혹은 하나 이상의 다른 장애로 치료를 받은 경험이 있는 아동, 청소년, 성인에게서 나타날 수 있는 ADHD 증후군 파악하기
2. 진단규준과 일치하는 증상의 발달과정 상세히 기록하기

3. DSM-IV 규준과 일치하는 특정한 증상 판별하기
4. ADHD 증상이 부모와 자녀 간, 형제자매 간의 상호작용뿐 아니라 당사자의 전 발달과정에 끼치는 영향 확인하기
5. ADHD 증상이 ADHD 성인의 가족과 부부관계에 끼치는 영향 확인하기
6. ADHD 증상으로 인해 ADHD 아동이 학교와 사회에서 나타내는 구체적 기능장애 판별하기
7. ADHD 증상으로 인해 교육, 직업 현장에서 ADHD 성인이 겪을 수 있는 구체적 기능장애 판별하기
8. 학교나 직장에서 물리적, 업무적 편의나 조정이 필요한지 결정하기
9. 교육, 심리검사의 필요성
10. 정신약물 평가의 필요성
11. ADHD 본인과 그 가족을 위하여, 학교나 직장에서의 효과적인 중재 계획 세우기
12. 가족과 관련이 있는 상담전문가나 교육전문가의 컨설팅이 필요한지 결정하기

ADHD 판별진단

ADHD는 공존장애가 많고 또 자주 같이 나타나기 때문에, ADHD 판별진단은 특히 상담자들이 어려워하는 부분이다. 공존 정신장애들이 잘못해서 ADHD로 진단되는 경우도 있지만(AACAP, 1997), 우리는 ADHD 증상이 종종 다른 장애로 위장되거나 또는 많은 상담자들이 알지 못한 채 지나치는 현상에 더 관심을 두고 있다. ADHD를 겪고 있는 많은 사람들은 한 번도 ADHD로 진단되지 않거나 혹은 시의적절하게 진단되지 않을 수 있다.

대부분의 아동과 성인들은 ADHD가 아닌 공존장애로 상담을 받으러

온다. 이러한 점을 볼 때 ADHD 판별진단은 더욱 중요하다 할 수 있다. 교사와 마찬가지로 상담자들은 ADHD와 반항성 장애, 품행장애 증상을 구별하는 어려움에 계속 부딪히고 있다. 특히, 초등학교에서는 부주의 유형 ADHD 아동을 인식하기가 어려운데, 이들은 보통 교사들에게 명석하고 유능하게 보여서 단지 게으르고 동기부여가 되지 않은 것으로 비춰진다. 이런 아동들의 지적 자원은 종종 ADHD 증상을 가린다(Bar-Josef et al., 1995). 임상가들은 잠재적으로 존재하는 정신장애 외에 아동 · 청소년 집단에서 나타나는 가족역동과 학습장애도 선별해야 한다. (1) 우선 가족역동이 약물남용, 가족갈등, 이혼 등으로 ADHD 증상에서 비롯된 것이 아닌 유사 증상을 더 심화시키는지 혹은 기저에 깔린 ADHD 증상을 감추고 있는지 살펴야 하며, (2) 학습장애가 ADHD와 무관한 것인지 아닌지를 선별해야 한다.

상담기관이나 개인 상담소에서 근무하고 있는 상담자들도 위와 같은 딜레마가 있는데, 이는 대부분 ADHD 아동과 성인이 의뢰한 문제들이 명확한 ADHD 증상보다 공존장애 증상을 밝히는 것이 흔하기 때문이다. 이런 분야에 더 유능한 상담자들은 ADHD 위험신호를 알아차려야 한다. 보통 ADHD 위험 신호는 가족, 동료, 사회 대인관계에서 계속해서 나타나는 갈등과 일상생활의 어려움 속에 깊숙이 자리잡고 있다. 그러므로 관찰과 진단 능력이 상담자의 역할을 좌우하게 될 것이다.

ADHD 판별진단의 중요성은 문헌을 통해서도 제기되어 왔다. Quinn(1997)은 다음과 같은 의문을 제기했다: "ADHD 아동이 과도한 불안에서 생긴 과잉각성 상태에 있는가? 아니면 불안장애를 보이고 있는가? 상담자들은 각 사례마다 앞에서 제기한 의문에 답하는 것이 필요할 것이다(p. 215)." Cantwell(1996)은 이 의문에 대한 답을 다음과 같이 요약하고 있다: "판별진단을 통해 다른 정신장애, 발달장애, 의학 · 신경학적 장애를 가지고 있는지 밝혀야 하며 이러한 장애들이 공존장애인지 아니면 단지 유사 ADHD 증후군인지 판별해야 한다(p. 981)." Gadow와 Sprafkin(1996)도 다음과 같이 진술하고 있다: "정서 · 행동장애는 일반적으로 특정한 중재 유형에 가장 효과가 좋으며, 혼합장애들은 주로 사례 관리가 복합적이기 때문에, 어린 아동이 겪고 있는 장애의 유형을 정확하게 판별하는 것은 매우 중요하다(p. 1)."

ADHD 판별진단에서 가장 어려운 사항 중 하나는 ADHD와 양극성 장애를 구별하는 것이다. Strober(1996)는 양극성 장애 아동 · 청소년 54명을 5년에 걸쳐 종단 연구한 결과, 양극성 장애를 ADHD로 잘못 진단해서 적합한 처치가 지연됐으며 때로는 성인기까지 지연됐다고 보고했다. 그는 양극성 장애 아동들이 성급하고, 감정상태가 불안정하며, 정서가 불규칙적이고, 불안, 과잉행동 혹은 경조증을 보인다고 하였다. 그는 양극성 장애가 종종 ADHD로 잘못 진단되는 것은 초기 양극성 장애에서 나타나는 심한 수다와 과잉행동과 같은 '정서 폭발'이 존재하기 때문이라고 하였다. 그러면서 양극성 장애 아동 · 청소년이 기분변화를 더 지속하는 경향이 있고, 극도로 흥분한 목표지향적 행동, 슬픔 · 회의 · 불안에 더 민감성을 보인다는 유용한 차이점들을 제공했다. 또한 그는 많은 양극성 장애 성인들이 아동 · 청소년기에 ADHD로 진단되고 각성제를 투여받은 사실을 회상한다고 덧붙였다.

아동 정신약물학자인 Popper(1989)는 양극성 장애와 ADHD, 이 두 장애를 아동 · 청소년기에는, 많은 유사한 특징들 때문에 구분하기가 매우 어렵다고 하였다(충동성, 부주의, 과잉행동, 신체 에너지, 행동 정서적 불안정성, 자주 나타나는 공존장애인 품행장애, 자주 나타나는 적대적 반항장애, 학업문제, 인지적 느슨함, 수면 중 끊임없는 움직임, 기분장애, 가족사와 같은). 그는 두 장애를 구별하는 주 요인을 다음과 같이 요약하고 있다.

- 일반적으로 ADHD 아동은 정신병적 증상이 나타나지 않는다. 반면 양극성 장애 아동은 사실을 인식하거나 정서적인 경험에서 편집증적 사고나 가학적 충동 같은 심한 왜곡을 보인다.
- ADHD 아동은 부주의해서 물건을 파괴하거나 깨트리는 일이 있을 수 있다. 그러나 양극성 장애 아동은 화와 조증 상태를 포함하는 보

다 심각한 기질상의 분노를 표출한다.

- ADHD 아동의 분노는 일반적으로 20~30분 이내에 가라앉는다. 그러나 양극성 장애 아동의 분노는 몇 시간 동안 지속되며, 그동안 ADHD 아동보다 더 퇴행하기도 하고 종종 신체적, 인지적, 언어적 기능을 잃을 정도에까지 이른다.
- ADHD 아동의 분노는 종종 감각 또는 정서적인 자극을 받아 촉발되는 반면에 양극성 장애 아동의 분노는 일반적으로 제한 상황에서 촉발된다.
- ADHD 아동은 종종 위험한 상황과 힘겨루기를 잘 잊어버리지만, 양극성 장애 아동은 위의 두 가지를 즐기는 것처럼 보인다.
- 양극성 장애 아동은 ADHD 아동보다 불유쾌한 상태이고 까다로우며 식욕과 몸무게에 변동이 더 많다.

Popper는 또한 이 장애들은 같은 아동에게 존재할 수 있으며 동시에 공존장애에 개입하기 위해서 각성제가 리튬 화합물 내에서 사용될 수 있다고 하였다. 즉, 그는 리튬이 양극성 증상을 통제한 후에도 ADHD 증상이 계속될 때 ADHD 추가진단과 '리튬 · 각성제 처치'가 적절하다고 제안하였다.

Reiff와 그의 동료들(1993)은 ADHD 아동 · 청소년 평가과정에 다음과 같은 사항을 포함할 것을 권장했다.

1. 발달, 의학, 사회력을 파악하기 위한 부모면담
2. 발달수준과 종합 증상을 판별하기 위한 아동면담
3. 건강, 감각, 신경학적 검사를 위한 의학적 평가
4. 인지적 평가
5. 부모 교사 평정척도
6. 언어, 문법, 운동 기능 평가

몇몇 상담자들은 위와 같은 광범위한 평가가 포함된 견해에 압도될

지도 모른다. 또한 많은 사람들은 스스로 이런 유형의 평가를 실시하기 위한 교육을 받지 않았다고 느낄지도 모른다. 그러나 우리가 이 장과 다음 장에서 평가와 개입에 대해서 논하게 되면, 다른 전문가들과 전문분야 간 네트워크 속에서 작업하는 이점들이 분명해질 것이다.

초기 진단시기

상담자는 아동 · 청소년 · 성인들의 초기 ADHD 진단시기가 아주 다양하다는 것을 인식하고 있어야 한다. ADHD를 겪고 있는 대다수의 사람들이 학령기에 ADHD로 진단되지 않았고, 아마 앞으로도 그럴 것이다. 아마도 ADHD 인구의 1/4보다 적은 사람들이 학령기 전이나 초기 학령기에 진단될 것이다. 장애에 대한 전문가와 부모의 인식이 증가하고 있는 만큼 이제 입학하는 아동들 세대에는 변화가 있기를 바란다. 그러나 우리는 ADHD로 진단되지 않은 사람들 중 50%가 이 장애의 영향 또는 치료의 필요성에 대한 인식이 없는 채 초기 성인기, 결혼, 부모 역할을 하면서 ADHD로 인해 어려움을 겪을 것으로 예상한다. 불행히도 ADHD 진단은 여전히 성패에 운을 맡기고 있으며, 교사, 소아과 의사, 상담자, 부모, 다른 관련된 사람들에게 의존하고 있다.

많은 아동, 청소년, 성인 내담자들이 ADHD 증후군들을 가지고 있어서 수년 동안 장애 때문에 심리치료를 받아왔지만, 정작 상담자들은 그것을 알아차리지 못하고 인식할 수 있는 능력조차 없었다. 많은 ADHD 아동들의 현재 증상들은 면전에서 받아들여졌지만, 상담자는 ADHD 위험신호인 개인사와 기저에 깔린 행동들을 고려하지 못했다. 우리는 종종 학업에 실패하였지만 교사와 학교 상담자들과 학교 심리전문가들이 ADHD인지 지각하지 못한 아동과 청소년들을 만난다. 또한 학교에서 심각한 행동으로 갈등을 겪고 있는 아동과 청소년들을 볼 수 있다. 그들 중 몇몇 학생은 퇴학당할 처지에 놓이기도 했다. 학교에서 문제의 원인이 되는 ADHD 증상은 아예 무시되거나 심지어 전문가들에게 공공연하게 부인되기도 했다. 또한 우리는 부모가 몇 년 전에 ADHD와 관련된 어떤 기사를 읽거나 들은 후 자녀가 ADHD일 가능성을 제기했을 때, 교사와 학교 상담자들이 그들의 견해를 간과해왔다고 하소연하는 것을 듣는다.

또한 교사와 학교 상담자들에게 게으르며 자신의 능력보다 성적이 낮고 동기화되지 않은 학생으로 계속 낙인 찍혀 왔던 많은 아이들은 5, 6학년 때 기초 읽기능력과 수학능력이 떨어진다. 많은 교사와 학교 상담자들은 적어도 평균 또는 평균 이상의 지능을 가진 아동이 학업을 어려워하고 실패하는 원인에 대해 의문을 제기하는 임상훈련을 전혀 받지 못했거나 혹은 그러한 것들을 알아볼 시간적인 여유가 없다.

어떤 부인이 최근에 아들이 다니는 초등학교 교장선생님으로부터 다음과 같은 말을 들었다 **"5학년인 아들이 과제를 하지 않았으면서 깜빡 잊고 가져오지 못했다고 거짓말을 하기 때문에, 14세가 될 때에는 반사회 · 폭력 성향이 있는 정신질환자가 될 것이며 엄마는 이 점을 고려해야 합니다."** 아들은 학교와 무관하게 ADHD로 진단되었다. 그러나 자신과 교사들, 교장선생님이 함께 한 자리에서 상담자가 실시한 심리측정 결과들이 제시되었는데도 교장선생님은 그 아이는 단지 게으를 뿐이므로 어머니의 지도가 많이 필요하다고 계속 주장했다.

최근에 한 상담자가 이제 막 중학교에 들어간 13세 소녀를 평가하게 되었다. 이 학생은 친구들과 싸우고 교사들과 갈등을 겪어서 의뢰되었다. 짧은 전화면담에서 한 교사는 그 학생이 새 학교에 입학한 지 두 달 후에 말썽꾸러기로, 심지어 위험한 학생으로까지 낙인 찍혔다고 하였다. 학교 상담자는 "나는 그 애가 거의 글을 읽지 못하는데 어떻게 7학년까지 다녔는지 이해할 수가 없어요."라고 말했다. 이 학교 상담자는 학생의 문제행동과 학업실패로 다섯 차례에 걸쳐 면담을 했고 교감선생님과 부모에게 아이가 지적 잠재성이 낮다고 보고했다.

학생이 수업 중에 발표를 함에도 불구하고, 그 상담자는 보다 구체적으로 학습 잠재력을 측정하기 위한 평가를 하지 않았다. 보통 교사들이 하는 것처럼, 아마도 당연하게, 이 상담자도 그 학생의 극적이면서 때로는 위협적인 행동에만 반응을 보였고, 학생의 전반적인 어려움을 구체적으로 찾으려고 하지 않았다. 상담자가 참석했을 때조차도, 학교 교직원들은 그 학생이 일차적으로 행동문제들을 가지고 있으며 그에 대한 치료를 받도록 해야 한다고 느끼고 있었기 때문에 여전히 그 학생에게 검사를 실시하는 것을 거부하고 있었다. 우리는 비밀리에 그 학생에게 검사를 실시했고, 검사결과 ADHD로 진단되었다. 한편, 그 학생의 WISC-III 검사 결과는 138이었다!

우리는 현장에서 이와 유사한 상황에 매일 부딪힌다. 교사 혹은 학교 행정가들이 아동과 청소년에게 부여한 낙인을 넘어서서 아동을 바라보는 것이 중요하다. 상담자는 개인의 사회사 · 교육사 속에 나타날 수 있는 ADHD 증후군을 잘 인식하고 있어야 하며 수집된 임상정보들을 바탕으로 ADHD 진단을 내리거나 배제할 수 있어야 한다. 많은 다른 정신장애 증상과 달리 ADHD 증상은 삶의 이른 시기부터 가족체계 속에서 서로 주고받으며 나타날 수 있다.

지나치게 과잉행동적인 ADHD 아동은 2, 3세와 같이 이른 시기에 진단될 수 있다. 반면에 대부분의 ADHD 아동들의 경우는 유치원에 가거나 초등학교에 입학하고 나서야 알게 된다. 부주의가 우세한 ADHD 아동들은 사춘기 초기인 중학교와 같이 어려운 전환점에 이를 때까지 진단되지 않을 수도 있다. 사실, 이런 부주의 아동 · 청소년들 중 다수가 학령기 동안 진단되지 않기도 한다.

교육 · 심리 검사와 절차

ADHD 내담자와 가족들을 상담하는 상담자는 심리검사를 실시하는 것에 익숙하지 않더라도, 검사와 절차, 평가자료를 이용하는 것에는 친숙하다. 주로 과거병력과 임상 관찰에 의존하고 있는 다른 일반 정신건강진단과 달리 ADHD 진단은 심리측정적 자료들에 바탕을 두어야 한다. 게다가 이 정보들은 상담자에게 교육적이고 임상적인 개입을 안내하는 특별한 자원들을 제공해준다.

공립학교는 주 · 연방 법령에 따라 학습장애(LD) 아동을 선별하도록 되어 있다. 만약 한 아동이 많은 과목들에 낙제했거나 읽기, 수학 같은 어떤 기초학습능력이 많이 뒤처진 경우, 학교는 그 학생이 학습장애아인지 아닌지를 평가하는 검사를 실시할 것이다. 보통 이 일은 학교에서 아동의 실제 수행과 다양한 검사도구로 측정된 능력 사이의 불일치에 따라 판별한다. 그러나 교사는 부모에게 자녀의 검사결과가 양호하다고 말할 것이다: "검사결과, IQ는 평균이며 다른 검사결과들은 아이가 수학공부를 좀 더 열심히 해야 할 필요가 있음을 보여주고 있습니다. 아이는 특수교육 서비스를 받을 필요가 없습니다."

이와 같은 엉성한 틀은 평균 혹은 우수한 지능을 가지고 있으면서 특수교육 서비스에 적합하지 않거나 서비스가 필요하지 않은 상당수 ADHD 학생들에게 합당한 것처럼 될 것이다. 물론 그 검사는 ADHD 학생의 50% 정도가 학습장애를 가지고 있음을 밝히는 데 도움을 줄 수 있다(Shaywitz & Shaywitz, 1988). 그러나 그들이 학습장애로 진단된다 하더라도, 많은 교사들은 ADHD가 그다지 심각하지 않다면 밑바닥에 잠재해 있는 ADHD 증상들을 평가하거나 알아차리지 못할 것이다. 어떤 평가자들은 특히 외부 전문가나 부모들이 ADHD 증상을 고려해 달라고 요청한 경우에도, 검사에서 ADHD 증상과 유형들을 간과하거나 인식하지 못할 것이다. 확실히 많은 학교에는 검사 자원과 재정이 제한

되어 있다. 그러나 여전히 ADHD 진단을 정당한 것으로 받아들이기를 거부하고 있는 학교 행정가들이 있다. 최근 한 교감선생님은 다음과 같이 말했다: "당신이 어떻게 그 학생이 ADHD인지 확신할 수 있소? 그것이 정당한지 아닌지를 아는 사람은 아무도 없습니다."

검사와 평가와 관련된 학교정책은 주와 지역사회 정책에 따라 다양하다. 예를 들어, 우리가 가끔 검사 승인을 요구할 때마다 서부지역 주의한 행정가 집단은 우리가 ADHD 검사비용을 상환해달라는 요청에 불만을 표했다: "이런 종류의 검사는 정신건강 전문가가 아닌 학교가 실시해야 합니다. 학교가 늘 그렇게 해왔기 때문에 지역사회에서는 그 비용을 지불할 필요가 없습니다." 그러나 우리 지역사회의 학교 경영자들과 학교 심리전문가들은 검사를 실시하지도 않고 ADHD 진단을 내리지도 않고 있다. 그들은 ADHD는 정신장애이므로 자신들의 분야가 아닌 전문가 영역이라는 입장을 취하고 있다. 그러나 우리가 진술한 바와 같이 그들은 학생을 평가해야 하고 학습장애의 가능성을 배제시켜야 한다. 그들은 이러한 평가과정을 통해 만약 ADHD가 존재한다면 그것을 드러내는 자료들을 수집할 것이다.

그러므로 지역사회 내 정책에 따라 개인적인 검사로 방향을 전환하는 것이 필요할지 모른다. 이런 검사를 의뢰하는 것은 주의 깊게 이루어질 필요가 있다. 우리가 종종 같이 일하던 또 다른 행정가 집단은 그들이 바라는 조건으로 ADHD를 위한 검사 비용을 지불하려고 하였다. 이것은 의뢰자의 요구와 상관없이 MMPI에서 투사검사에 이르는 광범위하면서도 비싼 심리검사($900~$1,200)를 실시하는 임상심리학자들에게 의뢰하는 것을 의미한다. 우리가 이 행정가 집단에게 이러한 검사의 많은 부분이 불필요할 뿐만 아니라 ADHD를 평가하는 검사와 관계가 없다고 말해왔지만, 그들은 그냥 실시하라는 입장을 취해왔다.

우리가 학교현장에서 일하면서 접하는 또 다른 딜레마는 학교에서는 ADHD 검사를 기꺼이 실시하고자 할 때조차도 당장 실시해야 하는 것으로 여기지 않는다는 점이다. 검사의 실시는 종종 다음 학기나 학기 말까지 지체된다. 물론 여름방학이나 학기 초반에 검사를 실시하는 것은 일반적으로 불가능하다. 만약 상담자와 부모가 진단을 확고히 하기 위해서 검사결과가 필요하거나 진단결과가 치료와 의학적 개입에 영향을 미친다면 그러한 학습지체는 아동에게 심한 어려움과 더 큰 학습 잠재력의 손실을 가져다줄 수도 있다. 이런 논쟁에서 상담자들이 할 수 있는 일은 ADHD 가족에게 시기적절한 검사를 의뢰하는 것이다.

상담자들은 주로 ADHD 아동과 청소년들을 직접 다루므로 ADHD 검사에 경험이 있는 심리진단가를 찾는 일이 필수다. 우리는 심리진단가라는 용어가 검사전문가의 주요한 역할을 폭넓게 정의하기 때문에 이 용어를 사용하도록 하겠다. 심리진단가들은 특수교육 교사, 학교심리전문가 혹은 임상심리학자가 될 수 있다. 그러한 자원들의 요구는, 그가 개인 상담소에 근무하든지 기관에서 일하든지 간에 상담자와 부모가 학교와 함께 일하면서 접하게 되는 두 딜레마에 초점을 두고 있다. 우선 우리가 언급한 것처럼 많은 학교에서 ADHD가 교육적인 장애가 아닌 정신장애이기 때문에 ADHD 진단을 하지 않거나 할 수 없을 것이다. 그러나 우리는 학교 교사나 학교 상담자들이 부모에게 자녀가 분명히 ADHD가 아니며 단지 더 열심히 노력해야 하고 부모의 지도가 더 많이 필요할 뿐이라고 얘기하는 것에 아주 질겁하였다. 그러나 보다 책임감이 있는 학교에서는 부모에게 자녀의 진단을 위해 소아과 의사나 상담자에게 데려갈 것을 제안할 것이다. 두 번째로 많은 학교 행정가와 학교심리 전문가들은 특히 학생이 거의 또래 수준의 성취를 보일 경우 ADHD 선별을 위해 제한된 검사시간과 재정을 투자할 수 없거나, 기꺼이 투자하지 않으려 한다. 또한 자녀의 성격에 불만이 있는 부모의 검사 신청 요구가 무시되는 경우가 허다하다.

우리는 아동과 청소년의 교육심리검사에 전문적인 한 임상심리학자와 거의 10년 동안 함께 일해왔다. 우리는 부모들에게 이 임상심리학자에게 실제 검사를 의뢰하고 실시하는 것이 아주 유익하다고 알려주었다. 부모들은 추가적인 정보를 얻게 된 것에 감사했으며, 우리는 검사과정과 분리된 평가와 처치과정 속에서 우리의 역할을 유지할 수 있었다. 하나의 검사만으로도 ADHD를 진단할 수 있을 때가 종종 있었다. 우리가 ADHD 검사를 위해 내담자를 의뢰했을 때 전문적인 진단가는 우리가 바라고 있는 것을 정확히 알고 있었다. 진단가는 우리가 의뢰한 아동을 보기 전에, 우리의 관찰자료와 그 아동의 성격, 학습, 가족력을 미리 받아서 읽어보았기 때문에 방대한 작업을 반복하지 않는다(〈부록 2-1〉 참고). 우리는 또한 우울과 같은 공존장애를 밝히고 싶으면 진단가에게 의뢰할 것이다. 진단가는 우리가 하는 것과 같은 선별과정을 반복할 필요가 없기에 검사를 위해 두 번의 90분짜리 회기를 계획한다. 첫 회기에서는 아동용 웩슬러 지능검사(WISC-III)를 실시할 것이며, 두 번째 회기에서는 우드콕-존슨 교육심리검사(WJ-R)를 통해 능력 · 성취 검사를 실시할 것이다. 진단가는 우리가 공존장애에 관심을 보이면 다른 검사들을 실시할 수도 있다. 또한 우리는 부모에게 설명할 수 있는 간단한 보고서가 필요하거나 학교에 제출할 상세한 학습보고서가 필요할 경우 진단가에게 알린다. 진단가는 각 검사의 상세한 자료를 보내줄 것이며, 그 검사자료로 우리는 학생과 학생의 부모에게 ADHD와 관련된 정보들을 설명할 수 있고, 우리 자신의 견해를 세워 해석할 수도 있다. 또한 이 자료는 학교에 향후 학습 환경을 요청하고 상세한 치료개입을 수립하는 데 방향을 제시할 것이다.

심리진단가를 찾고자 한다면, 교육현장을 잘 이해하는 전문가를 찾을 것을 추천한다. 확실히 많은 임상심리학자들은 검사를 실시하는 데 능숙하다. 그러나 우리의 경험으로 볼 때, 많은 임상심리학자들은 진단의 주 관심사가 ADHD일 때조차도 광범위한 전통적인 심리검사(MMPI, TAT, 로샤 등)들을 실시한다. 앞에서 기술한 것처럼, 우리는 이것이 ADHD 검사사용을 정당화하고 검사를 실시하는 임상심리학자를 결정하는 행정가 집단을 다루는 데 특히 문제가 되는 것을 발견했다. 다른 심리검사와 마찬가지로 ADHD 검사의 보험혜택은 아주 다양하다. 기술상 우리가 ADHD로 언급하는 검사는 순수한 심리검사라기보다는 교육심리검사다.

ADHD 의뢰를 받은 유능한 심리진단가들은, 내담자 가족과 함께 작업하면서 임상적 역할을 촉진할 뿐만 아니라 ADHD 가족에게 보다 집중해서 효율적으로 저렴한 검사를 제공할 것이다. 우리와 함께 작업할 많은 가족들은 비용을 지불하는 학교나 보험 관리자들을 상대하느라 힘든 시간을 소모하기보다 사설검사에 돈을 지불하는 일을 선택할 것이다. 때때로 비밀보장의 문제는 부모에게 아주 중요하다. 예를 들어, 한 아버지가 최근에 검사비용을 사적으로 지불하고 싶다고 얘기하면서, ADHD나 LD 진단이 아이의 기록에 나타나지 않게 하고 싶다고 했다. 그는 고위 전문직에 일하고 있었으며 종종 귀찮은 과거 사건들이 보험 결제 과정에서 드러나는 것을 알고 있었다.

검사도구와 절차 소개

교육 · 심리 검사가 ADHD 평가에서 핵심요소이기 때문에 이 분야에서 일하는 상담자들은 주요검사에 친숙해질 필요가 있으며 부모와 ADHD 내담자에게 어떻게 해석해줄 것인가를 잘 알고 있어야 한다. 대부분의 상담자들은 교육과 훈련과정에서 전통적인 심리검사에 대해 더 많이 알게 된다. 전통적인 검사에는 로샤와 TAT, MMPI, 우울과 불안과 관련된 증상 상세화 검사 등과 같은 투사검사들도 포함되어 있다. 교육 · 심리 검사는 분명히 이와 다르며, 일반 심리검사도구보다 더 전문화되어 있다. ADHD를 다루는 상담자들은 이 검사에서 얻은 자료들을 이해해야 하고, 결과를 가족과 학교 교사들에게 전문적으로 정확하게 전달해야 한다. 그러므로 우리는 이 평가 과정에서 유용한 검사들을 고찰해보고 상담자들이 ADHD와 관련해서 이해해야 하는 기본적인 구성요소들을 밝힐 것이다.

어떠한 단일도구로도 ADHD를 바로 평가할 수는 없다. 상담자들이 잘 알고 있는 일반적인 부모와 교사 질문지는 선별하기 위한 목적으로 사용된다. 이와 같이 보통 평가는 몇 가지 특수한 교육 · 심리 검사도구를 사용하는데, 웩슬러 아동 지능검사(WISC-III), 웩슬러 성인 지능검사(WAIS-III), 우드콕-존슨 교육심리검사(WJ-R) 등이다. 이 검사들은 교사 부모와 같은 외부 정보원로부터 얻은 관찰과 정보들을 추가해서 개발되어 왔다. 최근에 다양한 추가검사들이 개발되었으며, 산만함, 집중, 청각 · 시각 처리와 같은 특별한 ADHD 증상을 알아내는 데 있어서 타당도와 신뢰도를 조사하고 있다(Klee, 1986; Zarski et al., 1987).

웩슬러 아동 지능검사(WISC-III)와 웩슬러 성인 지능검사(WAIS-III)

아동과 성인에게 각각 유용하게 개발된 이 검사들은 IQ점수로, 세계적으로 개인의 지적 기능에 대한 타당도가 높은 척도로 받아들여지고 있다. 이 검사는 학생의 지적 기능과 잠재력에 대한 기초선을 세우기 위한 교육 · 심리 검사 영역의 한 부분이다. 이 검사는 실제의 학업성취와 반 등수와 비교할 수 있는 검사다. 이러한 검사에서 나오는 점수들은 종종 학생들을 '영재' '학습장애' '특수교육이 필요한 아동' 으로 진단하는 데 사용된다.

ADHD의 교육심리학적 측정의 한 부분으로, 이러한 검사 자료들은(언어성, 동작성, 수행, 전체검사 점수) 학생의 기초적인 지적능력과 하위검사 분석을 통해서 모아질 수 있는 중요한 자료들로부터 강점과 약점 패턴을 제공한다. 예를 들어, 수업에서는 B, C 성적을 받고, WISC-III에서는 전체점수 112, 언어성 114, 동작성 110을 받은 학생은 전혀 적신호를 보이지 않는다. 왜냐하면 성적과 지능검사 전체 점수가(높은 평균 범위 내에서) 상당히 일치하기 때문이다. 이 점수를 보면 이 학생은 더 많은 동기 또는 더 진지한 학업습관을 가지고 다소 높은 성취수준을 수행할 수 있음을 추측할 수 있다.

대조되는 예로, 다른 학생은 WISC-III 전체점수 112를 기록하였으나,

언어성 점수에서 102, 동작성 점수에서 120을 기록하였다. 그녀의 학업 성적은 C, D이고 가끔씩 F가 있었다. 여기에는 2개의 적신호가 있는데, 첫 번째 적신호는 언어성와 동작성 점수 사이의 불일치가 심각하였다는 것이다. 임상현장에서 가장 중요한 규칙은 두 하위검사 사이에서 10~12점 이상 차이가 나면 신중을 기해야 한다는 것이다. 이 학생의 동작성 점수는 언어성 점수보다 훨씬 높다. 이것은 종종 기능적 문제의 지표가 된다. 두 번째 적신호는 112의 높은 전체점수가 더 좋은 성적의 지표가 된다는 것이다. 적어도 이것은 이 학생이 학업수행에서 심각한 부진현상을 보인다는 것을 의미한다. 더 넓은 의미에서 진단 문제는 이 불일치의 원인을 진단하는 것이다.

언어성과 동작성 검사의 전체점수를 검토한 후에, 심리진단가는 이 학생의 강점과 약점의 패턴을 파악하기 위하여 하위검사 점수를 검토하였다. 언어성 검사는 6개의 하위검사로, 동작성 검사는 7개의 하위검사로 구성되어 있다. 언어성 척도의 하위검사는 상식, 공통성, 산수, 어휘, 이해력, 숫자 문제다. 동작성 척도의 하위검사는 빠진 곳 찾기, 차례 맞추기, 기호쓰기, 토막 짜기, 모양 맞추기, 미로다.

상담자는 검사보고서나 하위검사 점수를 보고, 쉽게 상대적인 점수를 추정할 수 있다. 대개의 경우 평균 범위 이내에 있기 때문이다. 그러나 마지막 학생의 경우 몇몇 점수는 두드러진다. 왜냐하면 고작 4나 5 또는 경계선에 있기 때문이다. 학생의 언어성 검사 점수는 겨우 102인데 동작성 점수가 120이라면, 언어성 하위검사 사이에서 낮은 점수 분포 범위를 보일 것으로 예상할 수 있다. 일반적으로 모든 하위검사 사이에서 ADHD에 대한 가능성 있는 위험신호는 산수, 숫자 문제, 이해, 기호쓰기, 차례 맞추기, 토막짜기에서 낮은 점수를 나타내는 것이다. 이 학생의 경우, 숫자문제, 기호쓰기, 어휘, 이해에서 낮은 점수를 기록하였다. 높은 점수는 빠진 곳 찾기, 토막짜기, 모양 맞추기의 동작성 검사에서 기록되었다: 이 점수들은 거의 다 평균 이상이다.

심리진단가는 언어개념화, 인지적 조직, 정보처리 속도와 같은 영역에서 요약 점수를 내는 이러한 하위검사 점수를 분석할 수 있다. WISC-III는 또한 많은 심리학자들이 보고하는 '주의산만도(FFD)' 색인 점수를 갖는다. 이것은 산수와 숫자문제 점수와 관련이 있다. 그러나 이 FFD요소의 신뢰성은 최근 Bernard의 논문에서 논의되었다. 이것의 역할은 Sattler와 Kaufman이 약간 다른 기술적인 계산법으로 정의하였다.

일단 상담자가 WISC-III과 WAIS-III 하위검사의 점수에 익숙해지면, 동작성과 언어성 검사 점수의 총체적인 역할을 이해하고, 가족들과의 검사해석 면담은 더욱 쉬워진다. 만일 상담자가 이러한 검사에 대한 친밀성과 해석을 잘 모른다면, 우리는 부모와의 피드백 회기에 심리진단가가 참여하도록 제안할 것이다. 이러한 만남은 상담자들이 가족들의 검사결과 논의에서 확신을 얻도록 도울 것이다.

WAIS-III는 성인들을 위하여 고안된 같은 검사다. 이 검사는 WISC-III와 동일한 총체적 자료와 해석을 제공한다.

Woodcock-Johnson 교육심리검사(WJ-R)

중요한 교육·심리 도구로 사용되어온 WJ-R은 종종 WISC-III 또는 WAIS-III와 연계하여 인지적 정보처리 기술과 성취수준을 결정한다. 이것은 인지능력 검사와 성취검사로 구성된다. 많은 학교에서는 학생이 학년 수준에 맞게 기능하는지를 결정하기 위하여 성취부분만 다룬다. 우리의 동료들은 이 검사의 결과가 ADHD가 있는지 없는지의 의문점을 평가하는 데 유용하다는 것을 인식하게 되었다.

이 검사는 WISC-III/WAIS-III보다 훨씬 세부적이고 복잡하다. 따라서 상담자들은 종종 학생의 강점과 약점에 대한 평가를 제공하기 위하여 심리진단가에게 의지해야만 한다. 이 검사에 따른 학생들의 인지능력 측정은 그들의 총체적인 영역의 인지능력을 진단한다. 이것은 단기기억, 이해-지식, 시각적 처리과정, 청각적 처리과정, 장기기억 인출, 추론에 대한 하위검사를 기초로 한다. 이 검사는 학생들이 재미있게 받을 수 있다. 학생에게 다양한 그림을 보여주고 유사한 사물의 이름을 들게 하는 그림 어휘 하위검사는 특히 재미있어 한다. 이 검사는 학생의 언어 의사소통 기술과 지식의 깊이와 넓이를 측정한다. 다른 검사로는 청취 이해력 하위검사가 있는데, 이 검사는 학생에게 짧은 녹음 내용을 들려주고 빠진 부분을 말하도록 하는 것이다.

청각적, 시각적 정보처리 과정의 결손은 ADHD 증상과 밀접하게 관련되어 왔다. 중앙 청각 정보처리 장애는 ADHD와 함께 나타나며, 각성제에 대해 반응한다. WJ-R에서는 '청각적 정보처리 과정' 하위검사군이 학생의 청각정보를 분석하고 종합하는 능력을 측정한다. 이 하위검사군의 '미완성 단어' 하위검사는 청각적 정보처리 기술의 한 척도다. 즉, 하나 또는 둘 이상의 음소가 생략되어 녹음된 단어들에 귀를 기울이도록 하고 단어들을 잘 이해하는지를 파악하는 검사가 실시된다. 시각적 정보처리 하위검사군은 학생의 시각적 자극을 분석하고 종합하는 능력을 측정한다. 예를 들어, 시각적 통합 하위검사는 몇 가지 방식으로 변형된 물체들의 그림을 구별하도록 요구한다.

ADHD 평가와 관련된 다른 영역은 '정보처리의 속도' 영역이다. "이 하위검사군은 계속 집중을 하면서 자동 인지과업을 빠르고 정확하게 수행하는 능력을 측정한다." 이와 관련된 짝짓기 검사는 계열성을 지닌 6개의 숫자 중 2개의 동일한 숫자를 묶고 구별해내는 동안 주의집중을 신속하게 하고 또한 유지할 것을 요구한다.

WJ-R의 인지능력 영역의 검사는 일반 지식, 읽기, 작문, 수학의 수행에 대한 잠재력을 측정한다. '수행' 파트의 검사는 기본적이고 보편적인 읽기, 수학, 논리, 기본적 작문기술, 문어적 표현의 실제 수행을 측정한다. 능력과 성취에 대한 점수 또한 불일치를 보인다. WJ-R의 총체적 점수 결과는 백분위 점수와 규준 점수(IQ점수와 비교할 수 있다), 연령과 학년 수준에 따라 정의된 피험자의 점수에 대한 백분율로 알 수 있다. 우리가 관찰하였던 이 학생의 경우, WISC-III의 언어 영역이 취약하면, 수학 또는 계산영역에서 평균 이하의 점수를 예상할 수 있다. 이 학생은 소리 혼합과 청각적 정보처리 과정 점수에서 또한 낮은 점수를 기록할지 모른다. 시각적 통합, 읽기 또는 시각적 연결에서 이 학생의 점수는 평균보다 높은 수준일 수도 있다.

Harvey와 Chernouskas(1995)는 WJ-R의 점수가 ADHD에 대한 총체적 진단 과정에서 유용한 자료가 될 수 있으나, 특수한 ADHD 증상은 다소 다양하고 특이하기 때문에 WJ-R은 다른 척도와 함께 사용되어야만 한다고 주장한다. 그들은 인지, 학업의 강점과 약점의 패턴들이 개별화된 처치와 교육적인 계획을 하는 데 유용한 검사에 따라 진단된다고 보았다. ADHD를 가진 많은 사람들은 분명한 청각적 정보처리 과정의 약점과 느린 정보처리 속도를 보이겠지만, 시각적 정보처리에서는 높은 점수를 보일 것이다. ADHD를 가진 다른 사람들은 반대의 패턴을 보일수도 있으며, 어떤 사람들은 두 영역 모두에서 낮은 점수를 보일 것이다. 이것이 바로 WJ-R, WISC-III/WAIS-III가 전형적으로 동시에 측정되고 평가되어야 하며 부모와 교사들의 평정척도에 따른 부가적인 정보들이 함께 제공되어야 하는 이유다.

게다가 WISC-III/WAIS-III와 WJ-R에 대해서, 즉 ADHD 추정에서 투사적인 도구의 사용에 대한 문헌에 관해 몇몇 제한된 논의가 있어 왔다. Costantino와 동료들(1991)은 Tell-Me-A-Story 지각검사의 사용이 매우 유용하다고 보고하였다. 왜냐하면 그것은 피험자의 행동에 대한 직접적인 관찰을 제공하며, 이야기의 세부사항에 대한 그들의 반응을 채점할 수 있기 때문이다. Pantle과 동료들(1994)은 ADHD 피험자들의 충동성 추정에서 로샤검사의 유용성을 평가하기 위하여 Gordon 연속수행검사(CPT; Gordon & Metelman, 1988; 후에 다룰 전산화된 시각적 상호작용 도구)를 사용하였다. 그들은 로샤검사의 몇몇 변인들은 충동성 추정에서 신뢰할 만하다고 결론지었다.

ADHD를 선별하는 평정척도 사용

ADHD 증상에 대한 확증적인 자료나 추가 자료를 확보하는 데에 있어 상담자를 돕기 위해 이러한 공식적인 심리검사 외에 다양한 자기보고식 평정척도나 보고자 평정척도가 개발되었다(〈표 2-1〉을 볼 것). 부모와 교사들의 체크리스트로 작성한 보고서를 나이 어린 아동이나 학령기 아동에게 적용할 수도 있다. 이러한 척도는 앞에서 언급한 것처럼 기술적으로 세분화되어 있지는 않다. 일반적으로 이러한 것들은 광범위한 ADHD 증상을 반영하는 간단한 목록을 포함하고 있다. 이러한 진술 목록은 부모나 교사가 읽어보고 적용되는 항목이나 증상을 체크하는 형식으로 구성되어 있다. 이러한 종류의 많은 체크리스트가 신뢰성과 내적 일관성 등 ADHD 집단을 정확하게 확인할 수 있는 능력을 제공하기 위해 개발되었다.

이러한 체크리스트는 부가적인 자료로서 ADHD 진단을 확증하거나 배제하는 데에 도움을 주는 2차적인 도구로 간주되어야 한다. 이와 같이 인기 있는 척도 가운데 몇몇은 내용이 매우 길기 때문에 이를 통해 반응자의 동기도 측정할 수 있다. 예를 들어, 딸아이의 행동에 대한 어머니의 지각은 딸이 가지고 있는 ADHD 증상을 매우 잘 설명해준다. 그러나 동일한 평정척도를 가지고 성의 있게 모든 항목에 답하지 않은 비협조적인 아버지의 경우나, 쉬는 시간 동안 급하게 설문지를 작성한 교사의 경우는 어머니의 보고서와 일치하지 않거나 어떤 확신도 주지 못하는 경우가 생긴다. 다시 한 번 이야기하지만 우리는 이러한 평정척도가 진단을 할 때 중요한 자료를 제공한다는 것을 강조하고자 한다. 그러나 이러한 평정척도 자체가 진단자료로 간주되어서는 안 된다.

담임교사나 임상치료자로부터 잠재적 ADHD를 지닌 학생을 평가해 줄 것을 요청받았을 때, 많은 학교에서는 교사에게(중학교나 고등학교의 경우 몇몇 교사들에게) 이러한 종류의 평정척도를 제시할 것이다. 이러한 평정척도로부터 나온 점수가 ADHD에 대한 정확한 기준을 만족시키지 못할 경우, 학교에서는 더 심화된 검사를 실시하지 않는다. 그러나 교사가 작성한 몇 개의 체크리스트를 검토해보았을 때, 많은 문항이 제대로 답해지지 않았으며 몇몇 체크리스트의 경우 기계적으로 선택지 가운데 한 가지로만 답해 놓은 것을 발견할 수 있었다. 또한 이러한 평정척도를 무심하게 가정이나 학교로 보내 작성하도록 하는 소아과 의사도 있다는 것을 우리는 알고 있다. 그러나 결과는 보통 약물처방을 내릴 것인지 말 것인지를 결정하는 데에 활용되는 자료로 사용된다. 우리가 사는 지역사회의 한 의사는 다른 많은 치료자들과 협력하거나 자문을 구하지 않는데, 그는 환자에게 약물을 사용한 사실에 대해서 의료위원회로부터 증빙서류를 요구받았을 때 자신을 방어하기 위해 이러한 체크리스트를 ADHD 환자 파일에 보관해두고 있었다. 그가 맡고 있는 많은 어린 환자들은 보다 충실한 평가를 위해 의뢰되지 않았으며, 그중 몇몇은 학교에서 몇 가지 심화된 검사를 받기도 했다. 신기하게도 몇몇은 그가 내린 약물처방으로 효과를 보기도 했지만, 평정척도에서 나온 자료가 ADHD의 기준에 부합되지 않기 때문에 결코 공식적으로는 ADHD로 진단되지 않는다.

학교와 몇몇 전문가로부터 널리 사용되는 평정척도로는 Achenbach 아동행동 체크리스트(1991)와 코너스 부모 교사 설문지(1989)가 있다. 부수적인 것으로 어린이 증상 검사(CSI)(Gadow & Sprafkin, 1994), 주의력결핍장애 평정척도(ADDES)(McCarney, 1995), Barkley 가정, 학교 상황 질문지, ADD 포괄적 교사 평정척도(ACTeRS; Ullmann, 1985; Ullmann et al., 1984, 1990) 등이 있다. ADHD 증상을 정확하게 판별할 때 이러한 도구들의 능력을 비교 평가한 많은 연구들이 있다. Kuehne와 그의 동료(1987)는 학령기 아동을 대상으로 한 다양한 측정도구의 비교연구에서 ADHD 아동, 학습장애 아동, 통제집단을 코너스 부모 교사 질문지가 정확하게 판별했다고 보고하였다. 우리는 ACTeRS 도구를 몇 년간 사용해왔다. 이 평정척도는 간단하고 솔직하며 다채롭다. 또한 주의력, 과잉행동, 사회적 기술, 반항행동 등의 영역에서 남자아이와 여자아이의 구분된 프로파일을 제공해준다. 간단하면서 주의를 끄는 장점 때문에 교사들이 보다 주의 깊고 진지한 반응을 보인다는 것을 발견할 수 있었다. 이 척도는 표준화되었고, 신속한 채점과 해석을 제공한다 (Ullmann et al., 1984, 1985).

위에 언급한 것과 같은 부모 또는 교사보고 형식의 척도 외에 청소년을 위한 자기보고식 평정척도도 유용하다. 이러한 것 가운데 가장 널리 알려진 것은 Brown 주의력결핍장애 척도(BADDS; Brown, 1996), ADD/H 청소년 자기보고 척도(Conners & Wells, 1985), ANSER Systems Forms(Levine, 1985)가 있다. 우리는 Vandermay와 Robin(1994)이 Conners와 Wells의 도구를 변형시켜 개발한 간단한 12문항 리커트 형태의 척도가 잠재적으로 ADHD를 가진 청소년을 초기에 변별해내는 데 일관성 있게 효과적임을 발견했다.

성인들을 위해서는 여러 종류의 자기보고식 평정척도가 있다. 많은 평정척도는 단순히 DSM-IV(APA, 1994)의 진단적 기준을 열거해 놓은 것이다. 그 외 다른 것들은 Hallowell과 Ratey의 책에 나온 것과 같이 이러한 진단적 기준으로 추정하여, 증상 행동에 대한 20개의 행동문항 (요약된 내용이 수록된 〈표 1-4〉를 참조할 것)에 대해 정의하고 만약에 15개에 해당사항이 있을 경우, ADHD가 있음을 확신할 수 있다는 보다 실용적인 진술문을 사용하였다. Wender(1995)는 Wender Utah 평정척도라는 61개 문항의 보다 공식적인 성인용 ADHD 평정척도와 임상가에게 구조적인 임상적 면담의 개관을 제공하는 주의력결핍장애 증상 평정척도를 만들었다. 앞서 언급한 Brown 주의력결핍장애 척도(1995)는 성인들에게도 유용하며, Conners(1995)는 코너스 ADHD 성인 개인사 기록지를 만들었다. 그 외 Nadeau(1995), Triolo(1995), Copeland (1994), Barkley(1991) 등이 만든 자기보고식 성인용 평정척도가 있다. 〈표 2-1〉에 아동, 청소년, 성인을 위한 진단적 척도와 체크리스트가 제시되어 있다.

〈표 2-1〉 평정척도와 체크리스트

아동용
ADD 포괄적 교사 평정척도(ACTeRs; Ullmann et al., 1990)
주의력결핍장애 평정척도(ADDES; McCarney, 1995)
아동행동 체크리스트(Achenbach, 1991)
코너스 부모 교사 질문지(Conners, 1989)
가정, 학교 상황 질문지(Barkley, 1991)
청소년용
ADD/H 청소년 자기보고 척도(Conners & Wells, 1985)
개정된 ADD/H 청소년 자기보고 척도(Vandermay & Robin, 1994)
ANSER Systems Forms(Levine, 1985)
Brown 주의력결핍장애 척도(BADDS; Brown, 1996)
성인용
성인 ADD 질문지(Nadeau, 1995)
성인용 주의력결핍 척도(ADSA; Triolo, 1996)
Brown 주의력결핍장애 척도(BADDS; Brown, 1995)
코너스 ADHD 성인 개인사 기록지(Conners, 1995)
Copeland 성인용 주의력결핍장애 증상 체크리스트(Cpoeland, 1994)
Unnamed Checklist(Hallowell & Ratey, 1994)
Wender Utah 평정척도(Wender, 1995)

연속 수행검사

충동성과 부주의의 ADHD 증상을 확인하기 위해 시각적 자극의 양상과 많은 종류의 컴퓨터를 이용한 연속 수행검사(The Continuous Performance Tests: CPT)가 개발되었다. 이러한 CPT에는 주의력 요인 검사(Test of Variables of Attention, TOVA), Gordon 진단적 체계(Gordon, 1986; Gordon & Metelman, 1988)가 포함되어 있다. 한 연구에는 ADHD 청소년에게 리탈린을 사용하여 반응시간과 CPT의 정확성이 유의미하게 향상되었음을 보고하고 있다(Klorman et al., 1991). 이러한 검사들은 컴퓨터를 다루면서 진행하는 것이기 때문에 임상가나 검사에 참여한 사람 모두에게 흥미 있고 자극적이기는 하다. 그러나 이것은 단지 좁은 영역의 시각적인 자극에 대한 반응에 불과하다. 우리가 언급한 것처럼 ADHD를 지닌 많은 사람들은 청각적 자극에 대해 훨씬 더 큰 어려움을 겪고 있다. Barkley(1994)는 이러한 측정도구에 대한 연구에서 CPT가 이전에 ADHD로 판별된 5명의 아동 가운데 단지 3명 정도를 판별해내었다는 것을 밝혔다. 많은 연구문헌을 통해 CPT의 신뢰성에 대해서 논의하는 것이 유용하다(Halperin et al., 1988; Prescott, 1993; Seidle & Joschko, 1990). 또한 CPT의 비교반응 비율에 대한 성별의 영향에 대해서는 아직까지 질문이 제기되지 않았다(Greenberg & Waldman, 1993; Seidle & Joschko, 1991).

그러나 우리는 이러한 CPT가 종종 학생을 선별하고, 몇몇 경우에는 ADHD 진단을 확증하는 데 '지름길' 로 사용되는 것에 대해 우려하고 있다. 우리는 임상실제에서 종종 ADHD를 가진 개인(보통 아동이나 청소년에 해당하는)을 접하는데, 이들은 CPT를 사용하여 상업적인 교육기관이나 'ADHD 전문가' 들로부터 선별되었다고 했다. 이러한 학생들의 부모는 CPT가 정확하기 때문에 그들의 자녀가 ADHD를 가지지 않았다는 이야기를 들었다고 한다. CPT에서 점수가 낮게 나온 자녀의 부모는 그들의 자녀가 ADHD로 진단되었다는 보고를 들었다. 이러한 학생 가운데 몇몇은 나중에 그들이 시각처리 과정에 결손이 있는 학습장애나 ADHD와 혼합된 학습장애라고 밝혀진다. 따라서 이러한 검사들은 단일한 ADHD 진단적 도구로 이용되어서는 안 된다. 상담자는 이러한 검사도구들의 전체적인 신뢰성에 대해서 여전히 의문점이 있다는 것을 알고 있어야 한다. 우리는 임상실제에서 CPT를 사용하지 않으며, 학생의 기록부에 이러한 검사결과가 표시되어 있을 때에는 주의 깊게 점검하고 있다.

의학적 자문과 중재의 역할

ADHD는 신경학적, 의학적 접근이 필요하기 때문에 의사가 아닌 경우 상담자는 가정의학, 소아과의학, 아동 및 성인 정신의학을 전공한 의사들과 협력해야 한다. 나이에 상관없이 ADHD로 진단된 많은 사람들은 특별히 약물치료로 효과를 볼 수 있다. 실제로 이러한 약물치료는 ADHD 환자들로 하여금 증상에 대해서 통제력을 얻게 하고 자기존중감을 회복해주는 치료적 노력을 활용하는 과정에서 결정적인 역할을 한다. ADHD로 진단된 많은 사람들은 이미 여러 가지 많은 처방을 받았으며 이에 따른 다양한 결과를 얻었고, 특히 ADHD에 대해 접해보지 못한 의사로부터 처방받거나 진단되었다.

상담자에 대한 자문으로서 의사의 역할은 ADHD 평가의 전반적인 과정에서 필수적이다. 특별히 다음과 같은 경우에서는 더욱 그러하다.

1. 내담자의 신체 상황과 처방에 앞서 상대적인 욕구를 평가하는 것
2. 필요할 경우 처방, 모니터링, 투약을 조정하는 것
3. 치료효과가 낮은 것으로 보이는 다른 의약품으로 약물처방을 받은 사람을 평가하는 것
4. 지속적인 자문과 추수진단 그리고 의료적 관리를 제공하는 것

몇몇 경우에는 소아 신경정신과 전문의에게 의뢰하는 것이 필수적이다. 이러한 의학적 지원은 매우 중요하다. 전문적 자문을 주는 의사들과 협조체제를 만들어 놓은 상담자는 ADHD 내담자들에게 귀중한 치료 서비스를 제공할 수 있다.

상담자가 즉시 병원에 전화하여 의뢰하는 것이 가능하다면, ADHD 내담자들에게 큰 위안이 될 것이다. 의료관계자들과 친분을 맺으면서 우리는 의사들이 다른 전문가들과 협력하여 일하는 것을 가치 있게 여

기고 있다는 것을 알게 되었다. 의사들은 치료상황에 있는 ADHD 가족과 상담자 모두를 중요시한다. 상담자는 많은 시간을 의사와 함께 일하게 되므로, 의사들의 ADHD 진단이 적절하며 아동은 약물치료로 효과를 볼 수 있다는 것을 교육시키고 확신시키는 것이 필요하다. 어떤 의사는 ADHD 진단을 진지하게 받아들이고 해당 아동 및 가족의 어려움을 인정하지만, 경우에 따라서는 아동, 청소년, 성인에 대하여 처방을 내리고 투약하는 과정을 전반적으로 관찰한 경험이 별로 없는 소아과 의사들도 있다. 때때로 우리와 함께 일한 적이 있는 몇몇 의사들은 환자들에게 특정한 투약처방이 적합한지, 효과가 있을지를 우리에게 물어보기도 했다.

상담자는 의사의 전문적인 역할과 책임성을 이해하고 있어야 한다. 비교적 오랜 기간 동안 ADHD 아동과 청소년에게 소아정신과 전문의가 큰 도움이 되어왔으며 의학적 중재를 하고 있다. 가정의학, 내과, 소아과 전공의의 경우 그들이 사용하는 약물이 '규제물질' 로 분류되어 감시되기 때문에 ADHD를 진료하기가 힘들다. 정신의학 전공의를 제외한 타 전공의들은 많은 규제약물을 처방할 경우 주정부 의약국으로부터 감시를 받거나 진료기록 감사 시 정밀감사를 받을 위험이 있음을 걱정한다. 실제로 몇몇 의사들은 아동에게 리탈린을 처방한 것이 문제가 되어 정밀감사를 받았으며, 올바른 처방임을 입증하는 진료기록과 자료를 제시해야 했었다. 특히, 우리가 ADHD임을 진단하고 약물사용을 추천한다는 소견서를 제출해야만 약을 처방하는 의사들도 있다.

ADHD 성인의 약물투여도 중요한 문제다. 많은 의사들은 성인 ADHD가 존재한다는 것조차 알지 못하고 어떤 의사들은 ADHD를 계속하여 '아동기 장애' 로 규정하기도 한다. 반면, 내과 전공의와 가정의학 전공의 중에는 상담자가 ADHD라고 확증하는 성인의 경우에만 약물을 투여하기도 한다. 하지만 이처럼 약을 처방하는 의사들 대부분은 대체 약물을 시도하거나 혹은 개개인에게 적합하게 복용량을 조절할 수 있을 만큼 노련하지 못하다. 상담자의 입장에서 보면 소아정신과 전문의들이 약물투여에 가장 경험이 많고, 따라서 ADHD 성인의 약물처방이 효과적이라는 사실도 알고 있다. 그렇지만 소아정신과 전문의들은 18세 이상의 환자를 진찰하지 않으며, 성인을 대상으로 하는 정신과 전문의들도 ADHD 성인에게 약물을 투여하는 것을 꺼려한다. 따라서 상담자는 ADHD 성인 치료 자문 시 ADHD 성인을 기꺼이 도우려 하고 또한 도울 수 있는 의사를 주의 깊게 찾아야 한다. 대부분의 소아정신과 전문의들은 스케줄이 매우 빡빡하기 때문에 상담자들은 여러 명의 소아정신과 전문의들과 의뢰관계를 맺는 것이 좋다.

다행스럽게도 우리는 전문성과 품위를 갖추고 있는 여러 소아정신과 전문의와 성인대상 정신과 전문의 그리고 ADHD인 가족을 대상으로 상담하는 것을 긍정적으로 평가하는 아동 행동 치료 전문가 한 명과 함께 일을 하였다. 하지만 ADHD 성인을 전문으로 진료하는 정신과 전문의는 거의 없다. 우리는 성인대상 정신과 전문의 몇몇과 관계를 맺어서 그들에게 약물평가를 의뢰하고 평가와 처치를 함께 하며, 의사들은 ADHD로 의심되는 환자를 우리에게 의뢰하여 약물투여를 하기 전에 보다 세밀한 임상적인 평가를 할지 혹은 그냥 계속 치료를 진행할지를 자문하기도 한다. 다행스럽게도 ADHD 아동과 ADHD 성인 모두를 대상으로 하는 치료 전문가 집단에 정신과 전문의가 한 명 속해 있다. 우리는 종종 그 정신과 의사를 ADHD 내담자와 부모 혹은 배우자와의 회기에 참석하도록 초대하여, 처치계획과 의학적인 문제에 관해 자문을 받고자 한다. 이것은 매우 효율적인 전문가 간의 협력관계로, ADHD 가족에게 즉각적이고 효율적인 임상서비스를 제공할 수 있다.

투약과 그 효과

ADHD 처치에 약물 사용 여부를 결정하는 것은 평가과정에서뿐만 아니라 전반적인 처치전략의 측면에서도 중요한 문제다. 어떤 가족의 경우는 평가과정 중 투약과 그 결과에 대해 논의하는 데 많은 시간이 걸리기도 한다. 그렇기 때문에 평가절차라는 맥락에서 투약에 관한 문제를 논의할 필요가 있다. 이것은 평가 시 이루어지는 결정이 이후의 임상적인 중재에 영향을 끼치기 때문이다.

ADHD 분야의 대부분의 전문가는 투약이 'ADHD에 가장 효과적이고 유일한 처치' 였고 앞으로도 그럴 것이라는 데 동의를 한다(Quinn, 1997). 매우 다양한 ADHD 증상에 대한 투약은 ADHD인 아동, 청소년, 성인 모두에게 '놀라운' 효과를 나타낸다. 약물은 50년 넘게 과잉행동 아동에게 사용되었고, 다른 정신장애에 약물을 사용하기 이전부터 사용되었다(Quinn, 1977; Warneke, 1990). 하지만 약물사용에 관한 부모의 거부는 더욱 심해지고 있다. 특히, 메틸페니데이트계인 리탈린은 수십 년 동안 가장 많이 사용되고 있고, 가장 잘 알려져 있기 때문에 더욱 거부가 심하다. 많은 ADHD 가족들은 리탈린의 '부작용' 에 대해 주변이나 언론에서 듣고서 리탈린 때문에 ADHD 아동이 '의지가 없는 인간처럼' 행동하거나 '체중이 많이 줄어' 건강이 나빠질 것을 걱정한다.

많은 ADHD 아동의 부모는 '약물의 장기복용' '약물오용' '약물과용' 등과 같이 약물이 일으킬 수도 있는 '나쁜 결과' 에 관해 들었거나 사례를 읽어 알고 있고, 어떤 부모는 "우리 아이를 산송장이 되게 하고 싶지 않아요."라고 말하기도 한다. 이런 심각한 문제를 다루기 위해서는, ADHD를 대상으로 일하는 의사가 아닌 전문가들이 ADHD에게 투약되는 약물, 그 약의 가능한 부작용, 약을 복용하는 방법, 투약 시 나타나는 실제행동의 변화 등에 대해 잘 알고 있어야만 한다. 투약에 관한 전반적인 사항을 설명하는 유인물을 ADHD 가족에게 제공하는 것이 도움이 되기도 한다(Miller(1994)의 『지침서』는 간결하면서도 읽을 만하다.). Wilens(1998)의 저서와 Wilens & Biederman(1992)의 저서도 ADHD의 투약에 관한 일반적인 문제를 효과적으로 개관하고 있다.

ADHD 처치 시 투약과 관련된 논쟁은 지난 10년 동안 약물사용이 극적으로 증가하였기 때문에 일어났다. Quinn(1997)은 ADHD에게 자주 처방되는 리탈린, 덱스드린, 사이러트와 같은 세 가지 주요 약물의 처방

건수가 약 75만 건에서 160만 건으로 '1990년에서 1994년 사이에 세 배가 증가' 하였다고 추정하였다. 하지만 Quinn(1997)은 투약이 이렇게 대폭 증가한 것은 오용되어서가 아니라, 임상 · 의학적으로 보다 정확하게 ADHD를 발견하고 진단한 결과이며, 이전과 달리 처치대상이 된 ADHD 성인의 수가 늘어난 결과라는 점을 지적하기도 한다.

하지만 약에 대해 긍정적 시각을 가지고 있든 부정적 시각을 가지고 있든 대부분의 부모들은 자녀에게 투약하자고 하면 방어적이 된다. 자녀가 없는 성인들이 ADHD이거나 간질장애가 있는 학령기 소년에게 향정신성 약물을 사용하는 것에 대해 어떻게 생각하는지 조사한 연구(Summers & Caplan, 1987)에 따르면, 이들 성인들은 간질아동의 부모가 투약을 허락하는 것은 ADHD 아동의 부모가 투약을 허락하는 것보다 더 정당하다고 인식하고 있다. 연구에 참여했던 성인들은 또한 ADHD 아동에게 투약 시, 간질아동의 경우보다 더 '행동문제가 악화' 될 것 같다고 걱정하였다. 학령 전이나 초등학교 저학년 자녀를 둔 부모는 어린 시절의 과잉행동이 파괴적인 결과를 일으킨다는 사실을 잘 알고 있으면서도, 투약에 대한 염려가 특히 더 심하다. 상담자는 이런 부모의 걱정을 존중할 필요가 있으며, 부모의 염려를 세심하게 다루면서 신뢰를 줘야 한다.

많은 부모들은 교사, 학교 상담교사, 소아과 전문의, 다른 상담자들과 만나면 불쾌한 경험을 했었다고 말한다. 왜냐하면 이들이 ADHD인 자녀에게 투약하는 것을 주저하고 이에 관련된 질문을 하는 부모가 죄책감을 느끼도록 만들었기 때문이다. 어떤 경우에는 유치원 원장이나 학교 담임교사로부터 투약을 '명령' 받거나 혹은 "아동을 다시 학교에 보내려고 애쓰지 말라."는 말을 듣기도 한다. 그런 식으로 훈계하는 것은 교실에서 아동의 행동을 통제하기 위함이지, 아동의 이익을 고려한 것이 아니라고 본다. 걱정하는 부모에게 투약하도록 '설득' 하려는 상담자, 교사, 의사가 투약을 권하기 전에 라포를 형성하기 위해 노력하지 않거나 투약의 가치를 설득하려고 부모의 죄의식을 이용하는 것은 무책임한 행동이다. 게다가 그와 같은 행동은 계속적인 처치과정에서 꼭 필요한 상담자에 대한 신뢰와 부모의 자존감을 손상시킨다.

Quinn(1997)은 아동에게 투약했을 때의 효과를 75~85% 정도로 추정하였다. 초기 연구에서 Barkley(1990) 역시 60~80%로 추정하였다. Wilens & Beiderman(1992)은 ADHD 청소년에 대한 리탈린의 효과를 비슷한 수준인 75%로 보고하였다. 일찍이 1977년에 Barkley는 ADHD 아동의 과잉행동수준을 감소시키고 아동의 주의력을 향상시키는 데 리탈린이 효과가 있다고 보고하였다. Barkley(1990a)와 Wender(1995)는 투약과 관련된 전반적인 효과를 증상의 감소와 행동의 향상이란 두 측면에서 다음과 같이 정리하였다:

1. 가정, 교실에서 보이는 과잉행동과 안절부절못하는 행동이 감소
2. 충동성 감소
3. 주의력, 집중력, 단기기억능력 향상
4. 불안정한 성향 감소
5. 반응빈도와 반응수준 그리고 갑자기 짜증을 내는 성향 감소

Hinshaw와 그의 동료들(1989)이 수행한 실험 연구에 따르면 리탈린을 투약한 학령기 아동들의 경우 친구들이 화나게 만드는 상황에서 신체적 폭력이 감소하고 자기 통제가 더 잘되었다고 한다. 일반적으로, 리탈린은 대인관계 기술의 향상, 적대적이고 공격적인 행동의 감소(Quinn, 1997) 혹은 인지능력 패턴의 향상에는 효과가 없는 것으로 나타났다. 학령기 ADHD 아동을 대상으로 실험연구한 것을 근거로, Cook과 그의 동료들(1993)은 많은 ADHD 학생들의 인지능력에 영향을 미치리라 생각되는 중추신경계 청각처리 과정 장애 증상이 매우 밀접하게 관련되어 있어서 중추신경계 청각처리 과정 장애 증상이 효과적인 ADHD 진단척도로 사용될 수 있을 것이라고 보고하였다. Cook과 그의 동료들(1993)은 ADHD 증상뿐 아니라 중추신경계 청각처리 과정

장애를 보이는 아동에게서도 리탈린의 효과를 발견하였다.

성인 ADHD에 대한 투약의 효과는 Quinn(1997)이 밝힌 50%에서, Barkley(1997)가 밝힌 75%까지로 추정된다. Wilens와 그의 동료들(1995a)은 ADHD 성인에 대한 투약 문제를 다룬 실험연구를 개관한 후, 아동에 비해 성인의 투약 효과는 25~78% 정도로 나타나 일관성이 결여된다고 보고하였다. ADHD 성인에 대한 Wender(1985, 1995)의 연구는 ADHD 아동에게서 나타나는 투약 효과를 다음과 같이 요약하고 있다:

1. 보다 오랫동안 가만히 앉아 있을 수 있으며, 저녁식사나 텔레비전 보기와 같은 활동에 주의를 집중할 수 있는 능력
2. 집중력 향상
3. 산만함 감소
4. 과제에 대한 인내력과 완성도 증가
5. 조급함과 충동성 감소
6. 불안정하고 권태로운 기분 감소

투약 이후, ADHD 성인들이 읽기와 학습에 자신감을 회복하고 학교로 되돌아가는 경우가 종종 있다. 중년인 ADHD 성인 중 몇몇은 고등학교 졸업장을 딴 후 대학까지 졸업하였다. Wender는 일반적으로 ADHD 성인은 일생 동안 겨우 두세 권의 책밖에 읽지 않는 데 반해 투약을 한 이후에는 "주당 한 권씩 소설뿐 아니라 비소설을 읽으려 하는 열의가 나타났다."고 한다(Wender, 1995, p. 31).

약물의 특징

리탈린(Ritalin)

리탈린(메틸페니데이트)은 가장 많이(90%) 처방되고 있는 각성제다

(Culbert et. al., 1994). 5mg, 10mg, 20mg이 있으며, 리탈린-SR(slow release)은 약효가 더 긴 20mg 형태다. 이 리탈린-SR은 제조회사와 임상가 자료 사이에 논쟁의 여지가 있는데, 제조회사에서는 약효가 8시간까지 지속된다고 하고 있으나, 반면 임상가들은 8시간보다 상당히 짧은 시간인 4~5시간 지속된다고 보고하고 있다. Wender(1995)는 이 지속기간을 시행착오 과정으로 보고 있다.

일반적으로 리탈린 사용량은 하루에 15~90mg이다. 약효는 약을 먹은 후 30~90분 내로 나타난다. Wender(1995)는 5mg으로 시작해서 2, 3일마다 5mg 단위로 사용량을 늘릴 것을 권장하고 있다. 약효 지속시간이 상당히 짧기 때문에 하루에 3시간 단위로 4번까지 복용할 것을 권장하고 있다. 그는 또한 재발이나 증상이 더 심해지는 것을 막기 위해서는 지속적으로 복용할 필요가 있다고 강조한다. 이것은 다음 약물이 활동하기 전 약물의 치료 수준이 사라지기 시작할 때 발생한다. 재발증상은 보통 더 심해진 과잉행동, 두통, 흥분상태 등이다(Quinn, 1997). Wender(1995)는 그의 ADHD 내담자들에게 약물 복용 시기를 기억하는 데 도움이 되는 알람 손목시계나 타이머를 사용할 것을 권하고 있다. 이것은 시간에 맞춰 책임을 완수하는 걸 어려워하는 많은 ADHD 성인들에게 유용하다.

어린이나 청소년들이 리탈린이나 다른 각성제를 사용하는 데 권장하는 시기가 있다. 대부분은 가장 먼저 아침식사 전후로 약을 복용할 것이다. 두 번째 약은 보통 학교에서 점심 전에 학교 양호교사나 다른 직원이 권하는 시간에 복용한다. 세 번째는 학생이 방과 후 집에 돌아와서 복용하게 된다. 많은 학생과 성인들은 5시 이후로는 약을 복용하지 않는데, 이것은 취침시간까지 약효가 나타나지 않으면 불면증을 유발할 수도 있기 때문이다. 지속시간이 길거나 천천히 약효를 보이는 약물이 아동과 청소년에게 도움을 줄 수 있다. 특히, 학교에서 점심시간에 약물을 받아오기 위해서 양호교사에게 가는 것을 당혹스러워하거나 저항하는 아동과 청소년에게 효과적이다. 그러나 우리가 지적한 바와 같이 약효가 느린 각성제는 점심시간까지 약효가 나타나지 않을 수도 있다.

심한 과잉행동을 보이는 아동들은 리탈린-SR이 처방되고 아침, 점심에 5~10mg 일회 복용량이 추가될 것이다. 최대 효과를 얻기 위해서 약효가 느린 것과 약효가 빠른 형태를 섞는 것도 종종 도움이 된다. 각 개인의 상태와 특이체질의 요구에 충족하는 다양한 복합물도 만들 수 있다. 예를 들어, 아침에 약효가 느린 약을 복용하고 점심식사 후 짧은 약효를 보이는 약을 복용하는 방법이나, 아침에 약효가 느린 약을 복용하고 점심시간에도 약효가 느린 약을 복용하는 방법 등이 있다. Wilens와 그의 동료들(1995a)은 ADHD 성인에게는 약효가 일관되면서 느린 리탈린이나 덱시드린 효과를 입증하는 연구가 없다고 보고했다.

덱시드린(Dexedrin)

덱시드린(덱스트로 암페타민)은 약효가 리탈린의 두 배이므로, 처방량은 약 반이다(E. Wender, 1995). 덱시드린은 서너 시간 동안 효력이 있으며 보통 서너 시간 간격으로 하루에 서너 차례 2.5mg이 처방된다. 그러고 나서 3, 4일마다 2.5mg 단위로 추가할 수 있다. 보다 약효가 긴 덱시드린은 5mg, 10mg, 15mg 크기이며, 흥분이나 진정 증상이 있는 초기에 강력한 효과를 볼 수 있다(Wender, 1995). 덱시드린이나 리탈린은 약효가 비슷하며 의사의 개인적인 선호도에 따라 선택된다.

부작용으로는 리탈린과 덱시드린 둘 다 과다 복용했을 때 흥분상태에 이를 수 있다. 덱시드린은 또한 진정상태에 이르거나, 환자가 몽롱하거나 무기력한 상태에 빠지게도 한다. 다른 부작용으로는 입이 마르고 식욕이 없고 몸무게가 줄어드는 현상 등이 있다(Barkley et al., 1990). 이 부작용은 체중미달 아동이나 초기 사춘기 청소년이 특히 주의해야 하며 특별한 관리와 영양섭취가 필요하다(Quinn, 1997). 체중미달인 아동은 약물 때문에 체중이 줄지 않도록 주의 깊게 살펴야 한다.

특히, 약물을 늦은 시간에 복용하면 때때로 수면장애가 생긴다. 주로, 잠들기 어렵거나 밤새 잠을 잘 수 없는 증상, 아침에 일어나기 어려워하는 현상 등이 나타난다. 그러나 과잉 각성된 ADHD에게는 리탈린이 수면상태를 정상적으로 이끌 수 있다(Quinn, 1997). 또한 과도한 긴장과 관련된 문제가 있다(E. Wender, 1995). 보통 내과의들은 심장이나 간 질환 그리고 각성제를 복용할 수 없는 다른 의학적 상태와 관련된 환자의 병력을 조사한다.

이런 약물들은 알레르기 반응이 전혀 없으며 내성도 거의 없다; 대부분 내담자들은 수년 동안 약물을 복용한 후에도 효력이 감소하지 않는다(Wender, 1995, p. 171). 그러나 Quinn(1997)은 특별한 각성제의 내성은 몇 십 년 후에 나타나며, 그 때 다른 각성제로 대체할 필요가 있다고 보고하고 있다.

Barkley와 그의 동료들(1990)은 리탈린을 복용한 83명의 아동들을 통제집단으로 한 연구에서 그 아이들의 단지 3명만이 사용을 중단해야 하는 심한 부작용을 보였다고 보고했다. 이 연구에서 내담자들은 식욕상실, 불면증, 두통, 위 통증 등의 증가된 부작용을 보고했다.

Wilens와 동료들(1995)은 ADHD 성인에게 각성제를 투여한 연구에서 경미한 부작용만을 보고했으며, 보통 불면증, 초조함, 식욕감퇴, 체중손실, 불쾌감 그리고 두통 등의 증상을 보인다고 했다. 그러나 그들은 또한 성인 ADHD에서 각성제의 장기복용 부작용과 일관된 효력은 연구하지 않았다고 언급했다.

사이러트 (Cylert)

사이러트 페몰린(Pemoline)은 ADHD 증상에 최근에도 널리 이용되는 다른 각성제다. 그 효력은 덱시드린(96%)에 비해 다소 떨어지며(77%), 덱시드린 2주 복용량과 비교해볼 때 페몰린은 그 효력을 얻으려면 8주까지 복용해야 한다(Quinn, 1997). 그러나 최근 연구에 따르면 약물복용량이 많을수록 더 빨리 효과를 보인다(Pheham et al., 1995; Quinn, 1997). E. Wender(1995)는 사이러트는 다른 각성제에 비해 소수의 ADHD 내담자들에게 효력이 있으며, 어떤 내담자들의 경우 다른 각성제보다 반응이 좋은 경우도 있다고 보고했다. 유사하게 Wilens와 그의 동료들(1995)은 ADHD 성인들의 각성제 연구에서 페몰린의 효력이 리탈린과 거의 비슷하다고 보고했다.

사이러트는 하루에 18.75~150mg 복용량이 처방되며, 잠재된 부작용으로는 식욕감퇴, 복부팽만감, 두통, 불면증이 나타난다. Wender(1995)는 이 약이 활성화된 간 효소, 간염, 황달, 빈혈 등의 경우 그것과 관련이 있는 것으로 보고되기 때문에 실험 연구가 요구된다고 언급했다. 사실, 최근 제약회사의 보고에는 잠재된 간 질환에 대한 특별한 주의를 경고하고 있다.

사이러트는 제4시기 약(Schedule/V)으로 분류된다. 이것은 리탈린과 덱시드린보다 남용되는 경향이 적음을 의미하며, 이로 인해 대안적인 약으로 여기고 있다. 리탈린과 덱시드린 남용에 관한 보고들이 늘고 있는데, 대부분의 경우 이 약들은 환각효과를 얻기 위해서 과다복용, 정맥주사나 코로 흡수하는 방법으로 사용되고 있다. 한 임상보고서에서는 청소년들이 환각상태에 빠지기 위해서 며칠 동안 리탈린을 모아서 100mg을 코로 흡입한 사례가 제시되었다(Jaffe, 1991). 그러므로 상담자는 ADHD 내담자들의 약물남용에 관련한 병력을 잘 알고 있어야 한다(Wender, 1995).

아데랄(Adderall)

아데랄은 암페타민 파생물인 새로운 각성제다. 그러나 그 사용은 아직 문헌에 보고되지 않았다. 5mg, 10mg, 20mg, 30mg이 유효하며 하루에 40mg까지 처방될 수 있다. 부작용은 리탈린, 덱시드린과 유사하다.

항 우울제

항 우울제는 몇몇 ADHD 내담자들에게 효과가 있는 것으로 보고되어 왔다. 그러나 그 용법에 관한 확장된 연구가 여전히 부족한 실정이다.

프로작(Prozac, fluoxetine)은 ADHD 아동 · 청소년들의 임상경험에서 부작용이 거의 없는 이점이 있다고 알려져 왔다(Wilens, 1998; Wilens et al., 1995). Wender(1995)는 프로작을 사용한 경험이 많지 않지만 프로작이 ADHD에 효과가 없다고 보고했다. 부프로피온(bupropion, Wellbutrin)은 성인(Wender & Reimherr, 1990)뿐만 아니라 ADHD 아동(Casat et al., 1987; Simon et al., 1986)에게도 유용한 것으로 알려져 왔다. 이미프라민(imipramine, Tofranil) 또한 ADHD에 처방된다.

이 약물들은 공존장애가 우울증일 때 가장 효과가 좋다(Quinn, 1997). Wender(1995)는 우울증이 공존하면서 각성제를 함께 사용할 때는 부프로피온이 좀 더 효과가 좋다고 보고했다. Wilens와 동료들(1995)은 ADHD 성인에게 항 우울제를 사용한 기록들의 일화가 많지만, 효과적이며 조심스러운 연구가 여전히 필요하다고 언급했다.

클로니딘(Catapres clonidine)과 테넥스(Tenex guanfacine) 또한 ADHD에 사용되는데, 틱장애가 공존할 때뿐만 아니라 특히, 심한 과잉행동과 불안을 보이는 아동에게 사용된다(Quinn, 1997).

약물 사용에서 드러나는 임상적 문제점들

어린이든 청소년이든 성인이든 ADHD를 가진 내담자들에게 약물을 사용하는 것이 증상을 효과적으로 감소시키고, 일상생활에서 통제력을 회복시킬 필요가 있을 때에는 약물을 사용하는 것이 좋다. 앞서 논의한 것처럼, 부모와 ADHD 내담자는 약물의 사용에 대해 충분히 숙고한 뒤 결정하기 위해 질문을 하고 답을 들을 권리가 있으며, 그들의 불안을 알릴 권리가 있다. 우리는 이러한 약물에 대해 가능한 한 최신 정보를 내담자의 가족들에게 제공하고자 한다.

또한 우리는 그 가족들에게 약물치료가 ADHD에 대한 완전한 치유책이 아니라는 것도 일러준다. 약물치료는 일시적으로 내담자의 효과적인 삶을 돕는다는 것을 강조한다. Miller(1994)는 당뇨병환자에게 인슐린이 필요한 것과 시력에 문제가 있는 사람에게 안경이 필요한 것처럼 약물처방은 '보조적인' 수단이라고 했다. 우리는 약물치료를 통해 내담자의 모든 문제점을 해결할 수 없다는 것을 강조하고 내담자와 그 가족들 모두에게 지속적인 치료의 가치와 필요성을 설명한다.

의학적 문제점을 설명하는 것뿐만 아니라 ADHD 아동에게 투약을 하는 것이 아동의 자존감에 긍정적인 영향을 미칠 가능성에 대해서도 설명해준다. ADHD 아동의 부모는 자녀들이 학교나 집에서 받는 비난과 부정적인 피드백 때문에 자신감과 개인적인 자질들이 얼마나 손상되고 있는지 잘 알고 있다. 우리는 이러한 지긋지긋하고 만성적인 부정적인 피드백이 약물치료를 통해 며칠 사이에 놀랄 정도로 사라질 수 있으며, 또한 가족과의 지속적인 치료를 통해 아동의 자존감이 낮아지는 것을 예방할 수 있다고 설명해준다.

약 20여 년 동안 ADHD 아동을 치료해온 경험에 비추어볼 때, 우리는 약물치료가 급속도로 내담자의 기능을 원활하게 하고, 즉각적으로 많은 증상들을 거의 사라지게 한다는 것을 확신한다. 치료의 초점이 내담자 개인과 가족에게 맞춰져 있든 학교, 가정, 직장에서 내담자 개인의 적응적인 반응 또는 내담자의 자존감에 맞춰져 있든 간에 이와 같은 이로운 효과는 치료의 과정을 발전시킨다. 또한 임상경험으로부터 우리는 종종 학교의 협조와 조정을 포함한 가장 구조화되고 사려 깊은 치료계획이라 할지라도 약물처방이 함께 이루어지지 않았을 때 실패로 끝나는 것을 보았다.

그럼에도 불구하고, 많은 부모들은 정확하지 않은 정보나 단순히 자신의 아이들에 대한 염려 때문에 "약물처방을 내리기 전에 일단 다른 방법부터 먼저 해보는 것이 낫지 않을까요?"라고 우리에게 묻는다. 몇몇 부모들은 "우리 아이에게 약을 매일 먹이는 것보다는 일주일에 서너 번 당신에게 보내는 것이 더 나을 것 같아요."라고 말하기도 한다. 의사들은 이러한 부모들의 염려에 대해 관심을 기울여야 한다. 약물처방이 치료에 효과적일 것이라는 강한 확신이 있더라도 부모가 여전히 믿지 못할 때와 (몇 차례의 간단한 면담을 포함하여) 모든 자료들을 사용하여 설득해본 뒤에도 어쩔 수 없는 경우에는 다른 대안적인 치료계획을 시도해야만 한다.

매우 심하게 과잉행동을 보이는 1학년 남자아이의 어머니가 상담을 하기 위해 우리를 찾아왔다. 아이의 담임선생님과 교장선생님은 그 아이를 더 이상 교실에서 다룰 수 없다고 느끼고 있으며, 다른 아이의 부모로부터 "그 아이는 거칠며 협박을 한다."는 불평을 자주 들어왔다. 아이의 아버지는 몇 년 전에 산업재해로 사망했으며 어머니가 그 아이를 과잉보호해왔다. 과잉행동-충동성 형태의 ADHD로 진단되었지만 어머니는 약물치료 처방을 거부했다. 그녀는 "우리 아이는 너무 어리고 약물로 인해 잘못될 수도 있다. 그런데 내가 어떻게 약물치료를 받도록 할 수 있겠는가?"라고 말했다. 우리는 그녀가 아이에게 구조화된 행동통제를 하는 다른 치료계획을 세웠다. 또한 아이의 담임선생님과 상의하여 문제의 초점을 잡고 수업시간 중에 아이의 주의를 집중시킬 수 있는 몇 가지 조언을 전해주었다. 어머니에게는 아이를 보모에게 맡기고 친구를 만나는 등 자신의 사회생활을 할 수 있도록 독려하였다.

집에서 행동통제전략을 시행하려는 어머니의 노력은 그동안의 습관적인 과잉보호로 인해 제대로 되지 않았다. 아이의 담임선생님은 매우 효율적으로 우리들의 제안에 따랐지만, 아이의 어머니는 담임선생님에게 "아이를 지지해주지 않는다."고 비판적인 태도를 취했으며, 아이에 대해 '지나치게 간섭' 하였다. 다른 사회활동을 해보라는 권유에 대해 반응을 보였지만, 세 번의 시도 끝에 그녀는 주저앉고 말았다. 그녀가 고용한 세 명의 보모들은 모두다 아이를 보지 않겠다고 했다. 그들은 아이가 너무 "과잉행동을 보인다."고 했고 '다룰 수 없는' 아이라고 불평했다. 이 일로 인해 어머니는 다시 우리를 찾아와서 무엇을 해야 할지 물었다. 우리는 최근 담임선생님으로부터 아이가 교실에서 성공적으로 생활하지 못하고 있으며, 선생님도 역시 어머니의 계속적인 불만과 비난 때문에 좌절했다고 들었다.

우리는 어머니에게 직장에서 오후에 시간을 내어 교실 뒤에 조용히 앉아 아이를 지켜볼 것을 제안했다. 어쩔 수 없이 그녀는 그러겠다고 승낙을 했다. 우리는 그녀에게 아이를 관찰할 때 눈여겨보아야 할 행동에 대한 목록을 만들었다(교사의 행동을 평가하기보다는 아이에게 집중하도록 도전할 필요가 있었으며, 우리는 이것이 많은 부모들에게 효과적인 중재방법이라는 것을 알고 있었다.). 이 목록에는 이이의 행동수준을 학급 내의 다른 아이와 비교하도록 하는 것도 포함하고 있었다. 특정 시간 동안 자리에 가만히 앉아 있는 활동수준, 불안정도, 떠드는 수준, 선생님이·강의를 하는 동안 경청하는 시간과 자기자리에서 만지작거리는 행동이나 의자를 흔드는 등의 행동 등을 비교하는 항목들이 포함되어 있었다. 또한 우리는 아이의 어머니에게 손목시계를 이용하여 아이가 자기 자리에서 맡은 과제를 완수하거나 선생님이 이야기하고 있는 동안 집중하고 있는 시간을 재어볼 것도 제안했다.

이 경험은 그 어머니에게 극적인 전환점이 되었다. 그녀는 마침내 아이의 과잉 정도와 아이가 학급에서 조용히 앉아 과제에 집중하지 못한다는 것을 이해하게 되었다. 나중에 우리를 만나 "당신들이 제안한 대로 내 시계를 주목했어요. 그런데 아이가 1~2분을 제자리에 못 앉아 있더군요. 그런 행동은 집에 있을 때와 마찬가지였어요. 정말로 약물처방이 이 아이를 도울 수 있을까요?" 라고 물어보았다. 아이에게 리탈린을 처방했고, 그 다음날 놀랍게도 효과적인 결과를 보였다. 그 날 오후 담임선생님은 우리에게 약물처방은 마치 '요술' 과 같았다고 이야기했다. 약물치료를 성공적으로 받고 있기 때문에 이에 더하여 더욱 효과적인 방법이 될 수 있는 대부분의 치료는 어머니에게 아이를 잘 다루는 기술을 가르치는 데에 초점을 두고 있으며, 남편을 잃은 슬픔을 극복하도록 도와 아이로부터 독립적인 삶을 영위하도록 하였다.

다음 장에서 우리는 ADHD 치료과정을 증진시키는 의사들의 다양한 역할에 대해서 보다 자세히 살펴볼 것이다. 그리고 여러 전문가들의 연계를 촉진하는 방법에 대해서도 살펴볼 것이다.

〈부록 2-1〉 교육심리검사를 위한 의뢰 편지 예

친애하는 스미스 씨에게!

제가 맡고 있는 환자 Mark Jones에게 ADHD 진단을 내릴 수 있는지 확인하기 위한 검사를 실시하고자 당신에게 의뢰합니다. Mark는 River Bend 초등학교 3학년에 재학 중인 8세 학생입니다. 담임선생님과 부모님의 말에 따르면 이 아이는 ADHD와 관련된 많은 증상을 보이고 있습니다. 주의집중시간이 짧고, 산만하며, 단기기억능력이 빈약하고, 교실에서 안절부절못하는 모습을 보이고 있고, 종종 다른 학생과 다투고, 심하게 떠들며, 읽기와 산수에서 학령 이하의 수준을 보이고 있습니다. ACTerS 선별 프로파일의 사본을 같이 보냅니다. 아이의 부모님은 ADHD 가능성에 대해 서로 의견이 일치하고 있지 않으며 또한 별거를 고려하고 있는 중입니다. 아버지가 ADHD를 지니고 있을 가능성이 있습니다.

Mark Jones가 정기적으로 우울증을 보이며 최근 3주 전에는 별 다른 이유도 없이 선생님의 책상 앞에서 울고 있었다고 합니다. WISC-III, WJ-R과 함께 간단한 우울증 척도(depression scale)를 실시해줄 것을 제안합니다. 개인치료나 가족치료를 실시할 때 아이와 함께 저도 참석하고자 합니다. 이 아이는 지금 아무런 약물치료를 받지 않고 있지만 당신의 평가에 따라 약물치료를 고려하고 있습니다.

또 다른 자료에 대해서 저의 도움이 필요할 때는 부담 갖지 마시고 전화해주십시오. 어머니의 동의서도 같이 보냅니다.

그럼 안녕히 계십시오.

Crig A. Everett, Ph. D.

3
다양한 전문가 간 연계와 상담자의 다중책무성

상담자는 ADHD를 효과적으로 진단하고 현실적인 중재(intervention) 전략을 실행하기 위해서 많은 임상정보들을 접하고 다양한 중재방안들을 개발한다. 다른 정신의학적 장애를 가진 내담자에 대한 초기 중재와는 대조적으로, ADHD 내담자들을 접한 상담자는 ADHD 개인사, 가족사에 대한 광범위한 자료뿐만 아니라, 만일 내담자가 아동이거나 청소년이라면, 부모, 교사, 학교 상담가로부터 제공되는 부가적인 정보를 그리고 만일 성인이라면 배우자나 혈연가족들로부터 제공되는 부가적인 정보를 필요로 한다. 우리가 추천하는 중재전략들은 전통적인 개인상담보다는 광범위하고 복잡한 임상역동과 상호교류 패턴을 더 많이 활용한다. ADHD를 중재할 때, 상담자는 자신의 임상적 역할과 많은 가족들, 확장된 하위 가족체계와 지역 내의 다른 전문가들과 어떻게 관계를 맺을 것인지를 결정할 필요가 있다. 상담자는 한 상담 회기에서 5~6명의 가족구성원을 다룰 필요가 있다. 상담자는 또한 ADHD 내담자와 가족의 종합 평가와 중재 욕구 그리고 가족 상담자의 역할을 정의할 필요가 있다. 아무리 경험이 많은 가족 상담자라 하더라도 이러한 모든 책임들을 다 질 수는 없을 것이다. 우리는 상담자가 의사, 심리진단가, 학교 교사, 변호사와 같은 다른 전문가들과 함께 작업하고 자문을 주고받는 것을 통해 더 나은 결과를 낳게 된다는 것을 알게 되었다.

우리는 중재효과를 높일 수 있는 다양한 자원들에 대해 언급하고자 한다. 우리는 실제 임상장면에서 상담자가 임상적 접근을 하고 실제 사례를 진행하는 것을 고려한다. 우리는 아동, 가족, 배우자와 함께 상담하면서, 아동기의 ADHD 증상을 발견하고 성인기까지 지속되는 문제를 진단하기 위한 특수 진단 절차가 필요하다는 것을 알게 되었다. 우리는 또한 교육 · 심리 평가의 중요성과 진단과 치료를 위해 검사 자료를 사용하는 것의 중요성도 알게 되었다.

우리는 ADHD 내담자 개개인과 가족에 대한 심리 · 교육적 정보제공을 중요시한다. 우리는 자녀양육, 의사소통, 부부와 가족관계 등 보다 넓은 영역에 대한 정보뿐 아니라 ADHD에 대한 특수한 정보도 아주 중요시한다. 우리는 ADHD 가족들에게 기본적인 부모와 자녀의 의사소통 방법, 가족역동, ADHD 증상들에 대한 교육 · 심리 정보들을 가르치는 것이 필요하다고 믿는다. 왜냐하면 이러한 교육은 ADHD 증상들이 어떤 방식으로 그들의 가정과 가정환경에 지속적인 영향을 미치고 있는가와 어떻게 그들 자녀의 학습능력과 학교에서의 학업성취에 영향을 미치는지를 잘 알게 해주기 때문이다. 우리는 많은 가족들이 일상의 경험을 보다 효과적으로 다룰 수 있는 방법이나 양육과 의사소통 기술을 증진시킬 수 있는 기본 정보에 관심이 많다는 것을 알았다. 물론 몇몇 가족들의 경우는 더 복잡한 임상적 중재를 요구하기도 한다.

ADHD 아동의 부모를 만나는 상담자들이 여러 분야의 전문가들과 관계를 맺는 것은 아주 중요하다. 왜냐하면 다른 전문가들과의 자문, 협력 과정이 치료에 중요한 요소로 작용하기 때문이다.

그동안 우리는 변호사와 법정에서 아동양육 소송이 있을 때 임상적 평가를 해왔다. 우리는 초기에 법원의 가족과 아동 옹호 프로그램에서 감독관으로 일하기도 했다. 이 프로그램을 통해 우리는 권리옹호 평가

작업에서 가족 중심 접근을 발달시켜왔다(Everrtt & Volgy, 1983). 우리는 법적 문제의 상담자 역할에 익숙해져 있는데, 이는 이혼뿐 아니라 비행, 보호관찰, 부모에게 지워지는 범죄에 대한 책무 등의 여러 법적 상황에서 문제가 많은 ADHD 가족 상황을 다루는 데 유용하다는 것을 알았다.

우리의 가장 중요한 역할은 ADHD 가족을 옹호(변호)하는 일일 것이다. 확실히 모든 상담자들은 아동이든 성인이든 또는 가족단위이든 그들의 내담자들에게 변호라는 특정한 서비스만을 제공할 것이다. 어쨌거나 대부분의 임상적 상황에서, 특히 부부나 가족 맥락에서, 변호 역할을 하는 상담자는 가족 전체나 각각의 구성원들과 상담을 자유롭게 할 수 있도록 유연해져야 한다. 어떤 가족구성원 중 한 명과 협력하기 위해 전체 가족과의 치료를 상당 부분 제한할 수도 있다. 많은 가족치료자들은 단지 자신이 상담하는 내담자 개인뿐 아니라 모든 가족구성원과의 상담에서 변호자(권리옹호자)가 될 것이다. 예를 들어, ADHD 아동이나 청소년을 치료할 때, 상담자들은 학교나 법정에서 옹호자로서 불려갈 수도 있다. ADHD 성인을 치료할 때, 상담자는 그들의 직장이 연합장애 정책을 준수하는 안전한 곳이 되도록 그들을 돕고, 결혼생활이나 가족관계에서 때때로 법정에서도 옹호자가 될 수 있다.

ADHD의 효과적인 중재에서 상담자의 역할은 복잡할 수도 있고 시간을 많이 투자해야 할 수도 있다. 치료자들이 발달시킨 임상적 구조 유형과 특수한 역할에 대한 그들의 정의는 중재를 명확하게 하고 효율성을 극대화할 수 있다. 우리는 상담자가 여기서 논의할 다양한 역할을 검토하고, 그들의 수련, 기본입장, 성격유형에 기초하여 가장 효과적으로 다룰 수 있는 특수한 임상적 분야를 스스로 결정하도록 격려한다. ADHD 가족의 효과적 처치에 대해 우리가 추천하는 다른 역할은 자문과 협동적 관계를 통한 상담자에 의해서 발달될 수 있다.

이 장에서, 우리는 다음을 포함한 ADHD 환자의 효과적인 처치에 대한 결정적인 요소들인 임상적 자원에 대해서 논의할 것이다.

1. 다양한 전문가 간 네트워크의 중요성
2. 교육 전문가의 자문
3. 변호사 자문
4. 학교와 직장에서의 권리 옹호
5. 다른 전문가들의 권리 옹호
6. 법적인 문제에서의 옹호
7. 심리 · 교육적 역할

다양한 전문가 간 네트워크의 중요성

그동안의 경험을 통해 볼 때 ADHD 가족치료에서 상담자 혼자 작업하는 것은 전문가 자문 네트워크를 구성해서 함께 작업하는 것보다 훨씬 비효율적이다. 우리 중에 교육 · 심리 검사, 정신약리학, 교육 자문, 국가장애정책의 법적 해석 등을 두루 다룰 수 있는 전문가는 거의 없다. 상담자 혼자서는 ADHD 가족의 다양한 욕구를 충족시킬 수 없는 것이다.

경험이 많은 대부분의 상담자들은 비상사태나 심각한 문제 상황과 같은 특별한 상황을 제외하고는 다른 전문가들과 협력하거나 자문을 구하지 않는다. 이는 개별적인 사설상담실 사정상 어쩔 수 없다. 그동안 우리는 우리가 가장 잘할 수 있는 부분에서 보다 현실적인 도움을 주고자 노력해왔고, 나머지 부분은 다른 전문가 집단과의 연계를 통해 자문을 받았다. 우리는 분명히 이러한 여러 분야 전문가들이 협력할 때 가장 효과적인 처치가 가능하다고 생각한다.

전문가 공동치료에서 경험과 평안함을 얻는 것이 중요하다. 초창기에 ADHD 분야에서 일을 하면서 우리는 아동의 학교 적응상의 문제로 의뢰된 많은 가족들을 만났다. 이러한 경우 대부분 다른 상담자들은 아동의 행동문제 또는 부모, 결혼 문제 중재에 관여하였다. 동시에 정신과 의사들이 다른 치료자들과 함께 정서장애가 있는 부모 중 한 명을 치료하거나 또는 아동의 공존장애를 치료하였다. ADHD 가족들은 그들이 가지고 있는 여러 가지 문제들 때문에, 여러 치료자들과 만나야 했는데 이것은 꼭 진단만을 위한 것은 아니었다. 우리는 다음과 같은 전문가들이 ADHD 처치와 평가에 꼭 필요하다고 본다: (1) 심리진단가, (2) 의사, (3) 교육자문가, (4) 진로 전문상담가, (5) 변호사.

우리는 이미 ADHD로 진단된 아동도 많이 만난다. 이런 상황에서는 이미 교사, 학교 상담가, 학교심리 전문가, 교장, 소아과 의사, 정신과 의사들이 이미 개입되어 있고, 가족에게 다방면의 조언을 제공하고 있다. 그러나 대부분의 경우 더 광범위하고 체계적으로 가족에게 필요한 자원들을 연결시키지는 못하고 있다. 중재계획에 초점이 맞춰지는 경우에는 일반적으로 부모나 형제들 간의 역동이나 결혼생활 등을 고려하지 않는다. 사실, 이러한 경우는 다양한 분야의 전문가들에게는 익숙하지 않은 상황이다. 어떤 부모들은 여러 분야의 전문가들로부터 받는 충고들이 일치하지 않기 때문에 당황하고 어떻게 해야 할지 모르는 상황에 빠지기도 한다. 임상 전문가들 중에는 교육 전문가들을 ADHD 아동들을 전문적으로 다루는 자신들의 전문분야를 침범하는 존재로 간주하여 그들의 전문적 자원을 무시하거나 노골적으로 평가절하하는 사람들도 있다.

여러 전문가가 얽혀 있는 경우 우리는 종종 전문가들 사이에서 알력을 느끼기도 한다. 예를 들어, 어떤 학교심리 전문가나 교장선생님은 ADHD 학생을 위한 특수교육 시설을 만들어달라고 하는 부모의 요청에 이의를 제기하기도 하고, 교사는 부모가 강하게 거부함에도 불구하고 우리가 부모를 설득해 ADHD 아동이 약물치료를 받을 수 있도록 해달라고 부탁하기도 한다.

어떤 경우는 부모가 상담자에게 소아과 의사가 아동의 약물투여를 하게 하거나 반대로 약물투여를 중지하게 해달라고 요구하기도 한다.

초기에 우리는 전문가들 사이에서 혼란과 갈등을 겪고 있는 ADHD

아동이나 청소년들을 옹호하는 것이 우리의 역할이라고 생각했다. 때문에 우리와 부모 사이에서 갈등이 있기도 했다. 하지만 점차 우리는 단지 ADHD 개인만을 위한 것이 아니라, 가족 전체를 위한 역할을 하는 것이 치료에 훨씬 효과적이라는 것을 알게 되었다.

ADHD 가족과 관련된 효과적인 임상적 역할에 대해 명확히 알게 되면서 우리는 가족들에 대한 처치와 더 나은 ADHD 평가 자원들을 조화시키고 발달시키도록 돕는 매개 역할을 할 수 있다는 것을 알았다. 다른 임상가, 의사, 교육자들과 일할 때 발생하는 많은 개인적 혹은 전문적 차원의 정치적 문제를 이미 경험했기 때문에, 우리는 많은 ADHD 가족들의 당혹감이나 무력감을 쉽게 공감할 수 있다. 우리는 또한 ADHD 가족들을 교육가들이나 치료자들 사이의 갈등 상황에 남겨두게 되면, 그것이 ADHD 학생에게 얼마나 큰 해가 되는지도 알게 되었다.

예를 들면, 상담자는 부모에게 아이가 검사를 받아야 한다고 하고, 교사는 그럴 필요가 없다고 한다. 교사는 부모에게 과잉행동아인 자녀들에게는 약을 복용시켜야 한다고 하고, 소아과 의사들은 아이들이 너무 어려서 약을 복용할 수가 없다고 말한다. 또한 상담자는 부모에게 아이가 품행장애로 진단을 받았기 때문에 행동이 더 이상 나아질 수가 없다고 이야기를 하지만, 교사는 아이가 낙제할 위험이 있으니 뭔가를 하는 것이 더 좋겠다고 한다.

이런 저런 좌절을 경험하면서 배운 것이 있다면, ADHD 가족은 효과적인 진단과 치료서비스가 필요할 뿐 아니라 이런 서비스를 조정해줄 수 있는 전문가가 필요하다는 것이다. 그래서 우리는 자기 영역의 전문가로서 훈련을 받았을 뿐만 아니라, ADHD의 복잡한 측면에 대해서도 잘 알고 있는 전문가들로 구성된 다양한 네트워크를 개발하게 되었고, 보다 쉽게 자문 또는 협조를 요청할 수 있게 되었다. 이 관계는 공식적으로 규정된 것은 아니다. 네트워크 안의 모든 사람들이 각각 자신의 영역에서 일을 하고 있지만 우리는 이 사람들을 'ADHD 팀'이라고 부른다. ADHD 가족들이 우리에게 부탁을 하면, 우리는 이 팀의 구성원들에게 서비스를 얻을 수 있도록 요청하거나 조정하는 역할을 한다. 동료들도 우리가 하는 것과 마찬가지로, 특정한 서비스를 얻도록 자신의 ADHD 내담자들을 우리에게 의뢰한다. 확실히 많은 상담자들은 팀 속에서 일하는 것을 꺼리는 것 같다. 대안적으로 선택할 수 있는 방법은 ADHD 가족들에게 도움을 줄 수 있는 다양한 서비스들을 알고 있다가 필요한 경우 적절하게 의뢰를 할 수 있도록 하는 것이다.

치료문제에 대해서, 대부분의 임상 문헌들은 여전히 ADHD 내담자들을 위한 인지적, 행동적 치료를 주된 접근방법으로 하고 약물사용을 보충적인 방법으로 보고 있다. 그러나 ADHD 내담자들에게 팀으로 접근하는 것이 중요하다는 인식이 점점 확대되어 가고 있다. 예를 들어, Quinn(1997)은 효과적인 '다차원(multimodal) 프로그램'이란 치료의 교육적, 심리적, 사회적, 의학적 면을 포함하고, 아울러 가족에 대한 지지, 사례 관리, 권리옹호를 포함하는 것이라고 하였다. ADHD 아동이든 어른이든, 치료가 성공하려면 중요한 타자와 가족구성원들을 포함해야 한다는 것을 기억하는 것이 중요하다고(p. 159) 언급한 그녀의 말은 치료분야에 대한 정의를 확장시키는 데 도움을 주었다.

교육 전문가의 자문

학교와 직장에서 ADHD 환자를 위해 보다 능동적으로 옹호하는 역할을 하고자 할 때는, 가장 효과가 있다고 생각되는 분야에 우리의 임상적인 시간과 자원을 집중하고 초점을 맞추어야 한다. 우리는 둘 다 대학에서 가르쳤지만, 초등학교나 중등학교에서 일한 적이 없다. 그러나 우리는 곧 우리가 학급의 경영 및 구조, 숙제 계획 그리고 시험 준비 등에 관한 문제를 다루고 있다는 것을 알게 되었다. 우리는 이런 문제들에 대해 학생, 부모 그리고 심지어 교사들에게까지 조언을 할 수도 있었지만, 우리가 최상의 자원도 아니며, 그런 조언을 하는 것이 우리 상담시간을 가장 잘 사용하는 것이라고 생각하지 않았다. 그래서 우리는 앞에서 언급한 역할, 즉 '교육 자문가' 또는 학습 전문가로서 우리를 도와줄 수 있는 자원들을 발굴해내기 시작했다.

여기에서 필요한 것은 단순히 개인교사로서 ADHD 학생들에게 읽기, 수학 등을 가르쳐 주는(많은 학교들에서 이런 서비스들을 제공하고 있다) 것이 아니라, 메타 수준에서 보다 광범위하고 실용적인 자원을 제공하는 것이다. 예를 들면, 공부하는 방법, 노트 정리하는 방법, 숙제하는 법, 특별과제를 준비하는 법, 시험 준비하는 법 등이다. 우리는 교사 경험이 있거나 특수교육 훈련을 받은 사람들이 이런 역할에 적합하다는 것을 알았다. 그런 사람들 중에는 전일제 고정된 직업을 가지고 싶지 않아서 더 이상 교사로서 일을 하고 있지는 않지만, ADHD 학생들과 함께 일주일에 몇 시간 정도는 함께 시간을 보내는 사람들도 있었다. 특수교육 훈련을 통해 교육 전문가는 학습문제로 고생하는 학생들을 조력할 수 있도록 교실수업방법 이상의 것, 즉 실용적인 기술을 제공할 수 있다. 우리는 또한 자문 역할과 학교에서의 지지자 역할 모두를 할 수 있는 교육학 박사과정 학생과도 일을 성공적으로 해오고 있다. 그는 교실에서 ADHD 학생들과 작업한 것에 대해 학위논문을 썼다.

같이 일을 했던 자문가 중 가장 도움을 많이 주었던, 특히 ADHD 청소년에 대해서 많은 도움을 주었던 사람은 교육학 석사학위가 있고 고등학교에서 교사로 있었던 분이었다. 그는 ADHD 진단을 받기 전에 고등학교 과정에서 퇴학을 당했는데, 약물치료를 통해 대학에서 교육학 분야의 학위를 얻을 수 있었다. 그는 20대 중반인데, 학교에서 자신이 겪었던 개인적인 어려움들을 기탄 없이 이야기하면서, ADHD 아동, 청소년 그리고 부모에게 그의 관찰과 실제적인 조언의 제공은 물론 약물복용의 가치에 대해서 논의를 하는 과정에도 매우 큰 도움을 주고 있다.

교육 전문가에게 의뢰를 할 때, 우리는 부모들로 하여금 자녀에게 학업적인 도움이 필요한 영역을 구체화시키도록 한다. 예를 들어, 과제를 해가는 것에 어려움이 있는지, 잃어버리거나 잊어버리거나 해서 제시간에 과제를 제출하지 못하거나, 계속 꾸물거리다가 한밤중이 될 때까지 중요한 숙제나 시험에 대한 준비를 하지 못하는지 등등이다. 수학문제를 푸느라 숙제를 하지 않는 학생의 경우라면 공부하는 방법과 시간을 조직하는 방법 등에 대한 실제적인 제안을 주는 것이 효과적일 수 있다. 우리는 그들에게 자녀가 학교에 다니고 있다면 "당신의 아들이나 딸이 효과적으로 공부하는 방법을 배우고 공부를 잘 따라갈 수 있도록 도울 수 있는" 실제적인 자문을 얻는 것이 좋다고 설명을 해준다. 대부분의 부모들은 이런 종류의 조언을 간절히 받고 싶어한다. 왜냐하면 본인들이 이런 역할을 해보았지만 대개 분노와 좌절로 끝이 났기 때문이다. 이런 구체적인 기술을 제공할 수 있는 사람에게 상담자가 의뢰를 하게 되면 부모들은 쓸데없이 다른 것을 찾아 헤매는 시간을 절약할 수 있다.

복잡한 ADHD 또는 진전이 거의 없는 사례의 경우, 우리는 교육 전문가들로 하여금 그 상황을 스스로 점검해보고 관찰을 할 수 있도록 하며, ADHD 학생, 부모, 상담자가 함께 만나는 회기에 참석하도록 초대하기도 한다. 교육 전문가들과 일정한 기간 동안 일을 하고 나서 그들이 우리의 관심사나 접근방법에 대해 잘 알게 되면, 학생들과 작업을 하면서 관찰해야 하는 문제나 양식을 보다 구체적으로 알 수 있게 해준다. 이따금씩 그들은 부모를 다루는 것이 힘들며 부모들의 갈등과 주장이 학생들의 노력을 방해하는 것 같다고 이야기를 한다. 때때로 우리는 그들에게 우리가 학생들과 함께 하는 회기에 참석해서 다른 선생님들과 함께 지지자 역할을 해볼 것을 권유한다.

교육 전문가의 작업에 대해 부모들에게 설명을 해줄 수도 있다(5장에서는 ADHD 자녀를 둔 부모가, 자녀로 하여금 보다 나은 학교생활을 하도록 압력을 가하는 역할을 하기 때문만이 아니라 아이에게 개인교사 비슷한 역할을 수행하게 되기 때문에 경험하는 좌절에 대해 논의할 예정이다.). 어린 학생의 경우, 교육 전문가들은 가정에서 자녀들의 학습경험에 보다 초점을 맞추고 구조화시키는 기술에 대해 부모와 이야기를 더 많이 하게 된다. 또 선생님들과는 대안이 될 수 있는 과제 및 숙제 계획에 대해 이야기할 수 있다. 중학교나 고등학교에 다니는 학생일 경우, 학생과 부모님을 같이 다루기도 한다. 이러한 활동의 목표는 학생이 독립적으로 성공경험을 얻을 수 있게 하고 부모가 집행인이나 잔소리꾼의 역할을 벗어나 보다 건설적인 역할을 개발시킬 수 있도록 하는 것이다.

최근 우리는 직업 컨설턴트와의 작업을 시작하였는데 이는 우리 의뢰 네트워크의 또 하나의 자원이 될 것이다. 자신의 직업적 관심과 선호가 무엇인지 초점을 맞추는 데 어려움이 있는 어른은 물론 고등학생에게도 많은 도움이 될 것이다. 이때 직업선호 검사도 사용할 수 있다.

변호사 자문

ADHD 치료에 대한 이야기를 하면서 변호사의 자문이나 법적인 문제들을 소개하는 것에 대해 놀랄 수도 있을 것이다. 하지만 ADHD는 연방법에 따라 장애로 구분되어 있어서 교육이나 직업적 상황에서 제한과 차별을 받을 수도 있기 때문에 변호사와의 연계가 중요하다. ADHD는 다른 장애들과 함께 세 가지 주 연방법(the Rehabilition Act of 1973(RA), Section 504; the Individuals with Disabilities Education Act of 1990 (IDEA); the Americans with Disabilities Act of 1990(ADA))에 따라 규제를 받는다.

IDEA는 장애 아동에 대한 특수교육 및 서비스에 대한 규정을 갖고 있다. 504조라고도 하는 재활법 조항에서는 상담자가 알아야 할 교육적인 문제를 구체적으로 규정해 놓았다. 504조에서는 장애가 있는 학생들이 교육 상황에서 학습경험을 향상시킬 수 있도록 학교 시설과 다른 서비스를 받을 권리를 명시했다. 504조 조항은 일반적인 학습 장애가 있는 학생들에게 학교에서 서비스를 받을 수 있는 자격을 부여한다. 1991년에 미국 교육부에서 발행한 정관에서는, 504조와 IDEA 기준에 따라 ADHD 학생들이 특수교육 서비스를 받는 것이 바람직하다고 구체적으로 언급하고 있다. 이러한 자격을 부여하기 위해, ADHD 학생들의 교육경험이 신체적 또는 정신적 요소 때문에 손상이 되었음을 설명해주었다.

또한 법에서는 정학, SAT나 ACT 시험을 볼 때 제공되어야 할 편의사항 등과 같은 ADHD 학생들의 권리에 대해 언급하고 있다. 또한 법에서는 대학 또는 직업학교에 다니는 ADHD 학생들에게도 편의와 관련된 동일한 권리가 있음을 명기해 놓고 있다. 법은 교육 상황에 있는 학생뿐 아니라 직업을 가지고 있는 ADHD 성인들에게도 적용이 되나 직장이 15인 이하의 회사이거나 중기계류를 다루는 곳인 경우에는 제외된다. ADHD 성인들은 직장에서의 그들의 권리에 대해 법적 자문을 받음으로써 도움을 받을 수 있다.

이런 연방법들은 학교에서도 인식되고 있다. 그러나 학교에서는 서비스와 관련된 법조항, 지도와 평가 등에 책임이 있다는 것에 대해 다양한 해석을 할 수 있다. 학교에서 연방정부의 법과 일치된 정책을 가지고 있다고 하더라도, 부모는 평가만을 학생들의 필요로 해석하거나 서비스의 영역을 매우 제한적으로 생각하는 관리자 또는 학교심리 전문가들과 부딪힐 수 있다. 불행하게도 때때로 특수교육이나 편의시설 등의 제공에 있어서도 학교의 협조를 얻기가 매우 어렵다. 학교의 행정가부터 교사나 상담자에 이르기까지, ADHD는 일시적인 것이므로, 아이들이 좀 더 열심히 한다면 좋은 결과를 얻을 것이라고 이야기한다. 이 책의 저자 중 한 명이 초등학교에서 있었던 협의회(ADHD를 위한 편의시설을 제공하는 협의: 504 meeting)에 참석했을 때, 학교장은 ADHD를 장애로 구분하고, 그 치료에 약물을 사용하는 것에 문제가 있다는 신문과 논문 파일을 가져왔다. 또 다른 ADHD로 명백하게 진단받은 5학년 학생에 대한 협의회에서, 교장과 특수교사는 우리가 요청했던 구체적인 편의시설 등의 제공을 주저하였다. 그 어머니는 자신이 학교 교직원으로부터 받았던 비협조적인 태도를 불평하면서 교육청에 민원을 제기하였다. 회의가 소집되었을 때, 교사, 교장 그리고 특수교사는 물론 교육청 교육장, 학교

심리 전문가까지 참석했고, 그 회의를 녹음(녹화)해두기 위해 비디오 카메라까지 동원되었다.

상담자는 ADHD 학생들의 편의를 도모하기 위하여 교사들에게 영향력을 행사할 수 있다. 하지만 상담자의 그와 같은 노력이 충분치 않다면, ADHD 학생의 가족은 자녀가 학교에서 적절한 교육적 서비스를 받을 수 있도록 변호사를 고용할 필요를 느끼게 된다. 다행스럽게도 이런 일은 그다지 자주 발생하지는 않는다. 지금까지 몇몇 독자들은 우리들이 ADHD에 대한 학교당국의 자세를 너무나 비판적으로 다룬다고 느낄지도 모른다. 정책과 자원이 주(州)에 따라 그리고 교육구에 따라 다르다. 그러나 ADHD 학생을 상담하는 사람이면 누구나 학부모로부터 아동을 위해 학교와 겪은 다툼과 갈등에 대해서 들을 것이다. 학교 관계자에게 아동의 학업문제를 진지하게 다루거나 아동을 평가하거나 혹은 아동에게 적합한 교육적 편의를 제공하라고 요구할 때, 부모가 겪은 좌절사항들을 상세하게 이야기하는 것이 전형적인 사례다. 자주 이사를 다니는 가족들은 학교에서 겪는 계속적인 좌절사항을 이야기할 수도 있다. 많은 부모에게 이런 이야기들은 마치 전쟁 이야기와 같고, 부모는 아동이 평가나 상담을 위해 의뢰되기 전과 비교해볼 때 자신이 학교에 적대적인 태도를 지닌 것을 발견하게 될 수도 있다.

상담자의 입장에서 볼 때 ADHD 태도에 대해 민감한 반응을 하고, 그에 대한 학식을 가진 변호사는 이러한 전문가들의 네트워크에서 유용한 자산이 된다. 우리는 지역사회에서 여러 변호사와 일한 경험이 있는데, 이 변호사들은 전문분야가 다른 분야임에도 불구하고 스스로 다양한 장애인 법에 대해 공부하였다. 이런 변호사들 중 몇몇은 ADHD로 진단된 자녀가 있어서, 기꺼이 다른 ADHD 부모들을 도와주었다. CHADD 협회(Children and Adults with Attention Deficit Disorders; 〈부록 6-1〉을 참조)는 연차대회에서 이 분야에서 일하는 변호사를 위한 워크숍을 제공하기도 하였다.

학교운영위원회의 의장(교장)이나 교육장에게 보내는 편지는 일반적으로 변호사의 이름으로 보낸다. 이 편지는 그 학생의 진단명, 진단 방법, ADHD가 다양한 연방장애지침에 포함된다는 사실 등을 간단하게 진술한다. 대부분의 경우, 교육장은 학교 관계자들에게 교육적 편의를 도모하기 위해 부모, 상담자와 협력하라고 지시한다. 우리가 다룬 사례 중 한 사례에서는 학교 관계자가 한 학생의 권고된 평가를 다음 학년으로 연기하여서 실망한 적이 있다. 이에 대해 학교 관계자는, 여름방학을 하기 전 평가할 시간이 없기 때문이라고 하였다. 그렇지만 우리가 의뢰한 변호사가 교육장에게 편지를 보내자 학교장은 특수교육 전문가와 학교심리 전문가에게 그 학생을 즉시 평가할 것을 요청했다. 다른 사례의 경우, 변호사의 편지는 학교위원회가 교육적, 물리적인 장애의 처리에 관한 전반적인 정책을 재검토하도록 자극하기도 했다. 또 이런 학교위원회의 제안에 반대하는 중간급 관리자가 경질되기도 했다.

많은 ADHD 학생들은 시간제한이 있는 다지 선다형 시험을 치러야 할 경우 저조한 성취를 보인다. 이런 결과는 고등학교에서 ADHD 학생들이 보이는 전반적인 지식과 성취의 지표도 될 수 없고, 대학수준의 학업을 수행할 잠재능력의 지표도 될 수 없다. 연방정부의 장애지침에는, ACT와 SAT를 포함하여 많은 대입 국가자격시험을 관리하는 전미대학시험위원회(American College Test Board)는 장애학생들이 특별히 조정된 조건에서 시험을 치르도록 허가하고 있다. 즉, ADHD는 승인된 장애인 것이다. 따라서 ADHD가 입증된다면 ADHD인 고등학생은 별도의 교실에서 시간을 연장하여 시험을 치를 수 있다.

수년 전, 이 책의 저자 중 한 사람은 고등학교 졸업반인 ADHD 학생과 상담을 한 적이 있었다. 그 학생은 장애 평가 후 지속적인 약물치료를 하였고 그 결과로 첫 학기 중 성적이 극적으로 향상되었다. 저자는 그 학생이 다음 학기에 SAT를 치르기 원한다면, 이런 특별한 조건에서 시험을 치르기 위해 그 학생이 ADHD라는 것을 승인받아야 한다는 사실을 부모에게 알렸다. 그러나 그 학생의 부모가 학교 상담전문가와 교감에게 이것이 적절한 요구라는 점을 납득시키기 위해서 많은 시간이 필요했다. 그 학생의 지도 교사인 학교심리 전문가는 그 ADHD 학생에게 "창피를 주어서" 이런 요구를 포기하도록 하려고 했다: "너는 SAT를 치르기 위해 혼자서 별도의 교실에 들어가고 싶지 않을 거야. 네 친구들이 어떻게 생각하겠니? 네가 차분히 생각을 정리한다면, 다른 친구들과 함께 시험을 치를 수 있어." 결국 우리는 그 부모를 아는 변호사에게 의뢰했고, 그 변호사는 학교장에게 편지를 썼다. 필요한 서류가 학교로부터 일주일 이내에 우편으로 와서, 그 학생은 시간을 추가로 제공받아 SAT를 치를 수 있었으며, 그의 점수는 교직원들이 기대한 것보다 훨씬 높게 나왔다. 현재 그 학생은 대학 2학년에 재학 중이다.

경험이 있는 많은 상담자는 그들의 지역사회에 있는 변호사들을 알고 있으며, 이와 같은 경우에 ADHD 가족을 위해 일할 수 있는 변호사와 접촉할 수 있다. 그렇지 않다면, 상담자는 지역 CHADD 지부에 도움을 요청할 수 있는데, 지역 CHADD 지부에는 우호적인 변호사들이 많이 있고, 그런 변호사를 개인적으로 알고 있는 부모들이 있을 수 있다. 법학대학이 있는 지역사회에서는, 일반인에게 법률자문을 제공하는 특별한 프로그램을 가지고 있는 경우가 많고 대부분 "Law and Public Policy"라는 일반적인 이름을 갖고 있다. 이런 프로그램을 활용하는 것도 좋다.

ADHD 성인의 경우, 고용주들은 ADHD에 연방장애인법이 적용됨을 잘 알지 못한다. 하지만 학생의 경우와 마찬가지로, ADA는 장애로 인해 직장에서 차별받지 않도록 ADHD 성인을 보호하고, 편의를 제공한다. 진단 유무와 상관없이 많은 ADHD 성인들이 존재하며, 이들은 특별한 편의를 제공받으면 업무수행을 향상시킬 수 있고, 보다 오랫동안 직업에 종사할 수도 있다. 불행하게도 대부분의 ADHD 성인은 단지 그들의 권리를 모른다. 상담자로서, ADHD에 관해 고용주를 이해시킴으로써 고용주와 협의하는 역할을 수행할 수 있다.

대립이 아닌 교육적인 상호작용을 형성하는 것은 흔히 매우 성공적이며, 많은 고용주들은 근로자들을 위해 기꺼이 합리적 수준의 편의를 도모하려고 애쓴다. 하지만 어떤 직업에서 고용주들은 단지 장애에 관한 고용주의 책임내용을 알지 못하거나 장애인 법을 '정서적/정신의학적인' 문제가 있는 근로자에게 적용할 필요를 느끼지 못한다. 다른 고용주들은 단 한 사람의 근로자를 위해 편의를 제공하기를 원치 않는다. 바로 이런 상황에 변호사의 자문이 중요하고 이 상황은 명료하고도 확고한 한 장의 편지로 해결할 수 있다.

권리 옹호 역할

우리는 ADHD를 위해 일하는 상담자들이 다양한 역할들을 어떻게 수행해야 하는지 논의하는 일이 자주 있다. 우리가 수행하는 역할 중 가장 어려우면서도 도움이 되는 것은 ADHD 학생이나 근로자를 위한 옹호자의 역할이다. 상담자의 옹호라는 개념은 다소 혼란스런 이미지를 일으킬 수도 있다. 대부분의 상담자는 가능한 중립적이 되라고 훈련받았다. 하지만 실제로 아동이든 성인이든 한 내담자와 상당 기간 작업하는 가운데 대부분의 상담자는 내담자에 대해 지지하고 싶은 마음, 보호하고 싶은 마음을 가질 수 있다. 가족 상담이나 부부 상담을 하는 경우, 중립의 문제는 중요한 문제다. 가족구조 내에서 발생하는 역동 안에서 상담자가 특정 구성원을 편들거나 편을 가르는 것을 피해야 한다. 만약 명료한 치료적 의도 없이 이런 일이 일어난다면, 객관적으로 치료과정을 관리해야 하는 상담자로서의 능력에 심각한 문제가 생긴다. 하지만 가정, 학교, 직장, 공동체에서는 종종 ADHD를 무능하게 만드는 상황이 생기기 때문에, 상담자는 전통적인 치료과정 이외에도 효율적인 역할을 수행할 필요가 있다. 옹호하는 역할을 맡는다는 것은 많은 상담자에게 낯선 일이며, 상담자들은 상담장면 외부의 문제에 개입하는 것을 의도적으로 피해왔다. 많은 상담자들은 친숙한 사무실 밖에서 일하는 것을 불편하게 여긴다. 다른 상담자들은 자신이 학교나 직장에서

ADHD를 위한 옹호나 광범위한 다른 역할을 담당한다는 것을 생각해 본 적도 없다. 이 같은 인적 자원으로서의 잠재적인 역할을 생각하는 상담자를 위하여, 우리는 다양한 장면에서 이루어지는 옹호자로서의 역할에 대해 다음과 같은 논의를 제공하고자 한다.

학교와 직장에서의 권리 옹호

ADHD 학생이나 근로자에 대한 상담자의 제안사항은 흔히 학교나 직장에서 건설적인 변화나 편의시설을 보장하는 데 큰 비중을 두고 있다. 예를 들어, 부모가 자녀의 교육적 평가를 위한 공식적인 동의를 얻지 못했을 때, ADHD 진단을 확인하고 어떻게 그와 같은 진단을 내렸는지 설명하며 가능한 편의의 범위를 추천하는 내용으로 구성된 편지(〈부록 3-1〉 참조)를 교직원들에게 보낼 수 있다. 다른 예로, 상담자는 부모나 교직원으로부터 다음에 설명할 504 협의회(편의시설 협의회)에 참석하라고 요구받을 수 있다. 이 모임은 특정한 편의 계획(〈부록 3-2〉와 〈부록 3-3〉 참조)을 세우는 데 도움을 주기 위한 것이다(7장과 8장에서 보다 상세하게 이 협의회의 역할을 설명할 계획이다.). 혹은 ADHD 성인을 위하여 상담자는 직업장면과 관련된 ADHD의 장애 측면과 책임을 설명하는 간단한 편지를 쓰거나, ADHD 근로자와 관리자 사이의 모임에 참여할 수도 있다(8장에서 이런 역할을 좀 더 설명할 것이다.).

상담자는 ADHD 교육자로서의 독특한 역할을 담당할 수 있는데, 교사와 고용주에게 ADHD가 어떻게 당사자에게 영향을 미치고, 학업 수행이나 업무 수행에 걸림돌이 되는지 좀 더 정확하게 이해하도록 도울 수 있다. 이런 경우 상담자는 종종 진단을 명료화하고 ADHD의 생리적인 면까지 설명해야 한다. 심지어 교사들조차도 ADHD의 신경생물학적 근거에 대한 증거를 보여주는 최근의 연구를 접하고는 놀란다. 특히, 고용주를 위해 상담자는 ADHD가 어떻게 연방정부 장애지침에 적용되는지 개관할 수 있다. 우리의 경험에 따르면, 이런 교육적 접근을 통해 이와 같은 상황에서 80~90% 정도 편의시설을 도모하는 데 성공하였다.

나머지 10~20%의 경우, 상담자는 무관심하거나 이해심이 부족한 교직원이나 고용주와 부딪히게 된다. 이런 상황에서 상담자는 ADHD 내담자의 자원과 요구를 설명할 때 참을성을 가지고 명확하며 확고한 태도를 가질 필요가 있다. 만약 첫 미팅에서 생산적인 결과가 하나도 없다면, 상담자는 ADHD 문제를 보다 상위 직급과 협의할 준비가 되어 있어야 한다. 상위 직급이란 학교에서는 장학사, 직장에서는 회사의 소유주나 상급 매니저를 뜻한다. 이런 수준에서 문제가 논의될 때, 상담자는 보다 더 적극적으로 옹호 역할을 할 수 있어야 한다. 만약 이런 수준의 미팅에서도 건설적인 변화가 없다면, 앞에서 논의한 것처럼 상담자는 자문을 위해 ADHD 내담자를 변호사에게 의뢰해야 한다.

한 명의 내담자를 옹호하는 것이 다른 ADHD 학생이나 근로자를 위해서도 학교나 직장에서 편의시설을 도모하게 할 수 있다. 특히, 학교에서는 대부분 상담자가 504 협의회에 참석한 후, 교장이나 교사가 전 교직원을 위하여 ADHD에 관한 연수를 해달라고 요청할 수 있다. 우리는 교사들이 ADHD에 관한 상담자의 견해를 매우 듣고 싶어한다는 것을 알게 되었다. 사실 연수를 하다 보면 대체로 몇몇 교사들이 우리에게 다가와 학급에 ADHD로 의심되는 학생이 있는데, 이제는 그 학생들을 더욱 잘 도울 수 있을 것 같다는 말을 하기도 한다.

다른 전문가들의 권리 옹호

다른 전문가들은 우리가 만나고 있는 ADHD 내담자 가족들에게도 관심을 기울인다. 예를 들면, 많은 가정에서는 ADHD 아이와 다른 아이들을 잘 아는 소아과 전문의가 있거나 최소한 먼저 보이고 싶은 의사가 있다. 그래서 진단을 수행하는 상담자는 소아과 전문의와 연락하여 진단의 평가에 대해 설명하며 아이의 약물치료에 대해 평가하도록 권장하는 역할을 해야 한다. 상담자들이 하는 일에 익숙하지 않은 소아과 전문의들(혹은 다른 양육자)을 위해 상담자는 상담자의 권장사항을 요약해서 문서로 전하고 이후 전화로 다시 한 번 숙지시켜야 한다. 대부분의 소아과 전문의는 ADHD에 대해 알고 있으며 ADHD를 많이 다루고 있다. 그러나 소아과 전문의가 아무리 잘 숙지하고 있다고 하더라도 진단에 부합하는 상담가의 평가와 권장사항이 있다면 이를 더 고마워할 것이다.

그러나 선택이든 필요든 가족들이 반드시 내과나 가정의학 전문의를 만나야 한다고 하면, 이러한 옹호와 자문의 역할은 점점 더 어려워지게 된다. 여기서 다시 상담자는 교육적인 역할을 담당해야 하는데 이는 단지 진단을 설명하는 것뿐 아니라 약물치료가 있었음을 의사가 확인하도록 하는 것까지 포함한다. 대부분 이러한 의사들은 약물을 소아과 전문의나 정신과 의사만큼 자주 처방하지는 않기 때문에 확인하기를 꺼릴 수 있다. 이러한 상황에서 치료자는 옹호자 역할에 더욱 명확한 확신이 있어야 한다: "나의 경험에 따르면, 이러한 증상을 가진 ADHD 환자의 경우 전형적으로 약물치료를 함으로써 효과를 볼 수 있습니다." 이러한 상황에서 자주 발생하는 다른 문제는 많은 의사들이 아이의 연령과 체격을 고려한 적절한 투약 수위를 결정하는 데 능숙하지 않다는 것이다. 이러한 의사들은 또한 처음의 조제와 선택이 효과적이지 않을 때 다른 조제나 대체 약물을 시도하는 것에도 익숙하지 않다.

이러한 옹호와 자문의 과정은 ADHD 성인에 대한 약물치료를 의뢰하게 될 때는 훨씬 더 어려워진다. 정신과 의사뿐 아니라 많은 의사들은 성인 ADHD 환자에게 약물을 처방하는 것을 꺼린다. 이러한 경우에 정신과 의사와 의뢰연계를 갖는 것이 매우 중요하다. 어떤 내담자의 경우 상담자들이 주로 함께 일하게 되는 정신과 의사가 치료하지 않는다. 이러한 경우에는 정신과 의사가 초기의 의학적인 평가와 처방을 제공할 수 있고 이에 따라 첫 한 달 동안 내담자에 대한 의학적 처치가 있게 된다. 그런 후에 정신과 의사는 내담자를 주로 담당하는 소아과 의사에게 약물치료와 진단을 설명하는 문서화된 의뢰서를 만들 수 있고 내담자를 소아과 의사가 맡도록 할 수 있다. 대부분의 경우에 치료를 주로 맡는 소아과 의사는 정신과 의사의 권고를 편안하게 따른다.

많은 ADHD 아동과 청소년은 그들이 진단을 받았든지 안 받았든지 간에 행동장애나 우울과 같은 증상들을 보여 임상적인 처치도 같이 받게 된다. 상담자가 ADHD 진단서를 작성하는 경우에는 ADHD 장애의 행동증상을 가진 아동과 청소년을 치료하는 다른 전문가의 의견을 묻고, 때때로 교육하는 것이 필요할 것이다. 모든 상담자들이 내담자에 대해 다른 전문가들이 내린 '새로운' 진단에 열려 있지는 않다. 물론 상담자 개개인의 상담방식을 인정하는 것은 중요하다. 상담자들은 ADHD 진단과 관련된 지식을 갖게 되면서 자신들의 전문지식이 부족하다는 것을 알게 되고, 치료과정에서 제외되기를 바라지 않는 한 상담자는 기꺼이 다른 상담자들과 함께 협동하고 자문을 구하는 관계에서 상담을 하려 한다. ADHD 상담자들은 때때로 의뢰한 상담자가 ADHD 아동을 위한 개별적인 상담을 계속하는 동안 ADHD 아동과 부모를 위한 가족치료를 제공할 것이다. 다른 경우에 ADHD 성인이 혼자 혹은 배우자와 함께 다른 임상의들에게 개인치료를 받는 동안 ADHD 상담자들은 ADHD 성인과 배우자를 위한 치료자료를 제공할 수 있다. 많은 ADHD 성인은 이미 공존장애가 있는 여건에서 개인 상담을 받았을 것이다. ADHD 성인이나 배우자는 우울증으로 정신과 의사와 상담을 하거나 주로 내과 의사로부터 항우울성 약물치료를 받았을 수 있다. 여기서 상담자의 진단은 양자와 대등한 입장에 설 수 있으며, ADHD 내담자가 전문가들로부터 최선의 효과적인 치료를 받고 있다는 것을 확인하여 이들을 옹호할 수 있다.

법적인 문제에서의 옹호

상담자들은 수년 동안 법정에서 양육권 평가를 했기 때문에 보다 전문적이고 협력적인 역할을 할 수 있다. 그러나 상담자들이 법정에서 증언을 한 경험이나 법적 문제를 다루어본 경험이 없는 한 이러한 역할을 하는 것은 바람직하지 않다. 법적 영역의 작업은 고도의 효과적인 옹호자 역할이기 때문이다.

상담자들이 참여하게 되는 대부분의 법적 문제는 난폭하고 반항적인 행동이나 충동적인 감정에 의해 비행을 범하게 되는 ADHD 청소년과 관계된 것이 많다. 이러한 충동적인 행동의 예로는 이웃 담벼락에 낙서하기, 학교 근처 공터에서 상자에 불 붙이기, 학급 내 친구에게 칼을 보여주며 과시하는 일, 새벽 2시에 친구와 함께 부모님의 차를 끌고 나와 동네를 운전하는 일 등이 있다. 한 12세 소년은 보이스카웃 모임에서 프로판 가스를 흡입하고는 다시 불어 성냥에 불을 붙이면서 과시하다가 보이스카웃에서 제명당했다. 많은 ADHD 아동들과 청소년들—특히 과잉충동 유형—은 연령이 높아지면서 점점 심각한 결과를 야기하는 광범위한 문제 행동을 하게 된다. 어린 시절의 '순수한' 장난은 청소년과 성인이 되면서 심각한 법적인 문제까지 낳게 되는 것이다.

이 글에서 아동 보호 관찰관들에게 청소년의 범죄행동에 영향을 주는 ADHD 역할에 대해 여러 번 설명했고 교육하고자 했다. 이 글은 ADHD 진단을 아동의 행동에 대한 변명으로 사용하려는 것이 아니라 보호 관찰관, 법정에서의 일, 때때로 '범죄에 대한 적절한 처벌'을 바라는 부모들을 돕기 위한 것이다.

이 글을 쓰는 저자 중의 한 사람이 최근 5학년 때부터 함께 상담해온 ADHD 아이의 아버지로부터 전화를 받았다. 그 아이는 현재 중학교 3학년인데, 교내에서 칼을 과시했다는 이유로 체포된 적이 있었다. 이 아이는 경찰이 집에서 누나와 면담을 한 후에 체포되었다. 당시에 아빠는 집에 없었고 누나는 경찰관에게 남동생이 종종 그녀에게 폭력적이고 위압적이었다고 상황을 각색하여 말했다.

그 아이는 아빠와 학교 상담자가 그렇게 하지 말라고 만류해왔지만 결국 휴대용 칼을 학교로 가져가 친구들에게 과시했다는 것이 밝혀졌다. 보호 관찰관이 쓴 평가서에는, 그 아이는 불량서클에 가입되어 있고 가족에게 위험을 줄 수 있다고 되어 있다. 상담자가 아이와 부모님을 면담할 때, 그 아이가 여전히 매우 미성숙하고 고등학교 진학을 앞두고 스트레스를 받고 있는 것을 알 수 있었고, 그 아이는 여전히 과잉행동과 충동적인 증상을 가지고 있었다. 부모는 그 아이가 몇 년 동안 리탈린(Ritalin)을 복용하지 않고 있다는 것을 알게 되었다. 그 아이는 다시 내과의에게 의뢰되었고 리탈린(Ritalin) 처방은 계속되었다. 그 아이의 충동적인 행동과 누나와의 갈등은 일주일 내로 진정되었다. 상담자는 보호 관찰관에게 아이의 충동적인 행동이 약물치료를 통해 개선될 수 있다는 것과, 그 아이가 가족이나 사회에 위협적이지 않다는 것을 확인시켜주었다. 부모는 또한 보호 관찰관에게 누나의 처음 진술은 과장된 것이고 누나는 남동생이 더 큰 문제를 겪게 된 것에 대해 미안해하고 있다고 설명했다. 보호 관찰관은 "모든 것이 괜찮아질 것이라는 것을 확인하기 위해" 아이가 앞으로 2개월 넘게 5단계로 구성된 치료에 참여하도록 했다.

8세 된 ADHD 아동에게 양부모가 가한 '신체적인 처벌' 이야기에는 옹호자로서의 역할이 더 극명하게 나타난다.

수양엄마는 아동학대로 고소당했다. 수백 명의 수양아동을 오랫동안 세심하게 보살펴온 45세 여성이 있었는데 그녀는 최근 3세 된 여자아이를 입양했다. 그녀는 이전에 아이들에게 가혹적으로 대하거나 신체적으로 해로운 행동을 한 적이 없다. 그녀는 수양아동 중 8세 된 아동과 2개월 정도 함께 있는 동안 이 아동이 부모나 이전 양육자로부터 성적 학대를 받았다는 의혹을 갖게 되었다. 이 아동은 다른 입양아동과 학교 친구들에게 성적인 언어를 사용했기 때문에 아동 정신과 의사에게 두 차례 보내졌었다. 정신과 의사는 이 아동에 대해 '잠재적인 ADHD' 라는 진단을 내렸다. 하지만 그에 맞는 의학적인 처치는 하지 않았다. 교사와 수양엄마는 아이가 종종 비협조적이고, 다루기 어려우며, 침착하지 못하고, 충동적이며 다른 학생들과 대립하려 한다고 했다.

오후에 수양엄마는 학교 교장선생님으로부터 아이가 다른 학생과 싸우고 교장실에 있는 것도 거부했기 때문에 퇴학시키겠다는 전화를 받았다. 수양엄마는 자신과 함께 가기 싫어하는 아이 팔을 붙잡고 학교 밖으로 데리고 나갔다. 학교 계단을 내려가는 길에 아이는 수양엄마로부터 달아나려 했고 동시에 수양엄마의 지갑을 땅에 떨어뜨렸다. 수양엄마는 아이의 등을 손으로 '찰싹 때렸다.' 교장선생님은 창문으로 아이와 수양엄마가 나가는 것을 보고 있었고 아동보호 프로그램에 이 사건을 알렸다. 수양엄마는 '학대' 혐의로 기소되었으나 후에 기각되었다. 그러나 주정부는 그녀에게서 입양권을 박탈하려 하였고, 최근 입양한 3세 된 딸의 양육권도 박탈했다. 상담자는 ADHD 전문가로서 수양엄마를 돕기 위해 증언을 했는데, 수양엄마와 학교에 의해 보고된 아동의 행동적 징후를 설명하고, 정신과 의사가 내린 ADHD 예비적 진단을 설명하여 약물치료 없이는 아동을 다루는 것이 어려웠을 것이라 말했다. 또한 수양엄마의 신체적 처벌은 그다지 심하지 않은 수준이라고 했다.

법정에서 상담자는 수양엄마가 치료를 따로 받고 있지 않은 ADHD 아동을 다루면서 아동에게 신체적 처벌을 가하는 것 사이의 '적정선'이 무엇인지에 대해 논쟁하였다. 불행하게도 주정부의 '체벌금지' 규정에 따라 수양엄마는 패소하였다. 법정은 그녀의 처벌 행동은 '분노와 좌절' 에 근거한 것이고 사소한 수준이라고 할 수는 없다고 했다. 주정부는 그녀의 부모 자격을 박탈하고 어린 입양아들을 데려갔다.

심리 · 교육적 역할

다양한 임상적 장애에 대한 독특한 개입으로서, 심리 · 교육적 접근의 효용은 정신 건강 영역에서 논의되고 있는 주제다. 예를 들면, 부부 교육은 갈등을 겪고 있는 남녀에게 전통적인 부부치료보다 더 효과적일 수도 있다. 실제로 대부분의 상담자는 상담을 진행하면서 어느 정도 교육적인 요소를 제공한다. 교육적인 자료에는 진단, 약물치료, 발달단계, 적성문제, 심지어는 재정관리에 대한 것들까지 포함된다. 실제적으로 가족, 부부, 자녀와 함께 상담을 하는 경우에 상담자는 종종 교육적 접근의 유용성을 알게 된다. 대부분 상담자는 종종 부모됨과 자녀관리, 배우자 선택, 부부의 역할과 대화, 가족 위계, 세대 간의 역동과 경계, 균형적인 부모와 배우자의 역할에 대한 정보를 준다.

ADHD 가족을 상담하는 상담자는 교육자 역할이 필요하다. 장애의 본질은 신경생물학적인 것이고 개인의 일생의 경험을 통한 만성적인 것이기 때문에 가족구성원은 아이가 당뇨병이나 선천적인 심장병을 가졌을 때 해야 하는 일과 더불어서 장애의 원인과 종합적 증상의 범위와 그 결과에 대해서도 알 필요가 있다. ADHD 증상들은 너무나 심각하게 나타나고 신체적으로 장애가 있는 아동이 있는 가정에서 더욱 극적이고 파괴적인 반응을 일으킬 수 있다. 그래서 교육은 성공적인 상담 차원에서 중요한 요인이 되고 있다. ADHD 아동이 진단받지 않은 채 가정 내에 존재할 경우, 전체 가족 내에서 역기능적 상호작용이 지속될 뿐만 아니라 아동을 희생양으로 만들 수 있다.

상담자의 이러한 교육적 역할은 ADHD 가족들과 함께 상담할 경우 임상적인 측면에서 명확히 정의될 필요가 있다. 교육적 역할은 상담과 평가의 초기 단계에서 이루어져야 하고, 이는 가능하다면 핵가족이나 대가족의 모든 구성원들을 포함해야 한다. 앞으로는 가족치료의 맥락에서 상담자가 교육적 역할을 수행해나가는 방법에 대해서 논의하겠다.

여기에는 다른 책보다 더 많은 자료들이 담겨져 있을 것이다. 상담자가 해야 할 교육적 역할의 몇 가지 요소는 〈표 3-1〉에 열거되어 있다.

〈표 3-1〉 ADHD 가족을 위해 제공된 심리 · 교육적 정보

ADHD: 사실들과 관련 문제들
- ADHD의 원인에 관한 최근 연구와 이론들의 해석과 요약
- 생리신경학적 영향력에 관한 논의
- 세대 간 유전 가능성 논의
- 가능한 공존장애 증상 규명
- 자아존중과 자기신뢰에 관한 ADHD의 심리적 구성요소의 탐색
- 성인기를 포함한 다른 단계에서의 ADHD의 영향력 밝히기
진단과정
- 진단과정에 관한 논의
- 다른 장애와 ADHD의 구별
- 일련의 인지적, 행동적 증상에 관한 규명
- 세 진단 카테고리의 차별화: 과잉행동적 충동, 부주의, 혼합(과잉행동과 부주의의 혼합)
- 검사의 역할에 관한 논의
치료과정
- 다른 전문가의 역할과 자문에 관한 탐색
- 약물치료의 가능한 역할과 기대들에 관한 탐색
권리 옹호의 문제들
- 학교에서의 권리 옹호 역할에 관한 논의
- 필요한 경우 법적 문제와 가능한 행동 과정들에 관한 논의

ADHD 장애에 대한 교육자이자 전문가로서 상담자의 역할은 분명하고도 직접적이다. 이러한 역할에는 종종 가족구성원에게 다음과 같은 것을 설명하는 일도 포함되어 있다.

1. 증상의 범위와 특징
2. 일상생활 속에서 증상의 실제적인 영향들

3. 평가의 요소
4. 시행할 검사의 역할
5. 장애 원인과 세대 간 유전의 잠재성
6. 치료계획
7. 전문가 간 협동의 필요성
8. 약물치료의 잠재적 효과
9. 약물치료의 종류와 생리적 효과
10. 약물치료에 대한 대중매체의 비난과 그것이 약물치료 사용에 대한 태도에 어떠한 영향을 미치는가?
11. 학교나 작업환경에서 가능한 권리 옹호의 역할
12. 개인과 가족치료 회기의 강조점

ADHD 부모와 함께 작업한 상담자는 새로운 약물치료와 치료접근에 관한 최신 연구에 지속적으로 관심을 쏟을 필요가 있다. 그러나 이것 이외에도 상담자들은 여러 다른 수준의 교육적 역할을 수행하는 것도 함께 배워야 한다.

예를 들면,

- 상담자들은 놀이방에 앉아서 ADHD가 무엇인지, 9세 여자아이의 행동이 무엇을 의미하는지 설명할 필요가 있다.
- 상담자들은 청소년에게 ADHD임을 알리고 약물치료와 교육적 편의사항을 성공적인 학교생활에 활용하도록 도울 수 있기 때문에, 반항적인 청소년을 안심시키는 방법을 찾는 것이 필요하다.
- 상담자들은 ADHD 장애를 주의 깊게 설명하고, 회의적이고 믿지 못하는 부모와 조부모가 질문할 때 대답해야 한다.

상담자들은 가족체계 속의 모든 구성원들이 ADHD에 관해 동일하고 정확한 정보를 얻도록 하기 위해서 할머니, 할아버지, 부모님, 청소년, 어린 아이 등 전 가족을 소집하는 것이 필요할 것이다.

부모, 형제 그리고 할머니, 할아버지 모두는 가족구성원의 장애에 대해 교육받을 필요가 있다. 즉, 상담자는 전 가족에게 유용한 정보를 제공하여 각 구성원들이 ADHD 증상과 행동을 보다 잘 이해하고 객관적으로 볼 수 있도록 해야 한다.

우리는 ADHD 청소년과 성인을 위한 이러한 교육적 정보(잘 알려지고 치료할 수 있는 장애로서, 문제들을 설명하고 더 나아가 분류할 수도 있다)가 종종 안도감과 희망을 준다는 것을 알게 되었다.

> 11세 ADHD 아동과 13, 15세 누나들, 부모, 할머니로 구성된 가족 모임에서 상담자는 주의 깊게 ADHD의 의미를 설명했고, 장애가 어떻게 전 가족에게 영향을 미치는지에 관한 예들을 제시했다. 이야기가 반쯤 진행됐을 때, 15세 된 누나가 갑자기 울기 시작했다. 어머니와 할머니도 울기 시작했다. 그 누나는 결국 그 해 내내 남동생에게 심한 말을 하고 잘해주지 못했던 것을 사과했다. 누나는 항상 자신과 가족을 싫어하는 꼬마로만 생각했다고 말했다. 초등학교 교사로 은퇴한 할머니는 ADHD에 대해 잘 알기만 했더라면 결코 화내거나 벌주지 않았을 것이라고 말했다. 어머니는 10분이 지난 후 자신을 추스르고 아들에게 용서를 구했다. 아버지는 나중에 자신 역시 ADHD였음을 알았는데, 아들에게 미안한 마음을 표현했으며 아들의 모습 속에서 어느 정도의 자신을 보아왔음을 인정했다. 이 가족의 경우 아들의 진단 이후 4주 동안 가족 모임을 가졌다. 이 모임은 단지 ADHD에 대한 정보를 주는 것으로만 한정하였고 가족역동을 다루지 않았지만 가족 모두가 극적으로 치유하는 경험을 하였다.

ADHD 가족과의 다른 교육 활동 측면은 부모교육인데, 이것은 6장에서 좀 더 상세하게 논의할 것이다. 부모교육은 ADHD 아동과 청소년의 나이에 적합한 기대를 갖고 특수한 아동 지도 전략과 기술을 가르치는 것이다. 이를 위해 기본적이고 실용적인 읽을거리를 보충으로 제공하기도 하고 과제를 추천할 수도 있다. 부모를 도울 수 있는 가장 효과적인 방법은 첫째, ADHD 아동에게 기대할 수 있는 행동을 보다 구조적이고 일관성 있게 제공하는 방법을 배우는 것, 둘째, 행동 특성과 아이의 나이에 맞는 일반적인 결과의 유형과 정도를 배우는 것, 셋째, 이전에 수년 동안 해왔던 것과는 다르게 부모로서의 통제와 권력을 익히는 것 등이다. 한 연구는 부모들을 사례관리자로 훈련시키고 ADHD 아동의 사회 환경과 적성을 조직화하도록 하는 데에 초점을 맞출 것을 제안했다(Cousins & Weiss 1993). 부모교육은 중요한 지원이 될 수 있다. 그러나 그 영향력에만 의존하기에는 한계가 있다. 다른 사람들이 보아온 것처럼(Estrada & Rinsof, 1995; Pisterman et al., 1989, 1992) 부모교육은 ADHD 아동, 청소년의 과잉행동과 주의력결핍의 근본적 증상을 효과적으로 변화시킬 수는 없다. 물론 부모교육을 포함한 연구의 결과는 ADHD 아동이 약물치료로 안정될 때 상당히 향상되어 왔다(Henry 1987)는 것을 보여준다. 또한 부모교육이 ADHD 아동의 문제행동을 줄일 수 있으며 양육과 관련된 스트레스를 감소시키고(Anastopoulos et al., 1993; Erhardt & Baker, 1990) 부모로서의 자아신뢰감과 자기존중감을 향상시키는 것으로 나타났다.

다음 장에서는 상담자를 위해 더 깊은 치료적 접근과 중재에 관한 보다 전문적이고 다양한 역할들이 어떠한 것인지 논의할 것이다.

〈부록 3-1〉 가족을 대표해 학교로 보내는 간단한 편지

존 스미스 여사
River Bend 초등학교 교장

존 스미스 씨에게

귀교의 엘리자베스 존슨(6학년, Ms. William의 반)은 최근 가정과 학교에서 일으킨 문제 행동 때문에 저에게 의뢰되었습니다.

담임선생님 그리고 부모님과의 면담 후 엘리자베스가 아마도 ADHD 혹은 인지적 과정의 어려움을 겪고 있을 가능성이 있음을 알게 되었습니다. 엘리자베스는 수업을 방해하고 주의력이 결핍되어 있을 뿐 아니라, 주어진 시간 안에 생각을 글로 표현하는 일이나 구술시험을 보는 것, 지시사항과 숙제를 기억하고 완수하는 데 문제를 가지고 있습니다.

엘리자베스가 ADHD가 아니라 학생장애나 인지적인 장애가 있어서 특수교육이 필요할지 모릅니다. 이러한 가능성을 알아보기 위하여 검사를 실시할 수 있도록 도움을 주시기 바랍니다. 학생이 WISE-III와 WJ-R 두 가지 다 시행할 수 있기를 추천합니다. 추가정보가 필요하면 저에게 편하게 전화해주십시오.

Sandra Volgy Everett, Ph.D.로부터

〈부록 3-2〉 고등학교 장애학생을 위한 편의사항 및 교육과정 수정

9학년 Joseph Hill을 위해 제안된 편의사항들

진단: ADHD

대수: 수나 기호 같은 세부사항에서 주요 어려움이 있었음. 서두를 때 더 많은 실수를 하며 웩슬러 지능검사의 기호 쓰기와 모양 맞추기에서 가장 낮은 점수를 받음.

1. 시험에서 추가 시간을 제공
2. 대안적인 시험형식 개발

영어: Joseph은 읽기는 좋아하지만 문법과 구두법, 문장과 단락구조, 철자 교정을 어려워함.

3. 문법보다는 내용으로 채점하는 작문 숙제
4. 대안적인 시험형식 제공(객관식이 논술보다 좀 더 현실적)
5. 어휘시험에서 대안 제공
   기억을 돕기 위해 더 짧은 목록을 사용하고 문장완성을 위한 빈 칸 채우기보다는 연결짓기를 활용
6. 대안적인 문법숙제와 시험 개발하기(Joseph은 "나는 어떤 것이 틀렸는지 알고 있지만 그것을 고칠 수는 없다."고 말한다)
7. 긴 구절을 읽어야 하는 과제나 시험을 볼 때 추가 시간 허락하기

다른 수업들을 위한 일반적 논의들

8. 가능하면 보고서와 에세이를 다른 연구과제나 시험으로 대체
9. 모든 보고서나 연구과제를 문법보다 내용으로 평가함
10. 가능하면 문서개요와 연구과제 수행 시 조직화하는 것을 도와줌
11. Joseph에게 있어 필기체는 어렵고 읽기에 힘들다는 점을 인정하고 수업 연구과제와 시험에서 인쇄체로 쓰는 것을 인정하기
12. 주제에 관한 Joseph의 실제 지식을 나타내기 위해 창의적인 형식을 개발하고, 여러 개념들을 통합하도록(특히 제한된 시간 내의 형식에서) 요구하는 것을 피함
13. 다음 학기 SAT를 편의시설이 제공된 검사조정 상황에서 치를 수 있는 허가를 위해 미리 Joseph의 응시를 준비

〈부록 3-3〉 초등학교 장애학생을 위한 편의사항 및 교육과정 수정

4학년 Marry Hill을 위해 제안된 편의사항들

진단: 우울증상과 관련된 ADHD

유전적 요인과 시험으로 인한 특별한 인지적 결손

1. 시각적 과정
2. 청각적 과정
3. 단기 기억
4. 문자 언어

일반 증상들

1. 청각적 지시를 기억하는 데 어려움
2. 칠판에 적힌 지시와 정보를 처리하고 기록하는 데 어려움
3. 인지정보를 조직하고 그것을 기록으로 표현하는 데 어려움
4. 아침부터 점심까지 혹은 매일 수업에 참여하거나 과제를 수행하는 데 어려움

언어능력

- 교실 내 활동과 숙제를 위해 유인물이나 서류로 된 준비물을 마련하기
- 쓰기 교정의 필요
- 구두, 면접과 상대적 방법과 같은 철자법 기술, 시험을 위한 대안적 방법을 개발하기
- 기억을 향상시키기 위한 공부방법에서 추가적인 도움 제공

체육시간

- 학생, 부모는 체육시간에 알맞은 편한 옷인지를 확인해야 함

사회

- 수업에 관한 개요와 수업 노트 제공하기
- 반에서 기록을 비교할 수 있는 학생을 찾기
- 작문에서 숙제를 제공하기

과학

- 보고서보다는 발표숙제를 준다.
- 쉬운 시험에서 추가 시간 제공
- 가능한 논술의 대안적 시험형식을 제공

수학

- 주의산만을 최소화하기 위한 자리배치
- 문제를 칠판에 적어서 제시하기보다 개인적으로 준비된 인쇄물 제공
- 시험을 위해 추가시간 제공

교사는 각 수업에서 숙제를 완성하고 제출, 기억할 수 있도록 특별한 체크리스트를 개발함으로써 Marry를 도울 필요가 있음

4
세대 간 가족 상담에서 ADHD 평가

상담자들은 개개인의 증상보다는 내담자가 처한 상황과 전반적인 가족체계를 바라보는 눈을 갖게 될 때 효과적으로 가족문제를 다룰 수 있다. 상담자들이 가족 내 세대 간 패턴과 문제해결 방법을 찾는 법을 익히게 되면, 임상적으로 던지는 질문이나 상담을 하면서 가족들 혹은 내담자들에게 던지는 질문이 달라질 것이다. 그러므로 우리가 ADHD를 이해하고 다루는 가장 효과적인 방법은 가족체계라는 맥락에서 시작하는 것이라고 확신한다.

ADHD에 대한 연구와 문헌들은 주로 ADHD 아동과 성인의 행동, 증상에 초점을 맞추고 있으며, 2차 자료로는 부모나 교사의 행동관리 문제에 초점을 맞추고 있다. 대부분의 전문가들은 가족환경이 ADHD 아동의 행동이나 심리적인 적응에 영향을 주고 있다는 것을 알고 있지만, 이러한 영향들을 밝혀낸 구체적 자료는 거의 없다.

게다가 가족들이 ADHD 가족구성원을 대하는 반응은 ADHD 증상 정도와 공존장애에 영향을 주게 된다. 예를 들어, ADHD 청소년의 학업, 행동상 어려움은 부모와 형제자매들이 보여준 좌절, 분노, 반항 등에 대한 반응일 수 있다. 이러한 반응들은 사춘기의 좌절이나 충동과 관련될 뿐만 아니라 분노, 우울 또는 행동장애 등의 부가적 증상들을 생기게 하고 이것은 다시 가족 전체에게 영향을 주게 된다.

가족은 또한 치료과정에 도움이 되는 다양한 자원들을 제공한다. 한 예로, 다른 형제자매들이 ADHD 아동과 함께 컴퓨터게임을 하거나 운동을 하게 되면 ADHD 아동의 자신감을 높일 수 있다. 또한 할아버지는 책을 읽어준다든지, 자신감을 회복시킬 수 있는 숙제를 함께 하면서 좀 더 관심을 보일 수 있을 것이다. 이렇게 가족 상호작용에 근거한 자원들을 적절히 활용하게 되면, 에너지가 분산되도록 축구를 하라고 밖으로 내보내는 것(물론 이것 역시 도움이 되지만)보다 더 지속적인 변화를 만들 수 있다.

종종 전문가나 부모는 우리에게 ADHD 아동이나 청소년들을 위한 집단을 만들어달라고 요청하기도 한다. 그렇지만 우리는 아직까지는 가족역동의 맥락에서 아동을 다루는 것이 보다 유익하고 건설적이라고 생각한다. 마찬가지로 ADHD 성인들에게도 가장 적합한 상담 방법은 개인 상담, 부부 상담, 가족 상담을 결합한 형태다.

상담자는 효과적인 평가와 치료를 위해서 ADHD 내담자의 독특한 특성과 발달에 따라 가족 안에서 다양한 상호작용이 일어난다는 것을 알아야 한다. 이 장에서 우리는 핵가족 내에서 그리고 세대 간 가족체계를 통해서 가족역동을 논의할 것이다. 그리고 다음 장에서는 상호작용 유형을 살펴볼 것이다.

이 장에서 우리가 살펴볼 사항은 다음과 같다.

1. ADHD 영향을 설명하는 데 유익한 가족체계 개념들을 정의한다.
2. 가계도 사용에 대해 논의한다.
3. 3대에 걸친 ADHD 영향을 추적한다.
4. ADHD 가족들의 일곱 가지 체제적 역동을 정의한다.
5. ADHD의 세대 간 유전에 대한 열한 가지 요인들을 살펴본다.

ADHD 가족체계 조망

가족체계는 적응과 생존에 필요한 에너지원을 가진 독특하고 복잡한 '조직체'다. 약 50%에 이르는 이혼율로 가족에 대한 우려와 비관적인 전망들이 계속되고 있지만, 가족은 개인에게 매우 중요하다. 이혼 가정도 아이들에게 안전하고 좋은 환경을 제공하기 위해 상호작용하고 있다. 한편, 만성적인 장애나 암 말기 진단을 받은 가족이 있을 경우 당사자뿐만 아니라 가족들도 스스로 다시 균형을 잡고 서로 지지하면서 관계를 유지한다. 종종 위험에 처한 가족원은 부모, 조부모, 다른 성인 형제들과 같은 세대 간 가족원들에게 감정적, 경제적으로 지지받는다. 이 상호작용 네트워크(이것은 여러 세대에 걸쳐 있을 수도 있다)가 지지와 원조를 제공할 수 있으나 한편으로는 문제를 만들고 지속시킬 수도 있다.

예를 들어, 극심한 우울증을 가진 부모가 있는 가정의 경우 기본적으로 일상생활을 유지하면서 가족기능을 계속할 수 있도록 균형을 유지할 수 있는 방법을 찾아야 한다. 살아 있는 생물체처럼 가족체계는 움직이며 내외적으로 불균형을 창출할지도 모르는 변화에 대응하면서 방향과 유형들이 만들어진다. 다른 가족구성원들이 우울증이 있는 부모에게 항상 친절하고 이해하는 반응을 보이는 것만은 아니다. 어떤 가족체계는 일상생활을 유지하도록 애쓰면서 이 우울증 부모의 고통을 부정하거나 회피함으로써 소외시킬 수도 있다. 다른 가족의 경우는 아버지(혹은 어머니)가 우울증에서 빠져 나오기를 바라면서 의기소침한 부모와 문제를 극복하고자 함께 애쓸 수도 있다. 어떤 가족체계에서는 부부 중 우울증이 없는 사람이 배우자의 우울증을 내면화하게 되어 우울증을 보일 수도 있다. 또한 우울증을 가진 사람은 가족체계 내 위계질서 속에서 그 체제의 반응들을 낳게 된다. 주 양육자가 우울해질 때, 가족체계는 다른 누군가가 관리자 역할을 하여 재균형을 이룰 것을 기대하게 되고 이런 재균형은 부모, '부모화된' 아동 또는 확대가족구성원(조부, 조모)이 관리자가 되는 형태가 될 수도 있다.

가족 중에 ADHD 아동이 있을 때, 부모는 유사하게 가족을 위해서 안정된 균형을 만들려 노력하고 아동의 장애증상을 조정해야만 한다. 우리는 이렇게 균형을 이루려는 활동을 '평형화'라고 부르는데, 이는 모든 가족체계에서 일어나는 것이다. '평형화'는 파괴적이거나 제 기능을 못할지라도 가족이 균형을 이루는 데 여전히 지속적으로 나타나는 과정이다. 자동온도조절기가 방안 온도를 17도 정도로 유지하도록 기능하듯이 평형화는 ADHD 가족의 활동과 행동 속에서 안정된 범위를 유지하려는 기능을 한다. 예를 들어, ADHD 아동의 충동적이고 파괴적인 행위는 진공상태에서 일어나지 않는다. 즉, 그것은 모든 가족구성원들로부터 반응을 이끌어낸다. 이 행동은 아버지를 고함 치게 만들고 형제들을 싸우게 할 수도 있다. 가족 중 어떤 사람은 분노하기도 하고 어떤 사람은 위축되기도 한다. 모든 구성원들이 각자 반응을 하게 되면서 다시 가족체계를 불균형에 이르게 한다. 어떤 가족체계에서는 부모나 손위어른이 균형을 회복시키기도 하지만 어떤 경우는 수년간 줄곧 혼란 속에 머물러 있다가 상담에 참여하게 되기도 한다.

이러한 예들은 가족체계 내에 존재하는 순환성과 상호작용을 보여준다. 한 구성원이 경험한 모든 사건, 행동 그리고 행위들은 가족체계를 통해서도 경험될 것이다. 사건이 심각하고 극단적일수록 그 체제 내에서 보다 광범위한 결과를 가져온다. 고요한 호수에 던져진 작은 조약돌이 만드는 파문처럼, 가족 내 파문도 '그들이 해변에 있는 바위(각 가족구성원)에 부딪쳤을 때' 첨벙 소리를 만들어낸다. 이처럼 ADHD 아동의 문제 행동은 가족을 넘어서 세대 간, 사회적인 네트워크 내 구성원들로부터 다양한 반응을 불러일으키게 된다. 다음과 같은 잠재적인 시나리오를 생각해볼 수 있다.

ADHD 아동은 학교에서 돌아온 후 책을 방으로 가져가라는 어머니의 말을 자주 잊어버린다. 이런 행동은 훈육을 잘하고자 하는 어머니

> 에게 이전의 다른 실패 경험들까지 떠오르게 해 화를 돋운다. 좌절한 어머니는 참을 수 없게 되고 다른 자녀들을 때린다. 남편이 직장에서 돌아오면 남편을 비난한다. 손자를 대학에 보내려고 저축을 해왔던 조부모는 아이를 엉망으로 키운 아들과 며느리에게 화가 나고, 어떻게 아이가 숙제 제출을 잊어버리고 내버려둬서 낙제가 되도록 했는지 납득할 수 없게 된다. 선생님은 좌절한 부모에게 아동이 도저히 주의집중이 안 되고 읽기와 수학에서 성적이 뒤떨어지고 있다고 말한다. 교장선생님은 부모와 낙담한 교사에게 아이가 미성숙하고 게으르기 때문에 유급시켜야 할지도 모른다고 말한다.

가족체계 이론에 익숙하지 않은 독자들을 위해 [그림 4-1]에는 원가족을 바탕으로 가족체계와 구성원을 이해한 시각 자료를 제시하였다. 이러한 구조를 시각화하는 것은 상담자가 가족체계에 퍼져 있는 증상의 확실한 근원과 방법을 인식하고 구분하도록 하기 위한 것이다.

대개 ADHD를 가지고 있는 사람은 아동이나 청소년이기 때문에 형제자매 간에 문제가 나타날 수 있다. 가족체계에서는 어른의 역할이 위계체제에서 정의되기 때문에 결혼이라고 하는 하위체계 내에서 의사결

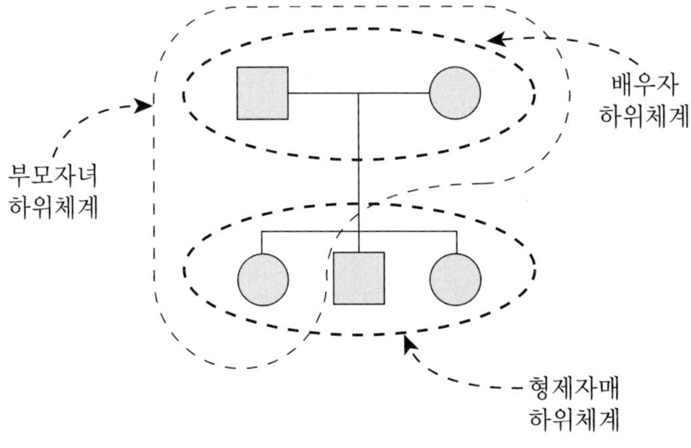

[그림 4-1] 가족 하위체계

정 영향력이 발생한다. 부모–자녀 하위체계는 상호작용 역할과 권위를 의미한다. 세대 간 체계는 할아버지, 할머니, 고모, 삼촌들과 같은 다른 중요한 타인들을 의미한다. 이들은 가족들을 지지할 수도 있고, 가족들과 갈등을 일으킬 수도 있다. 이러한 하위체계들은 상담자에게 진단과 상담에 중요한 자료를 제공한다. 예를 들어, ADHD 아동의 증상이 어떠하며 형제자매들과 어떻게 상호작용하고 있는지를 이해하는 것은 중요하다. ADHD 동생의 파괴적이고 충동적인 행동으로 좌절하고 당황했기 때문에, 동생과 떨어져 있으려는 형이 있을지도 모른다. 또한 다른 경우에는 동생이 ADHD 형을 화나게 하고 자극하는 데 능숙하며 종종 신체적인 싸움으로 몰고 간다. ADHD 형과 달리 정상적인 동생은 부모에게 희생자로 보일 수 있고, 야단이라도 맞는 것이 전혀 주의를 받지 못하는 것보다 낫다고 느낄지 모른다. 만약 상담자가 형제자매 하위체계의 이런 역동을 알지 못한다면 형제자매들이 하는 잠재적인 역할을 재구성하거나 긍정적인 상호작용을 위한 개입에 실패할 수도 있다.

ADHD 가족 내에서의 위계관계가 명확하게 드러나지 않는 경우도 많다. ADHD 아동의 행동 때문에 실제적으로 가족 내부 결속력은 힘을 잃어간다. 많은 부모들은 '무기력감을 느낀다.' 거나 '통제력을 잃고 있다.' 고 말한다. ADHD 아동의 형제자매들은 ADHD 아동이 받는 관심에 대해서(대부분 부정적인 관심에 불과하지만) 질투하거나 화를 낸다고 보고되었다. 만약에 상담자들이 ADHD 아동이 그들의 부모보다 더 커다란 힘을 갖고 있음을 알지 못한 채, 부모에게 ADHD 아이를 다루는 기술만 가르치려고 한다면 그러한 중재는 실패할 것이다.

ADHD 성인들과 상담을 할 때는 그들의 부부관계 및 부모–자녀 관계를 모두 다루어야 한다. 충동성, 반항성 그리고 건망증 등의 증상으로 배우자는 당황스러움에서 분노에 이르기까지 이에 상응하는 반응들을 나타내게 된다. 또한 이러한 증상은 아이들 양육에서의 역할뿐만 아니라 아이들이 혼란을 느끼는 것부터 화를 내는 정도에 이르기까지 아이들의 반응에도 영향을 미친다.

예를 들어, 남편이 ADHD인 경우, 종종 배운 것을 기억하지 못하거나 그 날에 일어난 일들을 기억하지 못하는 것 때문에 아내를 화나게 할 수 있다. ADHD 남편은 아내의 이러한 행동을 '무관심' 또는 '거절'의 표시로 받아들이는 것이다. ADHD 부모를 둔 아이들은 부모가 자신이 한 이야기나 요구를 잊어버렸을 때, 당황하거나 좌절하며 부모를 불신한다. 아이들의 속상한 마음은 분노와 부모를 존경하지 않는 모습으로 나타난다. 부모의 부주의한 모습은 늘 있는 것이 아니고 상황에 따라 달라지기 때문에 아이들이나 배우자는 그러한 부주의가 의도적이고 고의적이라고 생각하는 것이다. 이러한 상호작용이 반복되면 가족은 오해를 하게 되고 갈등을 겪는다.

상담자는 가족체계의 경계, 즉 누가 그 체제 안에 있고 누가 그렇지 않은지를 파악하는 것도 중요하다([그림 4-2]). 경계는 핵가족체계뿐만 아니라 우리가 알고 있는 하위체계까지 보여준다. 이러한 경계는 그 체계를 보호하고 한정하는 데 기여하고 있기 때문에 영역을 나타내는 표시역할을 한다. 이것은 정도와 형태에 따라 차이가 있으며, 경직된 것, 유동적인 것, 혼란스러운 것, 개방적인 것 또는 폐쇄적인 것 등으로 특징지을 수 있다.

혼란스러운 경계(diffuse boundaries)는 외부의 방해나 개입으로부터 가족을 거의 방어하지 못하며 그 구성원에게 최소한의 경계만을 제공한다(Nichols & Everett, 1987). 이러한 체계는 조부모나 다른 가족들의 원치 않는 개입으로 인해 내부적인 혼란이나 혼돈을 겪을 수 있다. 이와 달리, 폐쇄적 경계는 가족을 강하게 결속시키며, 사회와 원 가족 간의 분리와 외부 피드백으로부터 영향을 받지 않는다. 폐쇄적인 경계(Closed boundaries)를 가진 가족구성원으로 하여금 완전히 가족을 떠나게 하는 것은 쉽지 않다. 이상적인 경계형태는 개방적인 경계(open boundaries)를 갖는 것인데, 이는 가족과 그 주변환경 간에 원활한 피드백의 교환이 일어나도록 하며 구성원을 고립시키지 않으면서도 가족을 보호하는 데 충분한 경계를 제공할 수 있다. 이러한 경계들은 연속선상

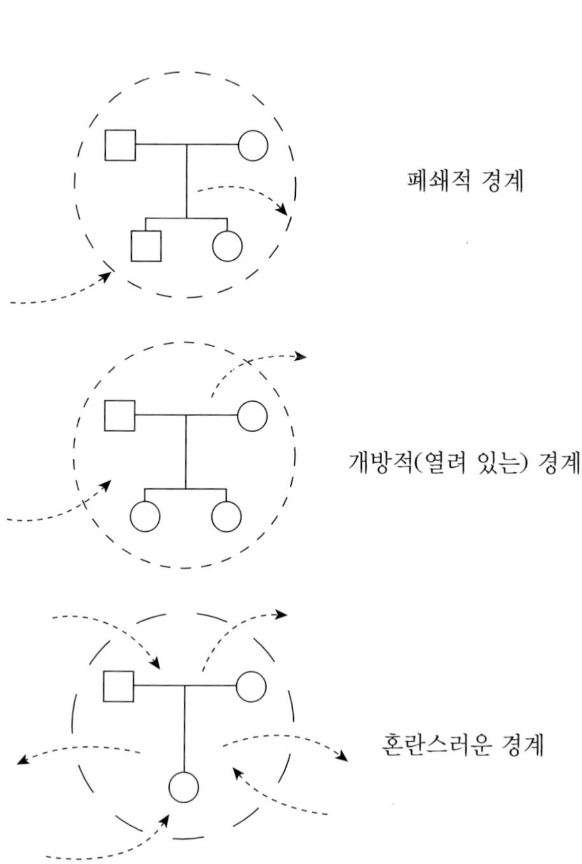

[그림 4-2] 가족체계 경계

에서 일어나는 것이다. 즉, 폐쇄적인 경계와 혼란스러운 경계를 양 끝으로 두고 그 가운데에 개방적인 경계가 나타난다. 건강하게 기능하는 가족은 개방적인 경계를 갖고 있는 경향이 있다.

경계는 경직되거나 유동적인 특징도 가질 수 있다. 경직된 경계는 새로운 사건이나 환경의 변화에 맞춰 쉽게 적응할 수 없다. 유동적인 경계는 가족의 필요나 주변환경에서 일어나는 상대적인 변화에 따라 개방적이거나 폐쇄적이 될 수 있다. 일반적으로 건강한 가족은 보다 유동적인 경계를 보인다. 그러나 모든 가족체계는 경계를 지속적으로 변화시키는 것이 좋다. 예를 들어, 막 결혼한 젊은 성인 남녀의 경우 새로운 관계를 보호하고 외부의 방해로부터 사생활을 보호하기 위해 일시적으로 그들의 가족체계의 경계를 닫아두고 공고히 할 필요가 있다. 그러나 간섭이 심한 부모님으로부터 방해를 받을 일이 없다면 계속해서 이러한 경계를 경직된 채로 유지할 필요는 없을 것이다. 그리고 첫아이가 태어나면, 그들은 경계를 개방하여 부모님이 아이를 양육하는 데 도움을 주거나 손자와 상호작용을 할 수 있게 하는 것이 필요하지만 조부모의 간섭이 심할 경우에는 가족경계를 일시적으로 닫아 그들만의 사생활을 보호할 수 있는 연습을 할 필요가 있다. 이러한 가족 하위체제와 경계의 개념은 가족의 역동을 평가하고 상담전략을 개발하는 데 중요한 요소다.

가족체계의 모든 구성원들은 스트레스 요인과 환경의 변화를 함께 경험하고 공유한다. 이러한 스트레스 요인들은 매우 빠른 속도로 전달되는데, 한 사람이 경험한 스트레스는 세대를 넘어 다른 구성원들에게 이를 정도로 빨리 전달된다. 종종 이러한 스트레스는 가족 내에서 희생양으로 불리는 고정된 역할을 하는 구성원과 동일시된다.

초기 가족체계이론을 다룬 문헌(Ackerman, 1958; Bell & Vogel, 1961)에 나타나는 가족체계 내의 희생양은 스트레스나 분노, 가족 내에서 경험되는 불행 등을 받거나 전달한다. 많은 경우 희생양이 되는 아이들은 부부관계의 불행을 감당하고 있다. 부부 중 한 사람이 가족 내의 모든 불화의 근원을 한 아이 때문으로 여기게 될 경우, 그들의 결혼관계는 일시적으로 안정상태로 돌아가고 배우자의 불평과 분노는 다소 누그러진다. 그러나 만약 희생양이 된 아이의 행동이 개선되어 더 이상 문제의 근원으로 비난받을 수 없게 되거나, 가족 내에서 그 아이의 존재가 사라질 경우 다른 아이가 희생양이 될 때까지는 다시 스트레스 상황이 나타난다.

희생양은 다양한 이유에 의해 지목되는데, 예를 들어, 첫째나 막내가 신체적으로 특별한 문제를 갖거나, 나머지 구성원들과 달리 감정적으로 반항적인 기질을 보일 경우가 있다. 가족 내에서 특별히 한 아이가 지속적인 말썽 또는 스트레스 요인이 될 경우, 그 아이는 일반적으로 희생양으로 지목된다. 이러한 결과로, 가족 내의 상호작용적 반응을 통해 희생양은 이러한 역할을 담당하고 가족 이미지와 부합하는 내부적인 정체성을 발달시킬 수 있는 것으로 보인다. 이 역할은 종종 가족 내에서뿐만 아니라 그 아이가 소속된 다른 집단인 학교에서도 지속되며 성인기까지 이어진다.

많은 ADHD 아동은 가족 내에서 희생양 역할을 경험한다(진단되지 않은 많은 ADHD 성인들도 원가족체계 내에서 이러한 역할을 하고 있다.). 말썽을 일으키는 아동의 행동은 부모뿐만 아니라 형제자매들, 조부모, 담임선생님의 도움과 노력을 필요로 한다. 계속되는 문제 행동에 대한 가족의 반응은 결국 좌절을 불러일으키고 분노를 일으키게 된다. 이에 따라 부모는 ADHD 아동을 명시적으로 또는 암묵적으로 '문제아' '실수투성이' '게으름뱅이' '지체아' 등으로 여기게 된다. ADHD 아동이 있는 부모와 그렇지 않은 부모를 대상으로 한 비교연구를 통해 ADHD 아동을 둔 부모는 낮은 자존감, 아동의 행동에 대해 지나치게 부정적인 태도, 양육에 대한 높은 부담감 그리고 아이의 행동이 다른 사람에게 부정적인 영향을 미칠 것이라는 생각 등을 가지고 있는 것으로 나타났다(Anastopoulous et al., 1992; Baker & McCall, 1995; Baldwin et al., 1995; Culberson & Silovsky, 1996; Johnson, 1996; Johnson & Behrenz, 1993).

아동이 ADHD로 진단받았거나 받지 않았거나에 상관없이 한 가족 내에서 ADHD 아동의 정해진 역할이나 정체성은 모든 가족구성원들뿐만 아니라 교사나 주변사람에게로 급속히 퍼져나간다. 부모의 자아상은 곧 '문제아 또는 ADHD 아동을 둔 부모'라는 시각으로 옮겨가고, 그 형제자매들의 정체성은 '말썽쟁이 또는 ADHD 형제나 자매가 있는' 아이가 되며, 담임선생님은 '학급에 문제 학생 또는 ADHD 학생을 둔' 교사로 인식된다. 희생양이 되는 ADHD 아동에 초점을 둔 이러한 역동은 부모의 결혼생활, 형제자매 관계와 결속 그리고 전체 가족들의 삶에 부정적인 영향을 미친다.

초등학교 5학년인 저스틴(10세)은 형제자매들과의 끊임없는 다툼과 학교생활에서 받은 좌절로 상담에 의뢰되었다. 상담자는 부모와의 첫 상담 후 저스틴이 희생양이 되어왔다는 것을 알 수 있었다. 그들은 아이에게 화를 내고, 그 아이의 행동에 불쾌감을 표현했으며, 경멸적인 어조로 이야기했다. 상담자는 저스틴과 접수면접을 끝내고 나서 부모와 함께 상담하는 것보다 저스틴의 형제자매들과 함께 상담하는 것이 낫겠다는 결정을 내렸다. 부모-자녀 상담에서 부모가 계속해서 저스틴을 희생양으로 만들 것 같아 상담자는 상담 초기에 이러한 역동을 미연에 방지하고자 했다. 형제자매들과 함께 상담하는 것은 종종 부모의 분노나 비난을 누그러뜨릴 수 있고, 가족 내 형제자매 관계의 하위체계를 통해 아이의 역할을 넓은 시각으로 볼 수 있게 도와준다. 저스틴은 14세인 누나 조안과 7세인 남동생 빌리와 함께 상담에 임했다.

상담 초기에 동생 빌리가 먼저 가족에 대해 이야기했다. 빌리는 저스틴이 한 행동들을 늘어놓으면서 몹시 비난했다. "학교에서 싸워 가족을 부끄럽게 했고, 내 방에 들어와 내 물건을 집어갔으며, 누나를 못살게 굴어 지난 여름에는 벽에 밀치기도 했고, 매일 밤 아빠와 엄마가 싸우게 만들었다."고 했다. 상담자가 빌리의 말을 막으려고 했을 때 저스틴은 의자를 뒤로 뺐다. 저스틴은 바닥을 쳐다보고 있었다. 누나인 조안은 처음에는 조용히 있었지만 곧 저스틴이 자신의 동생이 아니었으면 좋겠다며 이야기를 시작했다. 상담자가 저스틴의 문제행동에서 주제를 다른 것으로 옮기면서, 가족들이 저스틴의 행동을 이해하고 더 잘 대처하지 못했기 때문에 이미 저스틴과 형제자매 간 관계가 몇 년 전부터 완전히 무너져 있었다는 것이 밝혀졌다. 저스틴은 나중에 ADHD로 진단되었고, ADHD 행동들로 인해 가족 내에서 희생양이 된 것으로 판단된다.

3대에 걸친 ADHD 영향

ADHD는 복잡한 양상을 나타내기 때문에 상담자 및 학교 상담자는 '보다 큰 그림'을 통해 세대 간 가족체계의 영향을 알아볼 필요가 있다. 상담자는 가족 중에 ADHD 진단을 받지는 않았지만 그러한 증상을 보이는 구성원이 있는지 살펴보아야 한다. 여기에는 부모와 형제자매들, 부모의 형제들 또는 조부모가 포함된다.

세대 간 유전과 행동의 영향을 연구하는 유전학자와 인류학자들은 가계도를 활용하였다. 가족 상담자들은 가족의 구조와 조직, 위계와 상호작용의 형태, 특정 주제 또는 스트레스 요인들을 시각적으로 확인할 수 있기 때문에 가계도 사용을 중요하게 생각한다. ADHD 가족을 이해할 때는 가계도를 확장해서 그릴 수도 있다([그림 4-3]).

상담자는 내담자 가계 안에서 미묘하고 극적인 세대 간 패턴을 추측할 수 있어야 한다. 예를 들어, 4대에 걸쳐 가족에 대한 기본적 의사 결

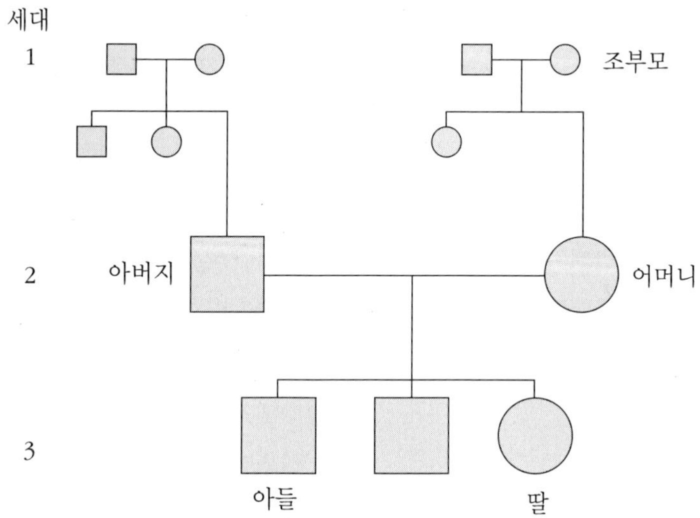

[그림 4-3] 3대 가계도

정권과 통제권이 여성에게 있는 가족력을 가진 한 부부(ADHD가 아닌)가 있다. 가계도 평가를 통해 우리는 성 개념과 성역할 과거력에 대해 더 많은 질문을 할 수 있게 되었다. 부인은 "외할아버지가 집 뒤의 침침한 곳에서 주무셨었고, 아버지는 그녀가 어렸을 때 대부분 '뒷 베란다'에서 주무셨다."고 말했다. 그녀는 13세가 될 때까지 엄마 침대에서 잤으며 결혼 후 종종 남편을 소파에서 자도록 했다. 이러한 세대 간 패턴은 8세 된 딸이 엄마와 함께 자는 형태로 계속되었다(이것은 아버지가 침실을 떠나게 만든 이유 중의 하나다.). 그러나 5세 된 아들은 결코 엄마의 침대에서 자도록 허락하지 않았다. 이 부부의 관계에서는 취약한 의사소통, 양육방식에 대한 갈등, 부인의 우울과 남편의 분노가 드러났다. 가계도는 세대를 통해 전달되는 역동을 그릴 수 있도록 도와주고, 세대 간 반복되었던 태도와 패턴을 인식하고 막을 수 있게 도와주었다. 이 부인의 가족패턴과 매우 유사한, 부모와 조부모의 가족패턴을 분명하게 묘사해낸 가계도를 부인에게 보여주었을 때 부인은 눈물을 글썽였고, 그녀는 항상 '무언가 잘못되었다.'고 느꼈으나 결코 '전체 그림은 보지 못했다.'는 것을 깨달았다. 그녀와 남편은 즉시 문제를 해결하고자 노력하였고, 이로 인해 가정에 대한 그녀의 부정적 영향력은 점점 줄어들었다. 생물신경학 연구(1장에 나와 있는)는 ADHD가 세대를 통해 유전되는 것을 보여준다. 그렇지만 ADHD 가족구조를 통해 정서나 의사소통의 패턴이 세대에 걸쳐 이어지는지를 보여주는 연구는 많지 않다고 생각한다. 우리는 상담자들이 '더 큰 그림'을 그려보도록 하고, ADHD를 다룰 때 가계도를 이용하거나 그리도록 권한다. 어떤 상담자는 [그림 4-3]의 기호를 사용하여 내담자의 가계도를 그리는 것으로 시작할 수 있다. 이것은 '상담을 공부하는 학생들이 가족체계 견지에서 생각하고, 그림으로 체계의 패턴을 해석하는 데 익숙하도록 가르치는 것'에 관한 것이다. 상담자도 자신의 가계도를 그려본 후, 자신이 상담하고 있는 부부의 가계도를 그려보면 흥미로운 점이 많이 있을 것이다.

가계도를 그릴 때는 상담자가 가지고 있는 지식이 가계도에 들어맞도록 해야 한다. 그리고 배우자의 원가족 가계도를 그려라. 각 배우자의 형제관계와 가족관계를 검토해본다. 다른 가족구성원들의 죽음과 그 원인에 대한 가계도를 그려본다. 우울이나 알코올중독 치료를 받았을 가능성이 있는 가족들을 구별할 수 있는가? 형제자매 중 누가 고등학교를 중퇴했는가? 가족 중 몇 명이 대학교육을 마쳤는가? 이혼한 부부는 몇 쌍인가?

가계도 그리기를 통해 상담자는 더 광범위한 체계적 질문을 할 수 있어야 하고, 폭넓은 의사소통 패턴을 인지할 수 있어야 한다. 상담자는 ADHD 아동들의 개인적인 증상 이면의 것까지 통찰하는 것을 배워야 할 필요가 있다. 이는 핵가족과 세대 간 하위체계 내에서 발생할 수 있는 여러 의사소통 패턴을 고려하는 관점을 통해 증상을 재 개념화하는 것이다.

5세대 간 ADHD 대물림의 패턴이 나타난 가계도([그림 4-4])를 살펴보자. 자신이 속한 세대를 4세대로 표기한 ADHD 아들이 내담자다. 특별히 가계도에서 남자들을 통해 유전되는 ADHD를 볼 수 있다. ADHD는 아버지(3)로부터 아들(4)에게 유전되었다. 아버지의 ADHD는 두 자녀(4와 4a)의 양육과 부부관계(3c)에서 여러 증상으로 나타났다. 가계도는 또한 어린 시절에 두 형제(3a, 3b)와의 관계에서 나타난 아버지의 문제행동을 포함하여, 아버지 자신의 ADHD 증상도 시사한다.

가계도를 볼 때, 이 아버지는 어쩌면 그의 아버지(2), 즉 진단을 받은 아이(4)의 친할아버지로부터 ADHD를 물려받았을지 모른다. 이 아버지의 특성은 자녀들(3, 3a, 3b)의 양육 면에서나 그의 결혼(2c), 형제(2a, 2c)에 대한 역할 내력에서 드러날지도 모른다. 이 세대 이전의 임상 자료는 확인하기가 훨씬 더 어렵다. 가정해보건대(1에서 출발하는 점선 화살표를 보라), 우리는 ADHD가 증조부로부터 유전되어 오지 않았을까를 의심해 볼 수 있다(이 첫 세대 이전의 세대를 추측하기 원하는 독자들을 위해 우리는 Hartmann(1993)에 대해 언급하겠다. 그는 ADHD 행동이 원시 문화의 초기 사냥꾼들에게는 유용한 행동특성일 수 있었고, 농경민에게는 덜 유용한 특성이며,

현대 도시 문화 속에서는 전혀 유용하지 않은 특성이라고 말하였다.).

앞에서 보았듯이 ADHD 아동(4)의 증상은 이 아동이 일생 동안 겪게 될 경험을 통하여 나타날 것이다: 아들로서의 역할에서, 형제자매들과의 관계에서, 장래 배우자(4c) 선택에서, 앞으로 일어날 부부간의 역동에서 그리고 장래 자녀 양육에서 증상이 나타날 것이다. ADHD는 그의 아들(5)에게도 유전될 수 있다. 설명을 위해 이 모형을 아주 단순화했지만 잠재적인 패턴은 발견할 수 있다. 만일 남자 2, 3, 4가 ADHD로 진단되었다면, 여자형제 3b와 4a에서 부주의 유형의 ADHD를 찾는 것은 어렵지 않을 것이다. 임상적 증거와 다른 ADHD 가족구성원의 영향은 가계도를 통해 드러나게 된다.

만일 우리가 정서, 행동 특성을 덧붙여 이 가계도를 확장시킨다면—여기에 ADHD 요소까지 더해서—임상적 문제는 더 복잡해질 것이다

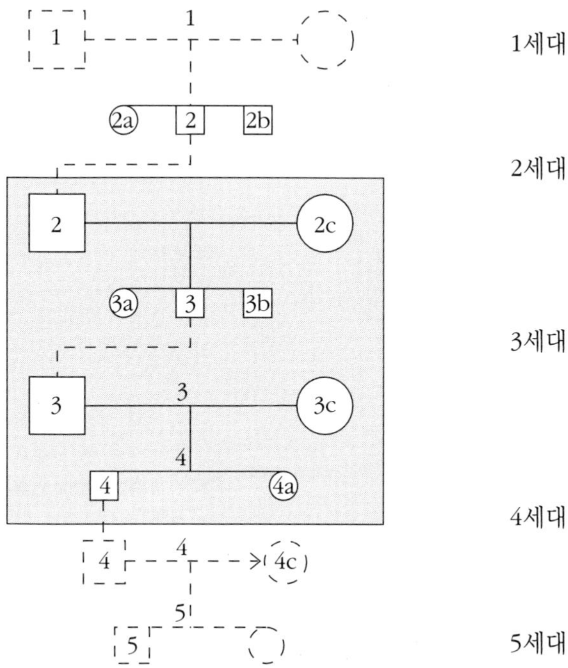

[그림 4-4] 5대에 걸친 ADHD 유전

([그림 4-5]를 보라.). 남편(3), 아내(3c), 자녀(4와 4a)의 핵가족체계 내에서 순환적, 상호적 행동들을 인지할 수 있다.

[그림 4-5]에서 ADHD 아들(4)은 과잉행동을 보이고, 학교생활에 부적응을 보이고 있다. 수평방향으로 살펴보았을 때, 형제자매 간 하위체계에서 누나(4a)는 부모로부터 물려받은 동생(4)의 과잉행동과 그에 따른 부모의 지나친 관심에 분개할 수도 있음을 추측할 수 있다. 누나는 자신이 부모의 인생에서 제외되었다고 느낄 수도 있고, 부모의 관심과 지지를 얻기 위한 자신만의 행동을 발달시킬 수도 있다. 만일 누나가 부주의 유형의 ADHD라고 할지라도 더욱 소외감을 느낄 것이며, 집에서는 자신의 욕구를 채울 수가 없을 것이다. 만일 누나가 학교와 사회

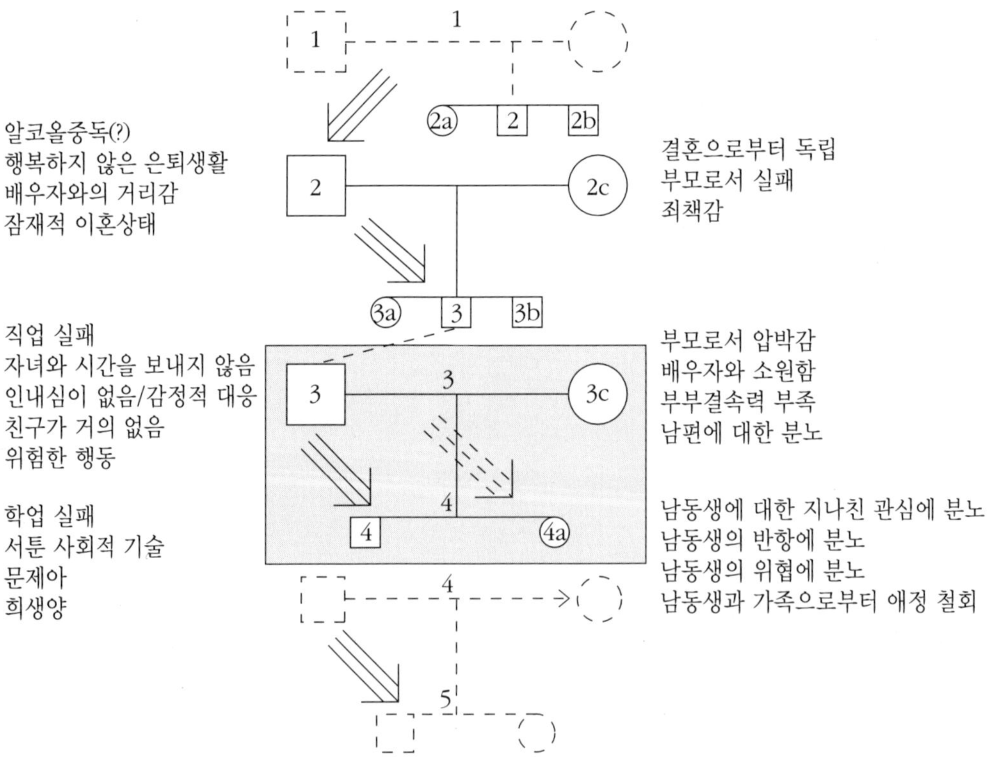

[그림 4-5] 5세대 가족체계 내에서의 일차적 · 이차적 ADHD 증상들

에서도 고생하고 있다면, 부모의 지지를 받지 못해서 오는 우울증상이 더 심해질 것이다. 그녀는 어쩌면 형제나 부모로부터 점점 더 멀어질 수도 있다.

윗세대(자녀들의 세대를 기준으로 볼 때)에서 어머니(3c)는 좌절감을 느끼거나, 아들과 딸의 행동으로 인한 부모로서의 실패감을 느낄 것이다. 그녀는 ADHD 아들을 효과적으로 통제하지 못했고, 딸과의 친밀감을 잃었다고 느낄 수 있다. 또한 자녀양육에 남편의 도움을 받을 수 없다는 사실에 분노와 좌절을 느낄 수 있고, 스스로가 외로운 유모라고 느낄지도 모른다. 그리고 점차 정서적으로 남편과 멀어질 수도 있다. 진단되지 않은 ADHD 아버지(3)는 낮은 자아존중감, 초기 학교 경험의 실패감, 직업에서의 불투명한 장래성 등과 같은 내부적 문제를 갖고 있다. 그는 아마도 가족 안에서 '문제아' 또는 '희생양'이었을 것이다. 만일 그의 문제 행동이 여자형제들(3a, 3b)과의 관계에서 갈등과 분노를 야기시켰다면, 성인이 되어서는 그들과 접촉이 거의 없을 것이다. 참을성 없음, 화냄, 감정적 대응은 자녀들과의 관계와 결혼생활뿐만 아니라 직장에서도 문제를 일으킬 수 있다. 그는 아마도 친구가 거의 없고, TV 스포츠 중계를 보면서 시간을 보내거나, 주말에는 더 많은 맥주를 마실 것이다.

상담자는 직계 핵가족에 대한 고찰뿐 아니라, 문제를 일으키는 요인과 다른 세대를 통해 전해지는 패턴을 인지할 수 있다. 원 가족에서 아버지(3)는 진단되지 않은 ADHD 아동으로서 학교생활의 실패와 자기 자신에 대한 좌절을 경험했을 것이다. 그의 과잉행동은 평범한 여자형제들과 비교했을 때, 그를 희생양으로 만들었을 것이다. 그 아버지(2)의 잠재적 ADHD는 부모-자녀 간의 관계에 거리감을 느끼게 하고 참을성 없게 만들었을 수도 있다. 만일 그의 어머니(2c)가 '구원자'로서의 역할을 했다면, 성장기의 긍정적인 기억이 어머니로부터 보호받은 감정과 연결되어 있을 것이다. 아마도 부모의 의사소통과 상호작용에 대한 기억은 별로 없을 것이다. 그는 이제 거의 퇴직할 나이에 이른 아버지를, 어머니와 종종 언쟁하며 자신의 결혼생활에 거의 신경 쓰지 않고 음주

문제로 고생하는 불행하고 참을성 없는 남자로 볼지도 모른다. 이러한 ADHD 증상과 순환적, 쌍방적 상호작용의 패턴은 가설이기도 한 반면, 가족역기능의 잠재적 역동을 설명해주고 있다. 이러한 잠재적, 역기능적 세대 간 문제를 이해하는 것은 평가나 중재를 할 때 상담자에게 상당한 자원이 된다. ADHD와 연합적 상호작용적 패턴에 기초하여 임상적 증상의 여러 차원을 인식함으로써, 상담자는 더 넓은 범위의 가족역동에 대해 꾸준히 고찰할 필요성을 느낄 수 있다. 이러한 체계적인 영향을 역사적으로 이해하는 것은 모든 가족체계에 유용하며, 각성제와 ADHD 아동 개인 상담보다 더 효과가 있을 것이다.

ADHD 가족 내에서의 역동

긴밀하고 지속적인 수직적 헌신

상담장면에서 우리는 ADHD 성인들이 자신의 원가족 또는 가족구성원(어머니, 형제자매, 할머니, 할아버지)에게 감정적으로 의존적이며, 비정상적일 정도의 애착관계를 지속하는 경향이 있음을 관찰할 수 있었다. 이런 의존성은 잠재적인 분노와 해결되지 않은 감정적 욕구라고 볼 수 있다. 그런데도 이와 같은 현상에 대해 언급하고 있는 문헌들은 거의 찾을 수가 없었다. 가족 내 갈등의 희생양인 아이들이 감정적으로 가족과 애착관계를 형성한다는 것이 부분적으로나마 이와 같은 의존적 현상을 설명해주고 있다(Evertt et al., 1989; Everett & Volgy, 1998).

이와 같은 의존성의 요인은 ADHD 가족 내에서 관찰할 수 있었던 '어른들에 대한 ADHD 개인의 과도한 헌신' 과 관련된 행동양식 중 한 가지라고 볼 수 있다. Boszormencyi-Nagy와 Spark(1973)는 이와 같이 성장한 어른과 원가족 간 또는 배우자와의 관계에서 일어나는 긴밀한 유대관계 및 애착관계를 '가족에 대한 헌신' 이라는 용어로 설명하였다. 이 중에서도 '수직적 헌신(vertical loyalties)' 이란 원가족과의 감정적인 유대관계 및 지속적인 일체감 등으로 정의할 수 있다([그림 4-6]). 예를 들어, 청소년들은 일반적으로 어른이 되어감에 따라 부모와의 수직적인 유대관계를 서서히 줄이면서 독립성을 늘려간다. 집을 떠나거나 원가족으로부터 독립할 준비를 하면서, 또래들과 더욱 긴밀한 관계를 발전시키기 위해 이와 같은 수직적 유대관계를 서서히 줄이게 된다.

어른이 되어 새로 형성된 또래들 간의 유대관계를 '수평적 헌신(horizontal loyalties)' 이라고 한다. 데이트를 하고 배우자를 고르는 시기에 접어든 모든 젊은이들의 과제는 부모에 대한 수직적인 유대감과 충성심을 줄이고 자신이 선택한 수평적 유대관계를 공고히 하는 것이다. 배우자가 자신의 원가족으로부터 명백하게 분리 또는 분화하지 못하면 결혼 초기의 결혼관계에 문제가 생기게 된다. 이런 수직적 헌신은 배우자와의 수평적 헌신이 형성되는 것을 계속 방해할 수 있다.

수직적 혹은 수평적 헌신은 가족구성원에 대한 의무감과 관련된 강력한 임상적 역동이다. 가족 상담을 하면서 이에 관한 다양한 사례들을 접할 수 있었다.

> 남동생이 결혼에 실패하고, 약물재활 프로그램을 끝낸 후에 살 집이 필요해지자 가족들은 35세 가정주부인 누나에게 남동생을 데리고 살라고 하였다.
>
> 40세 된 남편은 아버지 회사가 갑작스럽게 문을 닫게 되자 부모의 부채 5,000달러를 갚아주기 위해 자신의 집을 저당 잡혀야겠다고 생각했다.
>
> 50대의 한 부부는 부모 중 한 분이 돌아가시면 다른 한 분을 모시고자 한다.

'수직적 헌신' 이 어른이 되어서도 여전히 강하게 작용해서 자신의 결혼관계나 다른 개인적인 활동을 방해하면 역기능적 양상으로 나타날 수 있다. 이와 같은 수직적 헌신의 강도는 상징적으로 원가족구성원과의 만나는 횟수에서 볼 수 있다. 예를 들면, 건강에 이상이 있으신 것도 아닌데 부모님을 일주일에 3~4번씩 만나며, 그 이유를 "그냥 만나서 이야기 좀 하고 싶어서."라고 남편이 말하는 것이다.

대부분의 ADHD 성인들은 어린 시절에 가정 및 학교생활의 경험에서 생긴 내적 상처를 안고 살아간다. 부주의 증상을 보인 아이들의 자아존중감 및 자기확신에 대한 손상은 비교적 경미한 편이다. 그러나 과잉행동을 보였던 아이들은 '문제아' '얼간이(쓸모 없는 사람)' '멍청이' '실패자' 등과 같은 꼬리표를 달고 희생양이 되는 경우가 많아서 더욱 부정적인 자기 이미지를 가지게 된다. 이런 경험들이 우리가 언급한 의존성 밑에 숨어 있는 것 같다. 상처를 입은 새가 자기 둥지 근처에 있으려고 한다든지, 부상당한 동물이 자기 굴로 돌아와 죽으려고 하는 것과 마찬가지로, ADHD 성인은 끊임없이 자기의 둥지나 굴로 돌아온다. 많은 ADHD 아동은 나중에 성인이 되어서도 자신의 원가족과 의존성이라는 끈으로 묶인다. 멀리 떨어진 곳에 살면서 부모나 형제자매들과의 접촉을 제한하여 원가족과의 감정적인 연결고리를 끊어버리는 사람도 있다. 그러나 이들도 충족할 수 없는 욕구의 그림자 속에서 살아가며 상황에 어울리지 않는 헌신과 의무감으로 인해 고통스러워한다. 그리고 언젠가는 이런 문제들이 해결될 것이라는 기대를 안고 살아간다.

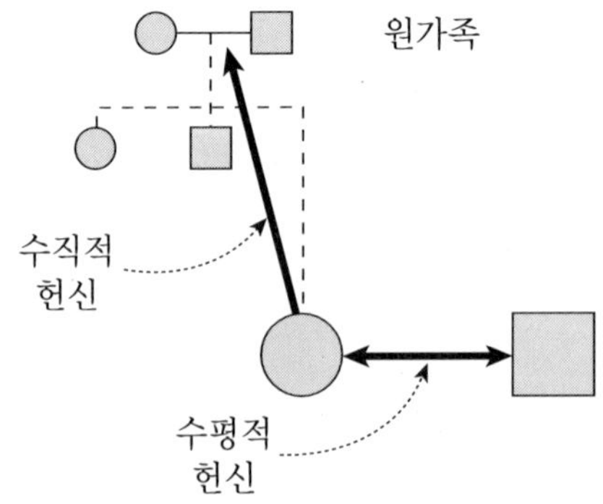

[그림 4-6] 가족체계에서 수직 · 수평적 헌신

ADHD 아동 및 어른의 수직적 헌신과 관련된 이와 같은 역동은 개인 상담뿐 아니라 가족 상담에서도 필요한, 중요한 임상적 의미가 있는 문제다. 모든 ADHD 가족이 이런 문제양상을 보이는 것은 아니지만 상당수는 이와 같은 문제를 보일 것이다.

배우자 간의 빈약한 수평적 헌신

ADHD 성인은 결혼관계나 다른 성인들과의 관계에서 의사소통의 어려움을 갖고 있다(다음 장에서 보다 자세히 논의할 것이다.). 게다가 ADHD 성인은 자신의 배우자와 유대관계를 형성하는데도 어려움을 경험한다. 상담 및 연구 문헌에서는 ADHD의 이런 어려움을 단지 ADHD 증상의 영향, 즉 침착하지 못함, 충동성, 무관심함, 산만함 등과 같은 증상 때문인 것으로 오해하였다. 그러나 우리는 많은 부부들을 접하면서 ADHD 증상을 가진 사람이 감정적으로는 존재하지 않는 것처럼 느껴진다는 것을 알게 되었다. 배우자들이 물론 ADHD 증상에 대해 불평을 하기도 하지만 "그는 여기 있는 것 같지가 않아요." "그 사람 안에 뭐가 있는지 모르겠어요." 또는 "그녀는 나랑 같이 있어본 적이 없는 것 같아요." 등의 느낌을 갖게 하는 무언가가 있다는 것을 인정한다. 많은 ADHD 성인은 수직적인 헌신에서 수평적인 헌신으로 헌신의 대상을 바꾸어 결혼관계를 더 우선순위에 두려는 노력을 하지 않은 것처럼 보인다.

자신의 원가족과 감정적인 단절을 시도했던 ADHD 성인은 스트레스나 불행이 문제가 될 때 배우자나 아이들에게도 같은 방식으로 행동한다. 충동성과 반항심도 이러한 역동에 부분적으로 기여한다. 그러나 이혼하는 ADHD 성인은 놀랍도록 쉽게 결혼관계를(결혼기간이 오래된 경우라도) 단절시킨다. 이 사람들에게 이혼이 그렇게 쉬운 이유는(적어도 부분적으로는) 배우자나 아이들에 대한 수평적인 헌신이 자신의 원가족에 대한 수직적 헌신보다 약하기 때문이다.

매몰되거나 이탈된 가족체계의 역기능적 패턴

가족체계 이론에서는 가족의 일반적인 상호작용과 감정교류 양식을 '매몰된(enmeshing)' 또는 '이탈된(disengaging)' 과정이라는 용어로 정의하였다. 매몰된 가족체계에서는 감정적인 상호작용이 많아서 가족구성원이 경험하는 사람이나 감정이 세대 간 체계를 넘어서서 가족들에게 빠르게 확산되고 경험된다. 그러나 구성원 중에는 이와 같은 강렬한 감정의 경험을 문제시하는 경우도 있다. 아동이 매몰된 가족체계 안에서 성장하게 되면 감정적 역동을 잘 다룰 수 있는 자원을 얻게 되지만 가족으로부터 분리되거나 집을 떠나서 자기만의 정체성을 형성하는 데는 어려움을 겪는다. 매몰된 정도가 높은 가족체계를 '구심성 유대관계(centripetally binding)' 라고 하는데, 이는 가족체계 에너지가 구성원 개개인의 헌신을 가족에 묶어두는 데 쓰임으로써 가족구성원의 정상적인 발달분리를 방해한다는 것을 의미한다.

이탈된 가족체계에서는 심리적인 거리가 멀고, 감정적인 유대나 상호작용의 통로가 거의 없다. 가족구성원들은 다른 사람들에게 무슨 일이 있었는지 모르는 경우가 많다. 이런 가족체계 안에서 성장한 아동은 매몰된 가정에서 성장한 아동보다 집을 떠나는 것, 분리되는 것, 개별화되는 것 등을 더 쉽게 할 수 있다. 그러나 이 사람들은 가족구성원 사이의 상호작용이 부족했기 때문에 친밀함이 요구되는 상황을 불편하게 느낀다. 그들은 감정적으로 책임을 져야 하는 상황을 피하고자 하며, 친밀함을 필요로 하는 자신의 파트너와도 갈등을 일으킨다. 이탈된 정도가 큰 가족체계를 '원심성 유대관계(centrifugal)' 라고 하는데 이는 가족이 자신의 구성원을 체계 밖으로 밀어내고 감정적인 거리를 유지하려고 하는 것을 의미한다.

매몰된 가족체계에서든 이탈된 가족체계에서든 ADHD 가족과 성인의 어려움은 마찬가지다. 수직적 헌신은 매몰된 가족에서 좀 더 강하지만 이탈된 가족체계 안에서도 존재한다. 그러나 ADHD 성인의 부부 상호작용 유형은 ADHD가 아닌 배우자가 매몰된 가족체계에서 성장했을 경우, 이탈된 가족체계에서 성장한 배우자보다 감정적으로 더 가깝게 되기를 기대하기 때문에 매우 다양한 양상을 보일 수 있다.

세대 간 상호작용 패턴을 통해 심화되는 의존성과 미성숙함

가족 중에 ADHD가 있으면 성공적인 가족, 사회, 학교생활의 적응을 단념하게 되고, 대신 낮은 자존감, 낮은 자기확신, 의존성, 미성숙함 등의 문제가 발생한다. 이런 문제는 ADHD 구성원의 증상으로 끝나는 것이 아니라 아이들에게 부모로서의 모형을 보일 때도 나타난다. ADHD의 정서 및 학업의 문제에 대한 갈등 때문에 가족구성원들은 의존성과 미성숙함을 보이게 된다. 부모가 ADHD라면, 부모의 의존성이 부모-자녀 간, 부부간 의사소통 과정을 통해 자녀에게 전달된다. ADHD 부모는 자신의 부모나 자녀들과 상호작용할 때 자신의 미성숙함을 보일 수도 있다. 이와 같은 패턴이 ADHD 아이들뿐 아니라 모든 아이들에게 모형이 되고 학습된다.

원가족에 대한 수직적인 헌신이 강한 ADHD 부모가 있는 가정에서, 아이들은 부모가 할머니와 할아버지께 의존하는 모습을 보게 될 것이다. 어떤 가정에서는 조부모가 ADHD 부모보다 감정적으로 더 가까울 수 있으며, 또 다른 가정에서는 거리가 멀고 관심이 없을 수 있다.

세대 간 상호작용 패턴이 낮은 자기존중감과 실패감을 심화시킨다

많은 ADHD는 깊은 좌절감을 경험하는데, 이는 부모, 교사, 친구, 배우자를 기쁘게 할 만큼 잘했었던 적이 없었다는 느낌으로 표현된다. ADHD는 또한 본인의 장래와 성공에 대한 무력감을 경험한다. 부적절함도 이런 느낌과 함께 나타난다. 이런 느낌은 '내면에 숨은 그림자' 로 표현되며, 좌절했거나 실패했을 때 나타나게 된다. 이런 느낌은 또한 지속적으로 요구하고 불안해하는 '악순환'으로 표현된다. 이런 느낌을 가지고 있는 많은 ADHD는 지속적인 지지와 주의를 필요로 한다: ADHD 아동은 부모와 교사뿐 아니라 친구에게조차 지속적인 지지를 기대한다; ADHD 성인은 배우자, 부모, 동료들뿐 아니라 자녀들까지도 자신의 이런 요구를 충족시켜주었으면 하고 바란다.

낮은 자존감에서 비롯한 이 같은 패턴은 최소한 다음 세 가지 이유 때문에 나타나는 것이다.

1. ADHD 장애 그 자체에 근거한 행동과 학업 면의 고질적인 어려움과 실패가 본인의 능력과 자존감을 의심하도록 만든다.
2. 가족 내 희생양 만들기와 좌절한 부모, 형제자매, 친구, 교사의 부정적인 반응이 상호작용하여 ADHD의 실패감을 가중시킨다.
3. 부모, 조부모는 ADHD인 자녀(손자)의 요구를 충족시킬 수 없기 때문에 ADHD는 좌절감과 낮은 자존감을 경험하는데, 이런 가족 안에는 쓸 만한 자원이 거의 없다는 점이다.

타인을 기쁘게 하여 사랑받고 싶은 ADHD 아동의 바람은 부모와 형제자매의 분노와 거부 혹은 단지 가족 내 정서적 자원이 없다는 상황에 부딪힌다. 이와 같은 경험들로 인해 ADHD 아동들은 중요한 타인을 기쁘게 해주지 못하고, 사랑받을 수 없다는 내면의 느낌을 갖는다.

전반적인 죄책감은 종종 세대를 넘어서 존재한다

ADHD 가족들에서 관찰되는 가장 흥미로운 세대 간 상호작용 패턴 중 하나는 개인적인 죄책감과 가족 내 역할과 관련된 죄책감이다. 가족에 따라 이 죄책감이 미묘할 수도 있고 명백할 수도 있다. 성인의 경우, ADHD 아동의 부모로서 아동을 다루는 데 '실패'한 것을 사죄하기도 한다. 예를 들면, 이런 사죄의 발언들을 교사와 학교 상담자들이 참석하고 자녀까지도 참석한 학교 회의 중에 공개적으로 하는 것이다. 아들의 학업실패와 수업방해 행동으로 이런 모임에 참석하게 된 것에 당황한 한 아버지는 "여러분에게 내 아들의 행동을 사죄드립니다. 우리는 아이를 그렇게 키우지는 않았어요."라고 말하였다. 교사가 자녀의 행동을 여러 면에서 지적하며 설명하자 눈물을 보이기 시작한 한 어머니는 "선생님이 내 아들 빌리의 그런 행동을 참을 수밖에 없으셨겠죠. 죄송합니다."라고 말했다. 결혼생활 18년 만에 남편이 젊은 여성과 사귀어 최근 이혼한 한 어머니는 ADHD인 두 아들의 지속적인 문제가 이혼하기 직전 마지막 부부싸움을 촉발했다고 말하기도 하였다. 그 부인의 전 남편은 부인이 "두 아들을 한 번도 제대로 다루지 못했다."고 비난하였다. 전 남편은 두 아들을 지도하고 훈육하려는 자신의 시도를 부인이 방해했다고 느꼈다. 그 부인은 "두 아이들을 그렇게 보호해서 미안해요. 당신이 떠나기를 원한 적은 한 번도 없어요."라고 대답하였다(6장과 7장에서 '구원자(보호자)'와 '엄한 훈육자'라는 부모의 역할뿐만 아니라 부모관계에서 죄책감의 역할도 논의할 것이다.).

ADHD 아동과 형제자매가 유사한 죄책감을 공유하고 표현한다는 사실은 놀라운 일이다. 특히, 부주의한 유형의 많은 ADHD 아동은 부모와 교사를 실망시켜서 슬프고, 스스로를 '우둔하다.' '바보 같다.' 혹은 '덜 떨어졌다.'고 말한다. ADHD 아동의 실패감은 시간이 흐르면서 부모의 계속되는 실망감에 의해 강화되기 때문에 상담자나 학교 상담자가 생각하는 것보다 더 아동 스스로 이런 실패감에 민감하다. 과잉행동문제와 충동적인 문제행동을 많이 보이는 ADHD 아동은 이미 스스로를 통제하려 하지만 통제되지 않아 좌절감을 느낀다고 한다. 예를 들어, 부모, 누나와 함께 가진 가족회기에서 한 10세 소년은 "때로 내 행동의 모터를 정지시킬 수 없다."는 것을 설명하려고 노력하였다. '자제심 부족'이라고 명명된 다른 아동은 "내 행동을 휘감고 있는 것의 정체를 모르겠어요. 다른 아이들을 때리는 내 행동을 그만두고 싶지만, 화가 폭발할 때는 스스로를 통제할 수가 없어요. 화를 낸 후에는 내가 정말 잘못했다고 느껴요."라고 말했다.

ADHD 아동의 형제자매들은 그렇게 관대하지 못하다. ADHD에 대한 이들의 상호 간 반응은 '직면' 에서 '위축' 까지 다양하다. 어떤 형제자매는 ADHD 형제에게 "미안함을 느낀다."고 남몰래 표현한다. ADHD 아동의 형제자매들은 공통적으로 부모가 ADHD 형제 때문에 좌절하고 고통스럽게 느끼는 것을 "안타깝게 생각한다."고 시인한다. 경우에 따라서 성인이 된 정상적인 형제자매들은 과거를 회상하면서 자신들이 좀 더 ADHD 형제에게 '관용적' 이거나 '동정심을 가졌더라면' 좋았을 것이라고 후회하고, 그렇게 하지 못한 것을 반성하기도 한다. 아이러니컬하게도 이런 정상적인 형제자매들이 ADHD 자녀를 낳기도 한다.

예전에 ADHD로 진단된 지 얼마 되지 않은 한 성인이 자신의 어린 시절을 회상하면서 '부모를 고생시켰던 것' 에 대한 슬픔과 죄책감을 표현하였다. 한 ADHD 아버지는 가족회기에서 부인과 세 명의 자녀들에게 "ADHD에 대해 적절한 치료를 미리 받았어야 하는데, 그렇게 하지 못해서 미안하다."고 사과하였다.

가족의 죄책감은 가족구성원 모두가 경험하고 공유하는 좌절감의 표현이다. 이것은 체계적인 현상으로, 서로 공유한 감정이란 개념으로 설명된다. 한 수준에서 죄책감은 한 아동이나 한 부모의 특정한 좌절을 나타내는 것이고, 다른 수준에서 죄책감은 전 가족구성원이 공유하는 좌절감의 표현이다. 많은 가족은 함께 해결하고자 노력할 때조차 그 문제를 없앨 수 없다고 느낀다. 가족은 ADHD 아동을 키우는 것보다 신체장애아동, 자폐증아동이나 정신분열아동을 키우는 어려움을 정당화하기가 더 쉽다는 것을 알 수 있다. 표현되는 증상과 문제가 대부분의 '정상' 행동과 뚜렷이 구별되기 때문이다. 반대로 ADHD의 특성은 일반적으로 부모가 자녀에게 시키는 많은 일, 즉 식탁에서 가만히 앉아 있기, 누나와 싸우지 않기, 자기 방을 깨끗이 하기, 말대꾸하지 않기, 공부 잘하기, 선생님 말씀을 잘 듣기, 숙제를 항상 잘 하기, 교실에서 주의집중하기, 싸움 걸지 않기, 누나나 형의 말을 듣기, 다른 사람들과 잘 지내기 위해 노력하기 등을 할 수 없는 '정상(숨겨진 장애)' 아동에게서도 발견되는 것이다.

분리-개별화 문제가 다음 세대에 이어진다

분리-개별화라는 발달목표는 한 아동에게 이동능력이 생겨 부모로부터 신체적으로 떨어져도 안전하다는 것을 검증하게 되는 18개월에서 약 3세에 이르는 시기에 처음 나타난다. 이 분리-개별화라는 발달목표는 청소년이 부모, 가족과 떨어져 독자성을 획득하고자 하는 시기에 다시 나타난다. 이 분리-개별화는 청년이 되어 독립하여 살거나 경우에 따라 결혼하여 집을 떠날 때 생기는 최종 발달목표다.

대부분의 ADHD 청소년과 청년의 경우에는 이와 같은 분리와 개별화라는 자연스런 진행이 억제되고 손상된다. 어떤 ADHD 청소년은 매우 미성숙하여 분리-개별화를 달성하는 또래에 뒤처지고 가족에게 의존하게 된다. 가정, 학교, 또래 관계에서의 실패와 갈등의 경험으로 인해 가족으로부터 독립된 삶을 생각하는 ADHD 청소년의 능력과 독립된 삶에 대한 기대는 방해를 받는다. 상담자가 ADHD 청소년에게 "고등학교를 졸업하고 무엇을 할 생각이니?" 하고 묻는다면, 대답은 공허한 시선뿐일 것이다. 대부분의 ADHD는 일상과제조차도 미리 계획을 세우지 않기 때문에, 이들이 장기과제를 생각하지 않고 자신들의 미래를 방치하는 것은 놀랄 일이 아니다.

ADHD 청소년은 현재를 고독하게 살면서, 미래에 대해 흥미를 갖지 않는 경향을 보인다. 많은 ADHD 청소년과 상담한 경험이 있는 Craig A. Everett는 상담회기 도중 여행잡지를 가지러 대기실로 나가곤 하였다. Everett은 여행잡지를 가지고 와서 ADHD 청소년에게 화보를 보고 방문하고 싶을 만큼 흥미 있어 보이는 장소의 경치를 찾아보라고 하였다. 일반적으로 이런 활동은 ADHD 청소년에게 반응을 일으키지 못한다. 때로 Everett은 ADHD 청소년에게 잡지를 집에 가져가서 자기가 방문하고 싶은 장소가 있는 페이지를 표시해오라고 하거나, 부모에게 과거에 방문한 곳 중 어떤 곳이 좋았는지 물어오라고 숙제를 내주었다. 경우에 따라 이런 활동 덕에 ADHD 아동이 현재 이후를 바라보기 시작할 수도 있다. 하지만 학교에서 생활하기가 힘겨운 ADHD 청소년의 경우에, 미래는 현재만큼 고통스러운 시간처럼 느껴질 것이다. 하지만 때로 상담자는 고등학생인 ADHD 청소년에게 대학진학에 대한 흥미를 자극하고 미래의 진로문제를 결정하는 데 도움을 주는 창의적인 학교상담자를 만난 적이 있다. 불행하게도 많은 ADHD 청소년의 경우에는 청년이 되어서도 의존적인 생활을 계속할 것이고, 이런 의존성은 배우자와 진로의 선택에도 영향을 미칠 것이다.

ADHD의 세대 간 유전에서의 임상적 특징

상담자는 대부분의 ADHD 가족에게서 다양한 수준으로 나타나는 의미 있는 특징과 패턴을 찾아낼 수 있어야 한다. 상담자는 보이는 증상 이외에 ADHD 아동이나 성인의 생활에서 나타나는 다른 영향을 인지할 필요가 있다. 평가와 상담 처치 과정의 질이 이러한 '특징'에 대한 상담자의 인식에 의해 향상될 수 있다.

신경생리학적 조건

여러 연구에서는 ADHD가 원인론과 세대 간 ADHD 유전이라는 양측면에서 유전적인 요인이 있음을 지지하고 있다. 상담자는 ADHD 내담자와 상담하는 일이 복잡한 일이라는 것을 명심하고 있어야 한다. 왜냐하면 ADHD 내담자와의 상담은 기질적인 요소와 정서적인 요소로 구성되어 있기 때문이다. ADHD는 또한 효과적인 상담과 투약에도 불구하고 '없어지지 않는' 장애다. 상담과 투약이 때로 극적인 방식으로

ADHD 내담자와 그의 가족에게 ADHD 증상에 대한 통제, 관리, 성취감을 제공하기도 하지만 내면의 조건은 '치료' 될 수 없으며 다만 관리를 하는 것이다.

상담자는 이런 현실을 이해하고 ADHD 내담자 및 그 가족과 함께 '치료할 수 없다는 현실' 에 대해 설명할 준비를 해야 한다. 이러한 문제를 설명할 수 있는 상담자의 능력이 상담을 시작할 때 중요하다. 왜냐하면 부모, 교사, 교장 및 기타 다른 사람들이 ADHD에 대해 '잘 설명해 주었으면' 하고 바라기 때문이다. 부모는 상담자에게 "그 아이는 자라면 괜찮아질 거예요." 혹은 "그 아이가 다른 학급에 있다면 지금보다는 나을 거예요." 혹은 "그 아이를 해병대였던 삼촌에게 보낼 거에요. 삼촌이 그 아이를 바로 잡아줄 거예요."라고 말한다. 자신의 장애를 알게 되면 ADHD 아동 혹은 청소년은 울면서 "약을 먹고 싶지 않아요. 더 노력할 게요."라고 상담자나 부모에게 말한다. ADHD 증상 중 어떤 증상은 특정 연령과 특정 상황에서 더 두드러지는 반면, 대체로 투약과 상담 개입 후에 증상이 약화되어 많은 부모와 교사로 하여금 이 장애가 '치료' 되거나 '없어질 수 있다.' 고 믿게 만든다.

상담자에게 요구되는 상담 초기의 가장 중요한 역할은 가족에게 ADHD가 장애라는 것을 이해시키고, 일생에 걸쳐 나타나는 기질적, 정서적인 요소가 있다는 사실을 받아들일 수 있도록 돕는 것이다. ADHD 부모가 상담자에게 "당신의 도움과 관심은 고맙지만 우리는 그저 빌리가 게으름을 부려 그렇다고 생각해요. 그 아이는 약이 필요없어요. 우리는 빌리를 더 엄격하게 다루고, 더 열심히 공부시켜서 그 행동을 관리할 거예요."라고 말할 때 매우 안타깝다(6장에서 투약에 대한 가족의 반응을 논의할 것이다.).

수직적 헌신과 의존성

ADHD 내담자는 가족의 수직적인 헌신에 속박되는 경향이 높다.

ADHD인의 개인적, 발달적인 어려움은 정서적으로 부모와 가족에게 의존하는 패턴을 만든다. 이런 정서적인 유대는 부모와 ADHD인 모두에게 심리적으로 안전한 느낌을 주지만, 동시에 ADHD인의 행동적인 어려움을 지속시킨다. 이런 정서적 패턴으로 인해 청소년이거나 청년인 ADHD인의 분리-독립이 지연되고, 또래와 이성 간에 수평적인 관계를 맺는 가능성이 제한된다.

부모 중에 ADHD가 있는 가족에서는 이런 패턴이 더욱 나쁜 영향을 미친다. 과도한 의존성을 보이는 ADHD 성인은 배우사에게 자신을 '돌보아줄 것' 을 기대하거나 요구하는 방식으로 배우자와 관계를 맺게 되고, 이런 기대는 부부간의 갈등을 쉽게 초래한다.

세대 간 희생양 만들기

앞에서 논의된 '가족 희생양' 의 역할은 초기 가족체계이론 이후 계속 중요시되어 왔다(Ackerman, 1958; Bell & Vogel, 1961). 한 아동이 가족 내에서 희생양 역할을 맡아왔다면, 그 아동에게 학교나 또래집단에서는 물론 성장해서는 직장에서도 희생양 역할을 하고 있었다는 사실을 깨닫게 하는 것이 중요하다. 특히, 과잉행동-충동적 유형의 ADHD 아동이 학교, 또래집단, 직장에서 보이는 돌출행동 때문에 계속해서 쉽게 희생양의 표적이 된다. 희생양 역할은 그 아동의 전 관계에 퍼져 있는데, 이는 그 역할이 아동의 부모, 형제자매, 조부모, 일가친척, 교사, 교장, 상담자, 또래에 의해 강화되기 때문이다. 이런 희생양의 역할에서 벗어날 수 있는 가능성은 희박하기 때문에, 왜 그리도 많은 ADHD 아동과 청소년이 우울, 불안, 적대적인 행동과 같은 증상을 보이는지 알 수 있다.

정서·신체적 학대 유형

문헌들을 통해서 ADHD, 특히 과잉-충동유형의 아동, 청소년과 성인들은 신체적 학대를 해본 경험이 있음이 밝혀졌다. 아동의 경우에 학대

유형은 형제들, 친구들, 부모님 심지어는 동물들에게까지 으스대거나 잔혹하게 대하는 방식으로 나타난다. 때때로 학대는 부모나 다른 어른들에 대한 신체적인 폭력으로까지 확대될 수 있다. 가정에서나 학교에서나 사회적으로 스스로를 실패자로 여기며 좌절하고 분노를 느끼는 ADHD 청소년의 경우 학대와 폭력적인 경향을 가지기 쉽다. ADHD 성인이 보이는 학대행동은 배우자나 자녀에게 인내심 없게 행동하는 것을 포함하여 혹평부터 노골적인 공격성이나 폭력성에 이르기까지 다양하다. ADHD의 특징인 충동성, 반항, 맹렬함은 학대행동에 대한 잠재적인 원천이 된다.

ADHD인은 '자기-규제(Self-regulation)'가 부족하다는 것이 최근 논문에서 발표되었다(Barkely, 1997). 이 논문에서는 대부분의 ADHD가 부적절한 행동에 대한 '자제력'이 부족하고, 이러한 능력의 부족은 생물학적 요인 때문이라고 주장하였다. Barkley는 자제력의 부족이 ADHD인의 행동에서 보이는 많은 기능장애들의 근본 이유일 수 있다고 하였다(1977).

성숙한 인간관계형성에서 일생 동안 좌절을 경험했을 ADHD 성인의 잠재적인 폭력성은 높다. 이러한 폭력성은 그 ADHD 성인이 어렸을 때 친부모로부터 학대를 받았을 경우 훨씬 더 증가할 것이다. 성인들이 보이는 이러한 폭력적인 행동은 주로 (1) 결혼, (2) 자녀양육, (3) 직장에서의 스트레스와 갈등에 의해서 촉발된다. 긴장되어 있고 침착하지 못한 많은 ADHD 아버지가 상담자에게 말하기를 그는 자신이 겪은 심한 좌절 때문에 어린 자녀들과 함께 노는 것을 피한다고 했다. 다른 경우의 아버지는 자녀가 잠자리에 들 때 조바심 때문에 조용히 앉아 책을 읽어주는 일을 할 수 없다고 말했다. 상담자에게 '너무 많은 질문을 하는' 아이, '침착하게 있지 못하는' 아이나 '목욕물을 튀기는' 아이를 충동적으로 '강하게 제지한 것'과 같은 고민을 토로하였다. 즉, ADHD의 배우자들이 상담자에게 말하기를, ADHD 배우자가 주변에 있으면 '달걀 위를 걷는 것' 같은 두려움이 있다고 했다. 이는 '잘못된 평가'를 했을 때 있을 수 있는 폭발적인 반응에 대한 두려움이다. 상담자에게 중요한 것은 어떤 ADHD 가정에서의 학대와 폭력의 잠재성은 여러 세대를 거쳐왔다는 것과 대부분 표면적으로 어려움이 남아 있다는 것을 아는 것이다.

ADHD 아동이나 청소년이 정서적, 신체적인 학대의 희생자가 될 가능성 또한 높다. 심각한 과잉행동을 보이는 유아와 아동은 아이를 다루는 기술이 서툴고 어려움을 잘 참지 못하는 부모의 신체적인 반격으로 고통을 받을 수 있다. 학대의 위험은 가정 내 다른 ADHD 아동이나 성인이 있을 경우에 더욱 증가한다. 많은 아동과 청소년은 자신 때문에 힘들어하는 부모님, 선생님, 형제와 친구들로부터 상당한 정신적인 학대를 받는다. 상담자는 부모의 양육기술이 서툴수록 가정 내에서 정신적으로나 육체적으로 학대받는 조건이 형성될 가능성이 커진다는 것을 알게 되었다.

만성화된 서툰 훈육과 상호작용 패턴

가정 내에는 ADHD 아동의 부모가 경험하는 엄청난 좌절과 아동의 행동과 학업 문제를 해결하려는 계속되는 투쟁이 발생한다. 이러한 것들은 부모로 하여금 잘못된 양육방식과 구조적인 문제를 갖게 만들고, 개인적인 욕구와 공유관계를 소홀하게 할 뿐 아니라 가정 내에 있는 다른 자녀에게조차 관심과 에너지를 쏟지 못하게 만든다. 부모의 노력은 종종 배우자와의 의사소통이나 상호작용, 가족상에 따라 결정된다(이 장에서 나중에 형제들로 인해 경험한 좌절과 거부경험에 대해 논의하겠다.). 효과적인 양육방식이나 상호작용을 경험하지 못한 부모가 계속적으로 통제하려는 가정에서 자란 아동은 그 역시 가족 상호작용에서 이탈되었다고 느낄 것이다.

ADHD 부모(ADHD의 성인 형제들뿐 아니라)는 주로 원가족으로부터 부적절한 양육방식과 상호작용 패턴을 배운 경우가 대부분이다. 이러한 성인은 대부분 자신의 핵가족 내에서 스스로가 경험하고 관찰한 비효과적인 모형을 재연하게 된다. 이러한 모형은 ADHD 부모가 같이 사는 경우에 훨씬 더 부적절하게 된다.

지속적으로 부적절하고 반발적인 양육 모형

ADHD 아동 때문에 어려움을 겪는 부모는 그들의 양육방식과 역할이 비효과적이라고 느끼며 계속해서 무언가 잘못되었다는 생각에 시달린다. 전형적으로 이러한 부모는 배우자와 더불어 공동 양육자로서 협동적인 역할을 하는 면이 부족할 뿐 아니라 일관성, 확신, 조직화의 능력이 부족하다. 많은 부모들이 이러한 부적절함을 감지하면 아동에 대한 학대 혹은 강한 반응을 하게 된다. 희생양이 된 ADHD 아동만이 홀로 이러한 어려움을 감당하는 것이 아니라 다른 자녀나 배우자, 심지어는 직장동료들까지 이러한 어려움을 겪게 된다. ADHD가 아닌 형제들은 종종 부모를 예측 불가능한, 민감한, 까다로운, 가혹한, 방임하는, 무관심하며 비열한 사람으로 묘사한다. 부모가 덜 민감했던 상황에서조차도 ADHD가 아닌 형제자매들은 부모가 왜 ADHD 아동을 통제하거나 일관성 있게 대하지 않는지를 이해하지 못하는 반면, ADHD 아동은 왜 부모가 보다 확고하고 일관성이 있어야 하는지 이해하지 못한다.

ADHD가 세대 간 유전인 경우에 원가족 양육모형은 동등한 좌절, 부적절함과 과민성 등을 보이는 부적절한 형태로 자리잡게 되며, 이런 모형은 ADHD 아동뿐 아니라 나중에 가정에서 부모의 역할을 담당할 형제자매들에게까지 전이된다.

형제자매의 만성화된 갈등과 거부 모형

ADHD가 아닌 형제자매는 가족체계에서 좌절감이나 혼돈을 보여주는 중요한 창이다. 상담자는 이러한 형제자매를 정보제공자로서 상담과 진단의 과정에 참여시켜야 한다. ADHD가 아닌 형제자매는 ADHD 형제자매와 부모님을 비난할 때 당황하는 법이 별로 없다. 일부는 형제자매에 의한 학대나 위협적인 느낌을 말하고 많은 경우에 신체적인 대립이 있어 왔다고 한다. 게다가 그들이 느끼는 분노와 좌절은 대부분 ADHD 형제자매나 부모로 인해 겪게 되는 '거절감'과 통한다. 이러한 감정은 특별히 ADHD 아동이 과잉행동과 충동성을 가질 때 두드러진다.

편부모 가정에서 엄마는 16세의 형에게 9세의 과잉행동형 ADHD 남동생을 돌보도록 하였다. 13세의 여동생은 혼자 지내며 이미 ADHD 남동생과는 멀어졌다. 형은 종종 엄마가 일하러 가거나 친구들과 시간을 보내는 동안 집안일을 도맡았다. 아빠의 부재로 인해 '부모화 된' 형은집안일에서 중요한 위치를 차지하게 되었다. 그러나 그는 종종 집안 물건을 부수고 벽을 차고 다니는 반응을 하는 등 ADHD 남동생에 대한 분노와 반발을 일으켰다. 형은 점점 더 남동생을 물리적인 힘으로 통제하려고 하였다.

어느 날 밤, 엄마가 외출 중일 때 형이 남동생에게 옷을 정리하도록 하는 과정에서 싸움이 일어났다. ADHD 아동은 신발을 집어던졌고 커다란 창문을 산산조각냈다. 형은 동생을 움켜쥐고 제지하며 침실로 데려가려고 하였다. 동생이 저항하면 할수록 더 강한 힘을 사용하였으며 결국에는 폭력을 가했다. 집에 돌아온 엄마는 ADHD 남동생이 아닌 형을 비난하며 때렸다. 형은 엄마에게 대들었고 엄마는 아들이 '통제 불능'이라고 생각하며 경찰에 신고했다. 시간이 지나 모두가 안정을 찾았지만 남동생에게 신체적 상해를 입힌 형은 하룻밤 동안 구속되었다.

위에 기술된 상황은 극단적이기는 하지만 ADHD 가정에서는 특별한 상황이 아니다. 이러한 일은 또한 편부나 편모 가정에서 혹은 아빠가 잦은 출장으로 양육에 미미하게 관여하는 경우에도 있을 수 있다. 이렇게 부모의 역할을 담당하게 되는 ADHD가 아닌 손위 형제들은 종종 자신들의 역할에 불만을 갖는다. 많은 경우에 갑작스럽고 미성숙한 채로 집에 남겨지는 것이다. 이러한 ADHD 가정의 전반적인 형제자매들 관계는 많은 경우에 종종 너무나 손상되어 성인이 되어서도 그 영향력을 미친다.

지속적인 학업문제

ADHD 가정에서는 종종 학업문제가 드러난다. 아빠나 엄마 혹은 부모 모두 대단히 성공한 경우에는 ADHD 자녀를 위한 노력에서 교육 실패감이 훨씬 극대화된다. 가정 내에서 ADHD 부모 혹은 ADHD 조부모가 있다면, 학업 실패감은 해를 거듭하며 학업과 일에서의 어려움을 통해 강화되었다. 진단이 안 된 ADHD로 어려움을 겪고 있는 아버지가 있었다. 그는 한 번도 부모님의 기대를 충족시켜 드렸다고 느끼지 못했으며 자녀의 교육에 대해 이야기할 때도 무시하는 태도를 갖게 된다. 그는 ADHD 자녀의 문제 행동에 대해 변명할 수도 있고 선생님에게(어렸을 때 배운 대로) 책임을 돌려 비난할 수 있다. 그는 "이건 아무것도 아니에요. 제가 어렸을 때도 모든 것을 스스로 알아서 했어요."라고 말하며 자녀를 감싼다.

이렇게 학업성취를 위한 뒷받침이 부족한 경우에 아이가 성공하기를 바라는 배우자와 갈등이 생긴다. 또한 조부모와도 심각한 갈등이 생길 수 있다. 예를 들어, 친조부모는 ADHD 자녀를 훈육했고 학업실패와 어려움을 겪어 왔기 때문에 자녀에게 교육적인 면을 강요하지 않는 ADHD 아버지 편을 들 수가 있다. 외조부모는 엄마 편을 들어 아이에게 보다 높은 성취기준을 설정하고 손주의 대학교육에까지 투자하려 한다.

이러한 양육방식은 ADHD 자녀(그리고 때때로 다른 아이들)의 학교생활 부적응을 관리할 때 일관성을 매우 저해한다. 자녀문제에 일관성이 없는 경우 ADHD 자녀에게는 정서와 자아정체감에서 심각한 문제가 생기고 전체적으로 학교생활을 잘할 수 있는 가능성이 낮아진다.

사회기술과 개인 의사결정에 대한 부적절한 모델링

아동과 성인을 불문하고 많은 ADHD인들은 사회성이 낮으며 사회적 판단력도 떨어진다. ADHD인은 사회생활에서 다른 사람들의 응답이나 반응을 정확하게 이해하고 알아차리는 데 어려움을 겪는다. ADHD인은 종종 다른 사람과의 상호작용에서 자신의 행동으로 인한 잠재적인 충격을 판단할 수 있게 하는 충분한 공감능력을 갖지 못한다. ADHD 아동과 청소년은 감정을 상하게 하거나 괴롭히는 행동 때문에 친구가 없다. 다른 친구들은 경험을 통해 ADHD 아동이 사회적으로 미성숙하고 바보같다고 여길 것이다. ADHD 아동의 사회성은 또래 보다 2년 혹은 더 많이 뒤처져 있을 수 있다. 마찬가지로 ADHD 성인도 사회성이 부족하고, 자신의 사회활동을 정비하고 지지하는 배우자에게 의존하면서 사회망을 좁혀간다.

사회적으로 성공한 부모조차도 계속되는 스트레스와 관리의 어려움 때문에 자녀들에게 부적절한 모범을 보일 수 있다. ADHD 부모가 있는 가정에서 사회성의 모형은 더욱 제한적이다. ADHD와 결혼한 배우자는 자신의 배우자의 행동이 '가정에 있는 또 한 명의 자녀' 같다고 말한다. ADHD 부모는 종종 가족관계에서 민감성과 공감능력이 부족하다. ADHD 부모의 모형은 자녀가 ADHD 부모의 부정적인 반응, 격이 낮은 말, 계속되는 비판이나 대결적인 행동들을 보고 자랄 때 더 문제가 된다. 이 경우에는 ADHD가 아닌 부모가 좋은 모형을 제시할 수 있어야 한다.

지속적으로 낮은 자아존중감

ADHD인은 낮은 자아존중감과 낮은 자부심을 삶에서 자주 경험하는데, 그들의 과거 경험은 가끔 실패와 서투름 때문에 느끼는 감정들로 얼룩져 있다. 이러한 감정은 어린 시절부터 부모, 형제자매, 동료, 교사가 자신에게 자주 화내고 거부했던 경험 등의 상호작용에 의해서 더욱 강화된다. 이런 지속적인 부정적 피드백은 아주 낮은 자아존중감으로 내면화된다. 극소수의 ADHD 아동과 성인만이 삶에서 부정적 피드백보다 긍정적 피드백을 더 많이 경험한다. 아이들이 자신을 실패자, 가치 없는 존재로 내면화하는 것은 짧은 시간에 이루어진다.

ADHD 아동은 '내가 시도하는 것은 실패하거나 결코 엄마와 아빠를 만족시키지 못할 것이다.' 라고 믿는다. 결국 많은 사람들이 실패나 조롱의 위험을 감수하는 것보다 아예 시도하지 않은 것이 더 낫다고 생각하여 더 이상의 시도를 하지 않으려고 하고 이러한 부정적 경험들은 계속해서 자아상과 자기신뢰에 부정적인 영향을 미친다. 그들은 자신과 비슷하게 자아존중감이 낮고, 낮은 성취를 보이는 친구들을 선택하기 시작한다. 한 총명한 ADHD 성인은 "나는 고등학교 때 '문제아' 친구들과 어울렸는데, 편안하게 말할 수 있는 유일한 사람들이었기 때문이다." 라고 말했다.

이런 개인적인 절망감은 빠르면 5~6학년 정도에 시작되며 분노를 표출하는 행동으로 변할 수 있다. 이런 ADHD 아동은 곧 적대적이며 반항적인 아이로 낙인 찍힌다. 육체적 혹은 성적으로 학대받은 아이들처럼, 많은 청소년들은 자신의 내부 분노를 알아챈다. 그러나 ADHD 청소년은 이런 감정의 원인을 정확히 알지 못하며, 또한 억압받고 거부당하여 심지어 복수하고 싶은 기분에 대해서 마음을 열고 이야기하기 어렵다.

지속적인 부부갈등 모형

불만족스러운 부부관계와 지속적인 갈등은 ADHD 아동과 부모 사이의 관계 밑바탕에 대부분 잠재되어 있다. 이러한 갈등은 개인적이고 상호적인 수준에서 다양하게 존재한다(이 주제는 8장에서 더 깊이 논의할 것이다.). 우리가 앞서 말한 것과 같이, 자녀를 양육하면서 생긴 스트레스는 결혼생활에 영향을 주며, 많은 부부들은 외출해서 같이 영화를 보거나 각자 저녁식사를 할 때조차도 대부분 ADHD 자녀나 혹은 다른 자녀들의 문제에 대해 이야기한다. 그들은 사적인 시간을 내기 어렵고, 결국 이런 어려움들은 배우자와의 상호작용의 질을 저하시켜 상호결속과 믿음까지도 손상시킬 수 있다.

또한 부부 중 한 사람이 ADHD일 때 부부갈등문제는 훨씬 더 뚜렷하게 드러난다. 양육문제와 더불어 ADHD 성인의 증상은 자녀양육에 관한 대화와 부부의 상호작용을 더욱 어렵게 한다. 이런 결혼생활에는 종종 빈약한 대화, 사생활 비보호, 친밀감문제, 취약한 공동부모역할과 문제해결, 결손, 믿음의 왜곡, 감정적인 행동반응과 잠재적인 폭력성 등의 특징들이 나타난다.

이러한 11가지 임상적 특징에 대한 연구는 현재 진행 중이고, ADHD 증상에 역기능적으로 상호작용하는 넓은 체제 속에서 중요하게 다루어지고 있다. 따라서 상담자는 확장된 가족체계에서 ADHD에 대처하는 치료자원들을 기술해야 한다. 우리는 이러한 주제들을 다음 장에서 논의할 것이다.

5

가족체계에서 ADHD 평가를 위한 5단계 발달모형

평가와 진단은 ADHD 아동과 가족 상담에서 매우 중심적 활동이다. 확장된 가족체계를 정확하게 평가하기 위해서는 가족구조와 과거경험을 제대로 이해해야 한다(즉, ADHD 아동의 행동, 교육적이고 사회적인 과거경험, 부모와 교사의 관찰, 인지능력 심리 평가, 다른 진단 가능성 고려, 상담자의 관찰). ADHD는 본래 신경정신적인 장애이기 때문에, 자녀와 가족들에게 심각한 영향을 미치는 채로 일생 동안 계속된다. 덧붙여 ADHD 내담자는 ADHD 증상을 가리는 공존장애를 함께 가지고 있을 가능성이 높다.

이 장에서 우리는 ADHD 증상을 5단계의 발달시기로 살펴볼 것이다.

1. 유아 및 걸음마기
2. 학령전기와 유치원 시기
3. 초등학교 저학년기
4. 초등학교 고학년기

5. 중 · 고등학교 시기

각 단계에서 우리는 가족체계에 나타나는 증상들을 밝힐 것이다.

1. 개인의 경험
2. 부모 반응
3. 형제자매 반응
4. 부부 반응

발달모형은 복합적인 ADHD 증상이 가족체계 맥락 내에서 확인된 시기뿐 아니라 각 단계에 적용할 치료모형도 상담자에게 제공한다. 더욱이 가족의 생활주기에서 다른 단계들에서의 중재전략과 개입발달에 대한 개념적 틀을 제공한다.

상담자는 ADHD 증상과 가족 상호 간 반응들을 인식하여 정확한 진단과 적절한 상담계획을 세울 수 있는 가능성을 높이게 된다. 한편, ADHD의 공식적인 진단은 초기 증상 기록에 거의 의지하고 있기 때문에 초등학교 고학년, 청소년 혹은 성인을 평가하는 상담자는 부모에게 내담자의 어린 시절 행동에 대하여 물어봐야 한다. 또한 상담자는 이런 정보를 정확하게 해석하기 위해서 부모의 반응뿐만 아니라(우리는 편부모 ADHD 가정이 있다는 것을 인정하지만 전체 맥락에 걸쳐 양부모를 언급할 것이다) 다른 나이의 아이들에게 어떤 ADHD 증상이 나타나는지 이해하고 있어야 한다. 예를 들어, 12살 난 과잉행동 아이의 어머니는 아들을 다루기가 어렵고, 종종 말을 듣지 않는 아이로 기억하거나 혹은 특별히 소란스럽고, 이것저것 만지는 부산한 아이로 기억할 수 있다. 이렇게 어머니의 회상을 근거로 한 초기 ADHD 증상은 현재 상담자가 기록하고 있는 12세 ADHD 증상과는 상당히 다르다.

ADHD 증상을 가족 맥락 안에서 관찰함으로써 상담자는 장애의 영향을 발달단계에 따라 추적할 수 있다. 아주 어린 아이들에게 나타나는 문제행동은 진단을 내릴 때 조심해야 한다. 많은 ADHD 증상(가족들의 반응뿐만 아니라)은 5세 아이, 16세 청소년, 35세 성인에게 다르게 나타나며, 인생주기에 걸쳐 다양하게 나타날 것이다. 또한, 초등학교 1학년 아들이 조용히 앉아 있지 못하고 과제에 집중하는 데 어려움을 보이는 것을 아는 어머니의 반응은, 14세 아이의 8년간의 방해행동, 학교생활의 실패, 행동장애의 증상과 씨름해온 어머니의 반응과 다를 것이다. 이렇게 다양한 증상과 유형을 ADHD 내담자 개인과 가족 양 측면의 역동 안에서 파악함으로써 상담자가 더 정확하게 장애를 찾아내고 더 적절하게 치료적 진단을 수행하는 것이 가능해진다.

초기 평가를 내린 후에 상담자는 ADHD 내담자의 현재-과거 경험에서 문제행동이 놓여 있는 발달단계와 더 확장된 가족역동들에 대한 발달단계를 알아낼 수 있다. ADHD 가족 내에서 이런 역동을 상담자가 잘 인식할수록 상담자는 더욱더 사려 깊게 치료적인 전략과 개입을 계획할 수 있는 기회가 많아진다. 예를 들어, 한 학령기 ADHD 아동과의 상담 시, 아이와 직접하는 활동을 얼마나 자주 그리고 어떤 환경에서 할 것인지, 아이의 부모를 어느 정도 볼 것인지, 또한 언제 부모와 아이를 함께 볼 것인지, 상담에 형제자매를 포함시킬 것인지, 또는 언제 형제자매를 참여시킬 것인지에 대해서 계획적으로 접근할 수 있게 되는 것이다.

5단계 발달모형은 ADHD 가족과의 치료경험을 통해 발전시킨 것인데, 이는 각 단계에서 나타나는 ADHD 증상을 명확히 해준다(예를 들어, 저학년 혹은 중학교 때의 유형과 유아 때 나타나는 유형들이 다르다.). 다음으로, 이 모형은 가족체계 내에서 부모, 형제자매들의 반응 등 가족 내 상호작용을 분명히 해준다. 마지막으로, 모형은 5단계에 걸친 양육방식과 부부관계에서의 ADHD 증상 효과를 언급한다. ADHD는 연못에 던져진 조약돌처럼 가족에게 파급효과를 낳는다. 우리는 발달모형에 나타난 가족체계 내에서의 상호 간 유형을 통해 ADHD 파급효과를 찾아낼 수 있다.

상담자는 ADHD 가족을 대상으로 수년간의 실제 상담경험을 통해서 개발된 5단계 발달모형을 통해, 우선적으로 각각의 단계에서 보이는 아동의 구체적인 ADHD 증상을 확인할 수 있다. 그 단계들의 예를 들자면, 초등학교나 중학교 때 보이는 패턴과 비교하여 유아기 때 보이는 특성들을 확인하는 것이다. 다음으로 모형을 통해서 가족체계 내에서 ADHD 아동의 증상에 반응하는 부모, 형제자매의 상호작용 패턴을 확인한다. 이처럼 마지막으로 이러한 5단계를 걸쳐서 부모, 부부관계에 ADHD 증상이 미치는 영향을 확인한다. 발달모형에서 상담자는 가족체계의 상호작용 패턴을 통해 ADHD 증상의 파급효과를 추적할 수 있을 것이다.

물론 이 모형에도 예외가 있다. 모든 가족은 독특하기 때문에 ADHD 증상에 대한 반응도 한 단계 혹은 다른 단계에서 보이는 '전형적인' 모형과는 다소 거리가 있을 것이다. 어떤 부모 혹은 부부의 반응은 ADHD 아동 증상의 심각성에 따라 모형에 기술된 것보다 빠르거나 늦은 단계에 나타날 수도 있다. 그리고 보다 잘 설명하고 보다 명료화하기 위해서 한 가정 내에 ADHD 아동이 둘 이상 있거나, 세대 간 가족구성원, 특히 부모에 의해서 공유되는 등의 보다 복잡한 형태에 대해서는 확인하지 않았다. 이러한 잠재적이고 복잡한 패턴과 세대 간 전이는 4장에서 가계도를 통해 설명했다. 그러나 아동과 부모 중 한 사람이 ADHD로 진단받은 예는 언급할 것이다. 또한 상담자는 ADHD 아동 외에도ADHD 증상을 가진 다른 구성원이 있는 가족체계에서, 추가되는 스트레스, 좌절, 위기를 예측할 수 있어야 한다.

공식적으로 ADHD 진단이 내려지지 않았더라도 가족구성원 내에 실제적인 증상을 가진 사람이 있다면 상담자는 우리가 이 모형을 통해 확인한 진단과 치료패턴을 여러 영역에 걸쳐 적용할 수 있다. 종종 ADHD 존재 가능성을 나타내는 가장 최초의 경고는 ADHD 증상을 보이는 사람(이 사람은 공존장애 상태로 의뢰되었을지도 모른다)으로부터가 아니라, 아동의 경우 부모, 성인의 경우 배우자가 보고하는 말, 반응, 경험들로부터 나타난다. 그래서 상담자는 ADHD 증상군이 다양한 삶의

〈표 5-1〉 ADHD 아동 5단계에서의 가족 경험

시기	아동의 경험	부모 반응	형제자매 반응	부부 반응
1단계: 유아 및 걸음마기	신경생리학적 원인론	다르거나 손상된 아이 부적절한 결속력 수용하기 어려움, 거부	ADHD 형제자매들과 다른 점 인식	스트레스 증가 서로 비난
2단계: 취학전 · 유치원기	부주의 산만함 충동성 과잉행동 부모 논쟁	많은 시간이 필요함 관리의 어려움 부적절함, 좌절감 다른 자녀와 함께 하는 시간이 줄어듦	초기 형제자매 갈등 라이벌 의식과 질투 부모와의 시간이 줄어듦	양육 스트레스로 의사소통과 친밀감 저하
3단계: 초기 학령기	자의식 문제 발생 자기관리 어려움 학습 좌절감이나 부진 손상된 사회기술	사기저하와 무력감 사랑 · 돌봄의 양가감정 증가된 관리 어려움 비난하고 옹호하는 역할 발생	분노와 논쟁 형제자매들의 거부와 고립	의사소통과 친밀감 축소 강화된 스트레스 정서적 지지 상호철회
4단계: 후기 학령기	가정 · 학교에서 문제행동 불안, 우울, 반항장애 등의 공존장애 증가된 학업문제	분노와 처벌 ADHD 아동의 희생양 삼기와 잠재적인 학대 ADHD 아동에 대한 무력감과 부적절함	ADHD 형제자매와 가족으로부터 고립, 철회 ADHD 형제자매와 신체적 대립	양육 및 일상생활의 상호작용 과정에서 심각하고 전반적인 갈등
5단계: 중학교 · 고등학교 시기	일상적인 문제행동들 학업실패, 무단결석, 낙제 약물남용 부모에게 반항 지역사회 내 갈등, 가출하려는 시도	학교, 지역사회, 법원의 외부압력 지역사회와 세대 내 가족에서의 당혹감 양육 실패감 지속적인 희생양 삼기 강화된 잠재적 학대 양육 포기	행동 · 정서적 반항 행동 가족으로부터 이탈	부부관계 문제 우울 서로 고립됨 별거와 이혼 잠재성

주기에서 나타날 때 그리고 다른 가족구성원들이 ADHD 증상군을 경험하고 보고할 때, 심지어 가족이나 상담자가 ADHD를 고려하고 있지 않을 때조차도 ADHD 증상군을 인식하는 것이 매우 중요하다. 물론 증상을 조기에 알아차리고 빨리 진단을 받을수록 개입이 더 효과적이고, 부모, 교사 그리고 상담자에 의해 성공적으로 감정의 손상을 막거나 바로 잡는 것이 가능해진다.

1단계: 유아 및 걸음마기

아동이 취학전이나 초등학교 저학년 때 ADHD로 진단을 받으면, 실제 결과 면에서 뚜렷한 이점이 있다. 그러나 불행하게도 대부분의 부모는 그러한 초기 진단을 다루거나 받아들이는 데 큰 어려움을 겪는다. 어린 나이에 진단을 받은 아동은 과잉행동-충동적 유형이 우세하게 나타나기 때문이다. 이러한 아동의 부모는 어린 자녀가 '항상 다루기 힘들었고' 또는 '다른 자식들과 다르다.' 고 분명히 표현할 수 있다. 그리고 가끔은 "나는 내가 무엇을 해야 할지 알기 위해 구할 수 있는 모든 부모교육 책을 읽었지만 아무런 효과가 없었어요."라고 넋두리를 한다. 비교적 부주의한 유형의 ADHD 아동은 초등학교 고학년 때나 심지어 중·고등학교 때까지 눈에 띄지 않거나 진단을 받지 못할 수도 있다.

유아의 경험

유아에게 나타나는 가장 주요한 증상은 전형적인 과잉행동을 하는 것으로, 가만히 앉아 있지 못하고 계속해서 몸을 꼬고 안절부절못하며, 때로는 위험한 놀이를 하는 것이다. 또한 유아는 종종 누군가 껴안거나 잡는 것을 꺼려하기도 한다.

이 아이는 밤새도록 뒤척일지도 모른다. 산통(疝痛, colic)의 높은 발생빈도, 음식 알레르기 또는 섭식장애가 발생하기도 하는 것이 ADHD 유아의 특징이다. ADHD 유아는 모유를 잘 먹을 수 있을 만큼 충분히 오랫동안 젖을 빠는 것을 거부하기도 한다. 그래서 젖먹기는 너무 빨리 끝이 나고 엄마는 아기 기르기에 실패했다고 느낀다. 이러한 유아는 종종 극도로 민감한 촉감과 청감을 가지고 있는데, 몇몇 유아는 잠자리가 너무 딱딱하거나 옷이 너무 덥거나 또는 옷이 너무 꼭 끼면 끊임없이 운다. 또 다른 유아는 주변에서 들리는 크고 시끄러운 소리에 과민반응한다. 몇몇 ADHD 유아는 늘 울고, 달래주는 것을 좋아하지 않는다. 또 어떤 ADHD 유아는 기는 과정을 거치지 않고 바로 걷는다. 그들은 같은 연령의 다른 유아에 비해 겁이 없는 것처럼 보이고 종종 주변을 일찍, 열정적으로, 일반적인 수준의 경계심 없이 탐색하는 것처럼 보인다.

ADHD 유아는 또한 배변훈련에도 어려움이 있다. 남자아이들은 종종 너무 늦게까지 훈련이 안 되기도 하며, 그들은 시간을 들여서 닦지 않기 때문에 늘 더러워 보일 수 있다. ADHD 아동은 너무 오래 기다리기 때문에 종종 '사고'를 치고, 부모는 뒤치다꺼리를 해야 하기 때문에 좌절을 한다. 과잉행동장애인 아동은 통제하기가 힘들기 때문에 어릴 때 집밖으로 데리고 다니는 것이 어렵다. 부모는 종종 이런 아이를 적당히 앉혀두거나 잘 다루려고 애를 쓰는 데 큰 압박감을 느낀다. 외식을 하거나 심지어 슈퍼에 가는 것조차 힘든 일이다. 그래서 많은 부모들은 부부가 함께 하는 시간을 줄이고 한 사람이 밖에서 볼일이나 그 밖의 업무를 처리하는 동안 다른 한 사람은 ADHD 아동과 함께 집에 있는 것을 선택하기 쉽다.

전형적으로 ADHD 아동은 감정적으로 민감하고, 쉽게 주의가 산만해진다. 많은 ADHD 아동은 잠시 만족을 미루고 욕구불만을 다루는 일에 큰 어려움을 겪는다. 그래서 가게에 가는 것과 같은 필요한 외출뿐만 아니라 줄을 서서 차례를 기다리고, 반드시 주의를 기울여야 하는 동물원이나 놀이공원에서의 '재미있는' 나들이 역시 부모에게는 매우 힘든 일이다. 부모가 동물원이나 놀이공원에서 ADHD 아동의 행동을 통제할 때 그 아이는 공공장소에서 소란스럽고 당황스러운 장면을 연출할지도 모른다. 실제로 나들이를 즐기려는 다른 가족의 기분을 망치게 하는 일이 종종 있다.

과잉행동장애로 진단된 5세 막내를 포함하여 세 자녀를 둔 부모는, 작년에 모든 가족활동을 보류했기 때문에 첫째와 둘째 아이가 화가 났다고 말했다. 둘은 영화관에서 '마구 뛰어다니기', 쇼핑몰에서 '사라지기' 등 ADHD 아동의 행동을 참아 왔다. 쇼핑몰에서 형은 ADHD인 동생이 쇼핑몰 뒤의 커다란 쓰레기 더미 안에서 놀고 있는 걸 보았다. 극도로 불안한 가족들과 쇼핑몰의 안전요원이 거의 한 시간을 찾은 후에 결국 그 아이를 발견하였다. 가족들이 혼잡한 패스트푸드 점에서 식사를 할 때 '마지막 사건'이 터졌다. ADHD 아동이 화장실에 갔다가 테이블로 돌아오는 대신에 대담하게 주차장으로 간 것이다. 가족들이 주차장에서 들려오는 자동차 경적소리에 놀라서 밖으로 뛰어나왔을 때 주차장을 빠져나가는 배달 차의 뒷 범퍼 위에 아이가 서있는 것을 발견했다. 운전자는 그 아이가 있는 것을 보지 못했다.

부모 반응

안타깝게도 좋은 부모가 되려는 부부의 기대는 ADHD 아동의 출현과 함께 산산이 부서진다. 아이는 까르르 웃거나 안기거나, 부모를 잘 따르거나, 어딘가 데려가면 좋아하는 일들을 경험하지 못한다. 대신에 ADHD 증상이 나타나기 시작하는 아기나 유아는 '자려고 하지 않고' '먹으려 하지 않고' '툭 하면 우는' 에너지가 넘치는 정력가며, 오랫동안 복통이 있고, '고집이 세고 지나치게 요구를 하고' 그리고 종종 안기는 것을 싫어하는 특징을 보인다. 그런 아이를 가진 부모는 자연스럽게 낙담하게 되고, 의기소침해지고, 화가 나고, 당황하게 된다. 진심으로 그들은 가장 좋은 부모가 되고 싶어 하지만, 종종 너무나도 사랑하는 아이에게 고함치고 때리고, 적대감을 느끼는 자신을 발견한다. 그 부모는 때때로 자신이 아이를 '잔혹하게 다룬다.' 는 것과 이러한 아이를 기르는 경험이 '불편하다.' 는 것을 느끼기 시작한다. 부모는 이러한 자신의 변덕스러운 감정에 놀라고 그 감정들을 있는 그대로 표현하는 것을 두려워하거나 부끄러워할 수도 있다. 그리고 고집스럽게도 "이 아이는 자신을 사랑해주는 나의 마음에 사랑스럽게 반응할 수 없는 것일까? 라든지 "우리가 무얼 잘못했을까?" 등의 무의미하게 보이는 질문에 답하기 위해 오랜 시간을 보내기 시작한다.

우리(상담자)는 다섯 살 난 아들과 즐겁게 놀 수 없기 때문에 죄책감과 실패감으로 상담기간 내내 울었던 한 엄마를 기억한다. 그녀는 아들을 '맘속으로 미워하는 것' 과 '그 아이를 갖지 말았어야 했다.' 고 종종 생각하는 자신의 마음이 두렵다고 마침내 고백했다. 그녀는 스스로에 대한 실망이 컸고 심한 죄책감에 시달렸다. 상담 중에 그녀의 이러한 감정들을 다루면서 그녀가 갖고 있는 가장 고통스러운 문제가 아들—첫째 아들, 아주 오랫동안 원했었고, 임신이 계획되었다—이라는 것이 명백해졌다. '사랑스런 아기' 에게 친밀감을 표현하는 것을 포함하여 좋은 엄마를 꿈꾸던 그녀의 상(像)은 ADHD 아동을 기르며 일상의 현실에 부딪혀 산산이 부서졌다. 그녀는 '그랬어야만 하는' 모성에 대한 잃어버린 환상에 절망하고 슬퍼하고 있었다.

낙담 속에서 부모는 서로에게 책임을 돌리고 비난을 한다. "당신이 뭔가 잘못하고 있지요?" "왜 당신은 아이가 나아지도록 애쓰지 않나요?" 불행하게도, 이러한 질문에 답을 구하려는 시도는 그들이 가장 자주 도움을 구하는 '권위자' 인 소아과 의사나 가족 주치의의 지지와 정보 없이 종종 일어난다. 소아과 의사들은 아주 빈번히 이러한 초기의 걱정과 공포들을 '새 부모가 되는 걱정' 정도로 처리하고 ADHD일지도 모르는 증상에 대해 깊이 고려해 볼 수 있도록 하지 못한다. 아이러니하게도 그 문제아이를 '활기찬 아이' 또는 '천생 사내아이'라고 칭찬을 하면서 높은 활동 수준을 가진 아이가 줄 수 있는 기쁨에 대해 언급하기도 한다. 그들은 또한 부모에게 긴장을 풀라고 권유하고, 죄책감을 주는 그 경험을 즐길 필요가 있다고 말하기도 한다.

부모는 ADHD라고 진단받지 못한 ADHD 아동을 종종 '다르거나 힘들다.'고 낙인을 찍을 것이다. 만약 그 아이가 첫째아이가 아니라면 부모는 그 아이가 다른 자녀들과 얼마나 다른지에 대해서 넋두리를 할 것이다. 부모는 왜 막내아이가 좀 더 '귀엽지' 않은지 혹은 왜 다른 자식들에게 한 것처럼 '그 아이를 위해서 뭔가 하도록' 되지 않는지 이상하게 생각할 것이다. 몇몇 부모는 아이의 문제행동에 대한 의학적인 근거 찾기, 식이요법 바꾸기, 좀 더 구속하기 등과 같이 끝도 없고 효과도 없는 일련의 실제적인 개입을 시작할 것이다. 어떤 부모는 자신의 아이가 곧 좀 더 긴장을 풀고 좋아하길 바라면서 꼭 껴안는 것과 같은 새로운 행동을 강요한다. 물론 이 전략은 종종 아이를 더욱 불편하게 하거나 부모에 대해서 이전보다 저항적이 되게 할 수도 있다. 만약 이 아이가 첫째 아이라면 부모는 "이것은 내가 기대했던 엄마 되기가 아니야."라든지 "우리 엄마는 애 키우기가 이렇게 힘들다고 얘기한 적이 없는데…." 라고 말할 것이다.

아이가 이런 나이에 몇 가지 점에서 ADHD라고 정확하게 진단을 받았을 때, 부모는 종종 "나는 뭔가 잘못되었다는 걸 알고 있었어."라는 믿음과 공포를 확고히 한다. 그러나 많은 나이 어린 부모에게 있어서 어린 나이의 자식이 받은 ADHD라는 진단은 큰 슬픔이나, 심지어 절망감까지 일으킨다. 심지어 상담자가 부모에게 진단에 대해서 설명할 때도, 부모는 마치 자신의 아이가 백혈병으로 죽는다는 얘기를 들은 것처럼 반응한다. 많은 부모들은 자신의 감정들을 그들의 아이가 '손상되었다.'는 개념으로 전환한다. 부모는 심지어 자신의 절망감을 "나는 장모에게 이상(異狀)이 있다는 걸 알고 있었어." "당신의 가족은 항상 별나. 나는 당신과 결혼하지 말았어야 했어." 더 심하게는 "나는 항상 너에게 대학에 다니는 동안 마약을 하지 말았어야 했다고 말했다." 등과 같은 말을 하면서 배우자에게 직접적으로 화를 내거나 비난하는 것으로 표현하기도 한다.

몇몇 부모는 이러한 진단을 강하게 부인한다. 우리는 이런 부모에게 ADHD에 대한 책을 읽어보도록 하거나 교육전문가 또는 의학전문가에게 자문을 구하도록 한다. 이러한 자문은 부모가 ADHD 진단에 대한 두려움을 이해하고 받아들이는 데에 도움이 된다. 교육 전문가들은 부모에게 적절한 치료를 받고 있는 대부분의 ADHD 아동이 학교에서 원만한 생활을 하고 있다는 것을 확신시켜 줄 수 있을 것이다. 어떤 부모는 진단을 받아들여 아동의 장래를 위해 치료를 받게 하기까지 수개월 이상 걸리는 경우도 있다. 이러한 부모들은 다른 일반적인 슬픔을 경험할 때와 같이 자기 자신이나 타인을 상당히 비난하는 마음을 갖기도 한다. 상담 시, 종종 부모는 여러 회기에 걸쳐 아이들을 제대로 양육하지 못했음을 이야기하거나, "내가 뭔가 잘못한 것이 틀림없어요."라고 계속 두려움을 표현하거나 "보다 간단한 해결책이 있을 거예요."라는 기대섞인 말을 되풀이하기도 한다.

형제자매 반응

ADHD 아동의 손위 형제나 자매들은 유아 및 걸음마기의 ADHD 동생에 대해 반발하거나 경쟁하려는 마음을 갖지 않는다. 이는 ADHD가 오랫동안 지속된 단계에 있는 동생에 대한 태도와는 다른 것이다. 그들은 종종 ADHD 동생을 '이상한' 또는 '좀 다른' '지겨운 놈' 등으로 표현하기도 한다. 때때로 형제들은 왜 부모님이 ADHD인 동생을 좀 더 잘 훈육하거나 통제하지 않는지 의아해한다. 그 때문에 손위 형제자매들이 부모에게 말썽꾸러기 어린 동생을 다루는 방법을 조언하거나 부모를 도와주는 역할을 하는 것은 흔한 일이다. 이러한 반응이 나타나는 이유는 ADHD 유아가 다른 유아에 비해 많은 감독이 필요하여 부모가 첫

째아이로 하여금 때때로 ADHD 동생을 지켜보도록 적극적으로 도움을 요청하기 때문이다. 이러한 손위 형제자매들은 부모가 좌절하고 화내는 것을 보고 부모의 기분이 나아지도록 자발적으로 도움을 제공하려고 할 수도 있다. 형제자매에게 이러한 '부모화' 역할을 허락하거나 조장하였을 때, 이것은 그 가족의 적응패턴이 점차 역기능적으로 되어가는 것을 나타낸다.

ADHD 유아의 동생은 훨씬 퇴행적인 행동을 통해 좌절감을 나타내기 쉽다. 즉, 이들은 ADHD 형제가 부모의 노력과 관심을 더 많이 차지하기 때문에 부모의 관심을 얻기 위해서 점차 의존적인 태도를 보이는 것이다. 그들은 부모 뒤를 늘 졸졸 따라다니면서 부모가 자신과 항상 함께 있기를 원하기도 한다. 또한 ADHD 유아가 받는 것과 동일한 관심을 주지 않는 것에 대해 부모에게 분노나 고집 또는 반항적인 행동을 보이기도 한다.

특별히 유아가 아직 ADHD로 진단되지 않은 가정에서 정상인 형제자매들은 ADHD 형제자매들의 행동 때문에 수치스럽거나 당황스럽다는 이야기를 하기도 한다. 그들은 ADHD 형제자매들을 친구들 앞에서 품위를 떨어뜨리는 존재로 여기거나 멀리할지도 모른다. 반면에, 확실하게 ADHD 진단이 내려진 경우, 이 진단은 종종 전체 가족들에게 안도감을 주기도 한다. 그러나 가족들은 문제가 확인되기 이전에 ADHD 유아에게 느꼈던 감정과 대하던 행동에 대해 죄의식을 느끼기도 한다.

부부 반응

일반적으로 어린 아이를 가진 부모는 비교적 젊은 성인이고, 1~2년 정도 원가족으로부터 떨어져 지낸다. 아마도 몇 년 전에 결혼하여 가족의 분리단계에서 여전히 폐쇄성을 유지하고, 성인으로서의 친밀한 관계를 발전시키는 데에 노력하고 있는 중일 것이다. 이러한 새로운 관계형성에 있어 그들이 처음 겪게 되는 도전은, 결혼관계의 친밀성을 보호하고 정립하는 맥락 가운데 부모가 되는 것을 이해하고 그들의 원가족과의 경계를 확립하는 것이다. 대부분의 젊은 부부에게 임신의 경험과 유아의 존재는 축복인 동시에 이전의 삶의 태도를 크게 수정해야 하는 부담을 주는 것일 수도 있다. 이러한 시기에 과잉행동을 하는 ADHD 자녀의 출현은 결혼생활에 심각한 좌절을 주고 때때로 그들의 관계에 치명적인 피해를 입힌다.

새로운 부모관계의 형성과 ADHD 자녀와 관련된 많은 스트레스는 초기 부부관계에 스며들어 결국은 의사소통에서 성 친밀감에 이르기까지 모든 부분의 일상적인 상호작용에 부정적인 영향을 미치기 쉽다. 또한 환멸감과 분노, 거리감 등을 포함하여 점점 더 심각한 갈등이 뒤따르게 되는 경우도 있다. 부부는 양육방식에 대해 서로 갈등하고, 그들이 세운 육아전략이 소용없다는 것과 여러 좌절의 경험으로 인해 서로를 비난하기도 한다. 그들은 인격적인 성숙함과 경험의 부족으로 아이에 대한 분노와 좌절감을 효과적으로 다루지 못하는데, 이러한 경험은 몇몇 젊은 가족에게 잠재적으로 자녀나 결혼관계의 학대가능성을 높인다. 이러한 초기 갈등은 시간이 지남에 따라 계속 발전되어 누적되기 때문에 상담자는 그 부부의 자녀가 ADHD로 진단될 수 있는지 아닌지의 여부를 쉽게 구분할 수 있다.

2단계: 학령전기와 유치원기

초기에 진단된 ADHD 아동은 일반적으로 충동성, 과격행동 그리고 산만함 등의 증상을 보인다. 처음부터 현저하게 부주의했던 ADHD 아동의 경우에도, 부모나 교사들이 초기에 그 증상을 파악하는 것은 쉽지 않다. 특히, 보통 아동보다 지적으로 발달한 부주의한 아동들의 ADHD 증상은 초등학교 말이나 중학교 초기에 이르러서야 발견되는 경우가 많다. 충동적인 ADHD 아동은 유치원이나 초등학교 1학년에 들어서면서

부터 점차 부모로부터 몇 년에 걸쳐 "천천히 하거라." "네 자신을 다스리는 법을 배워라." "그렇게 하지마."라는 이야기를 들으면서 교정되거나 꾸지람을 듣는다. 초기의 ADHD 행동을 나타내는 이러한 증상은 일반적으로 부모 보고에서 명백하게 나타난다.

아동의 경험

많은 ADHD 아동은 매우 어린 나이부터 어린이집이나 유치원에 다닌다. 그들을 주로 돌보는 부모에게 휴식이 필요하기 때문이다. 어린이집에 보내진 ADHD 아동은 그 곳에서 다른 아이들과 어울리는 것이 힘들다는 경험을 할 것이다. 그래서 어린이집의 선생님으로부터 비난과 꾸지람과 벌을 받는 경우가 많아진다. 유치원에서 이러한 아동은 이야기 시간에 조용히 앉아 있지 못하며, 낮잠 시간에도 가만히 있지 못하고, 다른 아이들과 장난감을 함께 가지고 놀지 못하는 경향이 있다. 그들은 다른 아이들에 비해 눈에 띄게 공격적이다. 실제로 이러한 어린 ADHD 아동의 충동성은 쉽게 조절되지 않는데, 이는 침착성의 부족과 충동성이 함께 작용하기 때문이다. 만약 다른 아이들이 자신의 장난감을 가져갈 경우, ADHD 아동은 그 아이들을 때릴 것이다. 이처럼 조금만 기분 상하는 일에도 분을 터뜨리는 것은 가장 일반적인 형태의 반응이다.

이러한 행동은 유치원 교사에게 어려움을 준다. 타임아웃을 시키려 해도 다른 아이들과 확실히 떨어뜨려 놓아야만 한다. 불행하게도 ADHD 아이들은 다른 사람들이 모두 자기를 따돌리고, 아무도 자신을 좋아하지 않으며, 모두가 자신을 곤경에 빠뜨리려 한다고 느낀다. 따라서 주위 어른들을 기쁘게 하기 위한 아무 노력도 제대로 하지 않는다. 이러한 ADHD 아동이 학교에 들어갈 때쯤에는 낮은 자존감의 증상이 나타날 수도 있으며, 이러한 아이들은 부모나 어린이집 담당자에게 힘든, '불행한' 아이로 일컬어질 것이다.

부모 반응

많은 ADHD 아동의 부모는(특히 아동이 어렸을 때 집안에 있었던 엄마들) 아동이 유치원에 갈 나이가 되면 후련해한다. 그때는 아동에 대한 책임으로부터 자유로워지면서 자신이 다른 자녀들에 비해 ADHD 아동에게 얼마나 많은 에너지와 시간을 써왔는지에 대해 놀라게 된다. 그러나 아동의 원 보호자였던 부모 중의 몇몇은 이 단계에서 더 많은 책임감을 느끼고 다른 자녀에게 소홀해질 것을 예상하기도 한다. 몇몇 엄마들은 '처벌로부터 자녀를 구하고' '황당함으로부터 가족을 구하기 위해서' 혹은 '아동의 파괴적인 행동을 조정하고자' 하루 중 몇 시간을 교실에서 자녀와 함께 보내기도 한다. 교사와 교장은 이러한 부모의 역할을 받아들이고 창조적으로 발전시키고자 한다. 반면 어떤 교사는 이러한 부모의 교실 참여가 교권을 침해하고 교사에게 모욕을 주는 일이라고 느끼기도 한다. 이러한 교사들은 엄마가 교실에 없으면 자신이 ADHD 아동을 더 잘 통제할 수 있다고 믿는다. 실제로 우리는 이러한 교사들과 아동에 대해 상의할 때, 그들이 종종 'ADHD 아동의 엄마들은 참을성이 없고, 수업을 방해하며, 자신의 영역을 넘어서 자녀를 지키려고 한다.' 고 생각하는 것을 알게 되었다.

ADHD 자녀가 더 많은 탐색을 할 수 있고, 집밖의 환경까지 둘러볼 수 있게 되면, 부모에게 엄청난 시간이 요구된다. 이러한 ADHD 아동을 돌보는 일은 부모, 교사 모두에게 중요하다. 왜냐하면 ADHD 아동은 관심을 받고, 자극적인 활동에 참여할 때 더 잘 다룰 수 있기 때문이다. 그러나 부모가 ADHD 자녀의 활동과 탐색행동의 수준을 다른 자녀의 수준에 맞추려고 노력한다면 더 큰 좌절을 느낄 수 있다. 또한, 부부간의 갈등은 ADHD 자녀를 돌보아야 할 시간이 증가할수록 증대된다.

어떤 부모는 단순히 학교에 보내는 것으로 안심을 하고, 교사나 교장에게 불려가는 것을 참는 편이 낫다고 여긴다. 자녀가 입학할 때쯤은 부모가 과도한 시간적 요구와 셀 수 없는 행동통제로 인한 좌절을 이미 겪은 후이기 때문이다. 때로 교사와 다른 학교 인사들로부터 주어지는 피드백은 이 단계에서 다소 일찍 ADHD 진단을 수용하도록 만든다. 왜냐하면 부모의 좌절이 마침내 확증되기 때문이다. 부모는 여전히 부인하기도 하지만, 교사의 불평이 수년 동안 자신이 스스로에게 해온 것이나 배우자가 자신에게 해온 것과 일치할 때에는 교사들의 불평을 무시하기가 어려워진다.

이러한 부모는 지속적인 좌절과 부당하다는 느낌에 대해 계속해서 목소리를 높일 것이다. 부당하다는 느낌은 두 부부가 공감하는 것이며, ADHD가 아닌 형제, 조부모, 교사, 학교 상담자의 불평에 따라 강화된다. 이때에 이르면 부모는 상담자와 상담을 시작하게 되는데, 이때 부모가 느끼는 부당하다는 감정은 아이를 양육하는 문제를 넘어서, 그들의 다른 사생활에도 번져 있으며, 분명히 부부관계에까지 영향을 미친다. 많은 부모(특히 종일 집에 있는 엄마들)는 확실한 우울 증상을 보이기도 한다. 이 우울은 무기력감이며 '헤어나올 수 없는 덫'과 같은 것이다. 이 우울은 어쩌면 위에서 논의된 실망과 관련된 것일 수 있고, 기대했던 자녀의 모습에 대한 '상실'로 슬퍼하는 것일 수 있다. 그들은 종종 속은 느낌이나 화난 느낌을 표현하겠지만, 때때로 수치심이나 죄책감 같은 더 깊은 감정 때문에 자신의 속은 느낌과 화난 느낌을 받아들이기 어려울 수 있다.

형제자매 반응

학령전과 유치원 시기는 형제들과 ADHD 아동 사이의 질투와 경쟁심이 증가하여 다툼이 자주 일어나는 시기다. ADHD 아동의 파괴적인 성향과, 정상적인 가족활동을 방해하여 가족의 단란한 시간을 자주 빼앗는 점, 부모의 관심을 독점하는 모습은 다른 형제들의 질투와 경쟁심을 자극한다. ADHD 동생의 문제행동 때문에 손위의 'ADHD가 아닌' 형제들은 가족과 함께 하는 외식, 쇼핑, 휴가 가기 등의 활동을 하고 싶지 않다고 말한다. 그들은 또한 집과 공공장소에서 ADHD 형제를 다룰 때마다 계속되는 부모의 갈등에 대해서도 불평한다.

관심에 대한 라이벌 의식은 종종 전체 형제관계에서도 상호적으로 영향을 미친다. 이러한 영향 때문에 가족원들은 ADHD가 아닌 자녀가 ADHD 아동에게, 다른 자녀에게, 심지어 부모에게조차 폭력적이고, 욕설을 퍼붓게 되는 문제 때문에 상담을 받으러 오기도 한다. 이처럼 ADHD 아동의 초기 증상이 다른 가족체계에 부정적인 영향을 미쳐 가족 내의 갈등적 표현 및 행동 양상을 이끌어내고, 이러한 양상이 다시 가족체계에 영향을 미치는 악순환이 반복되는 경우가 많다. 위의 상담 사례는 이러한 경향을 명백하게 드러내는 임상적 예다.

종종 형제들은 그들이 부모에게 관심을 덜 받고 있다고 느낀다. 그들의 질투는 곧 ADHD 형제나 자매에게 경쟁심으로 표현되기 쉽다. 만일 부모가 시간과 관심을 모든 자녀에게 골고루 배분함으로써 이러한 초기 경고 신호에 반응하지 않으면, 가족 전체 시스템 안에서 형제 간의 갈등이 더욱 심화될 것이다. ADHD가 아닌 손위 형제들은 ADHD 동생이 취학한 때부터 마음이 놓이게 되었다고들 말한다. 그들은 "왜냐하면 엄마와 아빠가 우리 학교에 오실 수 있었으니까요." 또는 "엄마가 제 학교 숙제를 도와줄 시간이 생겼으니까요."라고 말한다. 이런 손위 형제들은 때때로 아픈 척을 하여 학교에 가지 않고 집에 있으면서, 자신이 엄마를 독차지하는 얄팍한 즐거움을 누리려고 했다고 실토하기도 한다.

부부 반응

좌절과 분노의 총체적인 느낌은 부부관계에도 금방 영향을 줄 수 있다. ADHD 발현의 초기 단계를 거치는 동안 ADHD 아동에게 참을성을 유지하며, 협동적인 양육을 하는 부모는 매우 드물기 때문이다. 우리가 언급했던 것처럼, 상담자들은 결혼한 지 5년에서 8년 된 20대 중, 후반의 젊은 부부가 느끼는 ADHD 아동 양육의 초기 좌절에 대해 인식시킬 필요가 있다. 임상적 우려는 단순히 ADHD 아동에게만 집중되는 것이 아니라 부부문제와도 관련이 있다. 왜냐하면 이러한 갈등은 부부관계를 위협하고, 그들의 초기 결합에 손상을 입힐 수 있기 때문이다. 이때 결혼생활에서 ADHD 자녀에게 집중되는 시간과 에너지는 부모 개인의 시간과 인간관계를 제한하는 결과를 초래한다. 이러한 부모들은 종종 이렇게 말한다. "우리는 거의 외출을 하지 못해요. 우리 아들을 봐줄 사람을 찾을 수가 없거든요." 또는 "우리 애들은 우리 부부가 외출하면 심하게 싸워요. 그래서 애들을 두고 나갈 수가 없어요." 또는 "우리 부부가 이야기 좀 하려고 앉을 때마다 아이들 중 하나가 우리 무릎에 앉거나 우리 옆에 앉아요. 심지어 우리가 침실로 가려고 하거나 바깥에 나가려 하면 쫓아온답니다."

상담자들이 부부 역동을 관찰한 결과, ADHD 아동의 부모는 부부체계의 경계가 허술하게 방치되거나 무너져 있는 경향이 있다고 결론을 내렸다. 점차 이러한 부모는 혼자 있는 시간을 포함하여, 친밀감이나 개인적 인간관계 같은 사생활을 잃게 된다. 그들이 함께 깨어 있는 시간 중 대부분을 아이들에게 바치고 있기 때문이다. 아이들을 떼어놓고 둘이서 외식하라는 상담자의 제안에 응할 때조차도 대화의 많은 부분은 ADHD 자녀나 다른 아이들 이야기로 이루어진다. 종종 그들의 상호작용은 자녀들을 다루는 데 대한 분쟁의 결과로 인하여 심한 논쟁조로 변한다.

어린 ADHD 아동을 둔 부모는 자녀의 취약성에 주목하여 과잉보호를 하기도 한다. 초기에 드러나는 이러한 셀 수 없이 많은 문제들과 아동의 낮은 자존감 때문에 많은 부모들은 ADHD 자녀가 원한다고 하더라도 아이들을 돌볼 친척이나 보모를 두는 것을 꺼려한다. 이러한 과잉보호를 하는 부부의 경우, 아이에 대한 관심의 증대와 분노의 이중성은 심각한 부부갈등, 파괴, 불일치를 초래하기 쉽다.

3단계: 초등학교 저학년기

ADHD 아동이 초등학교에 입학하여 읽기, 쓰기, 수학 등의 기초 교육을 받기 시작하면, ADHD의 어려움이 전 학업영역에서 드러나기 시작한다. 충동성과 과잉행동 때문에 부모, 형제들과 씨름해 왔던 ADHD 아동은 이 단계에서 학습의 어려움 때문에 낮은 자아개념이 형성되고 자존감이 결핍되는 경우가 많다. 이러한 정서적, 심리적 문제는 초기 학교생활에서의 좌절로 이어진다. 유치원 시기에 아동은 보다 활동적으로 행동할 수 있었고, 자주 바깥놀이를 할 수 있었다. 또한, 교사에게 과도한 제재를 당하지 않고, 다소 충동적인 행동을 하며 지낼 수 있었다. 그러나 초등학교에서는 책상에 앉아 있기, 주의 기울이기, 만족 지연하기, 좌절 견뎌내기 등이 요구된다. 아동은 책상에 조용히 앉아 있어야 하고, 다른 친구들을 괴롭히면 안 된다. 집중하고, 방해하지 않으며, 소음을 내지 않고, 지시를 따르도록 요구받는다. 이렇게 학년이 올라가면서, 아동은 자신을 실패자로 인식하기도 한다. 다른 아동을 관찰함으로써 부모, 교사, 다른 성인들의 기대를 알 수 있고, 자신은 그렇게 할 수 없음에 좌절감이 증대되기 때문이다. 3년 안에 ADHD 아동은 자신이 다르고, 부적절하며, 우둔하다고 느끼기 시작한다.

아동의 경험

학령기가 시작되면서 아동은 사회적 상호작용 측면에서 점진적이며 극적인 전환을 경험하게 되는데, 이것은 가족체계로부터 교사-친구 중심의 학교 경험으로의 전환이다. 과잉행동 아동에게는 이러한 전환이 다른 차원의 도전과 갈등이 된다. 새로운 환경에서 새로운 교사와 동료에게 자신의 행동을 억누르도록 노력해야 하기 때문이다. 심각한 행동문제를 가지고 있지 않은 부주의한 아동의 경우에도, 이러한 초기 학교

경험은 새로운 좌절의 근원이 될 수 있고, 읽기, 쓰기, 산수 같은 기본적인 기술습득이 지연되기도 한다. 몇몇 ADHD 아동은 철자, 숫자, 쓰기 같은 1학년 수준의 문제로 어려워한다. 그러나 과잉행동이 없는 ADHD 아동이 특히 지적으로 우수한 경우, 5학년에서 7학년까지의 어려움은 나타나지 않을 수도 있다.

이렇듯, 학년 초기에 ADHD 아동의 사회적 기술부족과 자기조절의 어려움은 두드러지게 된다. ADHD 아동은 나이에 비해 심각할 정도로 미성숙하며, 특히 사회적 기술에서 그렇다. 학교에서 이들은 친구를 사귈 때 어려움을 겪을 수 있으며, 어떤 ADHD 아동은 등교를 거부하기도 하는데, 특히 부모가 과잉보호를 한다면 더욱 그렇다. 이러한 아동은 수줍음이 많고 조용한데, 이런 행동은 종종 활동에 참여시키려는 동료와 교사의 노력에 무반응하는 것으로 잘못 해석된다. 반대로 과잉행동 아동은 좌절하고, 같이 놀고자 하는 친구들로부터 소외된다. 왜냐하면 그들은 종종 장난감을 서로 나누지 못하고, 좌절감을 참을 수 없으며, 자신들이 원하는 방식으로 놀지 않는 아이를 충동적으로 때리기도 하기 때문이다. 시간이 지나면서 친구의 엄마들은 자신의 자녀가 충동적이고 공격적인 ADHD 아동과 함께 노는 것을 막을 것이다. 왜냐하면 자신의 아이가 유사한 문제행동을 할까봐 두렵기 때문이다. 많은 ADHD 아동들은 이러한 활동적이고 적극적인 특성에도 불구하고 외로운 시간을 경험하며, 왜 다른 아이들이 자신과 놀지 않는지, 왜 자기 집에서 놀자고 하지 않는지를 이해할 수 없게 된다. 불행하게도 이 단계의 많은 ADHD 아동들은 종종 따돌려지기 때문에 다른 아동들과 보다 잘 어울릴 수 있는 방식을 배울 기회가 제한된다.

영재학급에 들어갈 정도로 총명한 3학년 아동이 부모에게 이끌려 상담을 받으러 왔다. 부모는 그 아동을 "외로운 아이"로 설명했다. 그 아이는 종종 우울해하는데, 친구를 사귈 수 없고 다른 사람들이 자기를 싫어한다고 느끼기 때문이다. 그럼에도 불구하고 아동은 상상력이 풍부하고 창의적이며 자기 성찰적이었다. 또한 자신의 상상 속에서 가져온 과학 주제에 대하여 백과사전의 단락을 인용할 수 있었다(이 고등 수준의 읽기는 2학년, 3학년 수준의 읽기만을 요구하는 교사와의 협상 끝에 상담자가 증명해 내었다.). 그 아동은 로켓과 자동차를 그릴 때 보통의 3학년 아이들이 하는 것처럼 대강의 선만 그리는 것이 아니라 엔진과 기어를 그려 넣었다. 또한 그 아동은 자신의 주위 환경에 대해 매우 민감하게 반응하였는데, 천둥이 치는 동안 혼자서 책상 아래 숨는 일도 종종 있었다.

아동은 우리가 제공하는 놀이치료를 매우 좋아하였다. 집중을 잘 하고 상담자에게 잘 협조하였는데, 항상 언어적, 공학적 도전을 요구하였다. 그리고 금세 (새로운) 활동을 요구하였다. 상담자가 이 아동을 학교에서 관찰할 때, 그는 주의를 끌기 위해 공격적이고 경쟁적이었으며, 다른 친구들에게 도전적이었다. 상담자가 인지한 이 아동의 원기왕성하고, 참여적인 행동은 다른 아동에게 오히려 압력을 주거나 무례하게 보였다. 즉, 많은 친구들은 놀이기구를 다른 곳에 갖다 놓거나 그 아이의 행동을 무시하면서 그를 피하였다.

증상의 심각한 정도에 따라, 상담자(그리고 교사)는 자기정체감 및 자존감 등을 포함한 일반적인 자아개념의 문제가 3~4학년 정도에는 나타난다고 한다. 어떤 아동은 그저 많이 좌절하고 낙담할 것이다. 부주의한 ADHD 아동은 교육과정에 더 이상 집중하지 않는다. 이 아동은 수업시간에 부과되는 과제를 어렵게 느낄 뿐만 아니라 친구들이 이런 과제를 어떻게 자기보다 더 적은 시간을 들여 더 잘하는지에 대해서도 이해하지 못한다. 이 시기의 반항적이고 수동적인 행동은 교실에서 주의 집중을 해보고, 과제를 완성하며, 시험을 잘 치르기 위해 자신들이 기울인 노력에도 불구하고 발생하는 가혹한 공격으로부터 자신을 지키기 위한 것이다. '공격받고 있다.'는 아이들의 지각은 선생님, 부모, 형제들, 조부모 그리고 심지어 상담자에 의해서도 강화될 수 있다. 상담자의 역할과 책임은 여러 가지 스트레스에 따라 매우 복잡해지며, 학교에서의 갈등, 부모와 자녀 사이의 갈등 그리고 형제 간의 갈등을 포함하여 점점 심각해지는 ADHD 아동의 자기존중감의 손상 등의 문제를 확인하고 개선해 가야 한다.

저학년 시기에 이런 아이들 중 대부분은 필사적으로 더 나은 행동을 하려고 시도하며, 자신의 충동을 조절하고 부모나 선생님의 기대에 부응하기 위해 열심히 노력을 한다. 하지만 안타깝게도 이런 노력은 대부분 성공하지 못한다. 많은 아이들은 이렇게 말을 한다. "저는 정말 주의를 기울이려고 노력을 했어요. 하지만 잘 되지 않았어요." 또는 매우 진지하게 이렇게 말을 한다. "나에겐 뭔가 문제가 있는 것 같아요. 말썽을 피우지 않으려고 하지만, 마치 딴사람이 된 것처럼 제 자신을 주체할 수가 없어요." 이런 아이들이 얼마나 어른들을 기쁘게 해주고 싶어하는지, 또 그렇게 할 수 없는 자신의 무능함에 대해 얼마나 불행하게 생각하는지에 대해 들어보면 정말 마음이 아프다. 이런 이유로 상담자가 문제행동을 교정하려는 부모역할을 너무 많이 하게 되면 이런 감정들을 제대로 들을 수 없다. ADHD 아동에게 자기관리란 어려운 개념이다. 다른 아이들과 선생님에게는 당연한 일상생활의 일들조차도 그들은 해내기가 어렵다.

부모 반응

ADHD 아동이 2~3학년이 되면, 부모는 선생님이나 학교 상담자에게 불려가는 데 익숙해지며, 자기 자신이나 자녀를 늘어가는 학교의 불평으로부터 방어해야겠다는 생각을 하게 된다. 그리고 부모는 유치원 때 나타났던 아동의 문제들이 학교에 갔다고 해서 그리고 선생님이 개입한다고 해서 마술과 같이 사라지는 것이 아니라는 것을 알게 된다.

부주의한 ADHD 아동의 부모는 기대했던 만큼 아이가 똑똑한지 의

문을 가지기 시작한다. 1~2학년 아이가 알파벳이나 단어의 철자를 제대로 기억하지 못하거나 기본적인 글을 잘 읽지 못한다는 것을 알게 되었을 때 아이의 장래에 대한 희망이 무너지는데, 이는 매우 마음 아픈 일이다. 많은 부모들은 이런 생각을 해 본다. "아마 우리 아이는 커서 성공하지 못할지도 몰라." "심지어 대학 가기가 어려울 수도 있어." 이렇듯 갑작스럽게 부모역할은 낙담과 절망감으로 시들해져 버린다.

방어자 또는 비판자로서의 부모역할

이 시점에서, 많은 부모들은 ADHD 아동의 공부와 대인관계의 문제 때문에 가족체계의 구조 속에서 규정되어 유지시켜온 특정한 역할을 하게 된다. 이 역할은 '방어자 그리고 비판자로서의 부모' 로 묘사해 볼 수 있다. 그들은 가족구조 내에서 가족의 스트레스와 위기 상황을 다루는 방법을 개발하여 왔다. 비판적인 부모의 경우 아이의 문제행동과 학교 문제를 지나치게 따지고, 부정적인 말을 하고, 종종 냉혹할 정도로 비판적이다. 비판적인 부모는 협박하는 집행자의 역할을 수행하면서 ADHD 아동과 매우 대립적이 된다. ADHD 가족 중에는 말로 아이를 통제하려는 시도가 지나쳐서 신체적인 폭력을 가하는 경우도 있다.

방어자 역할을 취하는 부모는 아이의 투쟁을 매우 안쓰러워하면서, 아이의 좌절과 고통을 자신의 것처럼 동일시하며(최소한 가끔씩은), 아이에게 쏟아지는 부정적인 피드백을 중재하고, 방어하며 막아준다. 방어적인 부모는 다른 부모나 형제들이 아이를 괴롭힐 때 구원자와 같은 태도로 개입을 한다. 심지어 아이가 혼날 만한 일을 했을 때조차도 위와 같은 태도를 보인다. 이 부모는 아이의 잘못된 행동에 대해 설명을 해주는 방식으로 학교 상황에도 개입하고자 한다. 비난의 대상은 종종 선생님으로 옮겨져 가는데, 방어적인 부모는 매주 교장선생님의 사무실로 찾아와 선생님이 아이를 이해해 주지 못하거나, 공정하게 대해 주지 않는다는 불평을 하기도 한다.

방어적인 부모의 역할은 성(gender)과는 상관없이 드러난다. 때때로 어떤 부모들은 자신도 ADHD를 가지고 있어서 아이의 행동을 동일시하며 동정하기도 한다. 그런 부모는 마치 이런 설명 자체가 해결책이라도 되는 듯이 선생님과 상담자에게 "나도 그 나이 때 똑같았죠."라고 말한다. 방어적인 역할은 또한 ADHD가 아닌 부모가 할 수도 있고, ADHD 증상이 있는 아빠가 학교에 지속적인 불평을 해서 자녀가 희생물이 된 것을 매우 안타깝게 생각하는 엄마가 할 수도 있다. 때로 전업주부는 방어적이 될 수 있다. 왜냐하면 아이의 투쟁을 하루 종일 지켜보기 때문이다. 또한 전업주부는 비판적인 부모가 될 수도 있다. 왜냐하면 대부분의 시간을 갈등을 관리하고 중재하는 데 보내기 때문이다.

네 아이의 어머니는 큰아들 존이 1학년이 되면서 그의 방어자가 되었다. 가족이 상담자에게 존을 의뢰했을 때, 그는 11살이었고 6학년이었다. 그때까지는 ADHD로 진단을 받은 적이 없었다. 존의 학업성취는 저학년 때만 해도 그런 대로 괜찮았으나, 5학년 초가 되자 매우 저조해지기 시작했다. 어머니는 1, 2학년 때 한 선생님이 "존은 수학에 어려움이 있으며 주의력 문제도 있는 것 같다."고 했던 말을 기억했다. 그러나 그때는 이런 관찰결과에 대해 아무런 반응도 하지 않았다. 현재 존은 여전히 수학에 문제가 있으며, 이제는 철자와 읽기도 뒤처지기 시작했다. 6학년 1학기의 반 정도가 지날 즈음, 그는 신체화 증상을 드러내며 만성적으로 학교를 결석하게 되었다. 이런 패턴은 지난 수년 동안에도 있어 왔으나 작년 봄에 매우 두드러졌다. 어머니는 상담자에게 "힘든 시기였기 때문에" 5학년 봄 학기 동안 이런 행동과 결석을 한 것이라고 말했다. 그러나 소아과 의사는 존의 신체 증상과 그로 인한 학교 결석 등에 대한 의학적인 근거를 발견하지 못하였고 그 때문에 임상적인 진단을 받기 위해 존을 우리에게 의뢰한 것이다.

첫 면담에서 어머니는 남편은 바쁜 일이 있어서 오지 못했다고 했다. 다음에 밝혀진 것이지만 그녀는 남편에게 아예 말도 꺼내지 않았다. 왜냐하면 존의 나쁜 면을 상담자가 듣지 못하게 하고 싶었기 때문

> 이다. 그 어머니는 남편이 아이와 자신의 행동에 대해 점점 더 화를 내고 있으며, 매우 참을성이 없는 사람이라고 했다(그는 전형적인 비판적 부모다.). 그녀는 9세, 6세, 4세의 아이들이 더 있다고 했으며, 4세 아이는 집에 그녀와 함께 있고, 존은 그녀를 돕기 위해 집에 있는 걸 좋아한다고 했다.
>
> 어머니는 지난 6주 동안, 매주 2~3일 정도는 아이가 집에 있도록 했다고 보고했다. 그런데도 아버지는 아들이 몇 번만 결석한 것으로 알고 있다는 것이 후에 드러났다. 아이가 결석하는 날, 어머니는 다른 두 아이를 정상적인 시각에 버스에 태워 학교로 보내고, 존을 자신의 차에 태워 학교에 간다. 그녀와 존은 학교 종이 칠 때까지 차 안에 앉아 있곤 했다. 존은 친구도 없었고 아이들이 놀리기 때문에 혼자 학교 운동장에서 노는 것도 싫어했다. 존이 학교 식당에서 점심을 먹는 것도 거부했기 때문에 지난 몇 주 동안 어머니는 4살 된 아이를 학교에 데리고 가서 교장실의 대기실에 앉아 존과 함께 점심을 먹었다.

이 나이에 등교거부를 하는 것은 매우 드문 경우다. 이런 행동에 대한 전형적인 임상진단은 그 아동에게 우울증과 공포증의 증상이 있다는 것이다. 상담자는 또한 어머니의 존을 보호하고 의지하도록 하는 태도뿐 아니라 존이 지나치게 어머니에게 의존하고 있고, 집에 있을 때 상대적으로 안전감을 느낀다는 데 주목해야 한다. 더불어 상담자는 존이 학교에서 당할 수 있는 문제나 사건을 고려해야 한다. 이 나이의 아동에 대한 치료적인 중재는 개인 상담, 다른 학생들과 함께 하는 지지적이고 인지적인 집단상담, 부모를 대상으로 한 성장배경에 대한 면접 등에 초점을 맞춘다. 하지만 상담자가 단순히 등교거부 행동만을 다룬다면, 존과 가족의 이면에 깔린 원인을 다룰 수가 없게 된다.

거시적인 체계적 관점에서 드러난 임상문제를 탐색할 때, 상담자는 아동과 그 가족의 사회적, 교육적 역사를 검토할 수 있다. 물론, 상담자는 첫회 면접 때 아버지가 오지 않은 데 대한 변명에 마음이 불편할 것이다. 첫회 면접 때 어머니가 지나가듯 한 말, 즉 "1학년인가 2학년 때 담임선생님이 존에게 주의력 문제가 있는 것 같다고 말한 적이 있어요."라고 한 말은 존을 진단하는 데 중요한 단서다. 존의 경우, 부모님의 생육력 보고, 학교생활기록부의 검토, 검사자료를 근거로 한 이후의 평가에서 주의력과 시각처리과정에 문제가 있음이 드러났다. 특히, 심각한 시각처리과정 장애로 인해 수학과 읽기에 매우 어려움을 겪고 있었다.

첫 회기를 끝내면서 상담자는 다음 면접 때는 아버지도 함께 와야 한다고 거듭 말하였고, 그러자 어머니는 사실은 남편에게 상담에 대해 말하지 못했다고 눈물을 흘리며 고백하였다(첫회 면접 때 부모가 모두 참여하는 것과 관련된 임상 문제들은 6장에서 논의할 것이다.).

하지만 존의 아버지에 대한 어머니의 생각은 옳았다. 확실히 아버지는 존이 "게으르고 말을 듣지 않는다."고 비난하는 등 가정에서 존에게 비판적이고 적대적인 역할을 하고 있었다. 아버지는 자신의 비판적인 행동에 대해 "어머니가 존을 제대로 훈육하지 않기 때문에 본인이 그 역할을 하는 것"이라고 정당화하였다. 또한 "아내가 존을 아기처럼 대하고 스스로 성장하게 두지 않는다."고 불만을 터뜨렸다. 이런 경우 상담자가 가족 내의 역동에 휩쓸리지 않고 중립적인 태도를 유지하기란 쉽지 않다. 초보상담자의 경우에는 자신도 모르게 공격자 대 보호자와 피해 아동과 같은 가족 상호작용 체계의 정서적인 장면에 휘말릴 수 있다. 상담자는 또한 아버지의 공격적인 행동에 대해 존뿐만 아니라 어머니도 보호해야 한다고 느끼기 쉽다.

그러나 상담자가 거시적인 가족체계적 관점을 유지한다면 아버지의 공격적인 행동에 근거가 있다는 것을 알게 된다. 보호자로서의 어머니는 남편과 다른 자녀들을 배제한 채 가족 내에서 존과 은밀한 동맹관계를 맺고 있었다. 이 사례의 경우에는 다차원적인 체계문제가 혼재해 있다. 아버지의 공격적인 행동은 단지 존의 등교거부행동에 대해서가 아니라 명백히 다른 양육태도와 부모역할과 부부관계에 대해 아내에게 느끼는 실망감의 표현이었다.

또한 형제자매와의 회기를 통해 다른 자녀들이 어머니가 존에게만 매달려 있고 존과 어머니가 밀착되어 있는 것에 화가 나 있다는 것을 알 수 있었다. 그들은 또한 아버지가 어머니에 대한 불만과 언쟁으로 아버지로서 해야 할 가정 내 많은 역할들을 하지 않는다며 아버지에게도 화가 나 있었다. 존의 신체적인 불만과 등교거부와 같이 밖으로 드러난 특정 문제들은 단지 '빙산의 일각'이었다. 존은 낮에 집에 있을 때 안전감을 느꼈다. 왜냐하면 학교에서 실패하거나 비난받지 않아도 되기 때문이다. 또한 낮 시간엔 아버지가 직장에 나가기 때문에 아버지의 공격적인 언행으로부터도 안전할 수 있었다. 또한 존은 가정이 안전하고 보호받을 수 있는 곳이란 느낌을 어머니로부터도 암암리에 받고 있었다.

불행하게도 이 어머니는 심리적으로 막다른 골목에 이르러서야 상담을 원하게 되었고, 다른 세 자녀에게 소홀히 하고 있다는 죄책감을 느끼기 시작했으며 남편의 커져가는 분노를 어떻게 해야할지 모르겠다고 인정하였다. 남편이 참석한 두 번째 회기에서 어머니는 눈물을 흘리며 "존은 그 나이 때의 나의 모습과 매우 비슷해요. 나 역시 존이 가진 문제와 똑같은 문제들을 가지고 있었지요. 난 학교를 아주 싫어했지만, 부모님들은 억지로 가게 했어요. 나는 존에게 그러고 싶지 않았어요."라고 말하였다.

이 사례는 ADHD 아동이 있는 가족 내에서 일어날 수 있는 거시적인 수준의 가족간 역동을 보여주는 좋은 예다. 물론 가족들이 깨닫기 전 이미 이런 가족체계의 패턴이 ADHD 증상에 가려져 있기도 하다. 특히, ADHD 경우의 가족체계의 패턴은 부부간의 복잡한 상호작용적 행동과 역기능적인 행동뿐만 아니라 다른 가족구성원의 정체성과 가족 내 기능에도 강한 영향을 미친다.

아이러니하게도 비판자로서의 역할을 하는 부모는 일반적으로 ADHD가 아니다. 비판적인 역할을 하는 부모는 단지 가족간의 상호작용이 보다 체계적이고, 가족 내 훈육이 강조되기를 원하는 것이다. 앞에 제시된 사례의 경우, 부모 자신이 어렸을 때 가졌던 어려움에 대한 반동과 조바심이 아동을 학교생활에서 실패하게 만들었다. 비판적인 역할을 하는 부모는 아동에게 늘 "더 열심히 공부하고" "보다 바른 행동을 하며" "주의를 집중하라."고 단호하게 말했을 것이다. 이와 같은 행동은 가족 내 하위체계에 상보적인 패턴을 만들게 되어 다른 부모(ADHD 증상 여부에 관계없이)가 그 아동이 더 이상 위축되지 않도록 중재하는 쪽으로 보호자 역할을 하도록 만든다. 이처럼 ADHD 아동이 있는 많은 가족의 경우, 부모 중 한 사람이 비판적이거나 공격이 심할수록, 다른 한 사람은 보호하려는 정도가 커진다는 사실을 관찰할 수 있었다.

가족체계의 정서적인 장면에 휘말린 많은 상담자의 경우에는 이런 정반대 역할을 하는 부모의 역동이 중재에 치명적인 걸림돌이 된다. 만약 상담자가 거시적인 가족체계의 관점에서 객관적으로 평가하여 중재하지 않고 대상 아동을 보호하려고만 한다면, 비판적인 역할을 하는 부모와 아동과의 사이를 더욱 이간질할 위험이 크다. 이렇게 된다면 상담자가 가족 모두와 지속적인 상담을 하기 위해 필요한 신뢰와 영향력을 잃게 된다.

또한 한쪽 부모가 아동을 보호하려는 정도가 크면 클수록, 아동이 보호자의 역할을 하는 부모와 가정환경에 지속적으로 더욱 의존하게 된다는 사실을 여러 사례를 통해 관찰할 수 있다. 이런 현상으로 인해 4장의 가계도에서 확인했듯이 의존심의 세대 간 전달현상이 일어나게 된다.

희생양 삼기

ADHD 아동이 있는 가족에서 발견할 수 있는 또 다른 가족역동은 ADHD 아동을 가족 상호작용에서 희생양으로 만드는 것이다. 이와 같은 역동이 일어나면, 부모는 가족 내에서 ADHD 아동의 역할뿐 아니라 아동의 문제행동에 대해 부정적이고 비판적으로 보는 태도를 똑같이 취하게 된다. 또한 ADHD 아동을 가족 내 희생양으로 만드는 과정에서 형제자매나 조부모와 같은 다른 가족구성원들도 그 아동에 대해 매우 부정적인 시각을 공유하게 된다. 가족들은 ADHD 아동이 나쁘다든지 열등하다든지 "문제아"라고 생각한다. 가족 내에는 일반적으로 공유하는 믿음, 즉 희생양 역할을 하는 ADHD 아동이 "바르게 행동한다."든지 "더 자란다."든지 하면 모든 것이 괜찮아질 것이란 믿음이 존재한다.

희생양 만들기는 여러 가지 이유로 많은 가정에서 일어나는 패턴이며, 이러한 패턴은 희생양인 아동에게 항상 상처를 준다. ADHD 아동이 희생양이 된다면, 심각한 결과가 나타날 수 있다. ADHD 아동은 너무나 당황하여 버려졌다는 느낌을 받는다. 가족 그 누구도 이 아동을 진심으로 보살펴주지 않는다. 가족 내 공격적인 패턴을 중재하거나 완화시키는 보호자 혹은 중재자가 없다. 이런 희생양 만들기라는 가족 내 역동은 품행장애를 보이는 청소년들에게서 관찰될 수 있는 분노와 폭력적 행동의 원인이 된다. 때때로 이러한 희생양 패턴은 학교에서 교사나 교장에 의해 반복되고 강화되어 ADHD 아동의 학교생활을 더욱 어렵게 만든다. ADHD 아동이 성장함에 따라, 희생양 패턴 역시 사회적인 상호작용과 또래와의 상호작용으로 퍼져, 친구나 심지어 또래의 부모마저 비난의 손가락질을 하게 된다.

복합적인 패턴

ADHD 아동이 있는 어떤 가정은 이런 두 가지 패턴이 혼합되어 나타나기도 한다. 가족 내 희생양 패턴이 생기면 그 ADHD 아동을 보호하기 위한 보호자가 나타나는 것이다. 이와 같은 보호자 역할은 특정한 발달시기, 즉 유치원 시기나 초등학교 1학년 때 나타나기도 한다. 또한 이런 보호자 역할은 아동이 아프거나 놀이를 할 때와 같이 특정한 맥락에서만 나타나기도 한다. 희생양 패턴이 강한 가족의 경우에는 아동에 대한 보호가 매우 제한적으로 나타난다. 예를 들어, 그 아동이 형제자매로부터 공격을 받을 때는 보호를 받지만, 보호지역이 아닌 다른 부모의 공격에서는 보호받지 못할 수도 있다. 또한 이런 희생양 체제에서 덜 보호적인 부모의 경우, 스트레스 상황에서는 ADHD 아동에 대해 비판적인 부모와 같은 태도를 취하기도 한다.

대부분의 부모는 ADHD 아동에 대해 양가감정을 지닌다. 한편으로 부모는 이 아동이 학교생활과 또래와의 관계에 어려움이 있다는 것을 알게 되면 이 아동을 양육하는 데 특별한 도움이 필요하다는 것을 느낀다. 그러나 다른 한편, 부모는 ADHD 아동의 뒤치다꺼리에 좌절하고 의기소침해져서 아동에 대해 사랑스런 마음을 유지하기가 어렵다. 그러나 불안하고 의존적이며 부주의한 유형의 ADHD 아동을 키우며 인내심을 연습한 부모의 경우에는 다소 견디기가 쉬울 수도 있다. 과잉행동–충동적인 유형의 ADHD 아동의 경우, 부모의 인내심이 시험받는데, 이들은 지나치게 벌을 주거나 때로는 지나치게 보호하기도 하는 양쪽을 왔다 갔다 한다. 이러한 일관되지 못한 양육태도는 ADHD 아동의 증상을 더 악화시키며, 부모가 정말 아동에 대해 어떻게 느끼고 또한 어떻게 반응할 것인지가 예측될 수 없어 아동을 더욱 혼란스럽게 만든다.

형제자매 반응

ADHD 아동의 형제자매는 ADHD 아동에 대해 분노를 느끼거나 소외시키는 식으로 반응한다. 형제자매는 ADHD 아동의 과잉행동을 점차 참지 못하게 되고 부모가 ADHD 아동을 과도하게 돌볼 경우, 불만을 터뜨릴 방법을 찾게 된다. 형제자매가 어릴 경우에는 부모에게 소홀하게 취급되어 서운하다는 표시로 질투를 하거나 투덜대며 매달리는 행동을 한다. 그러나 어느 정도 나이가 많은 형제자매의 경우에는 직접적으로 화를 내거나 언쟁을 하고, 부모뿐만 아니라 ADHD인 형제에게도 대든다. 이들이 청소년기에 접어들게 되면 ADHD 동생을 일종의 적으로 간주하기 시작하는데, 이들은 상담자에게 ADHD 형제에 대한 노골적인 증오와 때론 ADHD 형제가 죽었으면 좋겠다는 바람을 표현하기도 한다.

비 ADHD인 형제자매는 자신들이 ADHD인 형제자매만큼 부모에게 중요한 존재가 아니라고 믿으면서 부모에게서 거부되었다는 느낌을 받는다. 이들은 스스로 ADHD인 형제와 거리를 두기 시작하며, 때로는 비 ADHD인 형제들끼리도 위축되고 거리를 두기도 한다. ADHD 아동을 과보호하는 부모는 비 ADHD인 자녀들을 책임감 있고 기대를 충족시키며 ADHD 아동보다 능력이 있는 존재로 생각하는 경향이 있다. 그리하여 ADHD 아동이 비 ADHD인 자녀와 언쟁할 때 흔히 비 ADHD인 자녀가 동생인 경우에도 더 많이 이해하고 양보하기를 바란다. 부모는 비 ADHD인 자녀에게 "너는 (엄마가) 그걸 하는 것을 도울 수 있지만, 그 애는 못하잖니?" 혹은 "넌 알 건 다 알지만 그 애는 모르잖니?"라고 말하면서 단호하게 벌을 주곤 한다. 부모의 이와 같은 공정하지 못한 행동으로 인해 비 ADHD인 자녀들은 ADHD인 형제와 더욱 더 거리를 두게 되고, 형제자매가 ADHD인 형제를 희생양으로 만드는 과정이 강화된다.

부부 반응

우리가 지금까지 명백하게 논의해 왔던 극단적인 보호자-비판자 부모의 역동은 부부관계의 많은 부분을 침해한다. ADHD 아동에게 에너지를 소진하면서 만들어진 부부간의 상반되는 역할은 부부 상호작용을 악화시키고 부부간에 계속적으로 해결하지 않고 대치하는 대립의 단계를 만든다. 아내와 남편은 때때로 공공연하게 서로에게 실망하기 때문에 초기에 결합하여 양육하는 공동 육아는 이 단계에서 깨질 것이다. 또한 부부는 훈육, 숙제, 학교의 역할과 아동의 교육적, 사회적인 능력에 의견을 달리할 수 있다.

보호자-비판자라는 이분적인 역할에 빠지지 않은 부부라 하더라도 그들은 이 단계에서 굉장한 스트레스를 경험하기 시작하며, 상호친밀도와 의사소통관계가 서서히 손상되기 쉽다. 아이에 대해 끊임없이 논쟁하는 부모는 정신적으로나 성적인 친밀도에서도 거의 만족을 얻지 못하게 되고, 점차적으로 서로에 대한 정신적 지지를 거두기 시작한다. 이러한 현상은 점점 부부 사이의 의사소통을 약하게 혹은 아예 없는 상태로 만들 것이며 함께 보내는 공동시간도 줄어들게 만든다. 이렇게 함께 하는 활동이 적어지게 되면서 부부의 심리적인 거리는 더 멀어지게 된다. 아내가 오랜 시간 집에서 홀로 ADHD 아동과 형제들 사이의 노여움, 분노와 씨름하며 점점 더 어려움을 느끼는 동안 남편은 일터에서 더욱 늦게까지 있으려고 한다. 가정으로부터의 이러한 고립은 아버지가 부모역할에서 벗어나고 싶은 감정의 결과이거나 단순히 그의 아내와 계속되는 싸움을 피하고 싶은 마음의 반영일 수 있다. 점차 아버지는 회피의 범위를 가족활동, 소풍이나 휴가를 피하는 것을 포함할 정도로 확대할 수 있다. 이러한 고립 기간에 부부간의 의사소통과 친밀도는 손상되기 시작할 것이다. 몇몇 경우에 부부관계가 이렇게 멀어지는 것은 또 다른 희생양을 만들게 되는데, 아내가 ADHD 아동과 연합하는 사이 남편은 '나쁜 사람' 이 되어가는 것이다. 이러한 연합상황은 아버지나 남편으로서의 가정 내 입지를 더 좁히고 부부관계를 악화시킨다.

4단계: 초등학교 고학년기

ADHD 아동이 4, 5, 6학년이 되면 나타나는 증상의 범위가 임상적으로 보다 복잡해진다. 과잉행동-충동 ADHD 아동이 개인적으로 보이는 학업의 실패와 좌절의 증가는 가정에서나 학교에서 장애행동으로 나타나기 시작한다. ADHD 아동의 반응은 점점 더 반항적으로 변하며, 첫 번째로 그 대상에 직접적으로 반응하고 그 다음으로 형제, 친구, 선생님, 부모님에 대한 반응으로 이어진다. ADHD 아동이 나이가 들고 신체적으로 성장하면서 초기에 형성된 파괴적인 유형들은 이제 더욱 심각한 영향을 미치고 쉽게 심각한 문제를 만든다. 선생님은 ADHD 아동이 점점 더 위협적이고 반항적인 행동을 보일 뿐 아니라 학교에서 더 많이 싸운다고 말한다. 이 단계에서 주의집중이 부족한 ADHD 아동일수록 더 반항적이고 적대적인 행동을 종종 보이기 시작한다. 이때 ADHD 아동은 학교에 대해 부정적인 감정을 강하게 갖고 그들이 결코 학업을 성공적으로 이끌 능력이 없다고 믿는다. 그들은 가능한 모든 방법으로 학교를 떠나려는 시도를 하기도 한다. 이 시기는 또한 불안, 강박, 우울과 행동장애와 같은 다른 유형의 정신장애가 ADHD와 함께 나타나는 때이기도 하다.

아동의 경험

어떤 ADHD 아동이 일반적으로 진단하기 어려운 증상을 보이는 반면, 많은 ADHD 아동은 뚜렷한 공존장애를 보인다. 주의력결핍 ADHD 아동은 이 시기에 종종 정신병리적 증상, 특히 불안과 우울을 보인다. 이러한 아동은 학교가 점점 어려워진다는 것을 느끼게 된다. 비록 그들이 종종 영리하다는 말을 듣더라도 친구나 형제자매들처럼 성공적으로 학업을 수행할 수는 없다. 이러한 경험은 그들의 내적 좌절감을 증가시키고 실패감을 느끼게 만든다. 이 단계의 많은 아동은 상담을 의뢰하는데, 이는 학업실패나 ADHD 증상 때문이 아니라 불안과 우울 때문이다. 불안은 여러 가지 형태로 있을 수 있는데, 일상적이지 않은 두려움, 공황장애, 단순 공포증(학교 공포증이 일반적이다)과 강박장애 등의 형태가 있다.

12세 소녀가 상담에 의뢰되었는데, 그녀의 엄마는 그녀에게 섭식장애가 있다고 생각했다. 아이는 매우 특정한 것만을 먹는데 접시에 다른 어떤 음식도 두지 못하게 한다. 아이는 꽤 마른 편이지만 여전히 체중을 줄여야 한다고 믿고 있다. 또 학교 과제를 절대적으로 완벽하게 해야 하는 완벽주의자다. 완벽하게 일을 하기 위해 필요하다면 10회 이상 다시 베껴 쓰는 일을 한다. 그래서 종종 아이는 숙제를 하기 위해 밤에 5~6시간을 보내야 하며 늦게까지 잠자리에 들지 않는다. 아이는 숙제에서 A를 받지 못하면 굉장히 화를 내고 왜 더 잘하지 못했나에 대한 생각에 사로잡히게 된다.

엄마와 이야기하며 우리가 분명하게 알게 된 사실은 아이가 선생님이 설명하는 것을 좇아가는 것에 큰 어려움을 겪고 있으며 선생님이 말씀한 것을 놓쳤을 때 좌절감을 느낀다는 것이다. 아이는 집중하기 위해 대단한 노력을 기울이며 그렇게 한 만큼 학교가 끝날 때에는 매우 지치게 된다. 상담자는 아이를 진단해 볼 것을 권고했으나 학교 측은 아이를 '훌륭한 학생' 으로 여겼기 때문에 아이에 대한 어떠한 검사도 거부했다. 결국 아이에 대한 검사는 개인적으로 이루어졌다. 검사결과 주의력결핍 ADHD 유형이라는 것이 임상적 관찰에 의해 뒷받침되었고 그 아이는 현재 자신이 겪고 있는 어려움을 극복하기 위해 모든 노력을 기울여 왔다는 것이 드러났다.

아이는 영리하였으며, 자신의 '완벽함' 을 위한 노력으로 ADHD 증상을 극복하려고 했다. 그러한 완벽추구는 삶의 모든 부분에서 끊임없는 불안을 야기시키고 신체적으로나 정신적으로 아이를 소진시켰다. 검사 후에 이러한 결과를 학교 측에 설명하자 학교는 그 아이에 대해 배려하기 시작하였고, 그녀의 강박증적 증상은 섭식장애와 함께사라졌다. 약물치료와 가족 상담의 도움으로 아이는 마침내 '스스로에게 주는 휴식' 을 가질 수 있게 되었고 스스로 일상생활에서 부여했던 압박감을 줄일 수 있었다. 섭식장애 외의 다른 증상이 더해지기 전에 도움을 구한 것은 다행스러운 일이었다. 이 가정에는 몇 년 전에 ADHD로 진단된 언니가 있었는데, 선생님이나 상담자나 부모님 누구도 자매 간의 증상의 연계성을 인식한 사람은 없었다.

이러한 아동은 종종 ADHD 증상을 감추어 다른 정신적 문제를 갖게 되며 때때로 의사와 교사를 당황하게 한다. 이 시기 아동에 대한 일반적인 임상진단에서 기억해야 할 것이 있다. 이는 다른 문제와 더불어 학업 문제가 발견되면 ADHD의 잠재적인 영향이 있을 수 있다는 것이다.

부모 반응

많은 부모는 ADHD 자녀를 다루고, 다른 자녀들과 관계를 조절하려는 시도를 하면서 무력감과 부적절함을 느끼게 된다. 그리고 이 과정에서 통제 불능이나 압도당하는 느낌에 때문에 스스로 자신이 부모라는 사실을 의심하게 된다고 이야기한다. 몇몇 부모는 다시 통제감을 얻기 위해서 자녀에게 소리를 지르거나 좌절감을 표현하기 시작한다. 이러한 부모는 분노에 초점을 두고 ADHD 자녀와 비 ADHD인 자녀 모두에게 벌을 주고자 하는 마음을 갖게 된다. 그들은 ADHD가 아닌 자녀 중 한 명에게 보다 날카롭게 반응할 것이고 인내심을 쉽게 잃게 되는데, 이처럼 가족에 대한 통제감을 잃으면 일상생활에서 많은 문제가 발생한다. 이러한 양육과 통제의 문제는 통제가 안 되는 방법에 좌절을 느끼게 하고 이는 분명히 모든 자녀에게 영향을 미치는데, 때때로 위험할 수 있다.

이 단계에서 희생양 되기는 훨씬 더 늘어난다. 폭력적인 ADHD 자녀와 형제자매들이 나이가 들면 점점 더 다루기 어려워지고 부모로서의 만성적 좌절감도 계속 증가한다. 몇몇 가정에서는 처벌과 좌절이 신체적 폭력으로 변해가는데, 처음에는 직접적으로 ADHD 아동에게 그리고 나중에는 다른 자녀에게까지 폭력을 행사하게 된다. 확실히 대부분의 가정에서 이 기간에 ADHD 아동에게 욕설과 비난을 직접적이고 날카롭게 드러낸다.

이 단계는 진단과 임상적 중재가 모두 중요한 기간이다. 끝까지 ADHD로 진단되지 않은 아동은 가족으로부터 부정적 반응을 경험하게 될 뿐 아니라 그들의 증상과 행동은 보다 복잡해지는 중학교, 사춘기,

초기 청소년기에 계속된다. 이와 유사하게, 효과적이고 적절한 치료와 교육적 중재를 받지 못한 ADHD 아동은 중학교에 들어가면서 훨씬 더 높은 기대감과 싸워나가야 할 것이다. ADHD의 치료와 교육 프로그램은 이 단계가 끝나기 전에 적절하게 제공되어야 효과적이다.

형제자매 반응

형제자매들은 ADHD 자매나 형제들로부터 이질감을 점점 느낄 것이고 결국에는 가족 전체에 대해서 소외감을 느낄 수 있다. 형제자매는 이제 청소년이 되었으며 가정 내에서 ADHD 동생과 계속되는 갈등상황에서 벗어나려고 애쓸 것이다. 상담자는 이러한 청소년이 부모님에게 친구나 혹은 시내를 떠나 친척집에서 살게 해 달라고 간청한다는 것을 듣게 된다. 많은 부모들은 ADHD가 아닌 자녀가 느끼는 사무치는 좌절감을 종종 이해하지 못한다.

희생양 만들기의 형태는 가족역동의 일부이며 말싸움과 초기에 형성된 형제자매 사이의 밀고 당기기가 이제는 쉽게 신체적 위협이나 폭력으로 확대된다. 여기서의 위험은 ADHD 아동의 반응과 충동적 성향이, 부모조차도 자녀를 보호하는 데 어려움을 겪는 이러한 대치 상황에서 "불난 데 부채질"이 될 수 있다는 것이다.

오랜 기간의 갈등은 비 ADHD 형제자매에게 끝까지 영향을 미치고, 점차적으로 이러한 감정은 ADHD 형제자매로부터 부모에게로 옮겨간다. 대부분의 청소년 형제자매들은 상담자에게 말하길, 부모에 대한 분노가 환멸감에까지 이르게 된다고 한다. 이들은 일상의 대립 상황에서 ADHD 형제자매가 처벌을 모면하는 데 반해서 자신들은 불공평하게 비난받았다고 느낀다. 또한 그들은 ADHD 형제자매들과의 관계에서 '미루어진' '참아야 하는' '당황스러움 속에서 지내야 하는' 것이라고 느끼며, 부모로부터 응당 받아야 하는 존중이 없어 괴로움을 겪는다고 했다. 점점 더 이러한 청소년은 ADHD 형제자매나 다른 형제자매, 부모 등 일반적으로 가정으로부터 가졌던 동일감과 애정을 철회하게 된다. 그들은 고등학교 친구들과 사귀고 보다 독립적으로 되려고 시도하며 가족으로부터 빨리 독립하고 싶어 한다. 이러한 형제자매들의 많은 수는 슬픔과 비탄으로 집을 떠나고 자신의 성장과정에서 중요한 부분과 가족 경험을 잃었다고 느낀다.

부부 반응

우리가 초기 단계에서 기술한 부부문제가 이 단계에서는 커지고 점차 확대된다. 여기에서 주로 우리가 관찰한 것은 심한 갈등이 양육문제부터 시작해서 일상생활 상호작용으로 일반화된다는 것이다. 이 일반화된 갈등은 다른 아동의 양육, 재정적인 논의, 여가활동, 성적인 친밀감의 부재 등에서 나타나며, 전반적으로 부부관계가 혼란스러워지기 쉽다. 장기간에 걸친 스트레스, 갈등, 좌절로 인해 부부 사이에 상당한 거리감이 생기게 되는 것이다. 많은 부부는 우리에게 "우리는 몇 년 동안 함께 휴가를 가지 않았어요." 또는 "우리는 더 이상 밖에 나가 함께 저녁식사를 하지 않습니다." 또는 "우리는 몇 달 동안(때때로 몇 년 동안) 성관계를 갖지 않았습니다."라고 말한다. 이러한 거리감은 종종 혼외관계뿐만 아니라 가정보다 직장에서 지나치게 많은 시간을 보내거나 서로 떨어져서 생활하게 되는 결과를 낳는다. 아이들은 부모의 갈등을 눈치 채고, 부모에게서 느끼는 불행과 혼란스러움에 대해서 종종 이야기를 꺼낸다.

5단계: 중 · 고등학교 시기

편안하고 예측 가능한 초등학교 상태에서 책임감이 커지는 중학생이 되는 것이 대부분의 아이들에게는 대수롭지 않을 수도 있다. 그러나 ADHD 아동에게는 이런 변화가 심각한 문제다. 이제 중학생이 된

ADHD 아동은 6~8명의 교사, 여러 교실, 더욱 커진 사회적 요구로 혼란을 겪게 되며 교사들은 초등학교 5, 6학년 때 교사들만큼 그들을 잘 알지 못하고 많은 숙제를 내준다. 이 시기에는, 진단되지는 않았지만 부주의 유형의 똑똑한 ADHD 아동에게 잠재되어 있던 ADHD 증상이 더 뚜렷해질 것이다. 이런 아동의 부모는 자녀가 초등학교 시기에는 전혀 어려움이 없었으며, 선생님들이 항상 그들을 좋아했고, 문제를 일으킨 적이 없기 때문에 진단이 맞을 리 없다고 말한다. 부모는 종종 "이것은 십대에 흔히 일어나는 일이야." 혹은 "공부에 관심이 없거나 숙제를 하지 않는 새로운 친구들과 어울리기 때문이야." "교사들이 과제를 꼼꼼하게 설명하지 않아."라고 결론짓는다.

상담자, 부모, 교사는 ADHD 아동에게 중학생이 되는 것이 앞으로 공부를 잘 하고 계속 자기존중감을 갖는 데에 매우 중요한 새로운 사항과 기대를 제공한다는 것을 알아야 한다. 중학교에서는 ADHD 아동이 혼란스러운 새 경험과 과제들을 스스로 관리할 수 있는 조직화 능력을 기르는 것이 중요하다. 고등학교 2, 3학년까지 ADHD임을 알아차리지 못한 ADHD 청소년들이 겪는 어려움은 중학교 때 시작된 것일 수 있다. 한 예로 한 고등학교 상급생은 D나 C 성적을 받아 고생하고 있었는데 이제야 ADHD로 진단받은 것에 화가 나서 다음과 같이 말했다. "왜 아무도 내가 그때(7학년) 내가 ADHD인 것을 알아차리지 못했나요? 그러면 적어도 미래는 꿈꿀 수 있었을 텐데…."

청소년기의 경험

ADHD 아동이 초등학교 때 학업과 행동 양 측면에서 겪는 어려움은 청소년 시기에 겪는 것과 비교해 볼 때 오히려 강도가 약해 보일 수 있다. 이 시기의 문제행동은 위협적이고 폭력적으로 발전될 수 있다. 좌절은 우울증으로 심화될 수 있으며 자신감 부족은 두려움으로 발전될 수 있다. 초기 학습의 어려움은 학교생활 실패, 정기적인 무단결석, 중퇴

등으로 확대될 수 있다. 이처럼 ADHD 청소년들이 전형적인 ADHD 증상을 넘어서 폭넓은 기능적인 장애행동을 나타낼 수 있다는 것을 상담자는 알아야 한다.

이런 이차적인 문제행동은 청소년기의 신체발달과 관련된 새로운 경험, 사회적인 기대와 교육적 성공, 가족환경의 안전함으로부터 점차적으로 독립해가는 등의 일련의 변화들과 상호작용하며 생긴다. 계속되는 ADHD 증상과 학업 · 행동의 어려움은 ADHD 청소년의 좌절을 더욱 심화시키고 자존감을 낮춘다. 이런 모든 요소들의 상호작용으로 ADHD 청소년들은 우울증에 대한 염려에서 적대적인 행동장애에 이르는 증상을 보일 수 있다.

많은 ADHD 청소년들에게 학업문제는 중학교 1학년 때에 더욱 심해지며 만성적인 학습부진으로 발전한다. 이런 학습부진은 습관적인 무단결석으로 급격히 발전할 수 있다. 그러고 나서 결국 학교를 중퇴하는 경우도 많다. 2장에서 인용되었던 연구에서는 ADHD 청소년에게서 공존장애인 적대적이고 반항적인 행동장애가 보고되는 경우가 많다고 서술되어 있다. 이러한 청소년들 중 상당수는 지속적인 좌절을 경험했고, 불행할 뿐만 아니라, 학교나 가정에서 자신을 부적절한 사람으로 느끼기 시작할 것이다. 낮은 자아존중감은 일상생활에서 계속 강화될 것이며, 부모로부터 불평과 비난만을 받을 것이다. 이렇게 한풀 꺾인 ADHD 청소년들은 약물중독에 빠지기 쉽다. 어떤 이들은 단순한 흥미와 새로운 모험으로 약을 먹었을 것이며, 다른 이들은 치료를 위해서 그렇게 했을 것이다. 각성제를 치료에 사용했던 많은 ADHD 고등학생들은 중학교 때 각성제(암페타민) 또는 코카인을 어떻게 사용하기 시작했는지 이야기하면서, 약물이 편안함과 안정감을 느끼도록 해주었다고 말한다. 이 학생들 중 몇몇은 이 약물이 술보다 더 효과적이었다고도 한다. 확실히 약물중독은 많은 청소년을 비행행동과 집단싸움에 이르게 할 수 있다. 이렇게 되면 말할 필요도 없이 집안에서 부모와 형제자매들과의 갈등과 대립이 커진다. 이러한 청소년들 중 몇몇은 포기하고 가출을 하기도 한다.

많은 공존증상이 있기 때문에, ADHD 청소년 사이에 발생하는 구체적인 공존장애 유형들을 예측하기는 어려울 것이다. 과잉행동 및 충동적인 행동을 보이는 아동은 청소년기에 품행장애가 나타날 수 있다. 그러나 우리는 학업실패와 다른 좌절로 인한 경험 때문에 가족이나 학교에서 반항하는 부주의 유형의 ADHD 청소년을 많이 보았다. 어떤 ADHD 청소년은 우울증을 앓고 있을 확률이 높다. 이 유형은 가족 역동의 일부분으로 나타난다. 만약 그 가족 내에 우울증의 내력이 있다면 ADHD 청소년 또한 우울증을 보이기 쉬우며, 만약 그 가족 내에 분노, 가학성 그리고 위협적인 폭력 등의 내력이 있다면 ADHD 청소년은 또한 행동장애를 보일 가능성이 있다.

이런 유형의 예외 중 하나는 ADHD 청소년들이 남성이나 여성 모두 운동 기술이나 스포츠 관련 부문에서 뛰어난 경우다. 이러한 청소년들은 이 분야에서 동기나 낙관론 그리고 성공의 열쇠를 찾을 수 있다. 이것은 과잉행동 및 충동적인 ADHD 청소년에게 특히 적합하다. 만약 ADHD 청소년들이 스포츠에 에너지와 열정을 쏟는다면, 성공할 수 있는 영역을 스스로 찾을 수 있을 것이다. 많은 ADHD 성인은 상담자에게 고등학교 시절을 회상하면서, 농구부를 만들었거나 배구부에서 주장이 되었거나 축구를 잘했다고 말한다. 우리는 초기에 스포츠를 즐겼으나 팀과 코치에 잘 적응하지 못했던 많은 과잉행동 ADHD 청소년들과 함께 일해 왔다. 불행히도 어떤 ADHD 청소년들은 그 때문에 스포츠를 포기한다. 그리하여 가끔 우리는 개인기를 바탕으로 하거나 팀 상호작용에 의존하지 않는 다른 방향의 스포츠에 ADHD 청소년의 관심을 다시 집중시킨다.

고등학교 1학년 학생이 최근 ADHD로 진단받았는데, 과잉행동-충동적인 유형으로 학교에서 어려움을 겪고 있는 중이었다. 그는 작년에 소속된 축구팀에서 소동을 일으켰고, 그 소동으로 그는 모든 스포츠활동을 포기했다. 상담과정에서 상담자는 스포츠를 아예 포기하기보다 여전히 참여할 수 있는 기회를 가지도록 도와주는 다른 대안을 제시했다. 그는 미식축구팀에서 라인백커(linebacker)로 뛸 수 있다. 그러나 분명히 팀 일원 간 상호작용과 협동에서 어려움을 겪을 것이다. 그의 아버지가 고등학교 시절에 레슬링을 했기 때문에 몇 주에 걸친 토의 끝에 레슬링이 하나의 대안으로 고려되었다.

어머니는 레슬링을 축구처럼 격렬한 스포츠로 여겼기 때문에 염려했다. 아버지는 젊었을 때 자신이 축구와 레슬링 모두 잘하였다고 말하며, 레슬링이 시도할 만한 가치가 있다고 아내를 설득했다. 그 소년은 그 해 레슬링 신입생 팀에 들어갔다. 격렬한 훈련과 운동에 잘 적응했고 코치는 소년의 열성과 리더십 능력을 가치 있게 여겼기 때문에, 과잉행동을 잘 인내했다. 연습경기에서 그는 30~40파운드나 더 나가는 상대편을 이길 수 있었다. 그가 레슬링에 쏟은 에너지와 열정은 상담자를 포함한 모든 사람들을 놀라게 했다.

부모의 동의와 학교정책에 따라 그는 레슬링을 계속하기 위해서 성적을 올려야 했다. 3학년까지 그는 거의 모두 C를 받았고, 간혹 보고서에서는 B를 받기도 했다. 그는 3학년 레슬링시즌 말에 출전한 경기에서 2위로 입상했다. 그리고 레슬링팀으로 영입하려는 두 대학에서 장학금은 받지 못했으나 입학허가를 받았다. 그는 자신에 대해 긍정적이 되었으며, 레슬링 선수로서 성취한 성공감 덕분에 심한 문제행동을 일으키지 않고 고등학교를 마칠 수 있었다. 졸업시기에 그는 더욱더 성숙했고, 부모님께 레슬링을 할 수 있도록 지원해준 데 대해 감사함을 표현했다. 마침내 부모님은 그가 어떤 일에 성공할 수 있다는 것을 알게 되었다고 덧붙였다.

불행히도 많은 ADHD 청소년들은, 특히 과잉행동적인 성향을 가지고 있지 않은 경우, 위에서 언급한 소년처럼 성공하는 데 필요한 열정과 경쟁심이 없을 수도 있다. 그러므로 상담자는 다른 대안을 찾을 필요가 있다. 부모의 지원은 시도하지 않은 분야에 위험을 감수하고 새로이 노력할 가능성이 있는 ADHD 청소년들에게 매우 중요하다. 만약 부모가 그들을 계속 비난하고 실패를 확신한다면, 그들은 새로운 경험을 추구하지 않을 것이다. ADHD 학생이 교실에서의 어려움에서 벗어나 다른 분야에서 성공하는 경험은 중요하다. 상담자와 부모는 청소년들이 성공을 경험하도록 도와주고, ADHD 청소년들이 가져야 할 특별한 재능과 기술을 길러주거나 혹은 관심을 갖도록 해주어야 한다. 여기에서 스포츠는 하나의 분야일 뿐이다. 스포츠에 관심이 없는 청소년들에게는 예술적 추구, 음악, 무대 활동이 그들에게 성공감과 나아가 특별하고 독특한 존재임을 느끼는 행동의 장을 제공할 수 있을지도 모른다. ADHD 청소년들에게 자극을 주고, 자신들이 관심있어 하는 창조적이고 활동적 분야에서 더욱 성공하도록 돕는 것이 바로 우리의 목표였다.

어떤 한 가지에 과도하게 집중하는 ADHD 경향은(hyperfocusing) 주로 성인에게 나타나며, 청소년들에게는 나타나지 않을 수도 있다. 이러한 독특한 능력은 ADHD 자신뿐만 아니라 부모도 혼란스럽게 한다. 예를 들어, 부모들은 우리에게 아들이 ADHD임을 어떻게 상상할 수 있겠느냐고 말한다. 왜냐하면 아들은 컴퓨터 앞에서 3시간 동안 움직이지 않고 앉아 있기 때문이다. 한 엔지니어 ADHD 성인이 말하기를 하루 종일 복잡한 컴퓨터 프로그램을 고안해냈기 때문에 그는 결코 주의력 문제가 있을 것이라고 생각해 본 적이 없다고 한다. 한 ADHD 내과의는 병원 응급실의 위기 상황에서 편안함을 느끼고 자극된다고 보고하고 있다. 모순적이게도 그는 어린 자녀들과 놀 때는 지속적인 흥미와 관심을 유지하는 데 어려움을 겪고 있었다. 앞의 내과 의사처럼 많은 ADHD 성인들은 한 가지에 과도하게 집중하는 자원이 실제로 그들로 하여금 어떤 업무를 동료보다 더 철저하고 효율적으로 성취하도록 했다는 것은 알아차리지 못한 채, 대부분의 상황에서 부주의와 산만함으로 어려움을 겪었다고 회상한다.

일반적으로 많은 ADHD 개인은 한 가지에 과도하게 집중하여 오랜 시간 동안 외부영향과 소란스러움을 알아채지 못할 것이다. 오랫동안 컴퓨터게임을 하면서 종종 전화 벨소리나 엄마의 부탁을 듣지 못하고 앉아 있지만 교실에서는 집중할 수 없는 아이가 있을 것이다. 공중에서는 상대편 조종사의 허를 찌를 수 있으나 지상근무에서는 보고서나 문서작업을 완성할 수 없는 전투조종사, 응급실에서는 빠르고 정확하게 판단하고 긴급 상황에서 응급처치를 할 수 있으나, 어린 아이들과는 조용히 앉아 있지 못하는 내과의, 경기 전반에 걸쳐 높은 에너지와 경쟁심을 표출하나 집에서는 편안히 휴식하지 못하고 자녀에게 인내심이 없는 운동선수가 대표적인 예이다.

한 가지에 과도하게 집중하는 경향(hyperfocusing)은 긍정적인 동시에 부정적이다. 그러나 부정적 측면만이 대부분의 사람들에게 주목받아 왔다. ADHD 청소년과 함께 일할 때, 이 자원을 강력한 자산으로 인정하는 것은 큰 도움이 될 수 있다. 많은 ADHD 청소년들은 아무도 가지고 있지 않은 자원으로 이 경향을 설명하는 것을 잘 받아들인다. 우리는 많은 ADHD 청소년들이 컴퓨터, 체스, 행진악대 등과 같은 활동을 성공적으로 하도록 격려할 수 있다. 또한 한 가지에 과도하게 집중하는 사람에게 더 유리한 영역들이 있다. 예를 들어, 우리가 상담하는 한 8학년 학생은 수학에서 D를 받았는데, 방과 후 컴퓨터 반에 마지못해 참여한 후 컴퓨터 조작과 프로그램 개발에서 탁월한 능력을 보여주었다.

이 자원은 더 긍정적인 측면에서 청소년기의 난해한 ADHD 증상을 임상적으로 재구조화하는 데 사용될 수 있다. 우리는 종종 과초점을 자원으로 이용하여 다양한 장면에서 아주 성공한 ADHD 성인들에 대한 이야기를 청소년들에게 종종 들려준다. 우리의 재구조화 전략은 청소년기 행동의 긍정적 측면을 탐색하고, 구체화하고, 강조하는 형식을 취한다. 경험을 통해 상담자는 ADHD 청소년들이 쌓을 수 있는 긍정적 성과들로 그들을 구조화하면서 그들의 성격과 인지적인 자원을 이해하고 밝히게 된다.

많은 ADHD 청소년의 충동성과 폭력성은 전형적인 청소년 문제로 연결된다. 그들의 충동성은 성, 무단결석, 약물중독, 폭력조직과 연계된 활동들을 포함한 다양한 영역에서 무모한 실험을 하도록 한다. 물론 핵심적인 치료 목표는 청소년들로 하여금 자신을 더 잘 알도록 하고, 교실에 적합한 기능을 성공적으로 익히고, 만족스러운 사회활동을 하도록 하는 데 있다. 즉, 자기존중감을 향상시키고 전반적인 태도를 배양하며 더 나은 판단력을 증진시키는 것이다. 그러나 불행히도 많은 ADHD 청소년의 경우, 건전한 사회적 판단을 하지 못하는 어려움이 성인기 삶 속에서도 계속 이어진다.

부모 반응

ADHD 아동이 청소년기에 이르렀을 때 부모의 갈등은 극에 달한다. 청소년기는 많은 ADHD 청소년들에게 사회적이고 교육적인 미래에 대한 실제적인 관심을 의미한다. 한때 자녀를 변호사나 의사로 키우려고 꿈꾸었던 부모는 이제는 그 ADHD 아동이 고등학교를 마칠 수 있을지에 대한 걱정을 나눈다. 부모는 또한 마약이나 비행 때문에 ADHD 자녀에 대한 통제를 더이상 하지 못하고 그 결과 법적인 처벌을 받게 될까봐 걱정을 한다.

이 시점에 있는 많은 부모들은 학교, 지역사회 그리고 심지어 ADHD 청소년과 관련된 사법기관으로부터 보다 큰 압력을 받는다. ADHD 청소년의 실패나 행동은 부모에게 과도한 짐을 지운다. 대부분의 부모는 또한 자신들이 부모로서 부적절하다고 느끼면서 괴로워한다.

ADHD 청소년들의 행동이 점점 심각해지면서 그들에게 잘못을 전가하는 현상도 가속화된다. 종종 잘못을 전가하는 것이 보다 노골적으로 ADHD 청소년의 비행과 실패에 초점이 맞추어지고, 이것은 할아버지 할머니뿐 아니라 형제자매에 의해서도 일상적으로 나타난다. 신체적인 학대나 폭력으로 전환된 갈등은 부모(특히 비판자 입장의 부모), 형제자매, 학급 친구들은 물론이고 ADHD 청소년 사이에서도 이 시점이 가장 높다.

몇몇 부모의 이러한 관심은 ADHD 아동이 고등학교를 마칠 때까지 계속되고 심지어는 청소년기 이후에도 여전할 것이다. 그러나 ADHD 아동이 고등학교를 졸업할 즈음에 몇몇 다른 유형의 부모모습도 보인다. 특히, 부모역할에 실패했다는 상처를 받은 이들은 ADHD 청소년들로부터 애정을 철회하기 시작한다. 그리고 결국 많은 부모들이 나머지 자식들을 무시해왔다는 것을 깨닫고, 때로는 처음으로 부모된 관심을 다른 자식들에게 돌리기 시작한다. 몇몇 부모는 단순하게 그들이 할 수 있는 일은 모조리 다했다는 것을 지인들에게 선언하고 '손을 떼어버린다.' 많은 부모들은 ADHD 아동이 법적인 문제에 빠지면, 그것이 심지어 감옥에 가는 일이라 할지라도 "내버려둘 것"이라고 우리에게 비밀스레 이야기한다. 더 화가 난 부모들은 심지어 법정이 자녀에 대한 책임을 떠맡아주기를 바란다. 몇몇은 "만약 그 아이가 체포된다 해도 나는 변호사를 고용하지 않을 거예요."라고까지 말한다.

형제자매 반응

ADHD 아동과의 다툼, 심지어 신체적인 폭력의 가능성은 청소년기에 걸쳐 많은 가족들에게서 계속해서 증가한다. 특히, 사춘기나 청소년기에 이른 비 ADHD인 동생은 폭력을 행동으로 옮기기 시작하며, 집에서 경험하는 ADHD 형제자매에 대한 좌절과 다툼을 학교에서 학급 친구들이나 선생님에게 표현하기도 한다. 몇몇은 부모에게 적대적이 되며, 다른 몇몇은 학교에서 싸움을 한다. 이러한 많은 형제자매들은 "집에서는 누구도 우리에게 귀를 기울이지 않고 형이 얌전하게 굴도록 하지 않아요. 나는 너무 많이 긴장해서 학교에서 누군가 내게 말을 걸면 폭발해 버려요." 또는 "언니는 어떤 행동을 해도 벌받지 않아요. 누구도 언니를 통제할 수 없어요. 언니는 항상 자기가 원하는 것을 가지고, 그래서 나는 나도 같은 방식이었으면 하고 상상했어요."라고 말한다.

청소년기에 이들은 고등학교를 졸업한다. 그들은 독립적이 되고 아마도 가정폭력으로부터 자신을 보호하기 위해 가족과 자신을 분리할 것이다. 비 ADHD 형제가 학업이나 스포츠에서 성공한 후 노력하고 있는 ADHD 청소년을 무시하는 일도 있다. 그들은 친구를 사귀고, 대학을 가고, 직업을 가지면서 가족들로부터 도망치고, 자립하는 등의 앞일에 대해서 생각할 것이다. 또한 그들은 이 시기에 형제자매들로부터 정신적으로나 육체적으로 애정을 거두어들인다. 사실 이러한 나이든 형제들은 가정문제에 개입하는 것을 싫어하며, 어떤 형제들은 우리에게 집에서 일어나는 일에 대해 더이상 생각하고 싶지 않다고 말한다. 때때로 부모는 비 ADHD 자녀가 더 이상 자신의 사회적 삶이나 졸업 후의 계획에 대해서 이야기하지 않기 때문에 걱정을 한다.

부부 반응

ADHD 청소년들은 이제 15세에서 20세가 되고 결혼을 하게 된다. 자식들이 자라 집을 떠나면서 부모가 겪는 슬픔인 '빈둥지 신드롬'은 이 가족들에게 일반적으로 나타나지 않는다. 사실, 인생에서 부모가 경험하는 슬픔은 부모로서의 역할에 실패했다는 느낌을 보다 많이 반영한다. 몇몇의 경우에는 부모로서의 날들이 적어도 끝난다는 것에 대한 해방감을 가진다. 이러한 부부관계는 극도의 거리감과 감정적인 단절로부터 분노와 배반감까지 오르내린다. 결혼생활의 실패감이 극도에 달한 실망, 분노 그리고 깊은 절망이 거리감과 좌절을 낳는다. 이러한 부부는 별거나 이혼에 직면한다. 많은 부부는 단순히 배우자로부터가 아니라 보다 폭넓은 가족생활로부터의 고립감을 우리에게 이야기한다. 많은 사람들은 자녀와 행복하고 건설적인 시간들을 보내지 못하고 배우자와 사랑과 동료의식을 나누지 못한 것에 대해서 슬퍼한다. 이 시기에 많은 부부들은 불안과 정서장애에서 약물남용에 이르기까지 정신병리를 나타내기도 한다.

상담자는 부부 상담을 통해 ADHD 아동의 부모를 상담을 해오면서 너무 늦은 것이 아니라면 긍정적인 변화가 가능하다는 것을 발견하였다. 그러나 육아에 대한 약한 책임감과 장기간의 좌절과 고립이 긍정적인 변화에 방해가 되지 않도록 제거되어야 하기 때문에 ADHD 부모상담은 매우 어려운 과정이다. 대부분의 부부에게 있어서 남들과 다르고 관리하기 힘든 아이에 대한 노력과 갈등은 결혼생활의 첫 2~3년에 시작된다. 그럼에도 많은 부부들은 처음에 가졌던 매력과 서로에 대한 보살핌을 다시 찾을 수 있는 개인적인 역량을 가지고 있다. 그러나 사람들은 단순히 "너무 많은 일들이 일어났어요. 나는 그를 더 이상 사랑하지 않는다고 생각해요." "비록 그녀가 변한다고 할지라도 내가 달라질 수 있을지 확신할 수 없어요." "나는 새로운 관계 만들기를 상상하는 것조차 힘들고 너무 지쳤어요."라고 말한다.

ADHD 아동이 집을 떠나줄 것을 기대하는 많은 부모들은 또한 죄책감을 너무 많이 느껴서 자녀에게 대학을 집에서 다닐 것을 강요한다(그리고 그들은 양심의 가책을 달랜다.). 그러나 다른 부모들은 단호히 아이가 독립해서 살도록 한다. 이러한 부모 중에서 몇몇은 ADHD 청소년이 집을 떠난 후 자신들의 결혼생활도 자동적으로 개선되어서 그 전에 할 수 없었던 일들을 부부가 함께 할 수 있게 되는 상상을 하고 있다. 그러나 대부분의 다른 부부들은 가족을 떠나는 꿈을 꾸고, 배우자 역시 아마도 이혼 후 새로운 배우자를 만날 것이라고 상상할 것이다.

이러한 감정들은 ADHD 자녀에게 보호역할을 하는 부모에게 항상 존재하는 것은 아니다. ADHD 청소년들 역시 고등학교를 졸업한 후에 집을 떠날 준비가 거의 되어 있지 않을 것이다. 우리가 앞에서 논의했던 것처럼 부모의 보호 정도가 더 클수록 ADHD 아동의 의존도 역시 커지기 때문이다. 청소년기에서조차 부모에게 의존하는 것은 빈약한 분화와 낮은 자존감으로 나타난다. 몇몇 ADHD 청소년들은 집을 떠나는 것에 대한 시도와 실패를 반복한다. 이러한 아동의 부모는 종종 그 아이가 집을 떠나서 살 수 있을까를 걱정하고 그래서 기숙사나 아파트에서 생활하는 것을 허락하기를 꺼린다.

이 시기의 상담자 역할은 ADHD 청소년이 독립을 하려고 하는 정상적인 의지를 지지하며, 부모가 이러한 변화에 적응하고 그들의 이탈을 긍정적으로 예상하도록 돕는 것이다. 그러나 만약, 이 상황이 너무 빨리 제시된다면 상담자는 부모의 신뢰나 존경을 금세 잃어버릴 수 있다. 부부가 ADHD 문제에 당면하고 있을 때, 부부 상담에서 이러한 역동이 일어나는 경우에는 돌봄과 인내가 요구되기 때문이다. 지금 잠재하고 있는 가족의 위기가 단지 ADHD 청소년이 집을 떠나는 것으로 해결되는 것이 아님을 이해하는 것이 필요하다. 즉, 실제로 18년 동안이나 그 이상을 ADHD 아동을 돌보면서 겪은 내적인 갈등을 직면하는 것이 중요한 것이다. 부부는 ADHD 아동이 독립하는 것을 지지하는 것뿐만 아니라 ADHD 아동의 부모역할이 끝난 이후에 자신의 삶을 돌아볼 필요가 있다. 많은 부부들이 ADHD 아동을 계속해서 과잉보호하고 모니터해야 한다고 느낀다. 그리고 동시에 만약 부부만 집에 남는다면 결혼생활에는 아무것도 남지 않는다는 생각을 맘속에 가지고 있다. 종종 ADHD인 자녀는 이미 집을 떠났거나 2~3년 내에 떠날 것이다. 어린 ADHD 자녀를 가진 부모와는 달리 이러한 부모는 어린 동생들을 더 잘 대해 보려는 노력을 하지 않는다.

부부 상담이 진행됨에 따라서 초점은 청소년기 자녀의 독립으로 들어갈 수 있다. 그러나 상담자는 다른 가족 상담에서처럼 청소년 자녀의 독립에만 집중할 수 없을지도 모른다. 한 배우자가 ADHD 자녀가 집을 떠났을 때 보다 분명해질 수 있는, '장기간에 걸친 부부간의 문제' 를 피하기 위해서 ADHD 아동이 독립했을 때 겪을 어려움에 집착을 할 수도 있기 때문이다. ADHD 아동의 부부 상담에서 이러한 문제에 대한 설명은 현재 겪고 있는 양육문제를 직면하도록 할 것이다.

이 장에서 논의하였듯이 청소년기는 다양한 수준에서 가족의 삶 전체를 통해서 발전하고, ADHD 아동이 있는 가족 내에서 일어나게 되는 상호작용적인 역동, 구체적인 역할과 태도 그리고 잠재적인 역기능들이 구체화된다. 마찬가지로 이 단계는 상담자가 구체적인 패턴, 역동 그리고 가족시스템의 경험을 이해하는 위험신호 등을 인식하는 데 도움을 줄 것이다. 이 단계는 또한 상담자의 평가와 상담 전략을 향상하도록 요구할 것이다. 우리가 구체화한 경험의 범위가 항상 우리가 정의한 단계에 정확하게 들어맞지는 않기 때문이다. 몇몇 역동은 어떤 가족 내에서는 늦게 혹은 일찍 나타날 것이다. 게다가 여러 명의 ADHD 가족구성원을 가진 가족은 이러한 패턴이 나타나더라도 각각 단계에 걸쳐서 더 많은 극적이고 역기능적인 요소를 가질 것이다. 다음 장에서 제시될 ADHD 아동이나 청소년을 위한 구체적인 상담과 중재 전략은 행동문제의 패턴뿐만 아니라 가족체계의 상호작용 경험에서 발생하는 다툼을 중단하고 개선하려는 목적으로 제공될 것이다.

6
ADHD 아동과 가족을 위한 상담 및 치료적 개입

지금까지 ADHD 아동 상담에 대한 임상적 문헌들은 주로 인지 행동적인 개입에 초점을 맞추어 왔다. 그러나 인지치료접근을 사용한 성과 연구물들은 일관성 없는 결과를 보이고 있다(Fehlings et al., 1991). Borden과 동료의 연구(1987)는 부모와 교사가 평가한 학업성취나 행동 점수에 대한 인지적인 훈련이 유의미한 효과가 없다고 보고하였으며, 몇몇 다른 연구들은 각성제를 함께 쓴 인지치료에 대한 것이다(Abikoff et al., 1988; Brown et al., 1986, 1988). Brown과 그의 동료들의 연구(1986)는 학업수행이나 자긍심 고양에 대한 인지치료가 긍정적인 영향을 미치지 않았다고 보고하였고, 다른 몇몇 저자들(Anastopoulos, 1996; van der Vlugt et al, 1995)은 ADHD 자녀의 부모 인지 훈련 프로그램을 제안하였다. 이외에도 몇 가지 충동적인 행동을 줄이는 간단한 행동 치료적 개입(Cocciarella et al., 1995)과 몇몇 부주의한 행동을 줄이는 바이오피드백(bio-feedback)에 대한 보고를 포함하여 몇 가지 상담 접근들이 논의되고 있다.

ADHD 체계적 접근

이 장에서는 ADHD 아동(유아기부터 11, 12세에 이르는)과 가족들이 함께 할 수 있는 가족 상담 접근법과 가족체계를 활용하는 방법에 대해서 살펴볼 것이다. ADHD 아동과 함께 작업을 하는 것은 상담자들에게 많은 도전과 딜레마를 제공한다. 상담자들은 아동의 가족과 사회체계의 다양한 영역에서 개입할 필요가 있으며, 가족 가운데 어떤 사람을 만나야 할지 그리고 어떤 순서와 단계로 만나야 할지 등에 대한 원칙을 정할 필요가 있다. ADHD 아동에 대한 치료적 개입은 대부분 증상을 보이는 아동에 대한 면접에만 초점을 두고 있다. 따라서 보다 효과적인 것으로 밝혀진 가족 상담 접근법에 대하여 기술하고자 한다. 우리는 상담자들이 보다 넓은 가족체계의 역동과 역할 가운데 개입하고 가족들과 의사소통하는 것을 배우도록 권고한다.

주로 단기상담을 하는 상담자들은 내담자들의 개인적인 과거사를 쉽게 간과하고, 증상을 완화하는 데만 목표를 둔다. 이 때문에 ADHD를 진단하고 이해하는 데 내담자 과거사의 중요성을 인식하는 것이 필요하다. 그러나 이것이 ADHD의 효과적인 치료가 장기간에 걸쳐야 한다는 것을 의미하는 것은 아니며, 그렇다고 개인사에 대한 평가와 진단이 단시간에 걸쳐 급하게 시행되어서도 안 될 것이다. 역설적으로 우리가 사용하는 가족 상담 방법은 가족환경과 증상적인 행동을 다루는 데 초점을 두기 때문에 ADHD를 가진 사람들의 치료기간을 단축시킨다. 그러나 가족이 가진 자원과 전문가들의 상호작용 등 여러 가지 자원들을 포함한 다양한 방법은 개인적인 접근법보다는 체계적인 변화를 가능하게 한다.

가족체계 관점은 가족체계 내에서의 역동과 양상들에 대한 폭넓은 인식을 필요로 하며, 이들로부터 다양한 중재방법을 선택할 수 있다. 상담자는 증상이 아이에게 있든지 부모, 또는 결혼생활에 있든지 간에, 밝혀진 증상의 원인에만 매달리지 않고 전체적인 맥락에서 치료작업을 진행해야 한다. 예를 들어, 의기소침한 성인에 관해 그 남편이나 부인으로부터 이야기를 듣게 되면 그 사람에 대해 보다 잘 이해할 수 있게 되어, 증상 그 자체로는 불명확하고, 개인면담에서는 결코 얻을 수 없는 새로운 정보를 접할 수도 있다. 품행장애 청소년은 부모나 개인면담보다는 형제자매들과 함께 면담했을 때 더 이해하기 쉽다. 우리는 성격장애에 속하는 내담자 경우처럼, 심리치료를 제공하는 것이 어려운 경우에서도 가족체계 맥락에서 분열되거나 투사된 정체성의 전형적인 증상을 치료함으로써 그 치료기간을 단축시킬 수 있었다(Everett et al., 1989; Everett & Volgy-Everett, 1998). 따라서 상담자들은 가족 내에서 실시할 수 있는 임상적인 역동과 내적인 자원들을 바탕으로 한 다양한 개입 요소를 선택하여 쉽게 작업할 수 있다. ADHD 아동과 가족에 대한 개입의 가능한 범위는 다음과 같다.

1. 아동 개인(면담)
2. 아동 개인(놀이)
3. 아동과 부모(면담)
4. 아동과 부모(놀이)
5. 부모
6. 형제자매(면담)
7. 형제자매(놀이)
8. 핵가족체계
9. 부부관계
10. 세대 간 체계

이 모형은 아동의 나이와 가족의 요구에 따라 체계적인 면담과 개입 순서를 제공해 준다. 우리는 대부분의 아동 및 청소년에게 ADHD의 증상이 있든지 없든지 상관없이, 치료의 과정으로 아동이 참석하지 않는 부모면담부터 시작한다. 부모는 아동과 가족의 과거사에 대한 가장 정확한 정보의 원천이 된다. 우리는 이 초기 면담회기에 부모가 모두 참석할 수 있도록 모든 노력을 기울인다. 우리는 처음에 전화를 통해 부모가 모두 참석해야 한다는 것을 명확하게 알린다. 만약에 부모 중 한 명만 면담에 임하게 된다면, 부모와 결혼생활에 관해 회고할 수 있는 자료뿐만 아니라 가족사에 대한 자료도 상담자는 알 수 없다. 더욱 중요한 것은 부모들이 초기 면담에 참여하게 되면 치료 과정에 부모와 상담자 상호 간 역할과 참여의 중요성에 대해서 처음부터 논의할 수 있다는 것이다. 만약에 "우리 남편은 너무 일이 많아서 힘들지만, 저는 참석하겠습니다."라고 한다면, 우리는 부모면접 약속시간을 재조정한다. 만약에 우리가 부부 중 한 사람으로부터 나머지 한쪽이 면담에 참여하기를 거부하거나 원하지 않는다는 것을 알게 되면, 직접 전화를 해서 부모가 모두 참석하는 것이 얼마나 중요한 것인지를 설득할 것이다.

ADHD 아동과 함께 하는 두 번째 회기는 아동의 나이에 따라서 다음과 같은 몇 가지 가능한 형태로 이루어진다. 이러한 아동의 부모와 함께 면담회기를 갖거나, 놀이방에서 아동을 혼자 관찰하거나 아동과 그의 형제자매가 함께 노는 것을 관찰하는 형태들이 있다.

아동과의 초기 접촉은 상담자와의 작업에서 아동의 정체성과 심리적 안정감, 신뢰감을 높이는 데 중요하다. 만약에 (부모와의 면접을 통해) ADHD 아동이 가족 내에서 희생양의 역할을 하고 있다면, 우리는 가족의 역동, 특히 그 형제자매들의 역할에 대해 좀 더 알아보고, 그러한 희생양의 역할을 효과적으로 조정하고 개입할 수 있겠다는 확신을 가진 다음에야 전체 가족체계 내에서의 면담을 계획한다. 만약 ADHD 아동이 처음부터 그들을 적극적으로 괴롭히고 희생양으로 만드는 다른 가족원(부모나 형제자매들)과 함께 면담을 하게 된다면, ADHD 아동을 공격하는 가족들의 행동을 없애기 힘들며, 따라서 이후 과정에 대한 불신감을 해소하기 어렵기 때문이다. 보통 우리는 부모가 참여하지 않고 형제들과 함께 하는 회기에서 손위 아동들을 눈여겨본다. 이 방법은 대상 아동이 주목받는 것을 막을 수 있고, 상담자가 형제자매 관계에서 ADHD 아동을 괴롭히는 행동을 개선하는 데 더 큰 힘을 실어줄 수 있다. 또한 이 방법은 상담자들에게 형제자매들 간의 경험을 통해 드러나는 가족역동을 볼 수 있는 다른 관점을 제공해 준다.

ADHD 아동의 조부모나 다른 친척들이 ADHD 아동의 생활에 일정한 역할을 수행하고 있거나, 계속해서 함께 생활하고 있다면 상담자는 이들과 면담할 필요가 있다. 가능한 많은 가족원들이 참여할 때 이러한 종류의 면담은 유용한 것으로 나타난다. 여기에는 조부모, 삼촌, 고모, 이모 등이 포함된다. 또한 4장과 5장에서 논의한 것과 같이 ADHD 아동의 행동에 따른 부모의 고민과 갈등은 부부간의 의사소통과 상호작용에 어려움을 준다. 이러한 경우, 부모는 결혼관계에만 초점을 둔 특별회기로부터 커다란 효과를 얻을 수 있다. 이러한 회기는 ADHD 아동의 구체적인 증상과 행동에 진전을 보인 이후에 효과적으로 시행될 수 있다. 물론 부부가 이혼 또는 별거의 위기에 있을 경우에는 순서를 달리할 수 있다.

ADHD 아동과 가족을 위한 상담 모형

모든 가족들은 그들에게 적합한 형태의 인터뷰를 필요로 하는 독특한 특징과 역동을 갖고 있다. 우리가 제시하는 모형은 그동안의 많은 임상적인 경험에 기초한 가장 효과적인 전략과 효율적인 면담과정을 보여준다(〈표 6-1〉). 물론 이러한 모형은 조정 가능한 부분들을 포함하고 있다. 여기서 제시하는 면담과정은 상담자가 ADHD로 진단되지 않은 아동을 평가하거나, 아동이 이미 진단되어 치료과정이 시작될 때에 유용할 것이다.

〈표 6-1〉 ADHD 아동과 가족치료 및 평가 과정

회 기	형 태
1	양쪽 부모와의 면담
2	놀이치료실 아동 단독 또는 부모와 함께
3	부모에 대한 피드백
4~6	부모상담
7~9	아동면담/놀이
10~12	아동 및 부모 놀이치료
12 이후	형제자매 면담
	핵가족 다루기
	세대 간 체계 다루기
	부부 다루기

1회기: 부모와의 면담

전체 과정에서 초기 면담은 가장 중요하다. 왜냐하면 이 초기 면담을 통해 상담자는 신뢰감을 형성하고 부모와 상호작용을 하는 데 성공하거나 실패할 수 있기 때문이다. 이후 과정에서의 긍정적인 협력에 대한 가능성은 바로 이 시기에 형성된 신뢰감의 정도에 기초할 것이다. ADHD 진단을 내리는 데 증상의 유형을 보여주는 기록(보고서)은 꼭 필요하며, 부모의 기억과 진술은 아동과 가족사에 대한 중요한 자료가 된다. 또한 부모는 상담자에게 아동의 현재 행동과 특성에 대한 정보를 제공할 수도 있다. 부모의 보고나 반응 또한 그들의 경험이나 태도 그리고 변화의 자원에 대한 통찰력을 제공한다.

초기 면담에서는 아동의 출생(어머니의 임신기를 포함해서)과 초기 발달, 건강상태 및 발달적 형태, 사회적 경험과 기능, 형제자매들 및 다른 가족 구성원들과의 상호작용, 어린이집에서의 경험 그리고 유치원 및 1학년 초기의 경험, 일상적인 학교생활, 인지적 발달, 교사 및 또래 아동과의 관계 그리고 현재 보이고 있는 강점과 약점 등을 이끌어 내는 데 초점을 둔다. 아동의 발달에서 처음 3년 동안의 정보는 아동에 대한 부모의 초기

〈표 6-2〉 ADHD 아동의 부모에 대한 가족사 면담의 요소

가족사	아동의 개인사
부모의 원가족의 형태	부모의 임신기간 중의 경험
부모의 교육 배경	출생과정
이전의 결혼/이혼 경력	아동의 초기 건강상태
연애 및 결혼 과정	아동의 발달양상
이전의 임신사항	초기 및 현재의 사회적 경험 및 기능
형제자매 상호작용 및 발달 경험	초기 및 현재의 형제자매 관계
형제자매의 학교생활	초기 및 현재의 가족 및 친척들 간의 관계
부모 역할 및 상호작용	어린이집에서의 첫 번째 경험
ADHD 아동에 대한 구체적인 부모역할	유치원 또는 학교에서의 초기 경험
부모 간 공동 양육기술 및 자원	현재 또래 및 교사와의 관계
일반적인 부부관계, 기능	현재 학교생활 및 인지적 발달
	인지적 강점 및 약점

반응을 포함하여야 하며, 정서 및 행동적 어려움에 대한 설명을 함께 포함하여야 한다. 우리는 임신과 출산 그리고 출산 과정(조산 또는 만산을 했는가? 그 정도는 어떠한가?)에 대해서도 명확한 자료를 얻으려고 노력해야 한다. 이 과정에서 자연출산인지, 유도분만인지, 어떻게 출산을 했는지, 아동의 체중, APGAR 점수(부모가 기억하고 있을 경우; 애프가 채점은 신생아의 심장박동수, 호흡속도, 근긴장도 등 각 항목의 평가를 1~10까지의 지수로 나타낸 것) 그리고 호흡기 또는 황달의 문제가 있었는지 등을 알아보게 된다(〈표 6-2〉).

또한 임신에 대한 어머니와 아버지 양쪽의 감정이 모두 중요하다. 여기에는 아이의 출생이 계획된 것인지 아닌지 그리고 임신 사실을 알았을 때 부모가 어떻게 느꼈는지에 대한 것들을 포함하고 있다. 아이가 유아기에 고열, 발작, 뇌손상 또는 다른 심각한 질병을 앓았는지 그리고 어렸을 때 입원했거나 수술을 받은 적이 있는지에 대해 아는 것도 중요하다. 아동개인사에 대한 정보는 아동이 겪는 어려움에 대한 신경학적 원인에 대한 가능성을 배제할 수 있는 기반을 제공해준다. 이러한 자료

들은 치료 초기에 부모의 반응이나 자원을 알려줄 뿐만 아니라 ADHD 증상에 대한 초기 경보 역할을 한다.

부모에 대한 아동 초기의 신체적, 정서적 반응은 그 이후에 겪게 될 어려움에 대한 중요한 지표가 될 수 있다. 우리는 아동의 부모로부터 종종 그 아이가 '끔찍했고' '다루기 어려웠으며' '처음부터 달랐다.'는 말을 들어왔다. 아동이 손을 잡거나 껴안는 것을 좋아하지 않았거나 복통으로 계속해서 울거나 어떤 자극에도 심하게 우는 반응을 보였다는 것은 초기의 유대관계에 어려움이 있었음을 나타내는 지표가 된다. 그러나 특별히 '부주의한' 아동의 부모는 유아기 동안에 아이가 '전혀 문제가 없었다.' 라고 이야기하기도 한다. 그러나 이것 역시 아동의 발달 지표를 나타내는 중요한 정보가 될 수 있다. 또한 아동이 말이나 문장을 완성하거나, 기거나 걷기 시작한 시기 그리고 특별히 다른 중요한 발달 지체를 나타내는 지표에 대해서 정보를 얻는 것도 중요하다.

초기 면접 후반부에서, 우리는 부모에게 부부의 사생활과 친밀감에 있어, 결혼의 장점과 단점이 무엇인지를 묻는다. 이것은 문제 해결 협력에서 그들의 친밀감과 자원의 질을 평가하기 위함이었다.

우리는 가족사를 추적하는 형식적인 방법과는 반대되는, 오히려 평범하고 사적인 방식으로 부모들과 초기 면접을 하려고 한다. 부모는 상담자가 동정적이며 그들의 염려와 어려움을 이해하려 하고 있음을 느낄 필요가 있기 때문이다. 만일 부모가 상담자가 기록판 너머로 그들을 자세히 살펴보며, 기본적인 질문에 대한 답변에만 주목하고 있다고 느낀다면, 솔직하고 때때로 고통스럽기도 한 자기노출의 분위기는 창출되지 않을 것이다. 우리는 여러 가족들과 상담을 하면서, 상담자에 대한 Nathan Ackerman(1958)의 교훈이 주는 가치를 깨달았다: "살아 있는 개인사가 드러나게 하라." 보다 미묘한 비언어적 단서뿐 아니라, 부모가 표현하는 정서는 과거사 자료만큼이나 중요할 수 있다. 그들이 상담자에게 올 때는 상당히 스트레스를 받았거나 낙담한 상태이기 때문에, 초기 상담에서 상담자가 따뜻함과 희망의 정서를 전해 주는 것이 중요하다. 부모는 상담자로부터 그들의 문제를 이해받고, 지지받고, 자녀와 자신의 부적절함에 대한 절망감이 경감될 수 있음을 느낄 필요가 있다. 부모와 정서적으로 교류하는 것은 초기 상담에서 가장 중요한 요소다. 구체적인 과거사를 끄집어내는 것은 두 번째 일이다. 만일 감정적인 상태가 너무 위험하다면, 상담자는 먼저 감정을 다룬 다음 부가적인 회기에서 필요한 과거사를 알아보도록 한다.

2회기(만일 부모와 더 많은 회기가 필요하다면 3 또는 4): 아동과의 만남

아동과의 첫 만남에서, 4세 이전의 아동이라면, 개인적으로 만나기보다는 부모가 함께 있는 놀이치료실에서 만나는 것이 좋다. 종종 우리는 아동이 압도당하는 느낌을 가지지 않도록 하고, 아동의 자연스런 행동이 나올 수 있도록 하기 위해서 아동과 더 많은 시간을 보내는 부모에게만 질문을 할 것이다. 그러나 부모가 집에서 거의 아동과 함께 시간을 보내지 않는 경우라면, 어린 아동과 함께 있도록 하는 것이 아동과 부모 둘 다에게 부자연스러울 것이다. 즉, 집에서의 전형적인 상호작용 형태가 아니면, 아동의 평소 행동에 대한 정확한 임상적 그림을 얻기가 더 어려울 것이다. 우리는 이 초기 단계에서 자녀와 접촉이 적었던 부모를 소외시키지 않으려고 신경을 쓰지만, 이 특별한 면접에서 더 중요한 요소는 아동의 행동에 대한 정확한 관찰을 하려고 하는 것이다. 언제나 그렇듯이 우리는 양 부모에게 이 초기 상담의 목적에 대해 조심스럽게 설명할 것이다. 만일 이것이 아동에게 적합하지 않고, 상담자에게 도움이 되지 않는다면, 우리는 아동과 면접약속을 잡고, 엄마나 아빠와는 또 다른 약속을 잡을 것이다. 그렇게 하지 않으면, 접촉이 적은 부모는 다른 가족과의 회기가 자신의 참여 때문에 난처해진다고 느낄 것이다.

초기 회기에서는 부모와 아동에게 집에서 하는 것처럼 그냥 장난감을 가지고 놀아보도록 한다. 상담자는 관여하지 않기 위해서 몇 발자국 뒤로 물러나서 부모와 아동을 관찰한다. 형식적인 놀이치료가 되지 않도록 하기 위해서, 상담자는 아동 놀이의 한 부분이 되어야 한다. 이 평가 단계에서 상담자의 역할은 간섭하지 않는 것이다.

우리 사무실 공간과 놀이치료실을 묘사하는 것은 이 상담이 어떻게 진행되어질 것인지를 묘사하는 데 도움이 된다. 상담자가 ADHD 아동과 함께 하는 물리적 환경이 중요한 것은 다음과 같은 몇 가지 이유 때문이다.

1. 자극 · 공간 · 움직임에 대한 활동적인 아동의 행동 필요
2. 면접과 놀이 양쪽에 부모를 참가시킬 필요
3. 상담자가 멀리서 놀이를 관찰할 필요

어린 아동과 작업하는 상담자(SVE)의 사무실은 면접실, 놀이실, 활동실이 구분되어 있다. 상담자는 어린 아동과 강도 높은 작업을 하기 때문에 놀이장소와 면접실을 통합하는 능력이 필요하다. 우리는 성인 면담 공간과 아동 활동공간 사이의 분명한 경계가 있을 정도로 사무실이 커야 한다고 생각한다. 아동이나 어린 아동 양쪽과 함께 상담하는 몇몇 상담자들은 사무실에 장난감과 게임을 늘어놓고, 한쪽 구석에 어린이용 의자를 배치한 것을 제외하고는 아동을 위해 분리된 공간을 갖추고 있지 않다. 우리 사무실은 직사각형 모양에, 공간의 1/3 정도보다 조금 작은 규모로 공간의 끝에 책상과 책장을 따로 두고 작업한다. 사무실 중간의 1/3 공간은 4개의 의자와 소파, 램프, 탁자가 놓인 성인 면접실이다. 나머지 다른 1/3 공간은 타일이 깔려 있고, 장난감 선반과 탁자, 아동용 크기의 성인 의자 네 개가 놓여 있는 놀이 공간이다. 이곳의 장난감과 게임들은 아동들의 투사적, 창조적 놀이를 이끌어 내기 위한 것들이다. 사무실의 구조는 상담자가 필요한 대로 놀이 공간 안에 있든지, 떨어져 있든지 할 수 있는 구조다. 의자는 성인용처럼 바퀴를 뗐다 붙였다 할 수 있고 쉽게 움직일 수 있는 것으로, 놀이 공간까지 굴릴 수 있는 것이

다. 그곳은 부모나 다른 가족이 앉고, 원하면 바닥에 앉아 놀 수 있는 쿠션 의자와 베개를 비치할 공간적 여유가 있다. 보다 더 활동적인, 연령이 더 높은 아동을 위해, 우리는 분리된 놀이방(사무실 물건 창고의 두 배)을 마련하였는데, 거기에는 농구대, 다트게임, 공, 다른 연령에 맞는 게임 등이 비치되어 있다. 만일 아동이 9세이거나 더 연령이 높다면, 우리는 종종 관찰과 상호작용을 위해 이 방을 사용한다.

이러한 놀이시설은 일반적으로 많은 역동과 활동을 이끌어 내기 때문에 평가에 유용하다. 이를 통해 상담자는 의사소통, 언어능력, 사회적 기술, 신체적 활동 기술 같은 기본영역에서의 아동발달 수준을 관찰할 수 있다. 이러한 능력들은 아동의 예상능력에 견주어 평가할 수 있다. 아동이 개인적으로 또는 부모와 상호적으로 보이는 총체적 행동의 범위는 충동성, 산만함, 반동, 좌절에 대한 인내, 높은 행동 수준, 빈약한 집중력과 짧은 집중기간 같은 ADHD 지표들을 통해 관찰된다. 놀이와 일반 상호작용에서 부모에 대한 아동의 공격성 또는 수동성은 상관을 보인다.

우리의 놀이실에는 친숙한 장난감이 구비되어 있다(인형의 집, 가족 인형의 집 형상, 의사, 간호사, 경찰, 소방관, 다른 일꾼들의 형상, 동물 인형, 많은 종류의 로봇). 일반적으로, 아동의 장난감 선택과 놀이방식은 그들 주변 세계와 직접적인 관련이 있다. 아동은 다양한 환경에서 자신을 이해하는 수단으로써 장난감을 사용한다. 따라서 자유놀이에서 그들의 행동은 아동에게 그 시점의 가장 큰 이슈가 무엇인지에 대한 유용한 지표를 제공해 준다.

부모와 아동 간의 상호 놀이는 부모-아동 관계를 고려한 임상적 관찰의 한 세트를 제공한다. 예를 들면, 다음과 같다. 부모는 얼마나 많이 자녀와 감정 교류를 하는가? 어떤 상호작용을 하는가? 어떻게 강화를 하는가? 부모는 아동을 어떻게 통제하는가? 부모는 아동에게 말과 행동으로 어떻게 애정표현을 하는가? 부모는 얼마나 참을성이 있으며 부드러운가(또는 그 반대인가)? 부모는 훈육에 얼마나 익숙한가? 얼마나 일관성이 있는가? 회기가 끝날 때, 특히 어린 아동에게는 놀이치료실을 떠나는 과정이 대개 불안을 일으키는 과정이다. 종종 이 사건은 다툼을 일으킬 것이며, 부모가 보고하였던 것보다 더 심한 행동을 상담자 앞에서 할 수도 있으며, 부모의 좌절 수준을 더 높이게 된다.

마지막으로, 이 회기에서 상담자는 아동이 놀이에서 표현하는 감정을 관찰할 것이다. 아동이 놀이에서 분노, 포기, 근심 또는 형제들과 부모와의 문제를 드러내는가? 예를 들어, 만일 부모가 아동에게 소리를 지르고 때렸다면, 아동의 이러한 경험들은 놀이에서 반복될 것이다. 또는 아동은 놀이 중 꾸중을 듣는 상황이나, 타임아웃 상황을 묘사할 것이다. 외로움과 거절의 주제는 어린 아동에게서조차 나타날 수 있다. 이러한 주제는 놀이 경험에서 집약되고, 상담자에게 아동의 감정적 어려움과, 부모의 행동과 상호작용에서의 반응에 대한 결정적 정보를 제공한다. 만일 부모가 이 회기의 아동과의 놀이에서 심각한 어려움을 보인다면, 상담자는 아동과 부모의 상호작용이 촉진되도록 참여해야 하고, 아동과의 보다 건설적인 놀이가 어떤 것인지에 대한 모델링을 해야 한다. 물론 이것은 부모가 또 실패했다는 느낌을 갖지 않도록 섬세한 방식으로 이루어져야 한다. 종종 상담자가 관찰을 한 뒤에 부모는 놀이에서 필요한 것이 무엇인지에 대한 감각을 얻고, 상담자로부터 필요한 것을 잘 전수받는다. 그리고 나서 상담자는 부모-아동 상호작용 관찰을 재개한다.

4~11세 아동의 경우, 대체로 적어도 한 회기는 개별상담을 한다. 그리고 때로는 3회기 정도 놀이 회기를 갖는다. 이러한 놀이 회기는 두 가지 기본 목표를 갖는다. 첫째, 이 회기는 아동과 상담자 사이에서 편안하고 신뢰하는 상호작용을 확립하도록 고안되어 있다. 이때의 세팅은 아동이 최소한의 불안을 느끼고, 장난감과 놀이활동에만 집중할 수 있는 곳이어야 한다. 둘째, 이 회기는 비공식적인 평가 형식을 제공한다. 이 형식은 상담자의 상호작용과 관찰을 통한 것으로, 아동의 다양한 이슈들에 대한 성숙과 사회적 인지적 발달을 고려한 기본적 임상적 가설을 세운다. 아동은 부모가 함께 상담장면에 있지 않아도 집중할 수 있

다. 이 놀이의 경험에서 상담자는 ADHD 증상을 구별하는 법을 배워야만 하는데, 어린 아동에게 ADHD가 신경심리적문제, 불안장애, 품행장애 또는 우울 등 다른 장애와 얽혀 있을 수 있기 때문이다. 놀이방 관찰과 상호작용은 상담자가 아동을 진단하고 상담계획을 세우는 데 결정적인 도움이 된다. 진단이 이미 내려졌다 할지라도 이 회기들은 상담자에게 아동이 어떻게 행동하고 있는가에 대한 중요한 정보를 제공할 뿐 아니라, 증상의 범위와 패턴에 대한 정보도 제공해준다.

> 한 4세 남자아이가 유치원에서 미성숙한 행동과 충동 통제 문제 때문에 의뢰되었다. 교사는 그 아동이 때때로 사랑스러웠음에도 불구하고 유치원에서 내보내려고 하고 있었다. 또한 교사는 그 아동이 굉장히 똑똑할 것이라는 것도 알고 있었다. 그러나 불행하게도 그 소년은 1분 동안도 장난감을 나누어 쓰지 못하고, 다른 아동을 자주 때렸다—이것은 학부모들로 하여금 자녀들의 안전을 걱정하게 만들었다. 또한, 그 아동은 잘 울고, 좌절을 느꼈으며, 무언가를 하지 말라는 말을 들었을 때 짜증을 냈다.
>
> 놀이치료실에서 아동은 장난감을 보고 금방 활기를 찾은 모습을 보였다. 소년이 놀이치료실에 들어오자마자 곧 엄마 곁을 떠나버려서 엄마는 상담자에게 변명을 했다. 소년은 빠른 속도로 선반 위의 물건을 다 꺼내기 시작했고, 얼마간 무언가를 가지고 놀다가 곧 다른 것을 가지고 놀았다. 상담자가 몇 가지 질문을 했을 때, 그는 상담자가 팔이나 어깨를 치지 않고서는 질문을 듣지 못하여 제대로 대답을 할 수 없었으며, 주로 짧고 의미 없는 응답을 하였다. 또한 장난감을 주워서 선반 위에 놓으라는 어떤 요구에도 "아니요."라고 답하였다.
>
> 그의 놀이주제는 함부로 행동하고, 거칠게 하는 것과 모든 사람들이 그를 무서워하는 것이다. 소년은 인형을 던지고 걷어찼으며, "너는 나쁜 애야."라고 외치면서 인형을 때렸다. 인형의 집 놀이에서 부모는 인형을 보고 방으로 가라고 했고, 그때 그는 "아니요."라고 하면서 인

형의 집 부모를 계단으로 던졌다. 상담자가 놀이에 참여하지 않는 한 그는 매우 산만했고, 중간에 인형을 떨어뜨리곤 했다. 마치 장난감이 그를 사로잡은 것처럼 상담자가 놀이에 참여하지 않는 한 상담자의 말과 행동에 거의 주의를 기울이지 않았다. 놀이에서 상담자가 참여하였을 때 그는 놀이와 관련된 적절한 말을 했다. 그러나 그는 놀이에서 일어나는 일들을 통제하는 사람을 필요로 하였다. 그 아동이 똑똑한 것은 분명했다. 그는 말을 아주 잘 하고 놀이에 집중할 수 있었다. 그러나 그는 긴 주제에는 집중할 수 없었고 놀이에서 상호작용은 매우 피상적이었다. 아동은 그를 꾸짖거나 통제하려는 사람에 대해 매우 분노를 느끼고 있으며, 상처를 입었음이 분명했다. 그는 무슨 일을 하든지 문제를 느꼈다. 그것은 왜 그가 자신의 필요와 맞지 않는 다른 사람들과 교류하려 하지 않는지를 나타내는 것이다.

그는 ADHD, 과잉행동–충동성 유형으로 진단되었다. 그리고 각성제 투여를 시작했다. 부모와의 피드백 회기 뒤에, 상담자는 가족치료 회기에 참여하도록 하였다. 부가적으로 그 아동은 분노를 표출하고, 보다 긍정적인 방법으로 사람들과 교류하게 하는 놀이치료에 참여하게 되었다. 한 달 안에 부모와 교사는 그가 일으킨 변화에 대해 유쾌한 흥분감을 알려 왔다. 그의 공격성과 충동성은 상당히 완화되었다. 부모는 그를 "처음으로 행복해 보인다."고 표현하였다. 그리고 새 방향으로의 전환이 예전에 비해 상당히 쉬워졌다고 말하였다. 가족들은 그들이 그 아동에게 분노와 처벌로 응수한 것이 그의 행동문제를 야기시켰다는 것을 깨닫게 되었다. 부모는 더 나은 조절과 훈련기술을 배우는 데 보다 적극적으로 참여하였고 아들은 부모가 예전보다 자신에게 지지적이고 사랑스럽게 대해주는 것을 경험하였다.

3회기(이전 회기 수에 따라 4회기 또는 5회기): 부모에 대한 피드백

ADHD 아동을 관찰한 이후 다시 부모와 만나(아이는 참석시키지 않고) 아이의 장단점을 알려주고, 관찰한 것과 관찰을 통해 받은 인상 그리고 추천하고 싶은 사항들을 이야기한다. 또 관찰결과 알게 된 것을 부모와의 첫 면담에서 알게 된 아이의 성장배경 또는 아이의 현재 행동과 관련시켜 본다. 이 피드백 회기 동안에 달성해야 할 목표는 다음과 같다.

1. ADHD 아동의 진단과 관련하여 관찰을 통해 얻은 인상 및 정보를 부모에게 설명한다.
2. 교육적 진단 및 검사에 아동을 의뢰할 필요가 있는지에 대해 논의한다.
3. 치료과정에서 약물을 쓸 필요가 있는지 그리고 약물치료를 의뢰할 필요가 있는지에 대해 논의한다.
4. 가족이나 친척 중에 ADHD를 가진 사람이 있는지 확인한다.
5. 포괄적인 상담계획을 제안한다: 부모회기, 아동과의 회기, 학교 관계자들과의 협의, 의사들과의 협의, 검사의뢰, 교육 전문가(교사)에게로의 의뢰 등.

목표 1

우선 진단과 관련하여 아동의 증상을 부모에게 설명한다. 아이의 성장배경, 현재 기능수준 그리고 관찰 등에 근거하여 ADHD임을 입증할 충분한 증거가 확보되었다면, 아이가 ADHD라는 진단을 내릴 수 있다. 아이가 이미 ADHD 진단을 받은 상태라면, 우리가 관찰한 것을 아이의 증상 및 행동적, 사회적, 교육적 관심 등과 연결지어 설명해 준다. 상담자는 ADHD에 대한 정보를 추가로 더 제공하고, ADHD라는 진단이 내려지는 이유에 대해 포괄적으로 설명하는 등 교육자로서의 역할(4장에서 논의했듯이)을 수행한다.

목표 2

교육진단의 가치와 검사의 필요성에 대해서도 논의할 것이다. 필요한 검사가 무엇인지 알려주고, 검사결과는 진단을 내리기 위해서뿐만 아니라 아이의 강점과 약점의 파악을 위해서도 활용될 수 있다는 것을 알려준다. 학교에서 검사를 받을지, 사설기관에서 검사를 받을지에 대해서도 논의한다. 또한 평가 및 치료과정에서 도움을 줄 수 있는 전문가 네트워크를 확인한다.

목표 3

ADHD의 의학적인 측면과 약물사용에 대해서도 논의한다. 약물치료에 대한 중요한 사항들을 정리해 놓은 간단한 유인물을 부모에게 준다(Miller, 1994). 어린아이에게 투약을 하는 것은 부모에게 아주 두려운 일일 수 있기 때문에, 우리는 이 주제를 매우 조심스럽게 소개해야 한다. 또한 충분한 검증을 거치고, 아이와도 이야기를 해보아야 하며, 부모가 결심을 할 때까지 약물복용에 대한 결정을 미루도록 한다. 우리는 의사의 역할까지 대신하지 않도록 주의를 해야 한다. 적당한 약물의 형태, 투약의 수준 그리고 있을 수 있는 부작용 등과 같은 것을 부모와 함께 논의할 전문가는 우리가 아닌 의사다. 대개 부모는 몇 년을 더 기다릴 수는 없는지, 학교에 갈 시기가 되면 다시 약물복용의 필요성을 재평가해볼 수 없는지를 묻는다. 우리는 부모가 자신의 관심사를 충분히 이야기할 수 있도록 기회를 준 다음, 약물복용에 대한 그들의 두려움과 오해를 덜어주기 위해 노력할 것이다. 그러나 상담자는 약물복용의 문제가 아이가 다섯 살 또는 그보다 더 어릴 경우, 매우 어려운 문제라는 것을 알 필요가 있다. 부모는 유치원에 다니는 아이에게 투약을 해야 한다는 것에 대해 더욱 방어적이 되며, 이렇게 어린 나이에 약물을 복용해야 된다는 것에 대해 저항을 느낄 수 있다. 약물치료가 과잉행동적-충동적 증상을 보이는 ADHD 아이에게는 즉시 효과가 나타나지만, 상담자는 수용적인 자세로 부모의 걱정을 주의 깊게 들어주고 이해해줄 준비를 해야만 한다. 우리는 약물이 단지 행동을 통제하는 역할뿐 아니라 아동의 자기존중감 향상에도 도움이 된다는 보다 광범위한 시각을 제시하고, 또한 약물복용이 효과적이었던 여러 다른 사례들의 경우도 들려줄 것이다.

목표 4

우리의 다음 목표는 가족이나 친척들 중에 ADHD를 가지고 있는 사람이 있는지 알아내는 것이다. 면담이 이 정도 진행되면, 부모 중 한 명이 자신이 어린 시절(그리고 대부분의 경우 지금도)에 그와 같은 증상을 가지고 있었다고 고백한다. 또는 배우자가 상대방이 이런 증상을 가지고 있다는 것을 지적하기도 한다. 또한 부모의 원가족들 특히 자신의 부모나 형제자매 중에 학교에서 같은 증상을 보였던 사람이 있었는지 알아본다. 이 문제를 다루면서 우울증, 심각한 정서장애 또는 약물중독 등의 증상을 보였던 가족이 없었는지를 함께 물어본다. 부모 중 한 명이 자신이 ADHD를 가지고 있는 것 같다고 한다면, 우리는 성인 ADHD에 대한 정보를 제공하고 진단 및 치료가 필요하다는 것을 이야기해 준다. 명백하게 문제를 일으키는 아이에 대해 의논하고 걱정하는 과정에서 자연스럽게 관련된 정보가 나타나는 것이기 때문에, 이런 과정은 부모 중 한 명 또는 다른 아이들 중에 있는 진단되지 않은 ADHD를 알아낼 수 있는 중요한 임상적 창문이라고 할 수 있다. 이런 과정을 통해 진단되지 않은 ADHD 성인을 찾아내는 것은 개인 상담이나 부부 상담에서보다 훨씬 쉽다. 앞에서 언급한 것과 같이, 부모 중에 ADHD가 있는데 이를 알아내지 못한다. 부모와 자녀의 관계개선을 위한 상담자의 노력이나 가족구성원 간의 보다 건강한 상호작용을 증진시키고자 했던 상담자의 개입은 고의적으로 방해를 받을 수 있다.

목표 5

마지막으로, 우리는 아이의 나이나 가족의 독특한 상황에 따라 다양하게 상담계획을 개발한다. 확고한 결정(특히 검사나 약물복용 등에 관해)을 내릴 필요는 없지만, 평가와 치료과정의 다음 단계가 무엇인지 이 회기의 마지막 부분에서는 부모에게 명확하게 알려줄 필요가 있다. 우리가 부모로 하여금 의사나 교육전문가에게 자문하도록 하려면, 이 시점에서 이 계획을 공식화할 필요가 있다.

4~6회기(혹은 6~8회기): 부모 회기

아이를 상담에 데리고 온 대부분의 부모들은 자기 스스로 왔건 학교나 의사의 의뢰를 통해서 왔건, 이미 그 이전에 아이의 행동과 기능에 대해 상당한 정도의 갈등과 좌절을 경험한 상태다. 그러므로 먼저 부모에 대한 개입을 하는 것이 ADHD 아동에게 개입하는 것보다 효과적이다. 부모 중에는 아이와의 투쟁에 지원이 필요하다는 평가를 누군가 내려준 것만으로도 안도감을 느낀다. 그러므로 이 회기는 특별히 부모를 위해 마련되었으며, 부모에게 ADHD에 대한 보다 자세한 심리 · 교육적 정보를 제공하고, ADHD가 가족역동에 어떻게 영향을 줄 수 있는지를 논의하며, 보다 효과적으로 아이들을 다루는 방법을 알려주는 것 등에 초점을 둘 것이다. 부모는 좌절감을 크게 경험하고 종종 무기력감과 나아가 절망감까지 느끼기 때문에, 이런 새로운 기술들을 즉각 실행해 보도록 격려해주어야 한다. 종종 2~4주 안에 긍정적인 효과가 나타나며, 다음에 제시할 목표가 이 부모의 회기에 달성해야 할 것들이다.

1. ADHD가 전체 가족구조에 미치는 영향을 보다 자세하게 논의한다.
2. 아이들을 다루는 방법(훈육)에 대하여 배운다.
3. 공존장애를 확인하라.
4. 부모에 대한 구조적 · 행동적 개입을 통해 가능한 한 빨리 전반적인 스트레스를 감소시켜라.
5. 부부간의 의사소통과 상호작용 방식뿐 아니라 부모의 일반적인 자

원과 강점에 대해서도 알아내도록 하라.

6. 약물복용에 대해 논의할 소아과 의사나 다른 의사와 면담일정을 잡도록 하라.
7. 검사자, 교사와 면담일정을 잡도록 하라(그 사례의 역동에 따라 이 목표는 일단 치료를 시작한 이후, 혹은 교사들과 논의를 한 이후로 미룰 수 있다.).

목표 1

첫 목표는 부모가 ADHD의 원인론과 속성을 이해하도록 하고, 질문을 할 기회를 주며, 두려움을 표현하고, ADHD가 부모와 가족에게 어떻게 영향을 줄지를 알도록 하는 데 있다. 부모에게는 다양한 유인물과 ADHD와 관련된 독서목록(〈부록 6-1〉 참조)이 제공된다. 부모가 흥미있어 하면, 지역사회의 CHADD 협회에서 지원하는 부모지지집단을 소개해준다. 일반적으로 지지집단에 대한 개인의 첫인상은 오래 기억에 남는다. 따라서 이러한 지지집단에 부모를 억지로 떠미는 것은 효과적이지 않다. 많은 부모들은 지지집단에 참여하기 전에 ADHD라는 문제를 개인적으로 이해하고 받아들이는 데 시간이 필요하기 때문이다. 어떤 부모는 자녀가 ADHD라는 진단과 부모의 좌절과 갈등에 대해 당황스러워한다. 만약 부모가 지지집단 참여를 불안해하면, 다음에 참여해도 된다고 말해준다.

목표 2

4, 5, 6회기의 실제적인 초점은 부모에게 새로운 양육·훈육기술을 가르쳐 주는 것으로, 이 기술은 부모가 일상생활에서 ADHD인 자녀를 양육하는 데 도움이 된다. 자녀의 연령에 따라 가족구조(위계, 경계, 동맹 등), 행동관리, 배우자와 가족 간의 의사소통과 지지에 대한 문제에 초점을 맞춘다. 아동이 9세 이하이면, 첫 과업은 부모에게 특정한 행동관리기술을 가르치는 것이다. 적절한 타임아웃기술은 3~9세 ADHD 아

동에게 가장 효과적인 훈육기술이다. 연령이 증가함에 따라 타임아웃 시 1분씩을 증가시키라는 일반적인 권고사항은 ADHD 아동에게는 효과적이지 않다. ADHD 아동에게는 다음과 같은 3가지 종류의 타임아웃 장면이 추천된다: (1) 문을 닫고 아동의 침실에 15~45분 가량 타임아웃시키기, (2) 5세 아동까지는 5분, 6~7세 아동은(8세 이상의 아동의 경우 추천하지 않음) 10분까지 집에서 외지고 조용한 의자에 앉혀 놓기, (3) 연령과 과실에 따라 5~10분까지 세탁실, 침실 같은 특정한 곳에 타임아웃시키기. 이와 같은 타임아웃 장면은 ADHD 아동이 다른 가족과 환경에서 받는 자극을 많이 감소시킬 필요가 있기 때문에 중요하다.

또한 다양한 행동에 적절한 타임아웃 타입을 설명해 준다(이 방법들은 다른 행동장애 아동에게 사용하는 방법과 유사하다.). 타임아웃 시 연령과 과실에 적절한 시간과 부과되는 조건, 적절한 장소를 선택하는 방법 등에 특히 주의를 해야 한다. ADHD 아동의 경우, 타임아웃은 아동이 심리적인 안정을 얻을 수 있을 만큼의 시간을 필요로 한다. 이는 타임아웃이 아동이 과잉행동을 자제하게 해야 할 때 시작할 수 있고, 그 행동이 어떤 시점에서 재발한다면 타이머를 다시 작동시키며, 그 아동이 한 번 타임아웃된 후 다시 타임아웃이 되면 5분씩 늘어난다는 것을 뜻한다. ADHD 아동은 단기기억에 어려움이 있기 때문에 부적절한 행동이 있은 후 즉시 타임아웃을 실행해야 한다. 만약 부모가 단 몇 분이라도 지체한다면 타임아웃은 별 효과가 없다. 타임아웃은 또한 ADHD 아동의 경우 일반아동보다 길 필요가 있는데, ADHD 아동이 자신의 반항적인 행동을 통제하는 데 일반아동보다 시간이 더 필요하기 때문이다.

부모에게 보상, 토큰강화체제, 다른 행동통제 방법들의 기본적인 사용을 가르치는데, 이때 일관성, 구조, 예견가능성이 불안과 관련된 문제행동의 빈도를 감소시키는 데 어떻게 도움이 될 수 있는지를 강조한다. 또한 부모가 ADHD 아동의 행동을 변화시키기 원한다면, 아동에게 상을 주는 것이 벌을 주는 것보다 훨씬 효과적이란 사실을 부모에게 이해시킨다. 특히, 신체적인 처벌은 ADHD 아동의 변덕스러움과 반발을 강화시킬 수 있다. 그리하여 부모가 아동이 대단히 신경질적일 때 주는 신체적인 처벌은 자극과 가혹함을 증가시킬 뿐이란 점을 주의시킨다. 또한 부모가 자녀에게 소리를 지르거나, 정서적으로 혼란스러운 자녀와 무리하게 상호작용하는 것은 ADHD와 그로 인한 어려움들을 확대시킬 뿐이란 점을 가르치고, 부모가 본인들의 충동을 통제하고 반응 강도를 줄이는 데 도움이 되는 방법을 알려준다. 이 회기들 중에는 지금까지 ADHD 아동의 부모가 필사적으로 찾아왔던, 즉 ADHD 아동을 때리고 아동에게 큰소리 치는 것에 대한 대안적인 방법들을 제공해준다. 부모는 종종 "전 모든 방법을 동원했지만 소용이 없었어요."라고 말하곤 한다. 부모는 여러 해 동안 불필요하게 이와 같은 낙심을 느껴왔다고 보고했다.

상담자는 부모가 그간 긍정적인 결과 없이 시도했던 방법들은 일관성이 없고 명백하게 강화되지 않아서 실패했다는 점을 이해시키려 한다. 대부분의 부모는 ADHD 아동의 행동을 변화시키기 위한 방법을 찾는 데 절망하여 이 방법 저 방법을 사용한다. 한 방법이 즉각적으로 효과적이지 않으면, 그 방법을 버리고 다른 방법으로 대체한다. 부모가 어떤 방법을 적용하는 것은 이들이 스트레스가 많은 상황에 있을 때만 그런 것은 아니다. 어떤 부모는 매우 제한된 양육기술을 가지고 있거나 혹은 이들의 정서적인 부담의 정도가 부모가 이미 가지고 있는 양육기술과 자원을 사용하는 것조차 어렵게 만든다. 그러나 부모가 일관되게 배운 새로운 양육기술을 적용하기 시작하면, ADHD 아동을 다루기 쉬워지고 이 아동과 함께 있는 시간이 더욱 즐거워진다는 것을 알게 된다. 처치과정의 초기에 부모가 경험하는 긍정적인 결과 덕분에, 부모는 부모 역할에 대한 자신감을 빠르게 회복하기 시작한다. 그리고는 마침내 생산적이고 힘나게 하는 사이클이 자리를 잡는다. 즉, 점차적으로 부모와 ADHD 아동 사이에 기분 좋은 상호작용이 일어나는데, 이는 부모가 아동을 효율적으로 다루며 자녀를 위해 무언가를 할 수 있다고 느끼기 시작했기 때문이다. 동시에 ADHD 아동 스스로는 충동을 더 잘 통제할 수 있다고 느낄 뿐 아니라 가족 내에서 더 잘 수용되고 인정받는다고 느끼게 된다.

만약 상담자가 적절한 행동 관리 기술을 명확하고 현실적으로 가르친다면, 대부분의 부모들은 자녀에 대해 보다 긍정적인 기대를 가질 수 있게 된다. 그리하여 부모의 노력은 새로운 효율성을 창출할 수 있다. 또한 자녀양육 시 구조화, 예견 가능성, 일관성, 부모 반발 감소 등을 강조하는 것은 매우 중요하다. 많은 부모들은 자원을 사용하여 자녀와의 상황을 다룰 수 있지만, 정서적인 어려움으로 인해 그런 능력이 가로막혀 힘들어하고 있다. 이런 정서적인 어려움에는 전반적인 좌절감과 심지어 ADHD인 아이를 가졌다는 슬픔도 있다. 그러나 일단 상담자가 이런 문제를 인식하고 부모의 개방을 유도하면, 부모는 안도감을 느끼고 마음이 편해져 좀 더 효율적이고 실제적인 양육기술을 사용할 수 있게 된다.

목표 3

부모와 상담을 하면 ADHD 아동의 공존장애 증상을 찾게 되는데, 이 공존장애 증상은 일반적으로 학령기에 나타난다. 우리는 조심스럽게 불안, 우울, 적대적인 반항장애, 혹은 품행장애의 증상을 살펴본다. ADHD 아동에게 그런 부가적인 정서적 어려움이 생기는 일은 매우 흔하다. 부가적인 정서적 어려움은 ADHD 증후군의 일부인 행동과 상호작용 문제의 결과다. 어떤 한 아동에게 나타나는 공존장애의 종류는 많은 요인에 좌우되는데, 그 요인에는 아동의 기본적인 기질, 부모의 성격, 양육사, 가정환경, 학교에서의 경험, 언급되지 않은 외상, 일가친척과의 관계, 건강력 등이 포함된다. 그 공존장애 패턴이 무엇이든지 간에, 상담자는 부가적인 장애가 ADHD 아동의 행동과 그 아동에 대한 가족들의 지각과 반응에 장애가 된다는 점을 인식하는 것이 중요하다. 다시 말해, 공존장애가 ADHD 증상으로써 가족의 상호작용과 기능에 핵심이 될 수 있다는 것이다.

연구문헌에 따르면 대부분의 ADHD 아동들이 우울, 불안, 반항장애, 심지어 품행장애와 같은 공존장애를 가진다고 알려져 있다. 예를 들어, 반항장애는 일반적으로 청소년기 행동과 관계 있음에도 불구하고 3, 4세에 나타나기도 한다. 이런 ADHD 아동은 자신의 행동을 통제하려는 어떤 시도에도 저항하며 매우 단순한 요구에도 반발한다. 청소년기에 이런 적대적인 행동은 반항, 논쟁, 비협조, 부모의 규칙에 저항하기 형태로 나타난다. 반항장애 ADHD 아동은 자신이 하고 싶은 것이 아니면 어떠한 지시에도 저항한다. 그들은 또한 부모에게 욕을 하고 자신의 요구가 즉시 만족되지 않으면 공공장소에서도 부모가 당황스러울 정도로 떼를 쓴다. 이런 ADHD 아동은 자신의 변덕스런 행동으로 부모를 꼼짝 못하게 하여, 부모가 스스로를 무기력하고 ADHD 자녀와의 상황을 통제하거나 관리할 수도 없는 사람이라고 느끼게 만든다.

7세 ADHD 아동의 어머니는 상담자 Everett에게 자신의 아이를 어떻게 해야 좋을지 모르겠다며 울먹였다. 어머니에 따르면, 그 아동은 옷을 입고 아침을 먹는 것과 같은 작은 일상과제조차도 하기를 완강히 거부했다고 한다. 소년은 사소한 일에도 분노를 터트리고, 여러 사람 앞에서 어머니에게 큰소리로 욕을 하였다. 행동을 교정하려는 시도는 아동을 더 반항적으로 만들 뿐이어서, 어머니는 소년의 행동을 전혀 통제할 수 없는 상황이었다. 학교에서는 가정에서보다 화를 덜 내었지만, 가정에서는 아동의 이와 같은 기질과 다른 사람에 대한 비협조적인 특징이 전 가족의 상호작용을 통제하곤 하였다. 아동은 학교 갈 때를 제외하고 어머니 곁을 떠나지 않았는데, 어머니가 옆에 없으면 매우 미숙했고 불안해하였다. 불안으로 인해 아동은 아버지가 없을 때면 항상 어머니와 자려고 하였고, 어머니가 아동의 시야 내에 있기를 원하였다. 부부간 문제도 같이 엮여서, 부모는 아동의 문제행동을 다루는 데 더욱 어려움을 겪게 되었다. 주된 양육역할이 어머니에게 떠넘겨졌는데, 어머니는 그 아동뿐만 아니라 다른 세 명의 자녀도 돌보아야만 하는 처지였다. 어머니는 우울해하였고, 의기소침해 있었으며, 지치고 화가 나 있었다.

이 아동은 품행문제뿐 아니라 우울, 불안과 같은 많은 정서적인 어려움도 지니고 있었다. 부모와의 초기 면접과 양육사를 살펴보니, ADHD 이면에 가려진 다른 장애가 있었음이 확실했다. 검사를 통해 ADHD 증상을 확인할 수 있었고, 또한 그 소년이 영특한 아이라는 것을 알 수 있었다. 그 소년은 항 우울제와 각성제 모두를 복용하고 있었다. 후속회기는 부모와 행동관리 문제에 대해 이야기하는 시간과 아동 · 부모가 함께 하는 회기로 나뉘어졌다. 이후에는 다른 세 자녀를 포함하여 전 가족이 함께 하는 회기를 가졌다.

부모는 자신들의 일관성 없고 효과 없는 양육방식이 소년의 품행문제에 일조했다는 것을 알게 되었다. 부모에게 몇 가지 행동 관리기술을 알려준 후 상담자는 이들의 부부문제를 다루었다. 이 부부 상담을 통하여 부모는 지난날의 낙담과 서로에게 준 상처를 표현할 수 있었다. 또한 부부만을 위한 시간을 마련하기로 하였다. 점차 부모는 보다 효과적인 방법으로 소년의 행동을 관리해 나가기 시작했다. 그리고 아동의 많은 문제행동들이 사라지기 시작했다. 부모는 소년이 보다 독립적이고, 덜 불안(불안이 소년의 많은 분노행동을 촉발했다)해하며, 보다 협조적이 되었다고 보고했다. 또한 다른 세 자녀의 요구에도 이전보다 성공적으로 만족시킬 수 있었다고 말하였다. 이 사례의 경우 약물은 아동의 기분과 행동을 통제하는 데 다소 도움을 주었다. 하지만 약물만으로 이 소년에게 일어난 변화를 초래할 수는 없었으며, 부모가 효과적인 양육기술을 배우고, 손상된 부부관계를 회복하는 과정이 중요하였다.

목표 4

초기 상담 단계의 주요목표는 가능한 빨리 ADHD 가족들이 겪고 있는 전반적인 스트레스와 혼란상태를 줄이는 것이다. 상담자가 행동 수정에 대해 논할 때 포함해야 할 것이 부모의 역할과 다른 형제들과의 관계 그리고 형제자매들의 가정 내에서의 행동에 대한 것이다. 특히, ADHD 아동과 형제자매와의 관계를 논하여야 한다. 이러한 주제들은 종종 부모에게 그들의 현재 가정의 위계 · 구조 · 경계에 대하여 알려줄 기회를 제공한다. 이러한 가족구조에 대한 논의는 가정의 모든 자녀가 모였을 때 가족의 회기에서 다루기에 좋다. 부가적으로 상담이 이루어질 수 있다면 희생양이 된 ADHD 자녀에 대한 부정적 관점에서 벗어나 부모와의 시간과 다른 형제자매들의 관계를 강화하는 것이 바람직하다.

목표 5

부모상담 회기에서 상담자는 부모의 자원과 강점을 평가하는데, 개인으로서 그리고 부모로서의 측면을 각각 평가한다. 상담자는 부모가 ADHD 자녀를 학대하거나 희생양으로 삼을 가능성에 대해서뿐 아니라 부모의 좌절과 분노의 정도에도 관심을 기울여야 한다. 상담자는 또한 부모의 건강한 부부관계에 대해서도 살펴야 하는데, 부부의 친밀도, 부부간의 의사소통의 정도에 대해서 살피는 것이다. ADHD 가정에서 부모의 부부영역은 그들 고유의 관계로 보호되어야 함에도 종종 경계가 모호해지고 어려움에 부딪힌다. 그러므로 부부에 대한 상담의 많은 부분은 부부영역을 정의하고 강화시키며, 지나치게 강조된 ADHD 아동의 부모로서 짊어진 과도한 책임을 줄이고 부부의 친밀도와 의사소통을 향상시키는 것에 중점을 두어야 한다.

이러한 초기 단계 부모상담에서, 상담자는 보다 현실적인 상담계획을 촉진시키기 위해서 부모의 정서적 자원을 평가할 필요가 있다. 상담자는 부모가 배울 수 있고 할 수 있는 것을 정확하게 판단해야 하는데, 그렇게 함으로써 부모에게 상담자체가 또 다른 실패의 경험을 주는 것이 되지 않도록 한다. 상담자는 종종 부모에게 다음과 같이 말한다. **부모는 아이들의 진정한 상담자다**. 그래서 부모는 상담이 끝났을 때 상담자의 역할을 인계받아서 지속할 수 있는 기술을 배울 필요가 있다. 상담자는 또한 ADHD 자녀와의 상담기간을 정할 때 가능한 짧게 정하는 것이 중요하다고 믿는다. ADHD 아동에 대한 장기상담은 보통 불필요하다. 이는 가족을 치료에 중심으로 두고 보다 광범위한 체제 변화를 할 수 있을 때 그러하다. 장기상담은 자녀들에게 '상처받았다.'라는 자기인식을 강화할 뿐이다. 그렇기 때문에 ADHD 아동의 경우 상담자는 부모를 상담 초기부터 포함시킨다. 또한 상담자는 가능한 빨리 가족회기를 시작하려고 노력하는데, 이는 상담이 ADHD 자녀에게 독점적으로 제공되지 않고 가족 전체가 상담을 공유할 수 있도록 하기 위함이다. 그래서 많은 초기 회기는 교육적인 목적으로 부모가 ADHD 자녀에 대해서 옹호자가 될 수 있는 지식과 기술을 제공한다. 이는 모든 자녀들을 위해서 좀 더 건강한 가족환경을 만드는 데 도움이 된다.

목표 6

상담자가 비교적 ADHD 진단 적절성에 대해서 확신을 갖고 있는(특히 4~6세의 과잉 충동성 ADHD 아동과 상담할 때 더욱 그렇다) 가족에 대해서는 진단검사가 끝나기 전이라도 부모에게 약물을 사용하는 문제를 제기할 수 있다. 부모는 약물의 효과에 대해서 확신이 없고 의심스러워하며 자녀가 약물을 사용하도록 결정하는 것에 두려움을 느낄 수 있다. 그런 경우에 상담자는 상담실의 자문의사와 부모와의 만남을 주선하는 것이 좋다. 상담의 실제에서 상담자는 소아정신과 의사와 가깝게 연계하여 부모가 갖는 질문과 의학적 정보들에 대해 부모가 참여하는 회기에 소아정신과 의사에게 묻도록 할 수 있다. 부모가 소아과 의사와 이야기하기를 선호한다면, 부모의 의료보험 약관에 따라서 다른 의사에게 의뢰할 수도 있다. 이러한 경우에 상담자는 부모와 함께 있을 때 병원에 전화를 하고 메시지를 남겨서 부모가 의뢰하는 것을 들을 수 있도록 한다. 종종 신뢰를 얻고 있는 가족 주치의는 약물치료에 대한 걱정을 덜어주고 부모가 자녀에 대한 약물치료를 결정해야할 때 정서적으로 편해질 수 있도록 돕는다.

목표 7

이렇게 부모와 함께 하는 상담 회기가 끝나면 상담자는 보통 확실한 평가와 상담계획(〈표 6-3〉)을 갖게 된다. 상담계획에는 누가 언제 아동을 검사할지에 대한 계획과 검사결과를 해석하기 위해 다시 만나는 약속을 하는 것이 포함되어 있다. 상담계획의 일부로 상담자는 누구를 보게 될 것이며 순서와 대강의 시간이 어떠하고 각 면담의 목적이 무엇인지 알려주어야 한다. 약물치료를 권장할 만하다면 의사의 결정이 필요하며 진단을 위한 시간표가 짜여져야 한다. 부모에게는 질문하고, 생각을 말하며, 상담자의 권고를 논의할 충분한 시간이 주어져야 한다.

7~9회기: 아동 상담

다음 단계는 ADHD 아동 개별 놀이치료다. 상담목표로 아동의 정서, 행동, 상호작용을 다룰 수 있다. 대부분 이 연령의 아동은 통찰에 익숙하지 않기 때문에, 상담자는 개인 놀이치료에서 아동을 관찰하고 적절한 행동에 대해서 교육하며 능력을 발휘할 수 있도록 촉진한다. 이는 아동이 놀이대상을 고르도록 허용하고 나서 자아존중감을 높이고 적절한 자기관리를 배운다는 목표를 갖고 아동의 놀이 질을 강화하는 개입을 수행하는 것이다. 놀이는 중성적인 것으로 자아를 반영하고 아동이 처한 환

〈표 6-3〉 첫 ADHD 아동과 그들의 가족을 위한 첫 상담계획의 요소들

1. 심리검사를 언제 누가 시행할지를 결정한다.
2. 부모와 함께 검사해석 시간을 예약한다.
3. 의료상담의 시간과 목표에 대해서 논한다.
4. 다음 부모회기를 예약한다.
5. 아동의 놀이회기 시간을 구체화한다.
6. 차후의 가족치료 회기를 구체화한다.
7. 부부나 세대 간의 상담의 필요성에 대해 고려한다.
8. 교육 전문가와의 상담의 필요성에 대해 고려한다.

경에서 다른 사람들과 관계를 맺을 때 적절한 행동을 할 수 있도록 돕기 위해 사용된다. 아동은 인형놀이로 가족들을 형상화한다. 예를 들면, 아이 자신의 가정 내 상호작용 유형을 본떠서 가정의 좌절과 실패가 극화될 수 있다. 상담자는 아동이 인형을 사용해서 가족구성원의 보다 만족스러운 행동을 배울 수 있도록 돕는다. 놀이치료에서 새롭고 긍정적인 결과가 나타날 때 이러한 새로운 성과는 아이가 새로운 행동이 효과적이라는 것을 이해하게 한다. 놀이치료를 통해서 아동은 자신의 부모와 자신 사이에서 그리고 사회생활에서 느끼는 불안을 줄일 수 있고 관계에서 보다 긍정적인 모형을 갖게 된다(놀이치료와 친숙하지 않은 독자가 있다면 이러한 기술을 배울 수 있는 워크숍에 참여할 것을 권하고 싶다.).

상담자는 몇몇 회기 동안만 ADHD 아동의 개별적인 놀이치료를 하고 상담은 다시 부모-자녀 관계를 중심으로 돌아가야 한다. 필요한 회기의 정확한 횟수는 자녀, 부모, 가족역동과 같은 다양한 요소들에 따라 결정된다. 상담자는 아동과의 개인 놀이치료와 부모-자녀의 상호작용 그리고 확장된 가족회기를 조정하기 위해서 유연한 자세를 가지고 있어야 한다. 경험에 따라 모든 평가와 치료계획은 효과적으로 선택된다. 치료를 촉진하는 방법으로는 검사, 약물치료, 학교환경 조정, 부모 행동 향상, 가족환경의 안정화, 정서적인 조력제공 등이 있다. 사실 많은 부모들은 ADHD 자녀로 인해 고생을 많이 했기 때문에 종종 단기간에 일어난 중요한 행동변화에 크게 놀라고 기뻐한다.

10~11회기: 놀이치료에서의 부모와 자녀

위에서 언급되었듯이 부모-자녀 상호작용 회기를 가능한 빨리 시행하는 것은 중요하다. 부모-자녀 상호작용 회기에는 아동 개인 상담도 포함되며 형제자매는 이어지는 가족치료 회기에 초대될 것이다. 그러나 이러한 부모-자녀 회기는 조심스럽게 정해야 하고 약간 진전이 있은 후에 시행하는 것이 좋다. 소리 지르거나 야단맞는 것이 없고, 다툼이나 압력을 받는 것 없이 방안에 웃음과 즐거움으로 가득한 놀이를 하는 것은 ADHD 아동에게 매우 감동적인 경험이 될 수 있다. 이 회기에서 상담자의 역할은 (1) 효과적인 양육기술의 모형이 되고, (2) 자녀의 행동관리와 의사소통의 단계를 향상하려는 부모의 노력을 강화한다. 그리고 (3) 부모-자녀 간 긍정적인 상호작용의 단계를 높이기 위해 촉진적 역할을 한다. 이러한 목표는 다양한 방법으로 달성될 수 있다. 예를 들면, 상담자는 아동에게 건물 쌓기, 인형놀이 같은 장난감을 선택하게 할 수 있다. 또한 부모에게는 활동에 참여하라고 요구할 수 있다. 가족의 상호작용에서 상담자는 부모 서로의 상호작용과 자녀를 향한 부모의 공동반응 · 개입을 관찰한다. 필요하다면 부모와 자녀의 상호작용의 방향을 변화시키고 협동적인 행동과 서로의 자존감을 높이는 행동을 강화하도록 한다. 회기가 진행됨에 따라서 부모는 상호작용을 촉진하는 자기 스스로의 자원을 개발할 수 있게 되고 회기의 마지막에는 놀이치료를 마친 후 장난감을 치우고 떠날 준비를 하도록 자녀를 이끄는 명확한 부모의 역할을 갖게 된다. 상담자는 부모에게 필요하다면 아이가 놀이를 끝내려 하지 않을 때 이러한 아이의 저항의 가능성을 부드럽게 다루어야 함을 알려준다. 상담자는 다양한 게임을 가족을 위해서 사용할 수 있다. 이러한 게임은 가족의 상호작용을 돕고 가족구성원이 같이 경험한 활동, 감정에 대해서 이야기 할 수 있도록 한다. 이러한 게임은 가족구성원 사이의 정서적인 감수성을 증가시키고 이는 놀이와 연계되어 재미있고 즐거운 상황을 만든다.

12회기 이후: 가족 상담 회기

부모 양육기술에서 몇 가지 진전이 이루어지면 부모, ADHD 아동, 형제자매, 함께 사는 친척, 보모 등을 포함한 가족 상담 회기를 계획한다. 이러한 가족회기에서 ADHD 자녀의 증상에 대한 가족의 인식과 반응을 변화시키는 것이다. 상담자는 보통 ADHD 자녀가 최소한 4세 이

상일 때 가족 상담 회기를 수행한다(이는 상담자가 어린 아동들과 상담하는 것에 익숙하지 않을 때 편하지 않은 접근일 수 있다. 경험이 많은 상담자일수록 이러한 분야에서 보다 효과적인 치료성과를 보일 것이다.).

이러한 가족 상담 회기가 실제적 변화의 주요 장면이 된다고 하더라도 이는 평가와 진단, 부모교육, 놀이치료에서의 상호작용이 선행된 후에만 행해져야 한다. 이러한 초기 상담은 변화의 기초를 제공한다. 즉, 초기 상담은 문제영역의 명료화와 부모가 모든 자녀들의 행동을 관리하는 보다 좋은 기술을 갖게 하고, 달성할 수 있는 목표를 위한 모든 가족의 노력에 초점을 모을 수 있게 한다. 이러한 가족회기가 적절한 기반없이 행해진다면 모든 가족구성원은 상담자 사무실에서 혼란과 좌절을 단순히 반복하며 감당할 수 없는 상황들에 부딪히게 된다. 이와 유사하게 형제자매들이 치료에 너무 빨리 참여하게 되면 그들의 습관화된 희생양 만들기가 ADHD 형제자매에 대한 공격으로 사용될 수 있고, 어떠한 변화도 가져올 수 없게 된다. 상담자는 초기에 부모교육과 아동의 놀이치료를 적절히 수행하여 아동의 행동변화를 촉진한다. 이에 따라 부모는 ADHD 아동의 향상을 볼 수 있고(특별히 ADHD 아동의 약물치료가 성공적이라면), 부모의 관계형성과 향상된 양육기술을 통해서 변화된 아동의 모습을 형제자매들도 쉽게 알아차릴 수 있게 된다.

가족 상담자는 상담의 참여정도와 중재의 유형을 고려하여 주의 깊게 치료적 역할을 선택해야 한다. 혼란에 빠져 있는 가족을 과도하게 수동적인 자세로 대하는 것은 단지 그들의 혼란을 가속화시킬 뿐이다. 그러나 반면에 명확한 방향과 구조화를 필요로 한다고 하여 너무 많은 역할을 하게 될 수도 있다. 이러한 가정에 대한 과도한 개입이나 통제방식은 가족구성원이 자신의 새로운 역량을 지니고 행동하는 데 제약이 될 수 있다. 경험적으로 살펴보면 상담자가 적절한 방향제시와 자극을 주었을 때 가족구성원은 그들의 역량을 일상에서 80% 가까이 사용하는 법을 배우게 된다.

그러나 상담자는 ADHD 가족이 마지막 단계에서도 다소 혼란스러워하며 어려움을 갖는다면 중재를 위해 구조를 세우고 한계를 명확하게 하기 위해서 일시적으로 보다 직접적인 역할을 할 필요가 있다. 예를 들어, 몇몇 경우에 상담자가 부모와 함께 회기를 구조화하기 위해서 물리적으로 아이를 사이에 두지 않고 바로 옆에 앉을 수 있다. 이것은 상징적인 방법으로 가족 내에서 부모의 역할과 권위를 돕는다. 또 다른 상황에서 상담자는 형제자매들에게 보다 직접적인 통제를 가할 수 있다. 이는 형제자매가 ADHD 자녀를 희생양으로 삼는 것을 막고 부모에게 새로운 양육기술 모형을 제시하기 위함이다. 이때 보다 혼란에 빠진 가정이라면 상담자는 ADHD 아동과 연계하여 아동을 보호하려고 할 것이다. 그러나 이러한 개입으로 얻어지는 것은 거의 없다. 왜냐하면 상담자는 가족이 치료회기를 마치고 집에 돌아갔을 때 계속 역할을 수행할 수 없기 때문이다. 이러한 가족은 그들의 희생양 만들기를 멈출 수 있는 스스로의 역량을 찾아야 하며, 부모는 보다 나은 가족 상호작용을 만드는 역량을 갖는 것이 필요하다.

가족치료 회기의 구체적인 목표는 각 가정체제 내의 역동과 ADHD 자녀의 연령에 따라 달라진다. ADHD 가족을 위한 공통으로 있을 수 있는 중심주제를 제시하면 다음과 같다.

1. 희생양 만들기를 막고 금지하기
2. 가정 내에서 새롭게 정의된 부모의 권위 강화
3. 부모의 영역을 강화하고 정의하기
4. 부부관계를 안정화하기
5. 필요하다면 세대 간의 경계에 대한 정의와 조정

목표 1

부모와 형제자매들은 ADHD 아동을 희생양으로 삼는다. 가족 상담 회기가 시작됨으로써 부모는 새로운 양육기술을 배워 좌절감이 다소 줄어들 것이며, 새로운 상호작용 방식을 배우고 시도할 것이다. ADHD

아동을 희생양으로 만드는 것은 수년 동안 가족 상호작용에서 정서적으로 깊숙이 자리 잡아왔기 때문에 상담기간 중에도 때때로 이러한 패턴이 나타나곤 한다. 만약 상담자가 희생양 만들기의 첫 신호에서 신속히 개입한다면 이를 빨리 막을 수 있다. 희생양으로 만드는 역동들을 처음부터 차단하거나 또는 새 방향으로 초점을 바꾸기 등의 개입이 효과적이다. 이 단계에서 희생양 만들기는 형제자매들로부터 더 많이 발생하는데, 희생양 만들기를 해왔던 형제자매들은 초기 부모-자녀 간 상호작용과 교육회기의 효과를 얻지 못했다.

여기에서 상담자의 전략은 부모가 새로운 전략으로 형제들의 희생양 만들기를 차단하도록 돕는 것이다. 가족의 정서경험을 재형성하기 위해서 부모를 활용하는 것은 강력한 개입이 된다. 만약 형제자매들이 희생양의 고리를 끊고자 하는 노력에 저항한다면, 상담자는 가족 내에서 부모의 새로운 역할을 강화하거나, 때때로 파괴적인 상호작용들을 차단하는 행동들을 모델링하기도 한다. 예를 들어, 상담자가 다른 주제의 대화 속으로 부모 또는 다른 형제자매들을 끌어들임으로써 형제자매들의 공격을 차단할 수도 있다. 혼란스러운 가족에게는 가족 내 동맹과 역할을 재형성하는 구조적 개입이 효과적이다. 이 경우 공격하는 형제자매들은 치료자 옆에 앉거나, ADHD 아동 옆이나 더 말을 잘 듣는 '힘센' 부모 옆에 앉도록 해서 그들의 힘과 희생양 만들기에 대응한다. 필요하다면 상담자는 가족이 형성해 왔던 과정에 대한 해설자 역할을 할 수도 있고, ADHD 아동의 특별한 도전과 어려움들을 대변해 주는 역할을 가정할 수도 있다. 이러한 작업은 우리가 두 번째 목표로 나아갈 수 있게 한다.

목표 2

이 단계에서 부모가 많은 기술과 자원을 얻는다 하더라도, 가족을 위한 지속적이고 긍정적인 변화의 발달은 부모가 자신의 자원을 활용하고 접근하는 방법을 학습하는 데 달려 있다. 위에서 나타난 것처럼, 상담자가 이런 과정을 촉진하고, 부모의 역량이 아이들과의 관계에서 나타나도록 하는 것이 중요하다. 만약 이런 과정이 치료회기의 초기 단계에서 만들어지면, ADHD 아동과 비 ADHD 형제자매들 간의 관계에서 부모의 특정한 역할이 최소한의 가족회기 안에 강화되고 권한을 부여받을 수 있다. 만약 그 과정이 더 느리거나 희생양 작업이 계속된다면, 상담자는 앞서 이야기한 바와 같이 희생양 만들기 작업을 차단하고, 더 효과적인 부모역할을 모델링하는 적극적 역할을 할 필요가 있다.

구조적인 가족 상담(structural family intervention)은 이 시기에 아주 도움이 될 수 있다(Minuchin, 1974; Minuchin & Fishman 1981; Nichols & Everett, 1987). 이때 유용한 구조적 개입은 다음과 같다.

- 상담자는 면담 동안 부부 사이에 앉으려고 계속 고집을 피우고 끼어들거나, 부모를 통제하고자 하는 자녀를 차단하기 위해서 부부가 나란히 앉도록 한다. 이는 상징적으로 부모와 자녀들에게 좀 더 명확한 부모 경계선과 역할을 보여주며, 가족 내 부모의 통제력을 증가시킨다.
- 희생양이 된 ADHD 아동은 참여를 촉진하기 위하여 회기 동안 상담자 옆에 앉도록 한다. 이렇게 상징적으로 아동에게 부가적인 지위를 줄 것이며, 부모가 더 통제력을 획득할 수 있을 때까지 희생양 작업을 차단할 것이다. 상담자는 종종 현재 옆에 앉아 있는 ADHD 아동에게 자문역할을 해달라고 요청하며, 어떻게 가족이 활동하는가 혹은 가족 내에서 부모가 어떤 역할을 수행하는가를 상담자가 이해하도록 도와달라고 한다. 가족 전체적인 상호작용에서 ADHD 아동의 역할을 정상화하고 강화시키는 동안 그들의 경계를 명확히 하고 보호하고자 하기 때문에 ADHD 아동을 부모 사이에 앉히지 않는다.
- 특히 저항하고 화가난 비 ADHD 형제자매는 상담자 옆에 자문역할로서 앉도록 한다. 이것은 상담자가 그 회기 내 형제자매의 분노와 방해를 통제하도록 하고, 종종 형제자매가 가족 내에서 부모역할을 다시 정립하는 부모에게 공격하는 것을 막을 수 있다.

목표 3

가족 내에서 부모의 역할을 강화하는 목표를 수행하기 위해서 부모의 경계를 잘 정의하여 다루어야 한다. ADHD 가족 내에서 부부는 종종 아이에게, 특히 ADHD 아동의 행동에 초점을 맞추어 왔으며, 그들의 모든 상호작용과 의사결정은 방해받아 왔다. 명확하고 확고한 경계를 세우는 것은 부모와 부부역동 양자에 긍정적으로 밀접한 관련이 있다. 이 경계는 부모가 협동양육하는 관계를 발달시킬 수 있고, 팀으로서 일하는 것을 배울 수 있는 보호공간을 허용하게 할 수 있다. 이것이 ADHD 가족 내에서 대부분 부모의 전형적인 어려움이다.

이런 경계의 발달은 가족 상담 회기 내에서 가족 상호작용의 경험 배경 내에서 일어나야 한다. '경계' 개념은 부모와 따로 분리된 회기 내에서 추상적으로 토의될 수도 있지만, 그들 스스로 경계선의 창출이 체계 내 부모의 실제 상호작용 행동들로부터 발전되어야 한다. 여기에서 상담자는 부모 사이에 방해가 되는 아이를 차단함으로써 부부의 경계를 정의하는 것을 도울 수 있다(부모가 함께 앉도록 하고, 그들 공동 권위를 보여주기, 어느 정도 가족의 다른 구성원들로부터 분리하기, 적정한 물리적 거리 두기). 효과적인 경계선 세우기 행동을 아이와 함께 모델링하는 것은 가족회기가 가정 내 새로운 경계유형을 강화하고 안정화하는 데 도움이 된다. 많은 부모들이 그들의 경계를 한 번 인식하게 되면, 더 자신감이 생기고 집 안에서 더 많은 통제를 할 수 있다. 그리고 현재 아이가 그들의 역할에 방해하는 행동을 시도하는 때를 인식하게 된다. 또한 성공적으로 부모와 아동의 경계를 정의하는 과정은 부모가 배우자 관계에 주목하게 하는 긍정적인 영향을 주어야 한다.

목표 4

ADHD 아동 부모의 부부 상호작용은 문제가 될 수 있으나, 진단되지 않은 ADHD 청소년의 부모만큼 소원하거나 갈등적이지는 않다. 가족 상담단계의 일부분은 부부로서의 부모회기를 수행하는 것으로 구성된다. 이 회기는 가끔 계획될 필요가 있으며, 경계선을 분명히 하는 과정이 이미 존재하는 부부갈등이나 거리 때문에 차단되었을 때, 가족회기의 대안이 된다. 부부 중 한 사람이 이혼을 고려하는 중이 아니라면 보통 몇몇 부부회기만으로도 서로의 역할을 분명히 하고 관계를 다시 맺도록 돕고, 가족 내에서 서로 더 많은 도움을 얻는 부부로서의 이익을 인식하도록 한다. 달리 말하면 부부는 양육기술을 향상하는 것 외에 그들 자신의 인간적 친밀도와 부부관계를 향상하도록 도움을 받는다. 대부분의 ADHD 아동 부모는 초창기 서로 다정했던 분위기의 모든 감정을 상실했다고 보고한다. 그러나 부부로서 더 매력적인 경험과 결속은 종종 재발견되고 새로워질 수 있다.

목표 5

조부모와 다른 원 가족구성원들은 가족 내에서 ADHD 아동의 학교생활실패와 양육문제를 악화시키는 방해역할을 할 수 있다. 상담자는 '성의가 있는' 조부모, 삼촌, 숙모 등에 의해 부적절한 양육을 하고 있다고 부모가 추궁당해온, 문제행동을 일으켰지만 ADHD는 진단되지 않은 아동의 가족들과 만났다. 심지어 ADHD 진단이 확정된 후에도 이 원가족구성원 중 몇몇은 부모 혹은 ADHD 아동에게 무자비한 비난을 지속한다.

이러한 부정적 역동은 가능한 빨리 규명하고 통제할 필요가 있다. 몇몇 경우에 개입은 부모가 치료에 방해가 되는 비난으로부터 어느 정도 정서적 거리를 유지하도록 돕는 것을 포함할 수 있다. 특히, 친척들이 어느 정도 먼 곳에 거주한다면, 가족들이 세대 간 유대감과 역량을 키우는 것이 중요하다. 그래서 우리는 이런 세대 간 가족들 간의 방해를 통제하거나 차단하는 여러 방법을 제공하는 데 주의를 기울인다. 예로, 우리는 종종 원가족구성원들(전형적으로 조부모)을 초대해서 부모와 함께 회기에 참석하게 한다(원가족치료 또는 상담회기를 수행하려는 상담자는 Framo, 1992를 참고할 것). 원가족구성원들이 가까이 살고 있거나 곧 방문할 계획이 있다면, 우리는 아동을 제외하고 부모와 조부모가 함께 하는 상담회기를 계획할 것이다. 우리는 부모와 함께 보았던 것 같은 진단정보를 조부모에게 제공하고 검사의 역할, 검사결과, 각성제 사용에 대해 토의할 것이다. 우리는 상담과정과 모든 사람들이 ADHD 아동과 가족 전체 내에서 관찰해 왔던 긍정적 변화들을 기술한다. 조부모는 질문을 던질 것이지만, 보통 이러한 회기는 그들의 비난적 역할을 줄이는 데 충분하다. 어떤 경우에 우리는 아동의 부모가 조부모와 함께 ADHD 아동뿐만 아니라 부모 자신에게도 필요하고 유익한 상호작용에 대해 토의하도록 도울 수 있다. 때때로 부모는 조부모와 더 확고한 경계를 긋는 것을 원하지만 대부분의 경우는 더 지지적인 인간관계를 원한다.

상담과정에서 조부모와 다른 친척들은 대개 고마움을 표한다. 어떤 경우에는 부모가 참석한 가운데 스피커폰을 사용해서 조부모와 전화 인터뷰를 했다. 또한 세대 간 확대가족 회기는 상당한 진전을 보인 후에 계획됐을 때 가장 효과적임을 발견했다. 그러나 원가족구성원들이 자연스럽게 방문하거나 부모 근처에 살아서 가족 내에서 더 적극적인 일상생활 역할을 수행한다면, 상담회기 내에서 이러한 만남을 더 빨리 실시할 수도 있다.

가족 상담 회기 수는 다루는 문제, ADHD 아동의 증상완화, 부모역할 재구성에서의 성공에 따라 2~8회기까지 다양할 수 있다. ADHD 아동과 함께 하는 가족 상담 회기는 매우 중요하다. 아동과 가족의 지속적인 변화는 아이 혼자에게만 초점을 두어서는 제대로 드러나지 않는다. 또한 부모, 형제 그리고 친척과의 상호작용이 향상되기 전에 약물이나 학교개입과 같은 많은 초기 단계 개입은 매우 빠르게 효과가 감소한다.

전체 상담과정은 부모교육을 포함한 진단평가부터 ADHD 아동과 다른 형제자매들을 포함시킨 가족 상담 회기까지 포함한다. 상담순서는 상담자가 ADHD 증상과 가족 상호작용에 대한 가족들의 노력에 초점을 맞추어 정한다. 그리고 나서 상담자는 아동의 ADHD를 더 잘 이해하고, 자녀의 양육에 유익할 더 효과적인 양육기술을 습득하도록 하는 방향으로 상담을 진행한다. 각성제의 사용은 ADHD 아동을 위한 추가적인 방법으로서 이 단계에서 고려할 수 있다. 이 단계에서는 상담자가 더 효과적으로 전체 가족체계의 상호작용에 초점을 맞출 수 있게 한다. 그것은 또한 부부와 세대 간 이슈들을 포함할 수 있다. 이 장에서 소개한 ADHD 상담 모형은 당연히 우리 자신의 임상스타일과 임상경험에 근거를 둔다. 물론 우리는 다른 접근과 치료적 개입이 ADHD 가족에게 성공적일 수 있음을 믿는다. 그러나 우리는 이 모형의 각 단계에서 언급해 왔던 전략들이 상담자가 더욱 세심하게 주의를 기울이고, 또한 더 효과적으로 상담을 진행할 수 있는 방법을 제공한다고 믿는다. 다음 장에서 우리는 ADHD 청소년과 그들의 가족과 함께 진행하는 가족 상담 모형을 제공할 것이다.

〈부록 6-1〉 가족구성원을 위한 참고 자료와 지원단체

부모용

Barkley, R. (1995). *Taking of ADHD.* New Tork: Guildford Press.

Cohen, M. (1997). *The attention zone.* New York: Brunner/Mazel.

Diller, L. (1998). *Runnig on rietalin.* New York: Bantam.

Dornbush, M., & Pruitt, S. (1995). Teaching the tiger: A handbook for individuals involved in education of students with attention deficitdisorderd. *Tourette syndrome or obsessive-compulsive disorder.* Durate, CA : Hope Press.

Kennedy, P., Terdall, L., & Fusetti, L. (1993). *The hyperactive child.* New York: St. Martin's Press.

Kilcarr, P., & Quinn, P. (1997). Voices from fatherhood-Fathers. *Sons and ADHD.* New York: Brunner/Mazel.

McCarney, S., & Johnson, N. (1995). *The parent's guide to early childhood attention defit disoders intervention manual.* Columbia, MO: Hawthorne Educational Services.

Weiss, L. (1994). *The attention defit disorder in adults workbook.* Dallas: Taylor Publishing.

아동용

Ingersoll, B. (1995). *Distant drums, different drumer.* Bethesda, MD: Cape Publishing.

Moss, D. (1989). *SHELLEY the hyperactive turtle.* Rockville, MD: Woodbine House.

Quinn, P., & Steirn, J. (1993). *Putting on the brakes.* New York: Magination Press.

Quinn, P., & Stern, J. (1993). *Putting on the brakes activity book.* New York: Magination Press.

청소년용

Gordon, M. (1992). *I would if I could.* New York: GSI Publications.

Nadeau, K. (1994). *Survival guide for college student with ADD or LD.*

New York: Brunner/Mazel

Quinn, P. (1995). *Adolescents and ADD.* New York: Brunner/Mazzel

Quinn, P.(1994). *ADD and the college student.* New York: Brunner/Mazel.

성인용

Hallowell, E., & Ratey, J. (1994). *Driven to distraction.* New York Pantheon.

Hallowell, E., & Ratey, J. (1994). *Answer to distraction.* New York: Pantheon.

Hartmann, T.(1993). *ADD : A different perception.* Penn Valley, CA: Underwood.

Kelly, K., & Ramundo, P. (1993). *You mean I'm not lazy, stupid or crazy?* New York: Scribner.

Nadeau, K. (1996). *Adventure in fast foeward life, love, and work for the ADD adult.* New York: Brunner: Mazel.

Nadeau, K. (1997). *ADD in the workplace: Choices, changes, and challenge.* New York: Brunner/Mazel.

관련단체와 자료

- 주의력결핍 아동과 성인

  (Children and Adults with Attention Deficit Disorders : CHADD)

  국립 학술대회 및 계간지

  주소 499 NW 70th Avenu, Suite 101

  Platation, Florida 33317

  http://www.chadd.org/

- ADD Warehouse

  도서 및 기타 간행물 카탈로그,

  주소 300NW 70th Avenu, Suite 102

  Platation, Florida 33317

  1-800-233-9273

7 

ADHD 청소년과 가족을 위한 상담 및 치료적 개입

구체적인 발달단계로서 청소년기가 언제 시작되는지는 명확하게 규정하기 어렵다. 사춘기의 시작을 하나의 경계선으로 삼기도 하지만, 사춘기는 정서적인 발달이 아니라 신체생리적 측면이다. 어떤 젊은이들은 신체적으로는 성숙하지만 정서적으로는 여전히 미성숙하다. 많은 ADHD 청소년들은 사회적 성숙도에서나 중요한 의사결정을 하는 능력에서 같은 연령의 또래들에 비해 2년 정도까지 뒤떨어진다. 몇몇 ADHD 청소년들은 학교를 가야 할 때가 1년 이상 늦어져 13살에도 여전히 초등학교에 다닌다. 확실히 ADHD 청소년은 전형적인 청소년기 문제가 다소 늦게 나타난다. 청소년기 문제를 바로 보이는 ADHD 청소년들이 있기도 하지만 그들은 그러한 문제를 다룰 준비가 되어 있지 않다.

하지만 ADHD 청소년의 증상 및 상담은 ADHD 아동의 증상 및 상담과 구별되는 중요한 특징들이 있다. 아동과 비교하여 청소년들은 상당한 개인적 낙담과 좌절을 경험하고 '차이'에 대해 보다 많이 의식하게 되며 형제자매와 또래로부터 고립되었다는 격리감을 갖거나, 낮은 자기존중감과 자긍심을 경험한다. 몇몇 ADHD 청소년들은 학업실패의 위험성이 더 높으며, 복잡한 중 · 고등학교 상황에서 보다 심각한 주의산만과 계속되는 좌절을 겪고 있다고 보고된다. 다른 ADHD 청소년들은 과잉행동-충동적인 행동으로 인해 범법행위의 위험성이 커지며 부모의 좌절과 참지 못함이 심화되고 가족폭력 위험이 증가하는 등의 경험을 한다. 많은 ADHD 청소년들은 반항장애, 품행장애, 우울과 불안의 공존장애(Comorbidity)증상을 보일 가능성이 커진다(Biederman & Steingard, 1989; Faigel et al, 1995; Robin, 1998; Wender, 1995). 확실히 상담과정에서 청소년들은 어린 이동들보다 발달된 언어 및 상호작용 기술을 보인다. 그러나 이러한 언어와 상호작용 기술을 통해 얻을 수 있는 장점은 종종 ADHD와 다른 공존장애가 연합된 행동증상의 심각성으로 인해 상쇄하기도 한다(〈표 7-1〉 참고).

〈표 7-1〉 ADHD 아동과는 다른 ADHD 청소년의 임상적 특징 비교

1. 훨씬 많이 축적된 대인관계의 실망과 좌절
2. 대인관계 어려움에 대한 보다 민감한 알아차림
3. 형제자매와 또래와의 '차이'에 대한 보다 민감한 알아차림
4. 더 낮은 자기존중감과 자긍심
5. 중학교에 다니기 시작하면서 교육경험에 대한 커다란 좌절
6. 중학교에 다니기 시작하면서 더 확실해진 산만성
7. 훨씬 커진 학업량과 좌절
8. 훨씬 커진 학업실패나 중도탈락 위험성
9. 과잉행동-충동적 행동으로 인해 더 커진 법적 처벌 위험성
10. 부모좌절에 대한 훨씬 더 많은 부정적 경험
11. 부모 및 가족폭력에 대한 훨씬 더 큰 위험
12. 반항장애, 품행장애, 우울, 불안 등의 높은 공존장애 위험성

ADHD 청소년을 위한 치료적 개입 범위

ADHD 아동에 대한 치료적 개입은 6장에서 기술한 일반적인 범위를 따른다. 그러나 청소년을 다룰 때에는 가족 간 상호작용, 부모 · 형제 문제, 청소년의 사회적 어려움과 공부문제 그리고 자기존중감 세우기 등에 초점을 맞출 것이다. 이러한 개입 빈도와 시기는 또한 다르다. 상담자는 부모와의 연계와 상담을 계속해서 비중 있게 다룰 것이다. 이러한 부모와의 연계된 회기에서는 청소년 발달사와 가족력, 검사결과, 약물복용 문제, 치료계획 등을 포함한 논의가 이루어진다. 상담자는 ADHD 청소년이 이러한 정보수집과 의사결정과정의 기여자로서 가치 있으며 존중받고 있다는 느낌을 갖도록 상담해야 하며, ADHD 청소년이 자기존중감을 확립하고 성숙해 가는 과정을 촉진하도록 도와주어야 한다. 상담자는 ADHD 청소년이 상담 초기에 소속감을 많이 가질수록 그 청소년에 대한 성과도 좋다는 것을 알게 되었다. 회기 동안에 부모와 청소년 모두에게 일어난 변화는 새로운 라포와 상호존중감을 촉진할 수 있다.

청소년은 자기존중감의 확립을 위해 독립과 자기조절 문제로 씨름하는 것이 필요하기 때문에 상담자는 또한 ADHD 청소년과의 개인 회기에도 보다 많은 시간을 쏟아야 한다. 앞서 언급한 것처럼, 많은 ADHD 청소년은(ADHD가 아닌 또래에 비교해서) 계속해서, 심지어 16살이 될 때까지 미성숙한 채로 있다. 상담자는 개인 혹은 가족이 참여하는 적절한 게임활동이 미성숙한 ADHD 청소년을 끌어들이는 데 효과적이라는 것을 알게 되었다. ADHD 청소년이 경쟁심을 가지거나 재미있어 하는 놀이(예: 바구니에 농구공 넣기, 다트게임, 게임하기)를 같이 하는것이 ADHD 청소년에게 성공에 대한 새로운 기회를 제공한다(이러한 '놀이' 회기는 주의력결핍형보다는 과잉행동–충동적인 ADHD형에게 유용하다. 주의력결핍 청소년은 덜 활동적이고 덜 경쟁적인 경향이 있다.). 상담자는 상담실 안에서 일대일 대화와 게임회기의 균형을 맞출 필요가 있다.

ADHD 청소년을 상담하는 것은 또한 가족체계 안에서 그들의 역할을 탐색하는 것을 포함한다. 상담자는 ADHD 청소년과 부모에게 몇 가지 진전이 동시에 이루어진 이후에 가족회기를 실시한다. ADHD 아동을 상담할 때와는 달리 상담자는 부모를 제외하고, ADHD 청소년과 그의 형제자매들이 참여하는 형제자매 회기를 갖는다. 회기를 통해서 상담자는 형제자매 상호작용 형태, 희생양 만들기의 정도, 다른 형제자매의 성숙도, 가족 내에서의 역할 정의 그리고 자녀가 부모를 어떻게 지각하는지에 대한 선반적인 양상을 알게 된다. 상담자가 이러한 문제를 포함하여 가족을 관찰하는 것은 가족구성원 전체를 위한 목표를 설정하고 개입방법을 개발하는 데 있어서 매우 중요하다. 가족회기를 시작하기 전에, 상담자는 형제자매 회기를 통해 형제자매들을 안심시키고 상담자와 공감을 할 수 있도록 유도한다. 이러한 가족회기는 가족 내 ADHD 청소년의 역할이 어느 정도 정상화되고 부모가 가족을 좀 더 통제하고 있다고 느낄 때까지 계속된다. 이러한 가족회기가 성공하면, 필요할 때는 부부 상담과 세대 간 확대가족 상담이 이루어진다. 이 상담은 6장에서 ADHD 아동을 위해 기술했던 형식을 따른다. 우리가 논의할 실제 일련의 과정은 〈표 7-2〉에 약술하였다.

〈표 7-2〉 ADHD 청소년과 가족의 평가와 상담과정

회 기	형 식
1	부모와의 상담
2~3	ADHD 청소년 개인 상담
4	부모에 대한 피드백
5~6	가족회기: 부모-ADHD 청소년
7~10	ADHD 청소년 개인 상담
10 이후	형제자매 핵가족(부모와 그 자식들) 확대가족(원가족을 포함한 다양한 가족구성원) 결혼

ADHD 청소년과 가족을 위한 상담 모형

1회기: 부모와의 상담 회기

첫 회기에는 6장에서 ADHD 아동과 상담을 할 때 논의한 것과 유사한 목표에 초점을 맞춘다. 부모만 참가한 초기 면접에서는 ADHD 청소년이 참여했을 때는 쉽게 얻을 수 없는 라포를 형성하는 것이 중요하다. 부모는 그들의 좌절과 두려움을 발산할 기회가 필요하기 때문이다. 대부분의 부모는 ADHD 청소년이 참여하지 않았을 때 좀 더 솔직하고 개방적이다. 그러나 몇몇 부모는 초기 상담회기를 상담자에게 ADHD 청소년이 얼마나 '몹쓸 놈' 인지를 이야기하면서 희생양 만들기로 잘못 이용하기도 한다. 이에 상담자는 부모와의 개별적인 상담 및 상담회기 동안에 반복되는 희생양 만들기와 같은 역동으로부터 ADHD 청소년을 보호하기도 한다.

물론 부모만 참여하는 초기 면접을 실시하는 것에는 예외가 있다. 자살에 대한 상상, 자살시도를 포함하는 위기 상황이나 청소년이 신체적으로 통제력을 잃어버린 경우 등이다. 이럴 때는 진행 중인 상담을 시작하기 전에, 처음 몇 회기 동안 ADHD 청소년 개별상담, 부모를 동반한 상담을 하는 것이 ADHD 청소년을 안정시키기 위해 필요하다.

부모와 함께 하는 초기 면접의 전반적인 목표는 6장에서 논의한 대로, 유아기부터 현재에 이르기까지 의학적, 사회적, 교육적 경험을 포함하여 아동으로서 ADHD 청소년의 발달과정을 탐색하는 것이다. 가족력과 발달을 살펴보는 것은 앞서 〈표 6-2〉에서 제시된 틀을 따른다. 이 초기 회기에서 상담자는 부모의 걱정과 노력들에 대해서 진솔하게 수용하고 이러한 걱정과 좌절을 낙관주의와 희망으로 전환하는 협력관계를 형성하기 시작해야 한다.

2~3회기: 청소년 개인 상담 회기

다음으로 진행되는 청소년과의 개별적인 두 회기를 통해 상담자는 청소년과의 관계를 형성하고 ADHD 증상의 발현과 범위에 대한 직접적인 정보를 얻을 수 있다. 이를 통해 상담자는 청소년의 집이나 학교에서 혹은 또래들과의 사회적인 역할에 대해 알아볼 수 있다. 초기 청소년들과의 상담은 보통 상담실에서 시작할 수 있지만, 놀이치료실에서 마지막 15~20분을 보내며 마무리할 수 있다. 상담장면을 상담실에서 놀이치료실로 이동함으로써 청소년들을 색다른 환경에서 보다 쉽게 상담에 참여하게 할 수 있다. 이러한 과정은 또한 놀이치료실로 가기 전에 미리 자신의 문제에 관한 상담을 하고자 하는 기대를 갖게 할 수 있으며, 놀이치료실에서는 상담자를 다르게 바라볼 수 있게 한다.

6장에서 청소년들을 위한 놀이치료실의 구성에 대해 기술하였다. 놀이실에는 몇 개의 게시판과 카드게임, 동물 봉제인형, 장난감 농구대 그리고 벽에는 몇 개의 다트판과 1.5미터 높이의 펀칭백 등이 갖추어져 있다. 상담실에서 일대일로 가만히 앉아서 상담하는 것을 힘들어하는 과잉행동 ADHD 청소년들에게 놀이는 매우 효과적이다. 놀이실처럼 개방되어 있으면서 통제된 환경은 청소년들이 활발한 행동을 할 수 있게 할 뿐만 아니라 그들에게 상담자와 편안한 상호작용—때로는 경쟁심을 유발하는—을 제공하기도 한다. 과잉행동-충동적인 성향을 지닌 청소년들은 대부분 경쟁적인 경우가 많기 때문에, 농구공 넣기나 다트 던지기에서 상담자를 이기려고 노력할 것이다.

이와 같은 한 회기의 놀이치료실 경험은 다수의 ADHD 청소년들에게 일대일 상담으로 6~8주 이상 보내야 생길 수 있는 신뢰관계와 유대감을 이끌어 낼 수 있다. ADHD 청소년들과 함께 하는 이러한 놀이환경에서 상담자는 ADHD 아동(특히 어린 아동)과 함께 할 때와 같이 (상징적인 놀이와 표현을 이해하는 것과 같은) 정교한 상황을 구성할 필요는 없다. 이 놀이경험의 목적은 ADHD 청소년에게 상담자와 함께 할 때 일어날 수 있는 행동들을 활발하게 표현하는 적절한 방법을 제공하는 것이다. 이 경험은 매우 반항적인 청소년에게도 상호작용이나 신뢰감을 이끌어 낼 수 있다. 상담실에서는 가만히 있지 못하고 조바심을 내거나 의자나 자신의 옷가지를 가지고 장난을 치고 혹은 상담시간 내내 창밖을 쳐다보기만 하는 청소년들도, 농구공 넣기를 하거나 다트를 던질 때는 자신의 생활에 대한 심각하고 현실적인 문제에 대해서 이야기하기를 꺼리지 않는다.

이러한 형태의 놀이치료는 상담자가 상징적 메시지에 초점을 둔 대화 중심의 전통적인 접근법과는 분명한 차이가 있다. ADHD 청소년과의 활동적인 놀이를 통해 필수적인 인지적 상호작용이 가능한 환경이 구성된다. 우리는 이러한 과정을 '놀이치료' 라고 부른다. 놀이활동은 공식적인 상담장면에서 효과적인 의사소통의 과정을 방해하는 불안을 없애고 청소년들의 에너지를 집중하고 유도하는 효과를 가져온다. 즉, 이 방법은 치료적인 관계가 발전함에 따라 인간적인 상호작용과 인지적 문제에 대한 탐색이 가능한 환경을 만들 수 있다.

분명히 상담자는 놀이치료실에서 경쟁적인 게임을 하게 될 것이다. 적절히 통제가 된다면, 이러한 경험은 서로에 대한 확인과 신뢰감을 형성하는 데 도움을 줄 수 있다. 많은 부모들은 상담자들에게, 아이들이 상담자와 함께 다트나 농구공 넣기를 하는 것이 좋아서 상담약속을 고대하고 있다는 이야기를 한다. 보다 과격하거나 심한 좌절감을 가진 청소년들은 (남녀 구분 없이) 권투장갑을 끼고 가차없이 펀칭백을 치거나 차려고 한다. 상담자는 그들의 부모를 불러 그들의 아이들이 펀칭백에 쏟아놓는 행동을 관찰하도록 한다. 때때로 상담자는 부모에게 작은 펀칭백을 사서 집에 달아놓을 것을 권하기도 한다.

ADHD 청소년들이 불안과 공격행동을 해소할 때, 집안에 있는 물건이나 그들의 형제자매에게 분풀이하는 것보다는 펀칭백에 해소하는 것이 더욱 효과적이다. 이 같은 경험을 한 상담자는 이런 활동이 그들의 '공격성을 강화' 할 수도 있다는 부모, 교사 그리고 다른 상담자들의 의

견에 동의하지 않는다. 청소년의 에너지와 공격성을 부모나 교사가 수용할 수 있는 방법으로 재조정하는 것이 자기통제력과 자존감을 키워주었다는 것이 상담자들의 일관된 경험이었다.

ADHD 청소년들의 부모는, 특히 과잉행동보다는 부주의한 특성을 보이는 청소년의 부모는 종종 그들의 아이가 보여주는 에너지와 공격성에 대해 놀란다. 딸이 놀이실에서 펀칭백을 두드리고 발로 차는 모습을 본 한 어머니는 상담자에게 이렇게 말하고는 놀이실을 떠났다. "난 더 이상 볼 수 없어요. 겁이 나는군요. 우리 딸이 저렇게 행동하는 것은 처음 봅니다." 상담자는 그 회기의 마지막 10분 동안 그 어머니와 이야기를 나누며, 항상 주의집중하지 못하는 딸의 이러한 공격적인 면에 대한 그녀의 반응을 정리하도록 도와주었다. 그녀는 학교에서 종종 딸의 갑작스런 감정 폭발에 친구들과 싸웠다는 보고를 들었지만, 한번도 딸이 분노하는 것을 직접 본 적이 없었다. 펀칭백을 치는 장면은 또한 어머니로 하여금 자신의 오빠에 대해 떠오르게 했다. 그녀의 오빠는 어렸을 때 그녀와 부모에게 언어적, 신체적 위협을 가했던 것이다. 몇 주 후에 그녀와 상담자는 그녀의 오빠가 아마도 진단되지 않은 ADHD였을 것이라는 결론을 내렸다. 자신의 끔찍한 경험에 대한 연상을 통해 어머니는 딸이 가지고 있는 분노를 이해할 수 있게 되었다. 그 후에 그녀는 딸이 속으로 묻어두었을 불만과 좌절을 표현할 수 있도록 돕는 방법을 찾고자 노력했다. 또한 그 어머니는 자신이 ADHD인 딸과 자신을 공격적인 행동으로부터 보호하고자 했다는 것을 깨닫게 되었다.

2장에서 우리는 ADHD인 남자아이들은 여자아이들에 비해 보다 과잉행동-충동적인 증상을 보이며, 여자아이들은 남자아이들에 비해 부주의한 유형을 보인다는 연구결과에 대해 논의했었다. 연구결과에서 보이듯 여자아이들은 불안과 초조한 행동을 나타낼지라도, 그들은 신체적 행동에 대해 ADHD 남자아이들이 보이는 것과 같은 정도의 과격한 욕구를 갖고 있지 않다. 실제로 이런 여자아이들은 담임선생님이나 상담자가 보기에 '유별난' '주의가 산만한' 또는 '자유분방한' 학생으로 여겨진다. 이러한 특징들은 수업에 집중을 못하거나 상담 중에 '지속하지 못하는' 아이들에 대한 어른들의 좌절을 반영하고 있다. 대부분의 부주의한 유형의 청소년들은 과잉행동-충동적인 청소년들에 비해 치료적 작업이나 상담실 장면, 일대일 상황의 상호작용에 반응을 더 잘 보인다.

고등학교 3학년 학생이 우울증으로 의뢰되었다. 그 학생은 수 년 전에 부주의형 ADHD로 진단되었고 치료를 받고 있었다. 학생은 상담자와의 첫 회기 동안 내내 힘없이 계단을 쳐다보고 있었다. 결국 상담자는 두 번째 회기를 놀이치료실에서 하기로 결정했다. 그러나 놀랍게도 이 학생은 다른 ADHD 청소년들과는 달리 어떤 놀이에도 참여하고 싶어하지 않았다. 상담자는 이 학생이 한 번도 성공적인 신체활동을 경험해 보지 못했으며, 어떤 종류의 경쟁적인 활동도 회피하고자 한다는 것을 알게 되었다. 볼을 던져주는 것조차 그를 위협하는 것처럼 보였다.

상담자는 놀이치료실의 푹신한 의자에 앉아서 그 학생이 친구가 없다는 것이나 외로움에 대해 마지못해 이야기하는 것을 들어주었다. 그 학생의 가족은 어머니뿐이었고, 직장 일 때문에 어머니는 일주일에 며칠씩 떠나 있어야 했다. 아버지는 그가 어렸을 때 가족을 떠났고, 학생과 친했던 할아버지는 1년 전에 돌아가셨다. 그는 할아버지와 장기를 많이 두었는데, 할아버지가 돌아가시기 전에 장기를 가르쳐 줬다는 이야기를 했다. 상담자는 즉시 장기판을 가지고 와서 나머지 회기 동안 함께 장기를 두었다. 세 번째 회기에서 그 학생은 훨씬 편안해졌고, 장기를 두는 데에 자신감을 갖고 있었다. 이것은 그로 하여금 마음을 열고 때때로 유머감각을 가지도록 전환하는 계기가 되었다. 처음 상담자와 장기를 둘 때에는 상담자를 절대 쳐다보지 않고 장기판에만 집중을 했었다. 그러나 곧 장기판에 열중하면서도 그 자신과 가족경험에 대해서 이야기할 수 있었다.

네 번째 회기에 그 아이는 상담자에게 상담실에서 장기를 두어도

되겠냐는 질문을 했다. 놀이실은 자신에게 혼란스럽다는 것이었다. 그 뒤 그 학생은 혼자 찾아와서 미소를 지으며 "장기 같이 둘래요?"라는 요청을 했다. 상담을 하는 동안 상담자는 그 학생의 힘든 학교생활과 좌절한 경험에 대해 더 잘 알 수 있었고, 교실에서 몇 가지 구체적인 행동수정을 할 수 있도록 계획을 세워줄 수 있었다. 또한 그 학생이 스스로 복용하고 있는 리탈린에 대해서, 비록 그것이 처음 처방되었던 몇 년 전에는 '집중'을 하는 데에 도움을 주었지만, 지금은 아무런 효과가 없는 것 같다는 이야기를 했다. 상담자는 약사에게 리탈린을 덱스트린으로 바꿀 것을 부탁했고, 그 결과 상당히 긍정적인 효과가 있었다. 몇 주 지난 뒤에 학생은 성적이 올랐다고 자랑하였고, 학교생활에서도 자신감을 보였다. 아이는 학교 운동부보다는 덜 경쟁적인 동네 축구팀에도 가입을 했고, 점차 신체적으로 다른 아이들을 따라갈 수 있었으며 경쟁하는 것도 가능해졌다. 실제로, 그 학생의 어머니는 아이가 축구경기장에서 열심히 운동하는 것을 보고 놀랐다. 그 학생은 ADHD 증상을 다루는 것뿐만 아니라 아버지와 할아버지에 대한 상실감을 극복하는 데 개인적인 도움을 필요로 했다. 그가 가진 자연스러운 적극성은 어린 시절 아버지를 잃은 데 따른 슬픔과 분노에 의해 억압되었던 것으로 보였다.

4회기: 부모에 대한 피드백

이 회기는 보통 ADHD 청소년이 참석하지 않고 진행된다. 회기의 목표는 이 시기의 자녀가 ADHD로 진단이 되었든 아니든 상관 없이 부모로 하여금 자녀의 증상에 대해서 이해할 수 있도록 돕는 것이다. 상담자는 부모에게 치료적 면담을 관찰하도록 하고, 아이의 증상의 범위에 대한 자신의 의견을 제공한다. 이때 ADHD 장애와 관련된 드러나는 문제점뿐만 아니라 잠재적인 공존장애 증상을 확인하는 것에 대해서도 이야기할 수 있다. 이러한 피드백 회기는 부모에게 아이들이 오랫동안 힘들어하고 실패하거나 좌절적인 행동을 해왔던 것들에 대한 화난 감정과 짜증을 다룰 수 있는 중요한 회기가 될 수 있다. 부모는 이 회기에 ADHD 자녀가 자유롭게 자신의 생각과 감정을 말할 수 있도록 프라이버시를 보장해 주어야 하며 그들의 쌓인 감정을 다룰 수 있어야 한다. ADHD가 부모에게 낯선 병명일 경우에 상담자는 기본적인 지식과 이 장애에 대한 세부적인 사항들을 일러줄 필요가 있다. 부모에게 이러한 증상은 아이들의 발달과 가족 간의 상호작용에 영향을 미친다는 것을 분명하게 알려주는 것도 중요한 일이다.

이 회기는 또한 부모역할과 전략에 대해 초점을 맞추고 있다. 6장에서 다룬 것과 같이 부모가 자녀를 대하는 문제뿐만 아니라, 상담자는 정상적인 청소년 행동을 확인하고 이러한 행동을 ADHD 증상과 구분하는 방법에 대해 알려주어야 한다. 또한 부모가 겪었던 청소년기의 경험에 대해 이야기하도록 하는 것도 도움이 된다. 〈표 7-1〉에서 나타난 증상은 부모가 아이들과의 관계에서 발생하는 문제의 맥락에서 논의된다. 객관성을 확보하고 부모가 낙담하는 것을 줄이기 위해 부모 역할에 대한 보다 현실적인 목표를 탐색해야 한다. ADHD 청소년의 형제자매들의 행동은 가족 내에서 자매나 형제들과의 관계 맥락에서 객관적으로 논의된다. 이 회기는 부모로 하여금 이후의 ADHD 자녀와 함께 하는 회기를 준비시키는 것이 된다. 또한 부모와 상담자 사이에 협조적인 관계(alliance)를 강화하는 데도 기여한다. 부모와의 피드백 회기는 (1) 부모에게 희망을 주고, (2) 그들의 감정을 확인할 수 있으며, (3) 전문가와 함께 일한다는 것을 느끼게 하고, (4) 가족들의 부정적인 인식이나 희생양 만들기를 막을 수 있으며, 부모가 포기하고자 할 때 지지해 줄 수 있도록 보다 효과적으로 상담자가 개입할 수 있는 자원을 제공해 준다. 따라서 다음에 이어지는 가족회기에도 긍정적인 영향을 미칠 수 있다.

5~6회기: 초기 가족 상담

5~6회기는 ADHD 청소년들과 부모가 함께 참여하여 진행된다. 형제자매는 참석하지 않으며, 이 회기는 ADHD 자녀와 가족의 일상생활에 미치는 ADHD의 영향력을 분명히 정의하고 확인하는 것에 초점을 둔다. 이 회기에서 다룰 몇 가지 목표는 다음에 제시되어 있다.

1. ADHD 진단을 세부적으로 검토하고 부모의 지원을 이끌어 낸다.
2. 검사자료를 검토한다.
3. ADHD 청소년에 대한 부모의 비난과 책임회피를 막고 제거한다.
4. 부모와 청소년 사이에 괴리감을 느끼게 하는 행동을 줄인다.
5. 부모-자녀 행동기대와 지속적인 상담계획을 발전시킨다.

목표 1

부모는 이전에 참여했던 회기의 정보와 지원을 바탕으로 청소년 자녀의 증상과 어려움을 고려하여 더 많은 이해와 공감을 제공할 수 있어야 한다. 부모는 여전히 좌절하고 낙담하게 되더라도 자녀가 기질적 문제를 가지고 있다는 점을 이해하며 지지적인 태도를 가져야 한다. 부모는 또한 더 많은 이해심을 가지고, 부모 자신들의 청소년기 발달과정과 학교생활에 대해서 돌아볼 수 있어야 한다. 이를 통해 자녀의 고통을 점점 더 깊이 공감할 수 있게 된다.

진단을 확인하는 것은 치료적으로 활용될 수 있다. 이 회기에서 우리는 ADHD의 신경학적, 의학적 관점에 초점을 맞춘다. 이를 통해 부모는 여러 가지를 떠올릴 수 있으며, 자녀의 행동과 겪는 어려움에 대하여 새롭게 이해할 수 있다. 몇몇 상담자와 부모는 이 방법이 젊은이들에게 자신들의 문제행동에 대한 '정당화'의 수단으로 사용될 가능성에 대해 우려한다. 그러나 우리는 대부분의 청소년들에게 기질적 문제가 있다는 것을 알고, 그들이 더 이상 '바보'이거나, 또는 미친 것이 아니라는 것을 스스로 알게 되면서 자신의 어려움을 경감시키는 것을 보아 왔다(10회기에서, 우리는 가족의 희생양 만들기를 막는 것이 어떻게 치료적으로 이용되는지를 알 수 있다.).

청소년들은 다양한 이유로 ADHD 진단을 받는 것에 저항하기도 한다. 몇몇 청소년들은 ADHD로 낙인 찍히는 것과, 친구들과 잘 지내고 인정받으려는 시기에 뭔가 다른 존재로 취급받게 되는 것을 두려워하는 것이다. 어떤 청소년들은 '벙어리' 나 '특수학급' 아동으로 낙인 찍히는 것을 두려워한다. 또 다른 청소년들은 약을 복용하게 되면 학교 친구들이 그것을 알게 되지는 않을지, 그것 때문에 자신을 비웃지는 않을지를 염려한다. 그러나 이러한 많은 청소년들은 이미 다른 학생들이 양호실에 가서 정기적으로 약을 먹는다는 것을 알고 있다(ADHD 청소년들은 약효가 지속적인 각성제 투약을 선호하는데, 이렇게 하면 오전의 투약을 줄일 수 있기 때문이다.).

이러한 가족회기는 부모와 청소년 자녀 모두의 염려와 두려움을 없애는 데 좋은 기회를 제공한다. 상담자는 정직하고 명확한 대답을 통해 두려움을 완화시키고, 부모와 청소년들이 걱정하는 바를 다룬다. 또한 상담자는 ADHD 청소년 및 그들의 부모를 격려하는 데 필요하다면 부모가 더욱 지지적이 될 수 있도록 이끌어준다. 이는 그들에게 매우 새로운 경험이 될 것이다. 6장에 논의했듯이, 부모가 지지적이고 이해적인 태도를 갖도록 이끄는 것은 매우 효과적인 중재가 될 수 있다. 많은 ADHD 청소년들은 부모가 자신들의 고통과 어려움을 알게 될 때, 안도감을 표현한다. 이러한 부모 · 자녀 가족 상담은 많은 가족들에게 치유와 보다 깊은 건설적인 공동 치료작업을 하는 계기를 마련해 준다.

목표 2

이전에 실시한 검사가 있다면, 그 결과를 검토해야 한다. 상담자가 ADHD 청소년과 부모와 검사결과를 동시에 검토하는 것은 치료에 필수적인 일이다. 상담자는 검사결과에 대하여 오해하지 않도록 관련 인사와 같은 정보를 공유하는 것을 확실히 할 필요가 있다. 이는 청소년과 부모가 함께 검사자료를 보면서 질문할 기회를 제공하고, 어떤 부분에 강점이 있고 약점이 있는지 탐색할 수 있도록 하는 것이다. 상담자가 검사자료를 가지고 신중하게 장점과 단점을 함께 검증해 본 적이 없다면 이러한 과정은 반드시 이루어져야 한다. 지금이 바로 이렇게 말할 때다. "이런 영역에서 좀 낮은 점수가 나왔지만, 당신은 IQ검사에서 높은 점수를 받았으니 긍정적입니다." 또는 "단기기억 점수에 비해 표현언어에서 높은 백분위 점수를 맞은 것에 주목해보세요."

상담자는 청소년과 부모가 이해하기 쉬운 말로 검사자료를 해석해 줄 필요가 있다. 현재의 학교생활이나 미래의 학업수행을 가정하여 논의하는 것도 중요하다. 이 책에서는 중학교 고등학교 ADHD 학생들의 학교에서 이용 가능한 편의시설의 목록들을 정리했다(〈부록 3-2, 3-3〉을 볼 것). 이 회기에서 상담자는 종종 청소년과 그의 부모에게 목록 중의 하나를 제공한다. 그러나 대부분의 부모는 왜 이러한 편의시설들이 필요한지, 사용목적이 무엇인지, 어떤 편의시설들이 포함되었는지를 잘 알지 못했다. 편의시설들에 대한 논의는 앞으로 지속될 수 있다. 예를 들어, 교사회의나 '504' 회의가 예정되었을 때 말이다. 학교 회의에 앞서, 상담자는 특수교육 실태를 점검하기 위해 청소년을 개별적으로 만나보고, 또한 추천할 적절한 편의시설의 목록을 준비한다.

목표 3

부모가 ADHD 청소년의 진단을 이해하고 있더라도 희생양 만들기는 계속될 수 있다. 이러한 방식을 막으려면, 희생양 만들기가 될 수 있는 행동을 구별할 수 있어야 한다. 상담자가 부모의 비난을 중단시키고 이 역동을 객관화할 때, 청소년은 새로운 안도감을 경험할 수 있다. 부모가 희생양 만들기로 인해 생긴 상처를 보기 시작할 때 ADHD 청소년을 보다 잘 다루게 될 뿐 아니라, ADHD가 아닌 자녀들의 희생양 만들기도 감지하게 된다. 상담자는 다른 형제자매가 희생양 만들기에 가담하기 전에, 부모와의 초기 회기에서 희생양 만들기를 막아야 한다. 그리하여 부모가 ADHD 자녀에게 보다 지지적이 되고, 다른 자녀들과의 희생양 만들기를 지속하지 않도록 이끌어야 한다.

목표 4

장기간의 분쟁과 낙담을 경험한 ADHD 청소년의 부모는 자신의 자녀를 희생양으로 만드는 것 뿐 아니라 자신과 자녀 사이에 거리를 두게 된다. '거리두기'는 감정적, 물리적 상황 모두에서 관찰된다. 물론 이 '거리두기'는 대개 ADHD 청소년과의 상호작용에 따른 것이며, 이들은 방어기제로서 '거리두기'를 사용한다. 그러므로 부모와 청소년이 상담소에 왔을 때, 이들이 서로 떨어져 앉는 것은 드문 일이 아니다. 상담자는 부모와 자녀 간의 장벽을 허물고, 상호 긍정적인 관계를 맺을 기회를 제공해야 한다.

앞서 놀이치료실을 묘사하였는데, 때때로 상담자는 청소년과 부모의 관계를 돕기 위해 놀이치료실을 사용한다. 예를 들어, 놀이치료실에서는 안전한 환경에서 부모와 그들의 자녀가 상호작용하게 할 수 있다. 놀이는 말보다 훨씬 더 효과적이기 때문이다. 종종 상담자는 부모가 자녀와 함께 농구골대에 슈팅을 하고, 다트를 던지도록 한다. 이러한 부모와 함께 하는 활동은 청소년이 놀이치료실에서 개별적으로 올바른 경험을 한 후에만 이루어져야 한다. 청소년은 개별회기에서 상담자의 규칙과 제한을 배우고, 자기통제와 활동의 지속성을 익히게 된다. 대개 ADHD 청소년들은 부모를 이길 수 있다는 것을 알 때 쉽게 부모들의 참여를 받아들인다. 상담자는 경험을 통해 ADHD 청소년의 특별한 활동에는 한 번에 한 부모만을 참여시키는 것이 때로는 더 낫다고 생각하게 되었다. 상담자는 대개 더 많은 거리를 두고, 더 권위적이며, 공격적인 부모를 선택한다. 왜냐하면 그런 어머니나 아버지는 자녀와 놀이를 통한 상호작용을 회피하기 때문이다. 그러나 때때로 상담자는 또한 방어적인 부모도 참여시킨다. 만일 그 부모가 한번도 청소년들과 어떤 경쟁적인 활동을 직접 해본 적이 없다면 말이다. 상담자는 관찰자이자 채점자이며 청소년이 부모에게 너무 공격적이거나 거칠어질 때는 중재자가 된다.

부모와 청소년의 놀이치료실 활동은 가끔씩 부모 중 한 명만을 참여시킬 때에 더욱 놀라운 효과를 거둔다. 이러한 방식은 부모의 권위보다는 한쪽 부모와 자녀의 일대일 경험을 제공한다. 부모가 모두 놀이실 활동에 참여할 때, 청소년은 거리를 두었던 부모에게 주의를 기울이게 된다. 이렇게 함께 놀이를 하다 보면, 부모-자녀 간의 일상적 갈등이 재현되는데, 어떤 청소년들은 방에 세 명의 어른과 한 명의 미성년자라는 사실에 압박감을 느낄 수도 있다.

부모와 함께 놀이환경에서 하는 활동은 부부간의 잠재된 경쟁의식을 일으킬 수 있다. 각각의 보호역할과 훈련관 역할, 또는 잠재된 부부관계의 갈등이 청소년과의 활동에서 쏟아져 나올 수 있는 것이다. 실제로 많은 ADHD 청소년을 가진 부모가 함께 잘 어울려 놀이를 하는 것은 쉽지 않다.

목표 5

이 회기의 끝 무렵에는, 상담자가 부모와 ADHD 청소년이 집에서의 일상적 행동과 기대에 관한 상호계획을 협의하는 것을 돕는 것이 중요하다. 예를 들어, 이러한 계획에 대해 이야기할 때 청소년이 집안일 등을 명확하게 하기 위해 그들의 역할을 다시 규정하는 것을 포함할 수 있다. 우리는 종종 합의사항을 글로 쓰거나, 특별한 지점에 붙여놓게 하고, 시간표에 따라 실행하도록 유도한다. 집안일에 대한 보상도 계획하는데, 텔레비전 전화 사용 등이 보상이 될 수 있다. 또한 귀가시간도 정하고, 부모, 형제들과 ADHD 청소년과의 상호작용에 대한 기대도 함께 논의한다. 이러한 활동의 목표는 부모와 청소년이 이러한 문제에 대해 객관적이고 직접적으로 토의하고, 서로가 현실적이고 수용적인 계획을 창출하는 것이다. 이러한 주제에 대한 토의가 과거에는 벌을 주겠다는 부모의 협박과 청소년 자녀의 분노에 찬 반발로 끝났겠지만, 이렇게 계획을 세움으로써 부모의 통제력과 자녀에 대한 기대의 범위를 조정할 수 있게 된다. 이렇듯 좋은 계획은 가족 안의 스트레스와 혼란을 줄일 수 있어야 한다.

마지막으로, 내담자 청소년과 같이 현재 진행되는 상담과정을 점검해야 한다. 왜냐하면 이 회기에서 대부분의 검사를 실시하고 검토하여, 그 결과를 앞으로 이어질 청소년의 개인 상담 회기와 부모 형제와 함께 하는 가족회기에 반영해야 하기 때문이다.

7~10회기: 청소년 개인 상담 회기

앞서 진행된 부모만의 회기나 청소년과 부모와의 회기가 성공적이었다면 집안 분위기는 안정적으로 변했을 것이다. 부모는 이제 ADHD가 ADHD인 청소년, 다른 형제들, 가족 전체와 부부관계에 미치는 영향에 대해서 상당히 이해하고 있을 것이다. 그러나 이러한 초기 회기는 또한 부모에게 다른 걱정을 주기도 한다. 예를 들어, 다른 자녀들의 활동과 행동 그리고 부부관계에 다시 초점을 맞추어야 하는 압력 같은 것들이다. 이러한 초점의 변화는 부모의 과다한 관심을 ADHD 청소년으로부터 다른 곳으로 이동시키고 가족 내의 감정적 대응을 줄어들게 한다. 만일 부모가 여전히 ADHD 청소년과 관련된 문제에 대해 어려움을 느끼거나 ADHD 청소년의 행동으로 인한 갈등이 계속된다면, 이를 주제로 다루는 회기를 구상해야 할 것이다.

대부분의 ADHD 청소년들은 부모가 안정을 찾은 것을 감지하고 감사함을 느낀다. 그들은 자신이 더 이상 부정적인 관찰대상이 아니라는 것에 기뻐한다. 그들의 안도감은 학교생활의 학업문제와 사회생활 문제를 해결하는 데에도 긍정적인 영향을 미친다. 또한 상담자는 지나치게 간섭하는 부모에게 한걸음 물러나 있기를 권고할 필요가 있다. 특별히 ADHD 청소년 자녀의 문제에 지나치게 파고들거나 그들을 희생양으로 만들 때는 더 그렇다. 상담자는 부모와 청소년 사이의 경계를 세워서 청소년의 문제를 좀 더 효과적으로 다룰 필요가 있으며 개인적인 수준에서 몇 주간의 상담을 할 수 있어야 한다. 물론 장기간의 목표는 부모들이 좀 더 효과적으로 청소년들을 돕고 지지하기 위한 새로운 역할과 기술을 익히도록 하는 것이다.

초기 개인 상담 회기에는 학교에서의 압력을 줄이고 내담자의 문제행동을 개선하는 실질적인 측면에 초점을 맞춘다. 상담자는 시간관리전략과 교과서를 효과적으로 읽는 방법이 숙제를 준비하고, 시험공부를 하는 구체적인 방안이 된다는 것에 대해 청소년과 논의한다. 이것은 집에서 시간을 어떻게 구소화하고 통제할 것인지에 대한 논의로 이어진다. 이러한 이야기 중간에 ADHD 청소년과 부모 · 형제들과 관련된 더욱 고통스러운 주제들이 거론될 수 있다. 종종 ADHD 청소년들은 만성적인 가족관계의 고통에 대한 상당한 분노와 실망을 표현한다. 또한 사회적 관계와 이성교제에 대해서도 다루며, 특별히 어떻게 ADHD 증상이 청소년의 경험에 영향을 미치는가 하는 관점에서 이야기한다. 물론 목표는 ADHD 청소년이 미래에 대해 보다 낙관적인 기대를 가질 수 있도록 성공적인 체험을 하도록 하는 것이다.

16세 딸아이의 우울증을 견디다 못한 부모가 상담자를 찾아왔다. 그 소녀의 행동과 감정상태는 지난 한 해 동안 180도 달라졌다고 하였다. 학교생활에 아주 열심이었던 것은 아니지만 그전에는 그래도 성적에 관심도 있었고, 숙제도 최선을 다해서 하려고 노력을 했었다고 한다. 부모가 기억하기로 초등학교 시기에도 집중을 잘 못하고, 숙제를 할 때 필요 이상으로 많은 시간이 걸렸다고 하였다. 올해 들어 그녀는 학교를 빠지기 시작했고, 숙제는 아예 하려고 하지도 않았다. 최근 들어서는 검은 옷만 입고 다니고, 손톱을 물들이고, 금발머리도 검은색으로 염색을 했다. 또한 신비주의에 관심이 있고, 죽음과 내세에 대해 깊이 몰두해 있는 것 같았다. 그녀의 친구들 상당수가 마약을 복용하고 있었으며, 그녀도 마리화나를 피워 본 적이 있다고 하였다. 집에 오면 그녀는 방에 혼자 틀어박혀서, 아무런 반응도 보이질 않았다.

또한 몇 과목에서 낙제를 했지만, 별로 신경을 쓰는 것 같지도 않았다.

상담실에 왔을 때 그녀는 꿈꾸는 듯한 표정을 하고 있었으며, 조용하고 침착해 보였다. 그녀는 매우 매력적인 소녀였으나 스스로는 이것을 모르는 것 같았다. 그녀는 자신을 매우 과소평가하였으며, 자신은 실패자이고 부모나 스스로를 절대 기쁘게 해줄 수 없는 존재라고 했다. 또한 자신은 매우 머리가 나쁘고, 공부를 해도 좋은 점수를 얻을 수가 없기 때문에 포기했다고 하였다. 소녀는 친구 몇 명에 대해 이야기할 때만 긍정적으로 이야기하였다. 그 소녀는 삶의 목적이나 꿈은 커녕 미래라는 것 자체를 생각할 수도 없다고 하였다. 자살을 생각해 본 적이 있는지를 묻자, '끝내버리려고' 한 적이 여러 번 있었다고 하였다. 그녀는 상담자에게 자신이 쓴 시 몇 편을 보여 주었는데 온통 어두운 생각과 상처받은 이미지로 가득 채워져 있었다.

소녀의 우울 증상에 초점을 두는 것은 임상적으로 매우 적절할 수도 있다. 그러나 초등학교 시절의 학교생활과 학업성취에서의 좌절경험을 고려할 때 또 다른 가능성을 생각해 볼 수 있다. 우울증 때문에 보다 문제의 근원이 될 수 있는 ADHD 증상이 감추어질 수 있다는 것이다. 개인검사 결과 소녀는 아주 총명한 청소년으로 ADHD의 전형적인 패턴이 나타났다. 그러나 그녀도 부모도 그 시점에서는 검사결과 나타난 우수한 지적자원을 인정하지 못하였다. 상담자는 각성제를 처방하였는데 항 우울제를 복용하기 전에 각성제의 효과를 먼저 검증하고자 한 것이다.

2주 후 그녀의 행동은 완전히 달라졌다. 그녀는 학교나 집에서 예전에 비해 집중이 잘되고 안정된 느낌이 든다고 하였다. 아직 손톱을 물들이고 머리를 염색하기는 했지만, 점차 여러 가지 색깔의 옷을 다양하게 입기 시작했다. 학교에서 했던 것을 더 많이 기억할 수 있게 되었으며 숙제를 훨씬 쉽게 느꼈다. 성적도 점점 나아졌으며, 부모나 형제자매들에게 친절한 태도로 반응을 하기 시작했다. 그녀의 부모는 '딸을 되돌려 준 것' 에 감사했다. 그녀는 검은 옷을 입고 수업을

> 빼먹기 시작하면서 옛날 친구들을 많이 잃었지만, 이제는 새로운 친구들을 사귀기 시작했다. 이후 부모와 같이 참석한 상담회기를 몇 번 더 진행한 다음, 형제자매들이 같이 참석하는 가족 상담 회기를 세 번 진행하였다. 상담과정에서 그녀는 많이 변하였으며, 두 동생들에 대해 가지고 있는 부정적인 이미지와 행동을 수정할 수 있었다. 두 번의 개인 상담 회기에서는 그녀의 자존감과 자신감 문제를 다루었다. 상담은 약 4달 정도 진행된 다음 종결되었다. 우울증은 근원적인 그리고 장기적인 문제였던 ADHD에 비하면 부차적인 문제였기 때문에, 항 우울제는 필요없었다. 상담이 종결될 무렵, 그녀는 처음으로 대학 진학에 대해 부모와 함께 이야기할 수 있게 되었다.

우리가 주목해 온 것처럼, 많은 ADHD 청소년들은 미래의 목표를 세우거나 선택을 하는 데 어려움을 느낀다. 그들 대부분은 대학 진학이나 고등학교 졸업 이후의 생활에 대해 생각하는 것조차 두려워한다. 상담자가 장차 받을 훈련이나 교육에 대해 그들과 같이 이야기를 하는 것은 매우 중요하다. 상담자는 잔소리를 하거나, 훈계를 하거나, 비난하지 않고 대학이나 직업에 대한 ADHD 청소년의 생각을 나눈 최초의 어른이 되는 경우가 종종 있다. 대체로 이들은 상담자가 부모보다 비판적이지 않다는 것을 지각하기 때문에, 미래에 대한 자신의 의심과 두려움을 기꺼이 털어놓으려고 한다.

만일 ADHD 청소년이 학교상황에서 도움이나 지지를 요구한다면, 상담자는 개인 상담 회기 중 한 회기 정도를 ADHD 편의시설 목록을 함께 점검하고, 이 학생에게 어려움이 있는 영역을 구체적으로 기입한 목록을 작성하는 데 사용해야 한다. 이 목록에는 구체적인 요구(예를 들면 특정한 선생님이나 특정 수업에 대한)와 일반적인 요구(예를 들면, 읽기과제나 시험에 대한 전반적인 지원)가 전부 포함된다. 우리의 경험에 따르면, 명확하고 자세한 계획 없이 '개별화 교육 프로그램 협의' 에 부모, 학생, 상담자 등이 참석하였을 경우, 학생의 행동을 다시 검토하고 교사들이 관찰한 내용과 맞추어보느라 정작 ADHD와 관련된 교육적 계획과 편의를 제공하기 위해 논의할 시간이 부족해진다.

우리는 청소년들이 자신의 실제 학교경험을 솔직하게 털어놓을 수 있도록 부모가 없는 자리에서 이와 같은 목록을 작성하는 것이 더 효율적이라고 생각한다. 상담자는 그들이 겪었던 좌절과 힘들었던 일들을 솔직하게 진술하는 것을 격려해야 한다. 그래야 학습에 방해가 되었던 진짜 장애물이 구체화되고, 실제로 필요한 편의시설을 요구할 수 있다. 청소년과 상담자는 학생의 문제와 학업에 필요한 사항에 대해 어떤 내용을 학교당국에 이야기할지 의견의 일치를 볼 수 있다. 이와 같은 상담회기를 통해 학생은 협의회 시간에 선생님에게 자신의 생각을 명료하게 표현할 수 있는 준비를 한다(일부 학교에서는 이런 회의시간에 학생들을 배제하기도 한다. 상담자는 항상 학생들이 자신의 경험을 설명하고 선생님과의 대화를 할 수 있도록 회의에 참석해야 한다고 주장한다.).

협의회가 있기 며칠 전에 이렇게 작성된 '편의시설 목록 계획서'를 학교에서 적절한 위치에 있는 사람(예를 들면, 학교심리 전문가나 상담자)에게 팩스로 보내고, 부모에게도 발송한다. 이와 같은 목록을 통해 곧 있을 회의에 대한 상담자와 부모의 진지한 관심을 학교의 담당자에게 전달하고 회의시간을 구조화시킬 수 있는 자료를 제공할 수 있다. 대부분의 학교 담당자들은 서류로 된 교육계획을 작성하는 데 도움이 되는 자료를 좋아한다. 그러나 일부 학교심리 전문가나 특수교육 담당교사는 자신들의 전문영역을 침범당한다고 생각해서 그와 같은 목록에 대해 매우 기분 나빠하기도 한다. 따라서 상담자는 이 목록을 임시적인 것 또는 '계획서' 수준으로 제시해야 한다. 그러나 상담자가 학교 담당자에게 맞서서 확고한 태도를 보여주어야 할 필요도 있다. 대부분(90% 정도)의 학교 담당자들은 우리의 자문과 구체적인 조언에 감사하고, ADHD 학생이 협의회 시간에 매우 준비된 태도, 사려 깊은 태도를 보여준 것에 대해 칭찬을 아끼지 않는다.

이와 같은 개인 상담 회기들은 적대적인 반항장애, 품행장애, 우울 또는 불안 등과 같은 공존장애를 가진 청소년들이 자신들이 겪고 있는 어려움을 호소할 수 있도록 얼마 동안은 계속 진행할 필요가 있다. 예를 들어, 앞의 사례에서 나온 16세 소녀의 경우 약물처방 이후 학교생활에서 많은 진전을 보인 다음에도 개인 상담 회기를 몇 번 더 진행하였다. 이를 통해 상담자는 우울증과 자살생각에 대해 모니터하고, 그녀가 자신을 이해할 수 있도록 도움을 줄 수 있었다. 상담자는 그녀에게 이런 공존장애 증상을 재빨리 인식하는 방법을 가르치고, 이 증상이 재발할 가능성에 대해서도 알려 주었다. 개인에게 초점을 둔 회기가 더 필요하다고 생각되면, 가족 상담 회기를 진행하면서도 이런 회기를 사이사이에 끼워넣을 수 있다.

11회기 이후: 가족 상담 회기

형제자매

부모와 ADHD 청소년 사이의 안정성과 협조체계를 강화하고자 했던 목적을 달성하고 난 다음에, 형제자매와 ADHD 청소년과의 만남을 갖도록 하는 것이 효과적이다. 경험이 많은 가족 상담자 중에는 그런 만남이 치료과정의 초기에 이루어져야 한다고 느끼는 사람도 있으며 일반적인 상황에서 적절할 수 있다는 것에 동의한다. 그러나 ADHD의 경우 너무 일찍, 즉 가족들 간의 상호작용이 안정되고 어느 정도 향상되기 전에 형제자매가 만나는 회기가 진행될 경우, 두 가지 바람직하지 못한 결과가 발생하게 된다. 즉, 화가 난 형제 또는 자매는 그 회기 내내 ADHD 청소년을 '희생양'으로 만들거나, 침묵으로 일관하면서 너무 화가 나고, 통제력을 잃게 되며, 잘못된 것을 말하는 것에 대한 두려움을 억누르는 상황이 될 수도 있는 것이다. 마찬가지로, ADHD 청소년이 놀이치료실에서 형제자매들과 같이 있는 것 역시 그다지 효과적이지 않다. 형제자매들 간의 경쟁심과 질투의 감정이 쉽게 분출되어서 혼돈을 증폭시킬 수 있기 때문이다. 이렇게 흥분하기 쉬운 상황에서는 상담자도 자주 통제적이거나 꾸짖는 부모역할을 하게 되므로 바람직하지 않다.

'희생양 만들기' 역동이 십 년 또는 그 이상의 기간 동안 가족체계 안에 깊이 뿌리 박혀 있었다면, ADHD 청소년에 대한 반응은, 초기에 가족 간 상호작용이 좀 나아졌다고 하더라도 여전히 존재한다. 이런 긍정적인 변화가 더욱 확고하게 자리를 잡을 때까지 형제자매들과의 회기를 미루면, 상담자는 ADHD 청소년에 대한 형제자매들의 습관화된 반응에 도전할 수 있는 힘을 가질 수 있게 된다. 결코 변하지 않을 것이라고 생각했던 방식이 달라지는 것을 목격하고 나면, ADHD 청소년의 형제자매들도 좀 더 객관적이 되고, 좀 더 넓은 시야에서 가족의 기능을 보게 될 것이며, ADHD 형제자매와의 관계도 고쳐보기 위해 노력을 할 것이다. 형제자매와의 첫 회기가 잘 진행되었다면 연속해서 몇 번의 회기를 더 가질 수도 있다.

형제자매와의 회기를 갖게 되면 상담자가 형제자매 간의(부모가 없는 상태에서) 태도와 행동을 이해하는 데 도움이 되고, 가족 상담 회기에서 매우 중요한 라포가 형성될 수 있으며, 가족들이 오랜 시간에 걸쳐 형성해온 '희생양 만들기' 패턴이 나타났을 때 효과적으로 개입할 수 있다.

핵가족 상담 회기

가족의 모든 사람(부모, 형제자매, ADHD 청소년)이 참석하는 회기는 가족에 대한 인식과 기능을 하나의 체계로 재정의하는 매우 중요한 회기다. 상담자는 가족의 새로운 구조를 만들어야 하며, 가족구성원 모두가 새로운 경계를 설정할 수 있도록 도와 주어야 한다. 사례에 따라서는 부모가 자녀의 사생활을 무시하고 경계를 침범하는 것 또는 부모-형제자매의 '희생양 만들기' 패턴이 깊게 자리를 잡고 있는 경우도 있다. 만약 가족역동이 상담자에게 너무 혼돈스럽게 느껴진다면, 부모가 스스로 부모로서의 적절함을 느낄 수 있도록 돕는 회기를 갖거나, 형제자매들에게 자신들의 불만을 발산하고 이를 관리하는 방법을 배울 수 있는 시간을 주기 위한 회기를 한두 번 정도 가질 수 있다. 부모는 가족 내에서 자신의 역할에 대한 태도가 점점 나아짐에 따라, ADHD 청소년에 대한 뿌리 깊은 '희생양 만들기' 와 비난을 점차 줄여나갈 수 있게 된다.

가족 상담 회기를 시작할 때는 먼저 ADHD 증상에 대해 배운 것과 그것이 가족관계와 기능에 미치는 영향력 등에 대해 개관해 본다. 상담실에 가족이 모이면, 상담자는 ADHD 청소년을 자신의 옆에 앉힌다. 이러한 자리배치는 가족들에게 ADHD 청소년이 상담자로부터 지지를 받고 있다는 것을 알려주기 위한 것이다. 한편 이와 같은 자리배치는 '희생양 만들기' 가 일어났을 때 상담자가 그것을 막기 위해 개입할 것이라는 메시지를 부모와 형제자매들에게 전달하는 것이다. 또 이와 같은 배치가 의미하는 다른 면은 그 가족이 '희생양 만들기' 를 넘어, 상담자가 ADHD 청소년에게 부여한 새로운 지위를 부여했다는 것을 의미한다. 아울러, ADHD 청소년을 가깝게 앉힘으로써 상담자는 그의 의자를 만지거나 눈을 맞추는 방법 등을 통해 가족 상호작용에 대한 ADHD 청소년의 반응을 더욱 직접적으로 관리할 수 있고, 즉각적으로 지지를 보낼 수도 있으며, 주의를 다시 집중할 수도 있다.

다음으로 가족 상담 회기에서 상담자가 가져야 할 목표는 ADHD 증상에 대한 불평을 하지 않도록 하는 것이다. 왜냐하면 이는 첫 가족 상담에서 철저하게 논의가 된 것이기 때문이다. 이제는 가족들 간의 상호작용 및 의사소통 방식에 대해 중점을 두도록 해야 한다. 이러한 치료적 개입을 하는 이유는 ADHD 청소년에게 전적으로 쏠려 있던 관심을 분산시키고, 가족의 생활 속에서 그가 차지하고 있는 역할을 정상화하기 위한 것이다. 이런 회기들을 통해 부모는 가족 전체가 있는 자리에서 그들의 협조적인 역할을 연습해 볼 수 있다. 부모와 자녀 문제, 예를 들어 관심을 더 가져 달라거나, 사생활을 보장해 달라거나, 부모와 보내는 시간을 좀 더 늘려 달라는 형제자매들의 요구 등을 다룰 때에도 마찬가지로 이러한 치료적 개입이 적용될 수 있다.

역기능적인 방식(특히 '희생양 만들기')이 더욱 굳어진 가족일수록,

ADHD 증상에 대한 관심을 분산시키는 전략이 필요하다. 행동적 문제나 상호작용 문제에 일차적으로 집중하는 가족치료와는 달리, ADHD 상담자는 좀 더 구체적인 생물학적 원인에 관심을 둘 수 있다. 이러한 경우 한편으로는 ADHD 아동에게 무엇인가 잘못된 점이 있다는 것에 합의를 하게 되어 '희생양 만들기' 행동을 강화할 수도 있다. 그러나 또 다른 면에서 보면, 희생양 만들기 과정의 원인이 되는 이유들(예를 들면, 성격적인 결함, 특이함, 광기, 부모의 실수 등)보다 문제행동에 대한 의학적인 설명을 제공함으로써 '희생양 만들기'를 줄어들게 할 수도 있다. 상담자가 정확한 이론과 연구에 근거하여 진단과정을 설명할 책임을 가지고 있다는 점에서, 이 가족 상담 회기에서의 치료적 과제는 부모와의 첫 상담회기 때의 목표와 매우 다르다. 여기서 상담자는 ADHD 청소년에 대한 부정적인 인식을 제거하거나 약화시키기 위해 이 진단결과를 각색하여 좀 더 전략적인 치료적 역할을 해야 한다. 이 목적은 다음과 같은 치료적 개입방법에 의해 달성될 수 있다.

1. 다른 가족들이 ADHD 청소년에 대해 좀 더 큰 관심과 연민을 불러일으킬 수 있도록 의학적인 맥락에서 ADHD에 대해 설명하라. 우리는 당뇨병이나 다른 만성적인 장애 등을 비슷한 예로 들어 설명하곤 한다. 예를 들어, 우리는 매일 인슐린을 먹어야만 살 수 있는 당뇨병 청소년의 경우를 자세히 설명하곤 한다. 때때로 가족은 ADHD 청소년과 그 청소년에 대해 가족이 수용해야 할 부분을 쉽게 받아들인다.
2. ADHD 청소년을 '희생양'으로 만드는 데 앞장서며 부적절하게 대하는 가족에게는 ADHD라는 진단을 '실상보다 더 큰' 어떤 것이라고 좀 더 극적으로 표현할 필요가 있다. 우리는 두뇌의 화학적 작용과 신경학 같은 전문적인 문제를 설명하고 연구논문의 복사물을 주기도 한다. 사실 대부분의 가족구성원들이 그와 같은 상세한 문제를 이해하지 못하고 관심도 없다는 것을 알면서 말이다.

ADHD에 대해 이해시키기 매우 어려운 가족인 경우에, 우리는 부모나 형제자매가 ADHD 청소년을 '희생양'으로 만드는 주의를 다른 곳으로 분산시키기 위해 특정한 의학적 상황을 가설적으로 '만들어' 설명하곤 한다. 예를 들어, 우리는 "여러분의 가족에게 아버지가 교통사고를 당해 일도 못하고 거동도 불편하게 되는 상황이 생긴다면 어떻게 하겠습니까?" 혹은 "네 여동생이 다쳐서 다리를 절단해야 한다면 어떻겠니?"라고 묻곤 한다. 이런 질문의 목적은 두 가지다: (a) ADHD라는 진단을 매우 극적으로 만들어 다른 가족구성원도 그 ADHD 청소년과 같은 어려움을 겪을 수 있다는 것을 깨닫게 하고, (b) 비록 일시적이라도 가족의 주의를 '희생양'이 되고 있는 ADHD 청소년으로부터 돌리기 위해서다.

3. 가족의 여가생활, 구체적으로 여가활동의 전적인 부재에 대해 논의하는 것이 도움이 될 수 있다. 일반적으로 이런 여가에 대해 초점을 맞추는 활동은 처음에는 ADHD 청소년을 무시하고 ADHD 청소년 때문에 가족들이 함께 여가를 즐길 수 없다고 비난하는 불만을 자극한다. 상담자는 가족들이 함께 여행을 떠나는 계획이나 구체적인 활동에 대해 조언을 할 수 있다. 예를 들어, 엄마가 어린 자녀와 공원을 산책하는 동안 아빠가 큰 자녀들과 낚시를 한다는 식이다. 이런 종류의 계획은 가족을 '정상적'으로 만든다. 또한 ADHD 청소년과도 정상적인 활동을 충분히 할 수 있다는 건전한 사고방식을 공유한다. 물론 이런 종류의 여가계획은 ADHD 청소년에게 자신도 가족에게 수용될 수 있다는 신선한 경험을 제공한다. 이러한 가족 회기는 가족 내에 장기간 지속되어 온 상처를 치유할 뿐 아니라 전반적인 가족의 기능을 향상시키는 새로운 방법을 알려 준다.

세대 간 확대가족 상담 회기

흔히 조부모가 참석하는 가족 상담 회기는 ADHD 아동에 비해

ADHD 청소년에게는 그리 자주 사용되지 않는다. 왜냐하면 조부모는 손자손녀가 청소년이 되면 생활에 관여하는 일이 적기 때문이다. 물론 조부모의 참여를 필요로 하는 예외의 경우가 있다. 예를 들어, ADHD 청소년이 조부모나 다른 친척들과 함께 살거나 생활에 깊이 관여되어 있을 때, 혹은 간섭이 심한 조부모가 가족의 일상생활에 참여할 때가 그런 경우다. 예를 들어, 손자손녀가 '성공하길', 아니면 특정 대학에 다니길, 혹은 어떤 경력을 쌓길 바라서 정서적, 재정적 투자를 마다하지 않는 조부모가 가족의 역동에 큰 영향을 미친다면 그들을 상담에 참여시킬 필요가 있다(조부모가 가까이 살든 멀리 살든 말이다.).

대부분의 가족 상담자는 전형적인 '원가족 상담'에 대해 잘 알고 있다. '원가족 상담'은 부부치료에서 주로 사용(Framo, 1992를 볼 것)되는데, 이를 통해 배우자의 어릴적 가족 내 역할과 성장경험에 대한 유용한 정보를 얻을 수 있다. ADHD 청소년을 위한 원가족 회기의 목표는 매우 교육적이어야 한다. 상담자는 조부모에게 ADHD와 진행 중인 치료계획에 대한 정보를 제공하고, ADHD 청소년이 가족에게서 필요로 하는 것이 무엇인지를 자세히 설명하는 역할을 한다. 상담자는 조부모가 ADHD 청소년에게 줄 수 있는 지지적인 역할을 설명할 수 있다. 혹은 반대로 상담자는 부모가 조부모의 비난과 자녀가족에 대한 조부모의 간섭에 대해 심리적인 경계를 세울 수 있도록 도와줄 필요가 있다.

ADHD 가족과 상담할 때 조부모나 매우 가까운 친척을 참여시키는 것은 교육적일 뿐 아니라 중재적인 활동이 될 수 있다. 조부모는 ADHD 청소년 자신, 부모, 형제자매와 마찬가지로 ADHD의 원인 및 결과에 대한 정보를 알 필요가 있다. 또한 상담자가 바람직한 치료효과를 낼 수 있으려면 가족이 처한 현실적인 맥락에서 ADHD를 이해해야 한다. 많은 조부모들은 자녀들이 '잘못 양육했기 때문에' 손자손녀들이 행동 및 학업문제를 보인다고 오해하여 자녀들을 비난한다. 또 다른 조부모는 ADHD 청소년을 '희생양'으로 만드는 역동에 참여하기도 한다. 그런 경우에 상담자는 부모, ADHD 청소년, 조부모와 회기를 여러 번 계획해야만 한다. 이는 조부모가 부모를 비난하거나 ADHD인 손자손녀를 '희생양'으로 만드는 문제에 대해 개입하기 위해서다. 일반적으로 조부모는 자신의 자녀인 ADHD 부모가 그들의 ADHD 자녀를 이해하여 이전과 다른 방식으로 관계 맺기 시작한다는 사실을 알게 되고, 그 ADHD 청소년이 가족 내에서 보다 적절하게 행동하기 시작했다는 것을 깨닫고 나면, 조부모도 자신의 손자손녀인 ADHD 청소년에 대한 태도와 행동을 바꾸게 된다.

부부 상담

부부간의 관계에 중심을 둔 이 회기는 ADHD 청소년의 부모에게 매우 중요한 자원이 될 수 있다. 불행하게도 ADHD 아동과 청소년을 진단하는 많은 상담자와 학교 상담자는 부부간의 문제에 대해 부모를 도와주거나 의뢰하도록 하는 훈련을 받지 않았다. 이들의 임상적인 관심은 가족 간의 갈등은 배제한 채, 오로지 ADHD 아동이나 청소년에게 집중되어 있기 때문이다. 이 책에서는 위에서 언급했던 ADHD 가족에게 치료적인 개입이 효과적이고 지속적인 것이 되려면, 부모를 위한 부부 상담이 제공되어야 한다고 강력히 권고한다. 우리는 4장과 5장에서 ADHD 자녀를 둔 부모의 스트레스가 쌓여감에 따라 점차적으로 부부간의 상호작용이 어떤 과정을 거쳐 금이 가는지, 즉 연대와 친밀감이 어떻게 손상되는지를 살펴보았다. 전형적으로, ADHD 아동이 청소년으로 성장하면서 8~10년에 걸친 부모-자녀 간의 문제 때문에 부부간의 개인적인 관계도 부정적인 영향을 받는다.

일단 ADHD 아동이 사춘기에 이르면 부모는 전형적인 청소년기의 행동이라는 새로운 문제에 직면하게 되는데, 이는 장기간의 ADHD 문제에 더하여 부모를 시험하는 상황이다. 이미 스트레스를 받을 만큼 받은 부모는 자신을 좌절시키고 화나게 하는 ADHD 청소년들의 새로운 행동을 더 이상 견딜 수 없는 상황이라고 느끼기 쉽다. 비록 그와 같은 행동들이 발달적으로 정상적이고 예측 가능한 것이라고 해도 말이다.

가족발달단계 중 이 단계에 이르면 많은 부모는 단지 당황하거나, 부모로서 통제하려는 노력을 포기한다. 이러한 좌절스러운 상황에서 부부관계는 여러 해 동안 논의의 대상이 되지 못하며, 부부 사이에서 부모역할에 대해 너무나 많은 갈등을 겪었기 때문에 서로를 믿고 사랑하며 부부관계를 맺는 것이 힘들게 되었다고 말한다. ADHD 청소년의 부모를 대상으로 하는 부부 상담은 때때로 심각한 갈등과 증오 혹은 상대에 대한 극심한 거리감과 회피하려는 방식을 드러내기도 한다. 앞에서도 설명했듯이 ADHD 가족에 대한 초기 개입의 목표는 가족 내에서 ADHD 아동이나 청소년의 역할을 정상화하고 부모나 형제자매가 ADHD 아동이나 청소년을 '희생양'으로 만드는 방식을 약화시켜서 전반적인 가족의 기능을 안정하게 하는 데 있다. 그러므로 가족의 전반적인 혼돈에 접근하여 완화시키기 전에 상담자가 부모의 부부관계에 대해 개입을 시도하는 것은 현실적이지 못하다. 부부간의 역동을 개선하려는 노력은 부모 및 가족 간 갈등에 압도되어 방해받고 무력화되기 때문이다. 하지만 일단 어느 정도 안정되고 나면 부모는 본인들의 관계에 대해 스스로 관심을 기울이기 시작한다.

이 단계의 부부 상담은 흔히 부부에게 그들이 어떻게 만났고 왜 서로에게 끌렸는지에 대해 이야기하는 한두 회기로 시작된다. 많은 부모들은 초기의 사건과 이미지, 특히 이전 생활에 있었던 낭만적인 기억을 잊고 지냈을 것이다. 대개 처음 배우자를 선택한 사건은 낭만적이고 이상적인 요소를 가지고 있기 때문에 매우 불행한 부부에게도 처음 이끌렸던 기억을 회상시키는 질문은 안전하다. 상담자가 이런 초기 역동을 다루기 시작할 때 특히 배우자가 격의 없고 명랑하게 반응한다면 부모역할에 대해 항시 존재하는 스트레스에서 서로를 이완시킨 것이고, 부부에게 함께 한 삶을 되돌아보는 새로운 창을 열어준 것이며, 그들이 여러 해 동안 잃어버리고 있던 기억을 회상시킨 것이다. 때로 이 시점에서 부모는 눈물을 흘리며 상실감과 절망감을 나눈다. 부부는 이제 그들이 느끼는 여러 가지 차원의 상실에 대한 고통을 말하게 되는데, 이는 '최고의 친구' 라는 동반감, 친밀감, 성적(性的) 파트너, 유쾌한 파트너, 단지 함께 있는 사적인 시간 등에 대한 상실을 말한다.

상담자는 많은 부부가 상대방으로부터 버림받았다고 느낀다는 것을 경험한다. 때로 부인은 남편이 부모역할이나 집안일을 돕지 않으려고 일중독자가 되어 자신을 방치했다고 느낀다. 한편, 남편은 부인이 어머니로서 아이를 돌보는 일에만 전념하여 자신을 방치했다고 생각한다. 그리고는 두 사람 모두 장기간의 갈등과 ADHD 청소년 문제로 인해 얼마나 지쳤는지를 서로 나눈다. 이러한 상호반응은 초기의 매력과 연대에 대한 주의를 불러일으킴으로써 부부관계를 극적으로 재결합시킨다. 이렇게 중요한 부부의 재결합이 때로는 초기 부부회기에 이루어지기도 한다. 증오의 수준이 매우 높아 한쪽 혹은 양 배우자가 이혼을 고려하고 있는 중이 아니라면 말이다.

정서적으로 재결합하는 경험은 부부의 사적생활에 보다 명확하고 견고한 경계를 긋도록 한다. 여기에는 데이트, 여행, 부부관계를 위해 사적이고 함께 하는 시간을 어떻게 확보할지를 논의하는 것도 포함된다. 부부 상담에서 이루어지는 이러한 연대의 경험은 그들 자신의 개인적이며 관계적 필요를 우선시하는 것의 중요성을 더욱 강조한다. 이러한 정서적인 필요의 이동은 부모역할에 대해 지나치게 투자하는 시간을 감소시키고 부모역할에 대해 다시 정의하는 것을 가능하게 한다.

대부분의 ADHD 청소년의 부모는 자녀를 좀 더 객관적으로 다룰 때보다 잘 적응하게 된다. 부부는 함께 팀이 되어 부모역할에 대해 논의하고, 보다 견고하고 일관성 있는 결정을 내리며, 서로를 방해하기보다는 지지해야 할 필요를 느낀다. 공동으로 부모역할을 수행하는 이러한 주제가 초기 회기에 부모에게 인식되어 상담기간 동안 강화되는 반면, 이러한 역할을 기꺼이 받아들이고 수행할 수 있는 능력은 부부 사이의 거리감과 증오감이 낮아진 후에야 생겨난다. 공동 부모역할은 ADHD 청소년을 양육하는 데에 필수적인 것은 아니지만 매우 중요하다. ADHD 청소년들이 부모와 논쟁하고 부모를 교묘히 조종하며 위협하는 능력은 아동기보다 더 탁월하기 때문이다. 그러나 부모의 양육기술이 증가함에 따라 한쪽 부모를 다른 부모에 대항하게 하는 존재로 이용했던 ADHD 청소년이 부부관계를 '분리하고 정복하는' 현상은 감소할 것이다. 이러한 양육기술은 또한 부모가 다른 자녀들을 잘 양육하고 가정의 전반적인 기능의 안정성을 회복하는 것을 돕는다. 또한 여러 해 동안 그리 심하게 손상되지 않은 애착관계를 지닌 부부는 4회기에서 6회기까지의 부부치료 회기 동안 실질적이고 상당하게 변화한다.

부부가 극적인 변화를 보이는 가족의 경우, 특히 자녀들과의 경계를 보다 명확히 정의하고 강화한 가족의 경우, 정상인 자녀가 가정이나 학교에서 분노를 폭발하며 반항하는 경우가 종종 있다. 가족체계를 특징짓는 순환성의 원리에 일관되게, 정상인 형제자매는 ADHD 청소년에게 부모의 관심이 집중되어 자신들이 '방치되었다.' 고 느낄 때조차도 부모에게 접근하는 데 익숙해 있다. 그러나 부모가 모든 일상생활을 포기하는 대신 친구 집이나 쇼핑몰을 가겠다고 말하는 것을 듣게 되면, 혹은 부모가 부부만을 위한 외출을 하거나 함께 여행을 계획하는 것을 보게 되면, 정상인 형제자매들은 흔히 부모로부터 기대할 수 있었던 제한된 관심마저도 상실한 것이라고 느낀다. 어떤 형제자매들은 상담자에게 가족을 엉망이 되게 하지 말아달라고 하면서 자신들은 부모를 잃어버린 것처럼 느낀다고 말한다. 이러한 역동은 추가의 가족회기 맥락에서 치료적으로 다루어질 수 있다. 추가 가족회기에서는 그 정상인 형제자매가 한쪽 혹은 양쪽 부모와 질적으로 풍부한 시간을 보장받는 방식을 통해 부모가 사적인 시간을 필요로 한다는 점을 이해시킬 수 있다.

부모 중 한쪽이 또한 ADHD일 때, 위에서 언급한 몇몇 부모 및 부부간 역동에 예외가 있을 수 있다. 물론 이러한 상황에서는 복잡한 임상적인 징후와 역동에 부모-자녀와 부부간 상호작용을 추가하여 고려해야 한다. 이에 대해서는 ADHD 성인을 다루는 다음 장에서 논의할 것이다. 또 다른 예외는 이혼을 결정한 부부의 경우다. 이런 경우에 상담자는 너무 늦게 개입한 것이다. 부모가 ADHD 청소년과의 관계를 개선하고, 전체적인 가족의 통합을 경험했다고 하더라도 장기간의 갈등은 이미 회복될 수 없을 정도로 부모의 유대를 손상시켰을 수 있다. 이 시점에서 부부 상담의 역할은 부부가 부부관계를 떠나려는 의도를 명확하고 솔직하게 말할 수 있도록 돕고, 가족 간의 갈등을 극복하기 위하여 별거 혹은 이혼 계획을 세우도록 이끄는 것이다(Evrett & Volgy-Evrett, 1994 참고).

8 ADHD 성인과 가족을 위한 상담 및 치료적 개입

대부분의 ADHD 성인은 자신이 직접 와서 ADHD 진단을 받기보다는 보다 간접적인 경로로 진단을 받고 상담을 하게 된다. 상담자의 경험에 따르면 성인들 사이에 ADHD에 대한 인식이 대중적으로 보편화되고 있지만, 실제 ADHD 성인이 자발적으로 찾아오거나 자신의 증상에 대해 상담을 요청하는 경우는 거의 없다. 이러한 사실은 다른 전문가들의 보고를 통해서도 뒷받침되고 있다. 상담실에서 ADHD로 진단된 성인의 70%는 그들의 의뢰된 자녀를 평가하는 과정에서 ADHD로 진단되었다. 다른 20%는 우울, 약물남용, 불안, 직업실패나 결혼갈등과 같은 다른 증상이나 문제로 인한 치료과정 중에서 진단을 받은 경우다. 약 5% 정도는 ADHD 성인의 배우자가 의뢰하는데, 그들은 ADHD에 관한 책을 읽고 자신의 배우자에게 장애가 있을지 모른다고 생각하게 된 것이다. 마지막 5% 정도는 내과 의사, 정신과 의사 혹은 다른 상담자가 ADHD를 다루는 상담자에게 의뢰하는 경우다.

많은 ADHD 성인은 자녀의 ADHD 증상에 대해서 알게 될 때 열린 자세로 이야기를 나누고 종종 눈물을 흘리며 부모 역시 일생 동안 비슷한 어려움을 겪으며 노력해 왔음을 이야기한다. 이렇게 상담을 했던 부모의 이야기 중 몇 가지 핵심적인 것은 "나는 항상 나의 아이가 나와 똑같다는 것을 알고 있었어요. 하지만 한 번도 우리의 문제를 명명하는 진단명이 있으리라고는 생각하지 못했어요." 혹은 "나는 나의 아이가 내가 그 맘 때 겪었던 모든 어려움을 겪고 있다는 것을 알고 있었어요. 하지만 난 그저 나보다는 좀 더 좋아지기를 바랐어요." 후자의 경우 때때로 화가 난 배우자가 "글쎄요. 당신보다 좋아질 수 있을라구요!"라고 하는 냉소적인 말을 하는 경우도 있다.

진단받은 경험이 없는 ADHD 성인은 자신의 증상에 대한 설명을 들을 때 매우 신중하게 반응하거나 저항한다. 그러한 성인들 중 몇몇은 그들의 자녀가 자신의 행동을 부정하거나 초기의 학교에서의 실패를 정당화하기 위한 방어를 할 때 보였던 행동과 유사하게 반응한다. 이러한 성인은 자녀가 ADHD로 진단받는 것을 받아들이는 데 매우 저항하는데, 자녀를 ADHD라고 인정하는 것이 자녀뿐 아니라 자신에게도 장애가 있다고 인정하는 의미가 될 수 있기 때문이다. 그밖에, ADHD가 아닌 부인이 자신의 남편의 진단을 위해 황급히 의뢰하는 경우도 많다. ADHD 성인은 수년간의 노력과 좌절을 설명하면서 반항심, 무력감, 예민함, 미칠듯함, 건망증 등과 쉬거나 즐기지 못하고 아이들에게 인내심이 없는 자신의 갇혀 있던 느낌들을 이야기한다.

ADHD로 진단되지 않은 성인을 진단하는 것은 아동이나 청소년을 진단하는 것과 다르다. 대부분의 경우, 심리검사는 전반적인 진단 외에도 아동과 청소년을 위한 현실적인 치료계획을 개발하는 데 중요하게 이용된다. 아동과 청소년은 삶에서 형성기에 있으며 학교에 속해 있기 때문에 검사자료는 상담자와 교육자에게 앞으로의 학습과 교육경험에 영향을 미칠 수 있는 결손에 대하여 구체적인 정보를 제공한다. 그러나 대부분의 ADHD 성인은 더 이상 학생이 아니기 때문에 검사자료가 그들의 능력평가에서 가장 중요한 것이 아니다. 게다가 성인들은 의사전달을 잘 할 수 있으며 아동 및 청소년에 비해 좀 더 정확하게 자신들의 증상을 반영할 수 있다. 또한 대부분 증상을 잘 확인해 주는 배우자가 있다. 그래서 상담자는 값비싼 심리검사(최고 $1000까지 들 수 있다)가 성인 ADHD를 진단하는 데 꼭 필요하다고 믿지는 않는다. 검사자료가 도움이 될 수도 있지만, 대부분 성인은 교육과정을 마쳤고 그들이 어려움을 겪는 영역은 현재의 결혼, 가족, 사회, 직장에서의 경험이다.

그러나 진단과정에서 상담자는 ADHD 성인이 새로운 성공에 대한 희망을 가지고 마치지 못한 학업을 위해서나 고교 졸업장을 받을 계획으로 학교에 돌아가는 것을 보게 될 수도 있다. 반면에 학교경험이 매우 어렵고 힘들었기 때문에 다시는 학교로 돌아가고 싶어하지 않는 ADHD 성인도 있다. 물론 학교생활에 대해 새로운 희망을 가진 ADHD 성인에게는 심리검사 및 진단이 특수교육 및 특별전형을 제공하는 대부분의 대학에서 적절하게 활용될 수 있다. 이 경우에 심리검사 및 진단은 ADHD 성인이 진로를 결정하여 학업을 수행하는 과정에도 도움이 될 수 있다. 예를 들어, 그 동안 가정에서 컴퓨터를 능숙하게 다루어 온 ADHD 성인은 컴퓨터프로그래머와 컨설턴트가 되는 것을 고려할 수 있다. 그러나 이러한 분야에서 수학 등을 포함한 학업적 요구를 만났을 때 과거의 실패 때문에 대부분 소심해지며 낙담하게 된다. 그들은 "나는 고등학교 때 수학에서 3번이나 낙제했어요."와 같은 말을 하기도 한다. ADHD 성인은 계속적으로 무기력해지며 쉽게 지루함을 느끼고 오랜 시간 집중하는 데 어려움을 느낀다고 호소할 수 있다. 이러한 ADHD 성인이 학교로 돌아가기로 결정했다면 진단을 통한 약물의 처방으로 도움을 얻을 수 있다. 대부분의 전문대와 대학에서는 현재 장애인들(ADHD를 포함한)을 대상으로 하는 특별전형 프로그램을 운영하고 있다. 이러한 대학의 프로그램은 ADHD 성인이 처음 대학교육을 받고자 했던 유년시절에는 없었던 것들이다. 상담자들은 종종 이렇게 최근에 진단된 ADHD 성인들이 진로 상담자나 전문대학에서 제공하는 교육 서비스를 이용할 수 있도록 학교 측에 의뢰한다.

ADHD 검사 및 진단은 직장과 관련된 의뢰부분이나 평가에도 도움을 줄 수 있다. ADHD 직장인은 상사 및 동료와 적절한 관계를 맺는 것이 힘들거나 정해진 시간에 일을 완수하는 것에 지나친 어려움을 느낄 수 있다. 이러한 상황에서 고용주가 ADHD 조직원이 회사에 남기를 원하는 경우, 그 조직원의 심리검사 및 진단을 의뢰한다. 검사결과는 단지 ADHD 진단을 확정하는 것뿐 아니라 직무상황(이에 대한 사례는 이 장의 후반부에서 논의할 것이다)에서의 조직원의 강점과 약점에 대한 유용한 정보를 고용주에게 제공할 수 있다.

아동이나 청소년의 사례에서처럼 ADHD 성인의 진단도 다양한 공존장애 증상 때문에 복잡해질 수 있다. ADHD로 진단되지 않은 성인들 중에는 상담을 통해 이미 다양한 다른 정신장애로 진단을 받았을 수 있고 몇몇의 경우에는 이러한 공존장애가 ADHD 증상을 가리기도 한다. 일반적으로 이러한 다른 증상이 초기 치료의 쟁점이 되며 ADHD 관련 사안은 고려되지 않는다. Barkley와 Murphy(1993)는 상담자들에게 그들의 내담자가 다른 장애를 가지고 있다고 해서 ADHD가 있을 가능성을 배제하지 말라고 경고한다. 다른 어떤 장애보다도 성인 ADHD의 진단은 '비합리적이고 과도하게 제한' 되어 있다. 많은 연구에서 확인된 바에 따르면 성인 ADHD는 ADHD 증상보다 먼저 드러났거나 혹은 공존하는 장애에 대한 정신과 진단조차 받지 못한 경우도 많이 있다. 이러한 ADHD 성인은 사회, 가족관계, 부부관계, 직장생활에서 동시에 어려움을 경험하고 있을 것이다. 이처럼 공존장애는 좀 더 쉽게 드러나는 증상이라서 ADHD 증상을 가릴 수 있다.

ADHD 성인의 임상적 진단과정에는 아동과 청소년에게 권고되었던 〈표 8-1〉과 같은 개인의 발달사(발달적, 사회적, 교육적)가 포함되어야 한다. 또한 사회생활과 직장에서의 역할과 수행에 대한 진지한 평가도 포함되어야 한다.

상담자는 진단을 확인할 수 있고 자료를 얻을 수 있는 두 가지 자원을 활용할 수 있다. 첫 번째 자원은 ADHD 성인의 배우자다. ADHD 성인의 배우자는 ADHD 성인이 일상생활에서 어떻게 행동하는지에 대해

〈표 8-1〉 ADHD 성인 진단을 위한 발달사

1. 유년기의 의학적 기록 및 발달사
2. 부모, 형제자매, 또래친구와 함께 한 학령전 유년기 경험
3. 교육력: 초등학교, 중학교, 고등학교, 대학교
4. 유년기, 청소년기, 청년기의 사회적 관계
5. 성인기의 사회적 상호작용 방식
6. 성인기의 관계 패턴
7. 성인기 부모역할
8. 성인기 직업력과 역할

정확하게 확인해 줄 수 있다. 두 번째 자원은 면담이나 전화를 통해 ADHD 성인의 어린 시절과 사춘기에 대한 유용한 정보를 제공할 수 있는 부모나 형제와 같은 다른 가족이다.

ADHD 성인의 배우자는 상담자에게 ADHD 성인이 일상생활에서 드러내는 증상을 설명할 수 있으며, 부모는 초기 유년기의 발달경험과 행동, 교육경험에 대해 추가정보를 제공할 수 있다. 그러나 이러한 경험들은 보통 ADHD 성인 스스로에게는 오랜 기간 애쓰면서 잊혀졌거나 억압되었을 수 있다. 반면에 대부분의 부모와 친척들은 기꺼이 정보를 제공하려고 하며 기억을 더듬는다(이러한 상담이 주는 치료적 성과에 대해서는 아래에서 논할 것이다.). 상담자는 ADHD 성인을 위해 부모, 형제자매, 조부모, 대리부모, 양부모, 삼촌과 숙모에게 전화상담을 하였고 어떤 사례의 경우는 고등학교 시절 여자친구와도 전화면담을 했다. 상담자는 진단에 도움이 되기를 바라는 마음에서 부모가 보내는 ADHD 성인의 어릴 적 학교성적표나 기록을 받을 수도 있다.

대부분 ADHD 성인은 그들 삶에서 종종 경험했던 설명할 수 없는 좌절스런 순간에 대해 이해하는 것을 간절히 원하기 때문에 원가족의 정보를 기꺼이 공유한다. 또한 그들은 ADHD 자료들을 읽기 원하므로, 상담자는 진단평가 기간 동안 종종 부부에게 Hallowell과 Ratey(1994)의 책을 읽도록 하고 서로 의견을 나누도록 권한다. 많은 ADHD 성인

은 읽는 것을 즐기지 않기 때문에 부부가 함께 읽으면서 서로에 대한 기대와 격려를 나누는 것이 끝까지 책을 다 읽는 데에 도움이 된다.

Hallowell과 Ratey의 책에는 의학적 정보들이 적절하게 제시되어 있다. 게다가 이 책에는 ADHD 경험에 대한 개인적인 요약보고서가 많이 수록되어 있는데, 아직 진단받지 않은 ADHD 성인이 이 책을 읽으면서 증상의 양식을 알 수 있다. 아직 진단되지 않은 ADHD 성인이 이 책을 읽은 후에 상담을 하러 돌아와서 "나에 대해 쓰여 있군요." 혹은 "나의 삶을 완벽하게 묘사했어요."라고 말하기도 한다. 한 성인은 미소를 머금고 상담실에 책을 가져와서는 다음과 같이 말한다. "이 책표지에 나의 사진을 붙여 놓아도 될 거예요. 이 책에 나에 대한 모든 것이 나와 있어요." 때때로 ADHD 성인의 배우자는 책을 읽은 후에 자신의 배우자가 행동하는 방식에 대해 객관적이고 이해할 만한 설명을 알게 되어 매우 기뻐하고, 재미있어 한다.

이 책의 저자가 ADHD 아동과 청소년의 상담에서 제안한 상담 모형 및 절차가 성인의 경우에도 딱 맞아떨어지는 것은 아니다. ADHD 성인에 대한 상담은 개인과 부부생활 치료에 중점을 두고 적절한 시기마다 가족과 세대 간 문제를 다루어야 한다. 어떤 ADHD 성인들은 첫 회기에서 좀 더 잘 반응하고 어떤 사람들은 부부회기에서 가장 적극적인 모습을 보인다. 많은 경우 상담자는 격주로 개인과 가족회기를 혼합하여 상담을 설계한다. 덧붙여 앞서 설명한 상담자의 세 가지 역할(교육자, 권리 옹호자, 상담자)도 ADHD 성인 상담에서는 다소 다른 측면으로 작용하게 된다.

ADHD 성인 진단 평가

ADHD를 평가하고 논의하는 초기 상담과정은 부부상담으로 이루어진다. 어떤 내담자는 첫 회기에서 자신이 지니고 있는 ADHD에 대해 좀 더 알 수 있는 개인상담을 더 필요로 한다. 그들은 자신의 장애를 당혹스러워하기 때문에 배우자와 직면하는 것을 피하고 싶어하거나 이혼을 고려하기도 한다. 그러나 대부분의 경우 초기 면접은 부부가 함께 참여한다.

사생활 보호차원에서 개인면담으로 평가하는 것에 익숙한 상담자에게는, 배우자의 임상적 평가를 위해 부부가 함께 상담에 참여하는 것이 조금은 이상하고 불편할 수 있다. 그러나 우리는 부부가 함께 참여하는 형식을 선호하는데, 이는 다음과 같은 임상경험에 바탕을 두고 있기 때문이다. 즉, 많은 ADHD 성인들은 자신의 행동문제나 과거 행동유형, 역할수행에 대해 정확하고 효율적으로 진술하지 못하며, 종종 자신의 문제행동이 가정과 사회에서 대인관계에 어떻게 영향을 미치는지에 대한 현실감각이 없다. 또한 상당수 ADHD 성인들은 개인상담 과정을 정확히 기억하지 못하고, 배우자에게 정보를 제대로 제공하지도 못한다.

초기 진단 · 평가과정과 후반부 부부상담 과정 내내, 우리는 배우자에게 상담에서 자문과 참여자 역할로 도와줄 것을 부탁하게 되고 배우자는 상담자가 제공하는 정보와 진단 세부항목을 듣는다. 물론 가장 먼저 상담목표로 삼는 것은 부부가 고통을 겪고 있는 오래된 이 행동문제에 이름을 짓고, 미래에 대한 희망과 편안함을 심어 주는 것이다. 상담자는 여러 다양한 책과 유인물 등 성인에게 유용한 ADHD 자료들(〈부록 6-1〉을 참고)을 제공해 준다. 그러나 대다수 ADHD 성인들은 이런 자료들을 거의 읽지 않을 것이다. 어쩌면 배우자만이 자료들을 읽을 수도 있다. 이때 상담자는 내담자가 참고자료들을 읽지 않았을 때 이것을 상담에 대한 저항으로 이해하지 말고, ADHD 성인들이 주의집중, 읽기, 기억 등에 오랫동안 어려움을 겪어왔던 것들이 드러난 것으로 이해하는 것이 바람직하다. 간단한 체크리스트로 즉석에서 효과적으로 응답을 얻는 방법도 있으므로 상담자는 폭넓은 ADHD 증상들을 명확히 하는 체크리스트를 사용하는 것이 좋다(〈표 2-4 참고〉). 우리는 부부에게 이 체크리스트를 주고, 각자 혼자서 각 문항을 표기하도록 한 뒤, 기록한 것을 비교해 보았다. 결과는 ADHD와 ADHD가 아닌 배우자가 기입한 응답들이 거의 일치하지 않는 것으로 드러났다.

진단 초기에 상담자는 ADHD 증상들을 부부간 대화, 양육, 직업 등 좀 더 넓은 문제와 관련 짓고 싶어한다. 반면에 부부관계에 어려움을 겪고 있는 많은 부부들은 자신들 사이의 갈등에만 관심을 두고 그 문제를 더 다루고 싶어한다. 그러나 상담자는 균형을 유지해야 한다. 부부 또는 가족 간 갈등에 성급하게 초점을 맞추면 ADHD 진단이 명확하게 이루어지지 않기 때문이다. 일반적인 부부상담 과정과 달리, ADHD 증상을 향상시키기 위한 구체적인 중재계획을 가장 먼저 세워야 하며, 이는 부부중재계획이나 가족중재계획보다 선행되어야 한다. 만약 ADHD 증상이 변화하지 않으면, 부부상담은 과거, 현재의 해결할 수 없는 갈등에서 헤어나오지 못할 것이다.

상담자는 내담자의 발달사, 교육적 배경(가능한 배우자, 혹은 원가족구성원에게 확인하고 면밀히 검토), 현재 행동과 상호작용(배우자나 동반자에게 확인한다), 전반적인 직업경험, 장기적인 자기보고, 현재 증상유형을 주의 깊게 살핀 이후에 ADHD 진단을 내린다. 물론 상담자는 DSM-IV(APA, 1994) 진단규준을 참고할 수 있다. DSM-IV에서는 ADHD 진단을 내리기 위해서는, 부주의나 과잉행동-충동성 범주의 9개 진단규준 중 최소 6개는 충족되어야 한다고 규정하였다.

상담자는 이런 공식적인 DSM 진단규준에 전적으로 의존하지는 않는다. 진단을 내리기 위한 기초선으로 이러한 규준들을 살피긴 하지만, 훨씬 더 많은 행동과 가족자료를 진단상황에서 첨가하는 것이다. 이런 까닭으로 보통 배우자와 원가족구성원들에게 자문을 구한다. 초기면접 임상파일에는 비공식적인 체크리스트로 사용하는 한쪽 분량의 DSM-IV(APA, 1994) 기준목록을 가지고 있다. 상담자는 진단기준에 맞추어 진단을 내릴 수 있지만, 결코 이러한 자료들에 만족하는 것은 아니다. 상담자는 내담자가 원하면 검사를 실시한다. ADHD와 자신에게 의미하는 ADHD에 호기심을 갖고, 비공식적인 검사를 실시할 만한 경제적

여유가 있는 사람들은 자신의 호기심을 충족시키기 위해서 검사를 실시할 것이다. 그러나 대부분을 차지하는 중산층 내담자는 기초적인 보험에만 가입하여 검사실시를 하더라도, 검사비를 지급받는 경우가 극히 드물다.

진단을 내린 후에 가족 내에 8살 혹은 더 나이든 아동이 있을 경우는 우리는 종종 ADHD 부모를 지원하기 위해 자녀와 부모가 함께 하는 가족회기를 계획한다. ADHD로 진단된 부모가 자녀에게 최근 ADHD에 대해 배운 것을 설명하는 것은 중요한 치료단계다. 이 회기에서 상담자의 역할은 질문에 대답하고 상담비, 상담횟수 등의 유의사항을 분명히 하며 자녀들에게 어떻게 그 장애가 수년 동안 그들과 ADHD 부모 간 상호작용에 영향을 미쳤는지 설명하는 것이다. 이것은 ADHD 진단관점에서 자신을 더 이해하는 일이기 때문에 상담자는 ADHD 부모가 자녀들과 그들의 초기 학령기와 성장기 경험들에 대한 기억과 의견을 나누는 것을 종종 격려할 것이다. 대부분 교육 · 심리적 중재와 함께 이때 상담목표는 ADHD를 받아들이고 성공적인 성과를 기대하는 희망을 제공하는 것이다.

초기 가족회기에서 대부분 아이들은 긍정적으로 변화한다. 이것은 또한 장래 가족상담 회기를 위한 토대를 마련한다. 많은 부모들은 초기 가족모임 후 자녀의 행동과 태도가 바로 향상되는 것을 보고 놀란다. (1) 아이들은 부모가 도움을 구하고 있다는 것을 반기고, (2) ADHD 부모와 함께 경험하고 있는 어떤 어려움에 대한 설명을 찾고 이끌어주며, (3) 아이들은 긍정적인 변화를 위한 희망을 가지고 있기 때문에, 이런 변화가 빠르게 일어나는 것이다.

우리는 또한 ADHD 성인의 원가족구성원들과 비슷한 회기를 마련한다. 종종 우리는 이 장애에 대해 더 많이 알고자 하는 ADHD 성인의 부모를 만난다. 또한 그 ADHD 성인의 부모는 부모로서 부적절하게 행동하고 실패했다는 죄책감을 오랫동안 가지고 있었기 때문에 이러한 감정에서 벗어나고 싶어 한다. 나이든 부모는 눈물을 흘리며 자녀가 정말로 무엇인가 잘못된 것을 알고서 깊은 안도감을 표현한다. 또한 많은 부모들은 초기에 자신의 자녀가 무엇인가 잘못되었다는 본능적인 직관을 가지고 있었다고 말한다. 그리고 교사나 의사가 부모의 이러한 의심에 대해 확신할 수 없었던 것에 실망감을 표현한다. 60대 중반의 은퇴한 교사인 한 어머니는 "내 자녀가 도움을 받고 있다는 것을 알고서 내가 얼마나 안심했는지 모른다. 이제는 내가 충분히 노력하지 않았거나 어느 정도 일을 더 악화시켰다는 나쁜 감정을 모두 날려버릴 수 있다."고 말했다.

다른 경우, 한 ADHD 성인은 ADHD로 신단된 후 몇 달간 약물치료를 받고 결혼생활 및 자녀와의 관계에서의 긍정적인 변화를 경험하기 시작했다. 내담자가 상담자에게 전화를 걸어 자신의 아버지가 전화를 건다면 받을 것인지 물어 왔다. 그는 자신의 아버지가 정확히 무엇을 말할 것인지에 대해 언급하지 않았다. 그러나 상담자가 놀랄 것이라고만 말했다. 며칠 후 아버지가 전화를 걸어왔다. 그는 은퇴한 장교로 시골에서 딸, 세 아들, 며느리들과 함께 살고 있다고 했다. 그는 ADHD 아들이 지난 몇 달간 변화한 것에 감동해서 딸 그리고 세 아들과 며느리 모두에게 비행기표를 사주며 상담실을 방문하도록 했으며, 가족 내에서 아들이 받아왔던 부정적인 경험들을 보상하는 가족회기를 많이 가지고 싶다고 했다. 또한 그는 그의 딸과 손자손녀들이 ADHD인지 판별하는 예비평가를 요청했다. 상담자는 아버지에게 가족구성원 모두가 Tucson 상담실에 올 필요는 없다고 말하고 각자 자기지역에서 모임을 갖는 것이 좋겠다고 말했다. 그러나 며느리들은 참석하지 않은 채 부모와 몇몇 형제자매들이 참석하기를 바랐다. 원가족상담 회기는 과거 갈등을 없애고 가족관계를 치유하는 과정이다.

ADHD 권리 옹호 문제

상담자는 ADHD 청소년과 아동에게 한 것처럼 종종 ADHD 성인의 권리를 옹호하는 중요한 역할을 수행할 수 있다. 성인의 권리 옹호 역할에는 더 넓은 논의를 포함할 수 있다. 성인이 ADHD 진단을 받은 이후에는 가족, 사회, 직업 네트워크에서 많은 부분 장애에 대한 지원과 설명을 제공해야 한다. 상담자는 때때로 원 가족 모임뿐만 아니라 가족상담에서, ADHD 성인을 위해 가족구성원들과 함께 권리 옹호자로서의 역할을 수행한다. 이 역할은 권리 옹호가 내담자의 유해한 행동을 방어해 주거나 정당화하는 것을 의미하는 것이 아니다. 만일 상담자가 이 민감한 사항에 지나치게 개입하면 ADHD 성인은 자신과 오랫동안 격한 상호작용을 경험해왔던 배우자와 아이들을 멀리하는 위험에 처할 수 있다. 상담자의 권리 옹호는 다른 가족구성원들에게 정보와 설명을 제공하는 데 초점을 맞추는 것이 바람직하다.

ADHD 성인을 위한 권리 옹호 역할은 종종 그들의 직업현장에서 일어난다. 많은 ADHD 성인들은 안정적인 작업환경을 찾았다. 또한 많은 ADHD 성인들은 자신에게 적합한 일의 종류가 무엇인지 알고 있으며, 그들이 가장 잘 할 수 있는 환경에서 자신이 적응하는 것을 배웠다. 사실, 한 가지에 확실하게 집중하는 능력을 활용하는 것을 익힌 ADHD 성인은 자신에게 편안한 작업환경을 찾을 수 있으면 성공한다. Banks와 동료들의 연구는 의대에서 최근 자격시험에 떨어진 졸업 내과의들의 78%가 ADHD이거나 학습장애를 가지고 있음을 보였다. 그러나 자신의 약점을 보완할 수 있는 능력으로 인해 높은 수준의 교육에 이르게 됐고 단지 '마지막 단계'에서만 실패한 것이다. 우리는 몇몇 ADHD 의사들과 함께 일해 왔는데, 과잉행동-충동유형의 ADHD 의사들은 응급상황에서는 효과적이고 편안한 반면 일상적인 상황에서는 따분해하고 힘들어하는 태도를 보였다. 어떤 의사들은 자주 직장을 바꿨다. 응급실에서 직장을 얻지 못한 사람 중 한 명은 그에게 더 지적 자극을 제공하는 대학에 자리를 잡았다. 다른 사람들은 사무실에서 공공보건소 혹은 낮은 수입의 지역사회 치료센터로 이동했는데, 이후, 배우자와 가족생활에 어려움을 보였다. 그러나 어떤 사람도 자신이 겪는 어려움이 잠정적인 ADHD 때문이라고 말하지 않았다. 한 의사는 그 동안 안정을 위해서 비밀리에 5년 동안 리탈린을 투여했다고 말했다(그는 결코 ADHD 진단을 고려하지 않았고, 단지 리탈린이 효력이 있었음을 알았을 뿐이다.). 다른 대다수 의사는 자녀와의 관계악화와 만성적인 부부문제를 겪고 있었다. 많은 의사들이 ADHD 진단을 받고 이 장애에 대해 배움으로써 좀 더 집중할 수 있게 되었고, 시간을 재조정하여 배우자 및 자녀들과 함께 즐거운 경험들을 갖게 되었다.

상담 상황에서 ADHD 성인에 대한 권리 옹호의 역할은 본질적으로 교육적인 측면을 가진다. 직업 장면에서 만성적인 문제와 갈등을 가지고 있다고 판명된 ADHD 성인에 대해서 상담자는 직장상사에게 ADHD 진단기준, 일반적인 증상들, 법적인 권리, 직장생활에 유용할 적응 리스트(학교장면에서 개별화 교육 프로그램 회의를 위해 준비하는 리스트와 유사)를 설명하는 사려 깊은 편지를 보내는 것으로 큰 도움을 줄 수 있다. 많은 회사들은 일반적으로 장애인 정책을 가지고 있다. 그러나 이러한 정책들이 ADHD 직장인에게 적절하게 적용되지 않는 경우도 있다.

때때로 고용주들은 피고용인과 상담자의 만남을 요청해 올 수 있다. 또는 다른 상황에서 ADHD인 피고용인이 그러한 만남을 요청하기도 한다. 어떤 특정한 상황, 즉 피고용인의 미래가 위태롭다고 느끼거나, 또는 상사와 갈등이 있거나 상사로부터 괴롭힘을 당하는 것처럼 보일 때, 상담자 스스로 만남을 주선할 수도 있다. 아래에는 이와 같은 상황의 예다.

Crave A. Everett(저자 중 1인)은 이전에 학습장애와 ADHD로 진단받은 경험이 있는 독신남자와 6개월 이상 상담을 하고 있었다. 그 남자는 원래 심각한 우울증으로 정신과 병원으로 의뢰되었다. 우울 증상은 지난 3년 동안에 3차례 해고를 당한 이후에 더욱 심해졌다. 그가 근무했던 이전의 직업들은 대부분 육체노동과 관련이 있었다. 그의 병력은 독서장애, 청각정보를 처리하는 것에 대한 어려움 그리고 특히 대화상황에서 다소 느린 것이었다. 가족들이나 이전의 고용주들은 그에게 약간의 정신지체가 있는 것 같다고 생각했다. 심지어 병원의 상담자조차 입원카드에 정신지체의 가능성을 암시하였다.

그는 중서부의 한 농장에서 자랐으며 조그마한 고등학교를 졸업하였다. 그의 형들은 그보다 훨씬 학교에 잘 적응했다고 말한다. 그는 학교생활과 관련하여 심리검사를 받아본 적이 없으며 ADHD라는 말을 들은 적도 없었다. 부모를 포함한 가족들은 그를 종종 '멍청이' 또는 '덜 떨어진 아이' 라고 불렀으며 이러한 명칭을 그 역시 스스로에게 계속해서 적용하였다. 그는 엄마만이 가족 중에서 유일하게 그를 지지하고 또한 그를 괴롭히지 않는다고 말했다.

병원에서 나오기 전에 그는 모든 종류의 심리검사를 받았다. 결과 웩슬러 지능검사 점수가 122점이 나왔는데, 모든 병원 사람들은 물론, 검사를 담당했던 심리전문가도 매우 놀랐다.

그는 작은 아파트 단지의 잡역부인 현재 직업을 좋아했다. 병력을 살펴볼 때 그의 우울은 작업환경에서의 성공과 실패의 경험으로 인한 것 같다. 아동기나 청소년기 시절에는 우울에 대한 어떤 기억도 보고되지 않았다. 그의 아버지가 돌아가시고, 어머니가 양로원에 있기 때문에 초기자료들을 얻을 기회가 없었다. 그는 고등학교 축구부에서 공격수였고, 그가 평가하는 대로 '운동선수들과 함께 서성거렸지만' 한 번도 받아들여지거나 '소속되어 있다.' 는 느낌을 받은 적이 없었다. 그는 고등학교 시절에 한 번도 데이트를 한 적이 없었고, 성인이 되어서야 3명의 여인과 함께 데이트를 한 적이 있었다.

그의 현재 고용주는 그가 지시사항이나 전달사항을 잘 기억하지 못하는 점을 비난한다. 그는 고용인이 야단칠 때마다 기분이 상해서 말을 안 하게 되고 위축되며 자신이 정말 어리석다고 자책한다. 학습장애를 동반한 ADHD 부주의형이라고 진단을 받았을 때, 그는 놀라서 상담자에게 "내가 정말 바보가 아니란 말인가요?"라고 물었다. 초기에 상담자는 주의력결핍과 빈약한 단기기억을 보충하는 실제적인 기술을 가르쳐 주었다. 그는 일일 과업에 대해서 목록화하기를 시작했지만 그 목록은 불충분했고 고용주는 여전히 화를 냈다. 상담자는 『Driven to Distraction』이라는 책을 내담자에게 권유하였지만 그는 한 번에 겨우 몇 페이지만을 읽을 수 있었다. 그는 리탈린을 복용했지만 성과는 경미했다. 직업에 대해서 더 복잡하고 혼란스럽게 느낀다고 말하면서, 일을 끝내지 않으면 절대로 퇴근하지 않는다고 말하였다. 그러나 항 우울제를 투약했을 때 훨씬 더 진전되었다.

그가 해고를 당할 수도 있기에, 상담자는 아파트 단지에서 상담자를 동반한 고용주와의 만남을 요청하도록 권유하였다. 초기 목적은 고용주에게 ADHD와 학습장애의 증상 및 관련 자료에 대해서 교육하는 것이었다. 그리고 고용주가 잘 이해한다면, 목표는 내담자에 대해 좀 더 분명한 역할 정의와 합리적인 기대를 하도록 설득하는 것이었다. 고용주는 즉각적으로 만남을 수락하였다. 그는 여러 차례 좌절스러운 경험을 한 적도 있지만, 내담자가 정이 있고 거주자들과 자주 이야기하는 시간을 가지기 때문에 꽤 중요한 사람이며 여태까지 근무했던 사람들 중에 가장 인기 있는 일꾼이라고 말하였다. 고용주는 그 일꾼이 갖고 있는 ADHD에 대해 매우 놀라면서 심지어는 자신에게 ADHD인 조카가 있다는 것을 만남 중에 확인하기도 하였다. 그는 상담자들에게 자신이나 자기 누이의 가족들이 읽으면 좋을 도서를 추천해 달라고 부탁하기도 하였다.

이 간단하지만 극적으로 효과적인 만남의 장을 통해 고용주와 종업원 간의 보다 분명한 의사소통이 이루어졌으며 ADHD 성인의 직장 내 역할도 좀 더 명확해졌다. 목록을 작성하여 각 항목에 대한 우선순

> 위를 정하는 과제를 비롯하여 많은 실제적인 제안들이 수용되었다. 이후 수차례의 개인 상담회기를 통해 만성적으로 낮은 자존감을 회복하고 ADHD에 대한 기술과 적응기제를 배우는 것을 돕는 데 초점을 맞추었다. 그 내담자는 더 나은 직업기술이 있는지 잠재가능성을 평가받기 위해서 시에서 주관하는 재활프로그램에 의뢰되었다.

이 사례는 고용주를 교육하는 상황에서 권리 옹호자로서 상담자 역할의 중요성을 보여준다. 만약 이 ADHD 성인에 대한 상담이 직업환경에 대한 개입없이 진행되었다면 내담자가 신뢰감과 자기존중감을 구축하는 데 한계가 있었을 것이다. 왜냐하면 이 내담자는 실제로 직장생활에서 지속적으로 실패경험과 이로 인한 스트레스를 가지고 있었기 때문이다. 상담자는 고용주를 직접 만나서 고용주가 내담자의 성격적 결함보다는 장애로 인한 부족한 점에 대해서 이해하고 자신의 ADHD 조카와의 유사점까지 인정하도록 도왔다. 상담자의 개입이 없었더라면, 내담자는 아마도 직업을 잃었을 것이고, 상담자는 보다 나은 직업훈련을 위한 내담자의 행보 대신에 다른 우울한 사례를 이야기할 뻔 했다. 위에 기술한 사례에서 드러났듯이 새로이 ADHD로 진단된 성인들은 다른 직업선택을 해볼 수 있는 이점이 있다. 많은 ADHD 성인들은 학교를 더 다니거나 직업훈련을 받는 것을 고려해 본다. 대부분 ADHD 성인들은 구체적인 직업상담을 통해서 도움을 받는데, ADHD 아동과 청소년의 경우와 마찬가지로 변화를 이끌어내기 위해서는 평가와 진단만으로 결코 충분하지 않다.

상담자는 또한 다른 전문가들과 함께 ADHD 내담자를 대신하여 권리 옹호를 할 필요도 있다. 앞에서 지적했듯이 많은 진단받지 않은 ADHD 성인들은 다른 심리장애로 치료를 받는 중이거나 다른 장애로 평가되어 의뢰된다. 가장 시급한 권리 보호의 역할은 의사와 함께 약물 문제를 다루는 것인데, 특히 내담자가 다른 장애로 약물 복용을 하고 있다면, 보다 복잡한 약물관련 문제들이 연루된다. 이러한 상황에서 각성제 사용 가능성은 조심스럽게 논의되어야 한다. 앞에서 언급했듯이 다른 상담자뿐만 아니라 많은 의사들이 성인 ADHD에 대한 치료와 진단에 대한 이해가 빈약하기 때문에 이에 대해서 상담자가 적극적으로 개입해야만 내담자를 잘 도울 수 있다.

성인 ADHD에 대한 문헌들이 많이 있지만 아직도 대부분의 전문가들은 ADHD를 성인기 장애로 생각하지 않는다. 종종 상담자는 성인 내담자를 ADHD로 평가하고 진단을 내린 후에, ADHD 성인이나 ADHD에 대한 자문과 평가를 제공한 가족구성원들과 과거의 다른 상담자를 만난다. 대부분의 경우, 오랜 기간에 걸친 남편의 파괴적인 행동에 대해서 아내가 말했던 불평과 불만이 실제로는 ADHD 증상이라는 것을 다른 상담자에게 확인시키는 것은 어렵다. 때때로 상담자는 아동이나 청소년을 위한 가족피드백 회기와 같은 형식으로 다른 배우자나 자녀를 만나는 상담자와 함께 협의회를 열기도 한다. 때때로 상담자는 ADHD 증상과 관련된 성인을 개별적으로 치료하고 나서 부부나 가족회기 시간에 다른 상담자에게 보내기도 한다.

법적인 쟁점은 일반적으로 ADHD 성인이 법적인 권리를 이해하고 상황에 따라 그 권리를 행사하는 것을 돕는 일이나, 직업현장에서 법적인 편의사항 등을 얻는 데 도움을 주는 일에 초점이 맞추어져 있다. 만약 법적인 편의사항들을 명시한 초기 계약서나 문서가 무시되면, 상담자는 ADHD 성인을 자문변호인에게 의뢰한다. 종종 자문변호인의 편지는 즉각적인 긍정 답변을 이끌어내기도 한다. 그러나 몇몇의 경우에는 법정까지 가는데, 이 경우에 상담자는 종종 진단과 관련된 진술서와 진단기준에 대한 근거를 설명하거나 증인으로 참석하는 것을 요구받기도 한다.

예를 들어서 상담자는 ADHD 성인이 가지고 있는 약물남용이나 가정폭력 문제와 같은 잠재적인 어려움에 대해 알고 있도록 보호관찰자에게 진단 견해를 제공하는 것과 같은 역할을 한다. 상담자는 또한 가석방 및 보호관찰 조항에 기초하여 진행되는 ADHD 개인 상담에 대한 평가를 제공할 수도 있다. 상담자는 내담자가 부부생활과 가정에서 분명한 ADHD 증상을 보이고 그 결과 부모로서의 능력이 없다고 평가되어 아이들에게서 떨어져 있을 것을 명령받았을 때 자신의 전문성을 근거로 개입하여 내담자가 후견인에게 보낸 자녀를 만날 수 있도록 돕기도 한다.

ADHD 부부 역동

부부상담은 ADHD 성인 상담 중에서 가장 효과적이라고 알려졌다. 앞서 언급했듯이, 배우자는 진단평가 단계에서 매우 유익하고 종합적인 정보를 제공할 수 있고 내담자를 교육하는 상담과정 동안에도 지지를 줄 수 있다. ADHD 가족을 안정화하기 위해 부부를 다루는 것은 중요하다. 이것은 아동이나 청소년인 자녀가 ADHD라고 하더라도 그러하다. 가족 중에 배우자만이 ADHD이거나, 가족 내에 배우자를 포함하여 여러 명의 ADHD가 있을 때 모두 부부상담이 가족치료에 중요한 역할을 한다. 실제로 초기에는 단순히 부부불화 문제로 의뢰하였다가, 후에 ADHD로 판명된 경우도 많이 있다.

한 사람이 ADHD인 경우, 배우자가 제시한 전형적인 문제 영역은 다음과 같다.

1. 의사소통
2. 개인적인 친밀감, 정중함, 성(sexuality)
3. 개인 활동이나 친구를 만나는 등의 사회적 활동을 위한 여가시간
4. 가계 관리
5. 부모로서의 책임감
6. 집안일과 역할 분배
7. 직업 및 장래 문제
8. 알코올 및 약물 문제

이러한 많은 문제들은 관계의 초기부터 존재했다. 그래서 부부상담의 초점은 진단되지 않은 ADHD 증상과 '정상적인' 부부 역동이 부딪힌 결과 생기는 문제를 교정하고 원상태로 돌리는 데 있다. 많은 부부상담의 경우, 부부에게 함께 보내온 시간들을 돌이켜보고 행복하고 만족스러웠던 시간을 구체적으로 이야기하도록 한다. 대부분의 부부들이 서로에게 처음 마음이 끌렸을 때, 청혼을 받았던 로맨틱한 시기, 처음 부부 유대감이 생겼던 시기를 회상할 것이다. 몇몇 부부들은 자신의 첫째나 둘째 아이가 태어난 후에 행복감이 감소하였다고 회상한다. 다른 사람들은 결혼 생활 동안의 우여곡절에 대해서 이야기한다.

ADHD 부부에게 드러나는 특징은 다음과 같다.

- ADHD가 아닌 배우자는 관계가 지속됨에 따라 행복하거나 만족스러운 경우가 거의 없다.
- ADHD 배우자는 자신의 배우자가 가진 정서적인 실망감뿐만 아니라 불쾌한 감정이나 불만 목록들을 오랜 기간 동안 가지고 있다는 것에 대해서 종종 놀라고 충격을 받는다.

ADHD 증상은 만성적이며, 청혼했을 때부터 결혼생활을 뿌리내리기까지의 과정에서 매우 중요한 부부 사이의 유대감이나 친밀감의 형성을 어렵게 했을 수 있다. 진단이 되건 아니건 간에 증상을 경험하였음에도 불구하고 ADHD가 아닌 배우자가 ADHD 배우자를 선택했다는 사실은 ADHD 부부관계에서 배우자 선택에 따른 상보성(Complementarity)과 관련하여 흥미 있는 질문을 할 수 있다. 실제적인 질문은 ADHD가 아닌 배우자가 무엇 때문에 ADHD 파트너의 청혼을 받아들였는가다.

불행하게도 어떤 임상 실제를 다룬 문헌도 ADHD 부부의 배우자 선택과 상보성에 관한 문제를 다루고 있지는 않다. 일반적인 배우자 선택 역동을 논의하면서, Dicks(1967)은 개인에게는 편안하고 어울리는 파트너를 곁에 두도록 하는 '상호 신호체계'가 있다는 것을 관찰했다. 부부상담에서는 배우자 선택의 초기방식과 초기 평가과정에 내재한 상보성을 바라본다. 배우자 선택은 특히 초혼인 청년의 종종 정서적인 성숙도, 원가족으로부터의 독립 정도가 어떠한지 그리고 부부역할에 대한 잠재적인 기대가 무엇인지에 대해 지각하고 정의하는 것을 돕는다.

초기의 상보성의 정도는 부부의 정서적 균형 및 지속적으로 나타나는 의사소통과 애정의 양식에 관련이 깊다. 예를 들어, 원가족에서 분가하여 분화하는 것에 어려움을 겪는 젊은이는 근원적인 의존성으로 인해 으레 그가 이전에 원가족 내에서 경험했던 보호를 기대하고 양육과 보호 역할을 할 수 있는 배우자를 찾게 될 것이다. 기대되는 배우자감은 맏딸이고 원가족 내에서 남동생들을 돌보는 역할을 했을지도 모르며, 어느 정도 의존적이지만 안전한 남편을 돌본다는 것은 부인 입장에서는 익숙한 느낌이 드는 것이다. 간단히 말해서, 이러한 상보적인 역할은 관계의 범위와 균형을 설정할 뿐만 아니라 부부의 의사소통, 애정, 부모 역할상의 특성을 나타낸다. 이런 관계에서는 앞으로 남편이 성숙해져서 더 이상 도움을 바라지 않을 때나 부인이 더 이상 남편을 돌보고 싶어하지 않을 때 위기가 생길 수 있다. 관계의 기저에 있는 상보성에 대한 이러한 도전은 결혼생활을 위협할 수 있다.

ADHD 부부에게 배우자 선택에 있어 상보적인 경향은 과잉행동–충동형이든 또는 부주의형이든 상관없이 그리고 초혼이든 재혼이든지에 관계없이 남녀 ADHD 배우자 모두에게 나타난다. ADHD 배우자는 일반적으로 결혼생활에서 정서적으로 의존하는 특성과 더불어 기저에 존재하는 미성숙을 드러낸다. 이러한 것들은 이변이 없는 한 청소년기에서 성인기로 지속되고, 결혼 전부터 가족생활에서 드러나던 특성이다. 심지어 ADHD 증상을 고려하지 않더라도 이 방식 자체가 친숙하다는 이유로 보호자 역할을 하는 것을 원하는 배우자를 끌리게 한다는 것을 상담자가 알아차릴 수 있다.

그러나 이러한 역동은 ADHD 증상이 심해지면 보다 극적으로 변한다. ADHD가 아닌 배우자뿐만 아니라 상담자들도 갖게 되는 공통적인 질문은 건강한 개인이 왜 다른 사람을 괴롭히는 ADHD 배우자를 선택하고 결혼하고 참아내는가라는 것이다. 임상적으로 관찰한 대답은 다음과 같다.

1. ADHD가 아닌 배우자는 생각만큼 그렇게 건강하거나 성숙하지 않을 수 있다.
2. ADHD가 아닌 배우자는 실제로 ADHD 증상의 어떤 측면에 끌릴 수 있다.

ADHD가 아닌 배우자는 스스로 낮은 자신감과 자존감의 문제를 경험하고 있을 수도 있다. 만일 그들이 형제자매나 심지어 부모를 돌보는 역할을 하면서 자랐다면, 새로운 배우자가 돌봄을 필요로 한다는 인식은 전혀 불편하지 않을 수 있다. 사실, 이런 돌보는 사람, 챙겨주는 사람으로서의 역할은 그들의 자기 이미지와 일치한다. ADHD가 아닌 배우자의 정서적인 요구와 미성숙의 수준은 ADHD 배우자의 수준과 어느 정도 비슷하다. 실제로 보호하는 역할이 주는 편안함은 ADHD가 아닌 배우자가 관계를 이상적으로 생각하게 되어 잠재되어 있는 위험 신호를 알아차릴 수 없게 한다.

Dicks(1967)는 어떤 결혼생활에서 시간이 흐르면 부부가 원래는 서로를 이끌리게 했던 성격을 원망하게 되는 것을 관찰했다. ADHD 부부에 관해서는, 비록 나중에 그 행동들이 관계에서 거슬리는 것으로 변한다 하더라도 ADHD가 아닌 배우자는 종종 자기 배우자의 ADHD 행동에 이끌린다. ADHD가 아닌 배우자들은 ADHD 배우자의 격정적이고 활동적이며 적극적인 삶의 자세에 이끌린다고 보고한다. 〈표 8-2〉에 ADHD 성인들이 전형적으로 부부관계에서 나타내는 성격의 특성과 행동의 강점과 약점을 규정한 비교목록이 나와 있다. 우리는 종종 ADHD 배우자의 일부 특성을 객관화하도록 돕기 위해서 이 목록을 ADHD 부부들에게 주고 숨겨져 있는 긍정적인 차원을 보도록 하여 그들의 갈등을 긍정적으로 변화시킨다.

배우자 선택에서 ADHD 성인의 매력은 격정적이고 활동적이며 적극

〈표 8-2〉 부부관계에서 ADHD 배우자의 강점과 약점

강점	약점
매우 활기가 있는	참을성 없는
활동 중심	거슬리는
창의적	분위기를 타는
호기심 많은	자기중심적인
열광적인	소음과 혼란을 못 견디는
열정적인	의사소통 기술의 부족
유머감각이 있는	세부사항에 부주의한
긍정적인 의미에서의 강렬함	스트레스를 감당하지 못함
	쉽게 따분해지는
	충동적인
	체계가 없는
	부정적인 의미에서의 강렬함

적 삶의 자세와 폭넓고 다양한 개인적 관심에 있다. 분명히 많은 ADHD 성인들에게는 창의성, 호기심, 열정, 유머가 있다. ADHD가 아닌 배우자가 초기의 배우자 선택에 대해 회상하면서 지목하는 한 가지 특질은 파트너의 강렬함이다. 이런 강렬함이 부부관계에서 긍정적 및 부정적 결과를 모두 가져오는 것이다. 이 특성은 특히 원가족을 돌보는 역할 경험이 전혀 자극적이거나 극적이지 않았던 배우자에게는 매력적일 수 있다. 그러한 배경을 지닌 사람에게는 흥분에 대한 매력과 자극적인 활동은 금지된(그래서 더 저항할 수 없는) 것이었다. 실제로 많은 ADHD 성인들은 고공낙하 또는 암벽등반과 같은 위험을 감수하는 행동으로 표현되는 강렬함과 극한적인 열정을 보여 준다.

열정은 종종 부부의 초기 그리고 지속적인 성관계에서 핵심적이고 긍정적인 요소이며 분명히 ADHD가 아닌 배우자에게는 초기의 매력요인이다. 사이가 좋지 않은 ADHD 부부가 만성적인 분노와 불행을 느끼면서도 성관계를 지속적으로 자주 가지는 것은 전혀 놀랄 일이 아니다. ADHD가 아닌 배우자로부터 나오는 전형적인 설명은 이렇다. "나는 왜

내가 그렇게 화가 나 있고 상처를 받았는데도 남편과 성관계를 계속 하는지 모르겠어요. 하지만 성관계는 여전히 만족스럽고 우리를 연결시켜요." "나는 그녀가 너무나 산만하고 건망증이 심하면서도 잠자리에서는 어떻게 그렇게 대단한지 이해할 수 없습니다."

배우자 선택과 상보성 측면을 보면, ADHD 배우자는 일반적으로 ADHD가 아닌 배우자가 베푸는 돌봄과 양육에 편안함을 느낀다. 돌보는 역할을 성인기 관계에까지 확장시킨 많은 성인들은 그것이 친숙하며, 안전하고 자신의 이미지에 맞기 때문에 그렇게 한다. 돌보는 역할의 일부는 타인을 기쁘게 하고 대인관계에서 인정을 받고자 하는 욕구다. 이런 특징은 ADHD 결혼에서 상보성의 역기능적인 측면을 야기시킨다. 돌보는 배우자에게 관계 초기의 ADHD 배우자의 자극적인 행동에서 느껴지는 매력은 결국 거슬리는 것으로 변화한다. 그러나 흔히 이 배우자는 상대를 기쁘게 하는 역할에 충실하려는 큰 욕구가 있어서 관계 초반에는 이런 거슬리는 행동에 도전하지 못한다. ADHD 성인은 배우자가 불만을 토로할 때마다 불평을 관찰하고 관심을 기울이며, 그에 반응하는 역량이나 통찰력, 사회적 기술을 갖고 있지 못한다. 부부상담에서 ADHD 성인은 강한 부정을 하거나 책임감 없이 순진한 반응을 하게 된다. "나는 이게 문제인 줄은 정말 몰랐다." 또는 "나는 아내가(혹은 남편이) 그렇게 불행한지 전혀 몰랐다." 대부분의 사례에서 이런 문제는 ADHD의 부주의 증상의 산물이다. 그럼에도 불구하고, 문제를 알아차리지 못하는 것은 배우자를 미치게 하고 증폭되는 갈등으로 이끌 수 있다. ADHD가 아닌 배우자들은 본질적으로 이렇게 말하고 있다. "나는 결국에는 남편의 주의를 끌기 위해서 최대한 크게 고함을 질러야 한다고 결심했다." 또는 "나는 아내의 주의를 끌기 위해서 물건을 던지고 부수기 시작했다." 한 부인는 매일 치료 활동으로 컴퓨터에 쓰는 일기에다 자신의 분노 감정들을 모두 기록하였다. ADHD 남편은 그 일기 파일을 보고나서 자신에 대한 아내의 분노와 좌절감에 놀라고 충격을 받았다고 진술했다.

실제적으로 모든 ADHD 부부는, 특히 ADHD가 아닌 배우자들은 갈등이 그들 관계의 시작부터 존재했던 것으로 규정한다. 대부분의 부부에게 갈등과 훼손된 관계는 해를 거듭할수록 점차 악화되었다. 어떤 부부들은 "시작부터 결코 좋은 적이 없었어요."라든지 "연애할 때는 그렇지 않았는데, 남편이 어린애 같아졌어요."라고 말한다. 흔히 첫 아이의 임신과 출산은 부부의 갈등 수준을 극적으로 심화시키고 근원적인 신뢰가 무너지는 가족 발달상의 사건이 된다. 여러 ADHD 부부들이 관계 악화에서 이 부분을 가장 뚜렷한 전환점으로 꼽는다. 첫 아이의 임신과 출산은 모든 결혼생활에서 상보성에 도전이 되고 재조정되는 사건이다. 그러나 미성숙과 의존성의 역동, 의사소통상의 문제, 결속력 부족은 임신 시점에서 ADHD 부부에게 나타나는 다툼과 불균형을 심화시킨다. 진행 중인 부부 갈등 문제에 부모의 책임을 더 얹는 것은 부부의 관계를 더욱더 악화시킨다.

'다가서는 자-거리두는 자(pursuer-distancer)' 부부 모형은 또한 ADHD 부부의 상호작용을 잘 설명해 준다. 이 임상적 모형에서 한 배우자의 역할은 상호작용을 시작하고 관심과 반응을 구하는 '다가서는 자'로 묘사된다. 다른 한편은 '거리두는 자'라는 상대적 역할을 하는 배우자로서, 상호작용을 시작하지 않고 다가서는 자가 다가오는 만큼 물러나는 경향을 보인다. 어떤 부부에는 이 상호작용 모형이 불만스러운 관계에서 애정의 회피뿐만 아니라 두 배우자의 성격을 반영한다. 그러나 어떤 부부에는 이러한 역할은 번갈아 가면서 일어날 수도 있다. 예를 들자면 남편이 일정 기간 동안 다가서면 아내는 거리를 두고, 그 다음에는 이 역할이 반대로 나타나는 것이다.

ADHD 부부에게 '다가서는 자-거리두는 자' 모형은 종종 ADHD 부주의와 산만함의 증상과 관련이 있다. 이 특정 증상은 부부관계에서 지속적인 핵심 주제와 방식을 설명할 수 있다. ADHD가 아닌 배우자는 종종 상대의 관심을 얻을 수 없다고 느낀다. 이런 무관심은 맡겨진 집안일을 마무리하는 것부터 생활비를 의논하는 것, 애정을 주는 것, 심지어

"사랑해요."라고 말하는 것에 이르기까지를 포함한다. 관심 부족은 가정생활의 일상적인 부분에서 ADHD가 아닌 배우자의 역할을 상대로부터 반응을 찾고 피드백을 원하는 '다가서는 자'로 분명하게 규정한다. 이렇게 '다가서는 것'은 돌보는 것과 동의를 구하려는 것에 강한 욕구가 있는 경우에 수년간 지속될 수가 있다. 종종 ADHD가 아닌 배우자들은 "나는 포기할 수 없어."라고 믿는다. 결혼생활 동안 ADHD가 아닌 배우자들은 관심 부족과 관계에서의 반응 결핍을 내면화하여 상대에게 사신이 무가치하고 매력이 없다고 느낄 수도 있다. 결국에는 이런 자기 비하적인 느낌이 부글부글 끓어올라 분노, 원한, 거리감으로 이어지며 이러한 감정은 때때로 이혼에 이르거나 아니면 우울과 체념으로 응축된다.

과잉행동이라는 ADHD 증상은 많은 성인들에게서 만성적이고 지속적인 불안 증세로 나타난다. 가만히 앉아 있지 못해서 언제나 움직이고 무엇인가 할 일을 찾고 있는 것 같다든지, 한 번에 너무 많은 일들을 수행하려고 해서 시작한 것을 한 번도 마무리를 못한다든지, 쉽게 짜증을 내고 반박하며 자녀와 배우자에게 참을성을 보이지 못한다든지, 앉아서 이야기할 시간이 없다는 것이다.

충동적인 증상은 성인기 관계에서 충동 구매와 과도한 신용카드 사용, 활동 또는 직업에 대한 즉흥적인 결정 그리고 비판적이고 상처를 줄 수 있는 즉흥적인 의견진술로 나타난다. ADHD가 아닌 배우자들은 배우자가 충동적이고 유치하며 미성숙하다고 불평한다. 그들은 배우자가 중요한 결정이나 행동에 대해 상의할 줄을 모르며 항상 초조하고 과도하게 비판적이라는 것이다.

무관심이 흔히 ADHD가 아닌 배우자를 좌절시키며 자기 탓을 하게 하는 것과는 달리, 이런 불안과 충동 증세는 일반적으로 배우자와 자녀 모두를 화나게 한다. 실제로, 이 충동적인 행동들은 자녀가 부모를 무시하게 한다. 〈표 8-3〉은 ADHD 부부에게서 관찰했던 상보적인 상호작용 모형을 약술한 것이다.

〈표 8-3〉 ADHD 부부 관계에서의 상호작용 패턴

ADHD 배우자의 증상	상대방의 반응
낮은 자존감	보살피거나 짜증내는
흥분하기 쉬운	통제하거나 반발하는
낮은 인내력	화내거나 비난하는
불안정한(변덕스러운) 기분	조심하고 보살피는
열정적인	감정적으로 철회하고 회피하는
우울/불안	보살피거나 통제하는
통제적인	거리두기 혹은 힘겨루기
충동적인	화내고 못 믿고 통제하는
침착하지 못한, 불안한	좌절하고 철회하는
빈약한 문제 해결력	통제하고 화내는
낮은 주의집중력	좌절하고 무시하는
마음을 산란하게 하는, 괴롭히는	반발하고 화내는
반발적/공격적	피하는, 감정적 철회, 맞서는
요구가 많은	수용하고 화내고 분개하는

어떤 ADHD 결혼생활에서 '다가서는 자-거리두는 자' 역할은 ADHD가 아닌 배우자가 다가서는 역할을 포기하고, 결혼에서 정서적으로 단절되기 시작할 때 바뀌게 된다. 때때로 ADHD 배우자가 상대가 심각하게 물러나거나 이혼을 고려하고 있다는 것을 알아차리고 절박하게 다가서는 역할을 하기도 한다. 흔히 이런 노력은 ADHD가 아닌 배우자가 이미 완전히 거리를 두어버렸기 때문에 헛된 것이 되고 만다.

ADHD 부부를 위한 부부(결혼) 상담

이 분야에 대한 대부분의 문헌에서 보면 ADHD 성인 개인상담은 매우 다양한 방식으로 진행될 수 있다. 어떤 상담자들은 단일치료법을 넘어서 '다각적' 접근법, 즉 약물학적인 개입에서 시작해서 교육을 한 후에 심리상담을 통해 '역기능적인 성격 특성' 을 다루는 접근법을 추천하기도 한다. 또 어떤 상담자는 ADHD 성인을 위한 지지집단의 역할을 중요시하기도 한다. 하지만 ADHD 부부 상담에 대해서는 다루지 않고 지나가거나 중요하지 않게 여겨지고 있다. 사실상, 문헌들 가운데 ADHD 부부에게 부부 상담을 적극적으로 추천하는 경우는 거의 없는 것 같다.

기존 문헌에는 부부 혹은 가족 개입의 긍정적인 역할이 간접적으로만 다루어지고 있다. Barkley(1997)는 '행동이 발생하는 상황에서의 개입(point of performance treatment)' 이라고 하는 접근법을 추천하면서, 많은 인지-행동적이고 기술 훈련 위주의 접근법들이 전형적으로 ADHD 성인에게 추천되는 것을 비판하였다. 그는 이러한 접근법들이 상대적으로 효과가 적은 이유 중 하나는 그것들이 ADHD가 기능하는 상황과 자연스러운 환경으로부터 너무 동떨어져 있기 때문이라고 보았다.

가장 효과적인 처치는 바람직한 행동이 일어나는 수행 지점이 자연스러운 상황 속에 존재하는 것이다. 이는 곧 놀이치료, 아동 상담, 신경피드백, 기타 다른 치료들과 같은 임상적인 중재들이 임상적으로 유의미한 변화나 진전을 낳지 못하며, 변화가 있다 하더라도 자연스러운 상황에서 바람직한 행동이 일어나는 바로 그 장소와 시간에 평소 관심을 보이던 사람에 의해 주어지는 처치에 비하면 효과가 적다라는 것을 의미한다.

Barkley의 견해는 상담자들의 임상 경험 속에서 부부와 가족 상담이 왜 그렇게 성공적이었는지에 대해서만큼은 제대로 설명할 수 있다. 즉, 상담자는 내담자와 그 증상들이 가장 많이 나타나는 상황 안에서 상담을 한다. 상담자는 한 부모나 독신 혹은 게이인 ADHD와 작업을 할 때에도 그들의 현재 혹은 과거의 파트너들을 상담 과정에 포함시킨다.

이미 언급했듯이, 부부 상담은 ADHD 증상과 관련된 변화들이 어느 정도 나타나기 전까지는 효과가 나타나지 않을 수 있다. ADHD 성인 가운데는 그들의 가장 심각했던 증상이 즉시 변화하고, 가족들에게 주던 나쁜 영향이 변하기 시작하는 사람들도 있다. 하지만 상당한 인지적 통찰이 있다 하더라도, 전반적으로 이런 변화는 늦게 나타나며 제한적인 경우가 대부분이다. 약물은 50~70% 정도의 성인들에게 효과가 있기 때문에, 분명 많은 사례에서 사용하도록 지적하고 있다. 상담자는 내담자와 그의 배우자에게도 이 비율을 이야기해 준다. 상담자의 경험에 따르면 약물은 90%의 성인 환자들에게 어느 정도 효과가 있다.

상담자는 부부 중 ADHD가 아닌 배우자를 평가와 상담의 과정에 포함시키는 것처럼, 약물에 관한 논의에도 포함시키는 것이 좋다. 일단 ADHD 성인이 약물 복용을 시작하더라도 많은 경우 그것의 효과를 금방 느끼지 못하고, 어떤 사람들은 약에 저항하려고만 하며, 자신이 '약물이 필요한 사람' 이라는 것을 받아들이기 힘들어한다. 또 어떤 사람들은 배우자와 아이들이 인정하는 약물로 인한 긍정적 변화를 계속해서 평가절하하기도 한다. 때문에 약물의 효과를 명백히 믿고 따르는 배우자는 중요한 치료적 동맹자가 될 수 있다. 사실, 약물 복용 후 며칠이 지나면 배우자들 중 상당수가 전화를 해서 효과가 엄청나다는 이야기를 한다. 그럼에도 불구하고 다음 회기에서 그 부부를 함께 만나 보면, 정작 ADHD 본인은 배우자가 발견한 변화를 모르고 있을 때가 많다. 이러한 현상은 ADHD가 개인적으로 성격과 행동에 대한 통찰이 부족하기 때문이기도 하고 또 약물에 의존한다는 사실에 저항하려 하기 때문이기도 하다. 즉, 약물의 긍정적인 효과는 그 사람에게 진짜로 문제가 있다는 것을 확인시켜 주는 셈이기 때문에 저항이 일어날 수 있다.

가족이 어느 정도 안정되고 ADHD 증상이 어느 정도 나아진 다음에 부부 상담을 계속할 수도 있다. 부부 상담을 너무 일찍 시작하면, 즉 변화가 일어나기 전에 하게 되면 ADHD가 아닌 남편 또는 아내의 불만과 분노가 상담 회기 전체에 영향을 줄 것이다. 부부 상담은 다음과 같은 목표를 염두에 두고 진행이 되어야 한다:

1. 배우자에게서 받은 심리적인 상처와 부부관계의 불신감을 치유

하기

2. ADHD가 아닌 배우자의 적응 전략을 개발하기
3. 신뢰감, 연대의식, 효과적인 대화기술, 친밀감 등을 만들어 가기
4. 부모로서의 역할을 함께 잘 감당할 수 있는 방법을 개발하기

부부 상담의 첫 번째 목표는 ADHD가 아닌 배우자가 지닌 감정적 상처의 경험, 부부관계의 불신감 등을 치유하는 것이다. ADHD 증상과 행동의 감소로 일단 긍정적인 변화가 일어나면, 이 일은 그렇게 어려운 일만은 아니다. ADHD가 아닌 배우자가 아주 마음을 닫아버리지만 않았다면 말이다. 실제로, 부부 상담과정의 초기에서 ADHD가 아닌 배우자에게 관계를 회복시키고 향상시킬 생각이 아직 있는지 물어보는 것은 중요한 일이다. 보통 부부가 함께 하는 회기에서 물어본다. 만일 그 배우자가 상담자에게 이중적인 또는 모호한 반응을 보인다면, 상담자는 ADHD가 아닌 배우자와 개인상담을 통해 모호한 감정을 탐색하면서 결혼관계를 유지시키기 위해 더 노력을 할지 하지 않을지를 결정할 수 있도록 도와주어야 한다.

ADHD가 아닌 배우자가 장기간에 걸쳐 누적된 실망감과 좌절감을, 자신의 이야기가 진실하게 들려진다고 느껴질 수 있는 상황에서 말로 표현할 수 있도록 해야 한다. 통상적으로 ADHD 배우자는 부주의하고 산만한 특성 때문에 제대로 듣지 않을 수 있다. ADHD가 아닌 배우자들은 결혼생활 내내 자신들이 무시를 받거나, 제대로 인정을 받지 못했다는 이야기를 한다. 부부 상담 초기에 ADHD 배우자로 하여금 상담자 옆에 조용히 앉아 상담시간 동안 상대 배우자의 좌절과 상처에 대해 이야기하는 것을 듣도록 한다. 상담자는 ADHD 배우자를 상담자 옆에 앉게 하거나, 상담자 의자를 그 옆으로 끌고 가서 가까이 앉을 것이다. 이런 과정을 통해서 상담자는 ADHD가 아닌 배우자의 숨겨진 방어기제 또는 무관심한 반응을 직접적으로 접하고 다룰 수 있게 된다. ADHD 배우자가 상대방의 말에 대해 공감적으로 귀 기울여 듣는 자세를 취하

도록 하기 위해 의자를 고쳐 앉게 할 수도 있다. 결혼생활의 갈등과 불만에 대한 ADHD 배우자와 ADHD가 아닌 배우자 간의 인식 차이 때문에 ADHD가 아닌 배우자는 회피, 부정, 방어와 같은 반응을 하게 된다. Payne(1994)는 ADHD 배우자와 ADHD가 아닌 배우자로 구성된 부부에 대한 연구에서, ADHD 배우자가 ADHD가 아닌 배우자에 비해 상대적으로 더 높은 결혼생활 만족도를 나타냈다고 보고하였다. 약물을 복용하든 복용하지 않든 간에, ADHD 배우자의 행동이 나아지면 나아질수록, ADHD가 아닌 배우자가 결혼생활의 전환기 또는 불행한 생활이 끝날 수 있는 시기가 가까워졌다는 희망을 가지는 것이 쉬워진다.

부부 상담의 두 번째 목적은 ADHD가 아닌 배우자로 하여금 ADHD 배우자가 자신의 필요를 채워줄 수 있는 능력이 없다는 것을 수용할 수 있도록 하는 데에 있다. 각성제의 복용으로 ADHD 배우자의 증상은 좀 줄어들기는 했지만 여전히 존재할 것이며 특정한 상황에서는 다시 나타나기도 할 것이다. ADHD가 아닌 배우자는 그와 같은 사실을 받아들이는 것이 미래의 결혼생활을 위협하거나 자신의 정체감 또는 자존감을 깎아내리는 일이 아니라는 것을 배울 필요가 있다. ADHD 배우자는 보다 활동적인 일을 자유롭게 하려고 하고, ADHD가 아닌 배우자는 보다 관심을 받는 일, 대화하는 일, 친밀감을 나눌 수 있는 일을 하려고 하기 때문에, 시간이나 일정을 계획하고 구조화하기 위해서는 ADHD가 아닌 배우자의 수용능력이 필요하다. ADHD가 아닌 배우자가 ADHD에 대해 더 잘 알게 되고 그런 행동, 즉 무관심하고 산만한 행동들에 대해 더 잘 알게 되면, 그런 행동을 개인적인 공격이나 관계에 대한 회피로 지각하기보다는 객관적인 증상으로 지각할 수 있게 될 것이다. 결과적으로 이런 증상이 다시 나타나더라도 더 잘 참을 수 있을 것이다.

배우자나 아이들에게 ADHD 증상이 다시 나타날 때, 그것을 유머러스한 분위기에서 이야기를 하거나 농담거리로 삼을 수 있는 부부도 있다. 또 다른 방식으로는 ADHD가 아닌 배우자가 과제나 요구사항들을 적고, 우선순위를 표시해 본 다음 상당수의 행동은 좀 눈감아 주는 것을 배워두는 방법이 있다. ADHD 배우자 중에는 한 주에 두 번 정도 테니스 시합을 하는 것과 같은 정기적인 운동을 통해 도움을 받는 사람들이 많이 있다. ADHD를 가진 배우자는 활동에 대한 자신의 욕구와, 배우자 및 아이들에 대한 일상적인 책임감 및 행동을 분리할 수 있는 활동을 하는 것이 도움이 된다. 그렇게 하다보면 점점 ADHD 성인은 자신의 배우자 및 아이들과 조용하게 같이 있는 시간을 즐길 수도 있게 된다. 또한 배우자나 아이들이 주도하는 활동이나 과제도 같이 할 수 있게 된다. 또한 '식료품 가게에 갈 때는 사야 할 물건이 적힌 목록을 꼭 들고 가기' 와 같은 방법을 배울 수도 있다.

부부상담의 세 번째 목표는 부부간의 새로운 신뢰감, 동료의식, 의사소통, 애정을 키우는 것이다. 몇몇 부부에게 이러한 새로운 목표는 앞서 제시한 감정들이 자연스럽게 솟아났던 결혼 초기의 애착과 유대감의 수준을 회상하게 하고, 그때의 감정을 되살리게 한다. 또 다른 부부들에게는 이런 목표는 한번도 경험하지 못했던 관계를 발달시키거나 결혼초기에 아주 잠깐 있었던 감정들을 되살리게 할 수도 있다. 실제 임상적으로는 어려운 과제처럼 보일지라도, 성인기의 대부분의 시간을 함께 보내고, 부모가 되는 데 많은 에너지와 노력을 함께 한 부부는 자신들의 관계 개선에 종종 놀랄 만큼 동기화가 되어 있고 기꺼이 열심히 상담을 한다. 심각한 갈등이 있는 부부만을 만나본 제한된 임상 경험을 가지고 있는 상담자는 미묘한 애착, 과거에 공유한 정서적인 유대감, 관계가 회복되는 힘을 과소평가하는 일이 없도록 주의하여야 한다. 수년간 ADHD 배우자 곁에 머무르기로 한 ADHD가 아닌 배우자의 인내심과 결정을 쉽사리 병리화하거나 쉽게 설명해서는 안 된다.

이러한 목표를 성취하기 위한 전략으로 배우자의 관심과 바람을 고려하여 함께 하는 활동 계획을 짤 때, ADHD 배우자가 보다 책임을 지고 '데이트' 시나리오를 짜도록 할 수 있다. 이 때 상담자는 ADHD인 배우자의 충분한 에너지와 조급함이 기발하고 재미있는 활동을 계획하는 데 매우 유용하도록 조정할 수 있다. 이러한 활동에는 함께 테니스 치기,

골프 배우기, 하이킹, 모험적이거나 로맨틱한 주말여행 계획하기 등이 포함될 수 있을 것이다.

상담자는 종종 부부에게 데이트 계획을 교대로 짜도록 한다. 즉, 음악회, 연극 관람이나 수업 듣기와 같이 ADHD가 아닌 배우자가 즐길 수 있는 보다 조용하고 잔잔한 활동을 소개할 수도 있다. 종종 상담자는 이 단계에서 부부에게 상대방의 기호를 수용하고 이해하기 위해서 상대방의 취향으로 영화 고르기를 권고하기도 한다. 특별히 일로 바쁘고 복잡한 가족상황에 있는 부부에게는 둘만의 시간과 각자의 사생활을 함께 보장받을 수 있는 스케줄을 짜 보도록 한다.

상담자는 부부에게 역할을 바꾸도록 할 수도 있다. 일반적으로 '거리 두는 자'인 ADHD 배우자는 다가서는 자가 되는 것을 실천하도록 한다. 즉, 예전에 연애할 때 구애하는 역할을 다시 시작하도록 약간의 조언을 해주는 것이 필요할 것이다.

앞서서 ADHD가 아닌 배우자는 ADHD 배우자의 성적인 격렬함에 이끌린다고 말하였다. 격렬함, 과잉행동, 심지어는 과 초점화 같은 ADHD 증상은 종종 성인들의 성적인 욕구나 추구와 맞아떨어진다. Hallowell과 Ratey(1994)는 이러한 성에 초점화된 강렬함을 '과 초점화된 과잉성욕(hyperfocused hypersexuality)'이라고 명명했다. 언급한 대로, 부부는 이렇게 높은 성적 에너지 수준 때문에 갈등상황에서조차 성관계를 자주 갖는다. 한편 몇몇 ADHD 성인들은 때대로 자신들이 성관계를 갖는 동안에도 '주의를 집중하는 데' 어려움이 있다는 것을 인정한다. 6장에서 지적한 대로, ADHD인 아동 중에는 촉감적 민감성이 높아서 살갗에 다른 것이 닿는 것을 싫어하고, 어떤 종류의 옷은 이 아동들을 짜증나게 하기도 한다. 이런 아동은 어렸을 때부터 신체적인 접촉이나 껴안는 것을 거부할 수 있다. 이러한 증상은 성관계 동안 느낌을 즐기기가 어려울 뿐만 아니라 단순한 포옹이나 껴안고 잠자기 등에도 불편함을 느끼는 ADHD 성인들에게 있어서는 꽤 중요한 문젯거리다. Murphy(1995)는 이러한 증상을 '촉각적 방어'라고 불렀다.

부부치료의 네 번째 목표는 함께 부모가 되는 연대의식을 발달시키는 것이다. 결혼에서 긍정적인 변화가 일어날 때, 부모 역할에 대한 장기적인 갈등을 다시 정리해 보는 것은 필요한 일이다. 만약 이 단계를 거치지 않고 부부 상담이 끝이 난다면, 부부를 괴롭혔던 부모 역할 문제들은 부부상담을 통해서 얻은 효과를 빠르게 훼손시킬 것이다. 많은 ADHD 부부들이 ADHD 자녀를 두고 있다는 것을 인식하는 것이 중요하다. 앞에서 설명한 대로, 그들의 관계는 종종 서로 부정적으로 영향을 주고, 하나 혹은 둘 이상의 ADHD 자녀를 키우는 데서 오는 스트레스로 인해 부부관계가 악화되기 쉽다. 사실, 개인적으로나 가족 내에서나 많은 ADHD 배우자들의 정체감은 부부 역할보다는 부모 역할을 수행하는 데서 반영된다. 그래서 이 시점에서 적절한 부모 역할 전략, 구조, 가족 경계 그리고 효과적인 양육 방법 등을 논의하는 교육적인 상담이 도움이 된다(ADHD 자녀를 가지고 있는 배우자와 관련해서 부부 문제를 제시하기 전에 그들에 대한 적절한 상담이 진행되었고 이 점에 대한 진전이 있었다는 것을 가정한다.). 몇몇 부모는 함께 부모가 되어 자식을 키우는 데 너무 지쳐 있어서 자발적으로 부모교육 강좌에 등록하기도 한다. 상담자는 너무 큰 좌절을 겪고 있는 부모에게 이러한 강좌를 추천할 수도 있다. 물론 그들이 그런 강좌에 함께 참여하는 것이 중요하다.

때때로 상담에서 부모 역할을 하면서 겪었던 언쟁, 갈등 그리고 상처받은 마음에 초점을 맞출 필요가 있다. 오랜 갈등과 역할에서 벗어나 함께 부모 역할을 잘하기 위한 기회를 제공하기 위해서 새로운 관점을 가지고 간단하게 토론을 할 수도 있다. 주요 목표는 배우자들이 협력적인 상호조언자, 의사결정자 역할을 하는 '팀'을 만들도록 하는 것이고, 함께 보다 성공적인 경험을 할 수 있게 그들의 역량을 기르도록 돕는 것이다. 만약 부부치료가 좀 더 진행이 된다면 새로운 부부 역할은 자연스럽게 나타날 것이다.

ADHD 성인을 위한 개인상담과 코칭(coaching)

Bowen(1978)은 코치로서 가족 상담자의 역할을 재개념화했다. 상담자는 코치로서 직접 개입하는 대신에 ADHD 성인이 원가족에서 경험한 것과 자신의 역할을 탐색하고 이해하는 것을 돕는다. 앞서 말했듯이 상담자들은 ADHD 성인에 대한 개인상담을 제한적으로 활용했는데 주로 부부상담을 위해서 이루어지는 경우가 많았다. 하지만 상담자가 ADHD 성인에 대해 개인회기를 진행한다면 이 때는 다음과 같은 목표를 갖는 것이 좋다:

1. ADHD 성인이 자신의 ADHD 증상이 가정에 미칠 수 있는 영향에 대해 보다 충분히 이해할 수 있도록 돕는다.
2. 자신의 ADHD 증상이 사회생활과 직장생활에 미치는 영향에 대해서 보다 넓은 시야를 갖도록 돕는다.
3. 약물치료에 있을 수 있는 저항과 주의점에 대해서 다룬다(이러한 것은 보통 부부회기에서 좀 더 효율적으로 다룰 수 있다.).
4. 장기계획으로 ADHD 성인의 자신감과 자존감을 다룬다.

이러한 개인상담을 통한 코칭은 항상 상담기간과 목표에서 명확하게 정의되어야 한다. 상담기간에 대한 계획은 중요하다. 왜냐하면 ADHD가 아닌 배우자가 직접적으로 회기에 참여하지 않는다고 하더라도 기간을 알고 있으면 상담기간 동안 계속해서 ADHD 배우자가 상담에 참여하도록 지지하고 용기를 줄 수 있기 때문이다. 상담자가 위에서 말한 몇몇 주제를 갖고 ADHD 성인과 상담하려 한다면 하나의 주제별로 4회기 내지는 그 이상의 회기가 걸릴 것이고, 한 번 혹은 두 번의 부부회기에 이어 연속해서 두 번 정도 개인상담을 하게 될 것이다. 상담자의 경험상, 배우자를 참여시키지 않는 ADHD 개인상담을 한 달 혹은 그 이상으로 진행하는 것은 실수다. 왜냐하면 이렇게 개인상담을 오랜 기간 하게 되면 배우자 역할의 중요도가 감소하고 결국 배우자가 상담자에게 불편함을 느끼게 된다.

ADHD 배우자와의 개인상담은 한편 코칭으로 활용할 수도 있다. 이는 상담자가 내담자의 개인사나 역동을 탐색하는 대신에 계속해서 어려움을 겪고 있는 행동을 변화시킬 수 있도록 조언을 하는 것이다. 이러한 교육자로서의 역할을 담당하기 위해서는 편안하고 재치 있고 재미있게 다가서는 것이 유용하다. 또한 상담자가 창의적이거나 혹은 예상치 못한 일이나 과제를 내줄 수 있다면 이 또한 효율적이다. 때때로 상담자는 이러한 과제를 '비밀'로 하며 오직 상담자와 ADHD 성인만이 그 비밀을 공유한다. 때때로 우리는 이러한 '비밀'을 배우자에게 새롭고 기대하지 못했던 행동으로 놀라게 하기 위해 사용한다. 보통 부부회기는 문제로 드러난 행동에 초점을 맞추어 시작하게 된다. 이에 관한 실제 사례를 제시하면 다음과 같다.

예를 들어, 배우자가 부부회기에서 말하기를 항상 토요일 밤에 그녀가 남편과 함께 나갈 준비를 하며 옷을 다 입을 때까지 ADHD 남편이 앉아서 기다려 주기를 바란다고 한다. 보통 남편은 그녀를 쫓아다니며 얼마나 더 걸릴 것인지를 재촉하며 묻는다. 효율성을 위해 상담자는 단순히 직접적으로 실제적인 조언을 할 수 있다. 이러한 조언을 할 때는 단순히 구체적인 행동에 주목하기보다는 ADHD 남편의 이해를 구하고 조망을 넓히고자 노력해야 한다. 단순히 ADHD 남편에게 거실에 앉아서 그의 아내를 내버려두고 기다리라고 하거나 침실에 조용히 앉아서 아내가 옷을 입을 동안 아내의 말을 들으라고 하는 것으로는 넓은 의미의 변화를 위해서 도움이 되지 않는다.

ADHD 남편은 자신이 외출할 준비가 되었을 때는 무언가를 읽을 정도의 차분함을 갖지 못하고 대화를 위해서 앉아있을 만큼의 인내심도 없다. 따라서 토요일 나들이가 있기 일주일 전 코칭을 할 때,

ADHD 남편에게 그가 대강 읽으며 즐길 수 있을 만한 잡지를 고르라고 했다(책부터 읽으라고 해서는 안 된다!). ADHD 남편은 그가 어렸을 때 아빠와 낚시를 했던 경험이 있기 때문에(그 자신은 한 번도 아들을 데리고 낚시를 가지 못했다고 하더라도) 낚시에 대한 잡지를 골랐다. 상담자는 토요일 오후가 되기 전에 ADHD 남편에게 4~5권의 잡지를 사고 누구에게도 그가 하려는 바에 대해 말하지 말고 거실에 편안하게 앉아 있으라고 했다. ADHD 남편은 한 시간 동안 잡지를 대강 읽었고 그렇게 함에 따라 다른 가족들은 여유를 가질 수 있었으며 그가 무엇을 하고 있는지 의아해했다(그의 계획이나 행동에 대한 설명을 하지 않도록 주의를 주는 것은 각본의 유희적 측면과 깜짝 놀라게 하는 재미를 주기 위해서다.). 게다가 ADHD 남편에게 그의 아내가 준비를 끝내기 전에 나들이 준비를 천천히 하게 하여 혼자서 너무 빨리 준비하지 않도록 했다. 더 나아가 상담자는 ADHD 남편에게 준비를 끝냈을 때는 침대 한 쪽에 앉아서 그가 평소에 신경질적이고 변덕스러워서 싫어하는 아내의 애완견을 쓰다듬으며 아내가 하는 말을 듣고 있으라고 코칭을 했다.

어떤 ADHD 배우자의 경우는, 특히 남편인 경우는 몇 주간 이러한 변화를 시도하려고 스스로에게 계속해서 다짐을 한다. ADHD 남편은 아내와 아이들이 자신과 함께 있는 것을 좋아하지 않는다는 것을 알고 어떠한 노력이라도 하려는 의지를 갖고 있다. 남편의 행동 변화가 놀랍고 기쁜 아내는 부부회기가 계획되지 않았다고 하더라도 월요일 아침에 상담자에게 전화를 해서 다음과 같이 질문을 한다. “대체 당신이 그에게 어떻게 한 거죠? 토요일 오후에 아이들은 믿을 수 없는 일이 일어났다면서 저에게 달려왔어요. 아이들은 아빠가 의자에 앉아 있기에 무엇을 하느냐고 물었더니 아빠가 그냥 낚시 잡지를 보고 있다고 했대요. 남편이 침대에서 나의 강아지와 앉아 있을 때 나는 내가 꿈을 꾸는 줄 알았어요. 놀라서 나갈 준비도 제대로 못했지요. 심지어는 제가 지갑을 깜빡해서 집으로 다시 돌아가야 할 정도였어요!”

> 남편은 모두를 놀라게 했다는 것에(효과적인 코칭을 위한 중요한 요소임) 스스로 만족했는데, 이렇게 놀라게 했다는 것이 물론 하나의 자극제가 되었다. 놀라움과 긍정적인 피드백을 모든 가족에게서 받은 남편은 만족감을 갖게 된다. 하지만 남편은 그가 개와 함께 침대에 앉아 있었다고 해서 왜 그날 밤 그의 아내가 잠자리에서 그를 기쁘게 하려고 최선을 다했는지를 정말 이해하지 못했다. 몇 달이 지난 후 그는 처음으로 아들을 데리고 근교로 이틀간 낚시여행을 갔다.

코칭이 이렇게 항상 극적인 것은 아니다. 어떠한 경우는 모든 중요한 과제와 필요한 사항을 모두 적기, 활동의 우선순위 매기기, 개인의 시간과 물품 조직화하기, 배우자와 아이들과 함께 활동하고자 하는 욕구 자제하기, 결정하기 전에 아이들에게 무엇을 원하는지 물어보기와 같은 ADHD 성인의 실제적인 문제에 초점을 두기도 한다. 또한 코칭은 직장생활에 대해서도 도움이 될 수 있다. 가정에서 학습한 많은 실제적인 기술은 직장에서도 쉽게 적용할 수 있다. 예를 들어, 기억할 것을 적어두기, 시간관리기술과 조직화 능력 향상, 시간관리와 업무에 컴퓨터를 활용하기 등이다. 종종 ADHD 성인을 실제적으로 돕는 데 다음의 책이 도움이 된다. Nadeau(1997)의 『직장에서의 집중 장애』 그리고 Weiss(1994)의 『성인 주의집중 장애를 위한 활용서』가 그것이다. 두 권의 책 모두 ADHD 성인이 일상생활에서 잘 지내기 위한 다양한 실제적인 제안을 하고 도움이 되는 틀을 제공한다.

ADHD 성인의 개인상담은 치료적 활동이나 코칭, 어느 것에 초점을 가져도 유용하다. 하지만 중요한 것은 상담자가 이러한 개인회기와 균형을 맞추어 부부회기와 가족회기를 병행해야 한다는 점이다. 때때로 상담자는 개인회기를 다른 회기와 함께 동시에 진행할 수도 있고 다른 회기의 대안으로 진행할 수도 있다. 그러나 개인회기는 병행되는 부부회기와 가족회기에서 제기된 주제와 의도적으로 통합해서 이루어져야 한다. 앞에서 말한 사례에서처럼 가족구성원이 ADHD 성인의 상담과정을 지지하는 것은 매우 중요하다. 개인회기와 가족회기가 협동적이지 못하고 서로 강화를 주지 못하면 상담의 효과는 반감될 것이며, 심지어 개인행동 변화가 가족들에 의해서 무의식중에 훼손될 수 있다.

ADHD 성인을 위한 가족상담

ADHD 성인상담의 약 2/3 정도는 부부상담이며, 1/3은 개인상담과 가족회기로 이루어진다. 보통 가족회기는 배우자 간 상호작용이 급격히 달라지는 시점에서 마련하며 자녀도 함께 참여한다. 만약 8세 미만의 어린 자녀들만 있을 경우에는 ADHD 부모 행동과 결혼생활의 긍정적인 변화가 전체 가족역동을 바꾸는 데 충분하기 때문에 가족회기는 따로 필요하지 않다. 그러나 8세 이상의 자녀들은, ADHD가 아닌 배우자가 했던 것처럼 ADHD 부모와 함께 살면서 생긴 상처, 좌절들을 표현하고 받아들이면서 동시에 부모의 변화를 같이 이야기하고 확인하는 것이 좋다. 또 자녀들은 가족회기에서 부모가 공동으로 양육에 참여하는 변화와 향상을 경험하고 인정할 필요가 있다. 이제 자녀들은 전보다 갈등하고 싸우고 과격하게 행동하는 일이 줄어들 것이다. 그러나 한편으로 자녀들은 부모가 집안일을 다룰 때 예전보다 더 단호하면서 엄하고 일관성이 생긴 것을 경험하기도 한다. 이 때 자녀들은 부모에게 반항심을 갖게 되는데 상담자는 가족회기에서 이런 저항을 다루면서 부모가 새로운 역할들을 잘 수행할 수 있도록 북돋우고 힘을 실어 주어야 한다. 왜냐하면 자녀들은 꾸지람을 받는다고 느끼거나 심지어는 새롭게 변한 부모의 변화로 인해 거부당하는 것처럼 느낄 수도 있기 때문이다.

대부분의 자녀들은 이런 변화들에 감사해하며 가족관계가 향상된 것을 보고 안심한다. 그러나 어떤 자녀들은 ADHD가 아닌 부모가 이제는 그들에게 관심을 덜 보이거나 자신의 의견에 그다지 찬성하지 않거나 더 구속하는 것에 걱정하기도 한다. 자녀들이 인식한 이런 변화들은 전형적으로 ADHD 부모에 대한 비난으로 이어진다. 따라서 상담자는 두 부부가 공동으로 양육하는 새로운 상황을 격려해야 하고, 더불어 구조화하는 것이 가족생활에 이득을 가져다 줄 것이라는 점을 자녀가 이해할 수 있도록 도와야 한다. 한편 ADHD 부모는 자녀의 삶에 더욱 깊이 관여하려는 계획과 희망을 자녀에게 전해야 한다.

가족회기 내내 상담자는 부모가 부부관계를 보호하고 풍요롭게 하기 위해 경계를 만들고 사생활을 지키고자 하는 것을 격려해야 한다. 특히, 가족상황에서 자녀들이 이러한 변화에 저항할 때 상담자는 자녀들의 저항을 다루면서 치료적으로는 부모에 대한 지지를 격려하는 자녀들만의 상담을 진행할 수 있다.

세 명의 사춘기 자녀들이 화가 나 있고 저항이 심한 한 형제자매 회기에서 상담자가 비밀을 하나 얘기해 줄 것이 있다고 했다. 상담자는 부모가 거의 이혼할 지경에 이르렀었다고 이야기했다. 그러므로 부모들이 좀 더 여유를 가지고 스트레스를 줄여서 결혼생활을 지속하게 해야 한다고 말했다. 이는 의도적으로 자녀들에게 말한 것이다. 상담자는 그 전에 부모에 대한 자녀들의 저항을 다룬 후, 이러한 이혼위기를 말하였다. 실제로 부모는 부부상담에서 좋은 진전이 있었지만, 실행과정에서는 갈등을 겪고 있었다. 그리고 자녀들에게 이혼 위기에 대해 이야기한 것도 근거가 있었다. 그들이 상담을 받기 몇 달 전에는 이혼을 심각하게 고려하고 있었기 때문이다. 사춘기 자녀들에게는 진심으로 메시지를 전달했으며, 동시에 그들이 관심을 기울이는 것이 시급하다고 덧붙였다. 또한 상담자는 자녀들에게 자신의 행동에 좀 더 책임을 질 것을 요구했다. 이 회기가 끝날 때 자녀들은 ADHD 부모를 향한 분노, 이제까지 가족으로서 안정감을 느끼지 못한 눈물 어린 슬픔과 깊은 감정들을 표출하였다.

위의 개입으로 가족 내에서 아주 빠르게 변화가 일어났다. 물론 이러한 개입은 어린 아동에게는 적절하지 않다. 이 회기 후 자녀들과 함께 하는 후속 회기도 필요하지 않았다. 이후의 가족회기에서 자녀 중 한 명이 상담자에게 한 회기 후에 부모님을 힘들게 하지 않으려고 남동생에게 여러 번 주의를 주었다고 말했다. 그러한 후에 자녀들은 가족 내에서 스스로의 행동과 역동을 변화시키는 데 자신의 책임을 확신하였다. 자녀들이 부모만의 시간을 많이 갖도록 하고 사생활을 보호해 달라는 상담자의 요청을 따라주었을 때, 부모는 함께 하는 특별한 시간들을 찾을 수 있었고, 빠른 속도로 대화와 친밀감을 회복했다.

어떤 가족에게는 아버지, 두 자녀, 심지어 삼촌 또는 조부모까지 포함하여 가족 내에 ADHD 가족구성원이 여러 명 있을 수 있다. 이런 경우 가족치료의 임상적인 목표는 동일하지만, 상호작용의 복잡함은 겹쳐서 나타날 것이다. 그러나 ADHD 아동을 포함하여 사춘기 자녀들과 함께 참여하는 가족 상담 접근은 ADHD 부모와 함께 하는 가족 상담에 필요한 요소다. ADHD 아동 또는 성인에게 ADHD 진단을 내리고 평가하는 상담 과정에서 교육적이고 의학적인 중재를 제공하고, 부모와 더 나은 가족운영과 구조에 관해서 살펴보며, 부부관계를 회복하고 격려하는 데 초점을 두는 것은 효과적이다. 또한 필요에 따라 권리를 옹호하고 조언하며, 가족구성원 모두 가족회기에 참여해서 새로운 의사소통과 역할을 개발하는 것을 격려하는 것도 효과적이다. 이러한 상담접근은 ADHD 아동이 한 명이거나 혹은 가족구성원 중 여러 명이 ADHD로 진단받은 가족에게도 여전히 효과가 있다.

|참고문헌|

Abikoff, H., Ganeles, D., Reiter, G., & Blum, C. (1988). Cognitive training in academically deficient ADHD boys receiving stimulant medication. *Journal of Abnormal Child Psychology, 16,* 411-432.

Achenbach, T. (1991). *Child Behavior Checklist.* Burlington : University of Vermont.

Ackerman, N. W. (1958). *The psychodynamics of family life.* New York : Grune & Stratton.

American Academy of Psychiatrics (1996). *Diagnostic and statistical manual for primary care, child and adolescent version.* Elk Grove, IL : Author.

American Psychiatric Association (1968). *Diagnostic and statistical manual of mental disorder* (2nd ed.). Washington, DC : Author.

American Psychiatric Association (1980). *Diagnostic and statistical manual of mental disorder* (3rd ed.). Washington, DC : Author.

American Psychiatric Association (1987). *Diagnostic and statistical manual of mental disorder* (3rd ed., rev.). Washington, DC : Author.

American Psychiatric Association (1994). *Diagnostic and statistical manual of mental disorder* (4th ed.). Washington, DC : Author.

Anastopoulos, A. (1996). Facilitating parental understanding and management of attention-deficit/hyperactivity disorder. In M. Reinecke, F. Dattilio, & A. Freeman (Eds.), *Cognitive therapy with children and adolescents* (pp. 327-343). New York : Guilford Press.

Anastopoulos, A., Guevremont, D., Shelton, T., & Dupaul, G. (1992). Parenting stress among families of children with attention deficit hyperactivity disorder. *Journal of Abnormal Child Psychology, 20,* 503-520.

Anastopoulos, A., Shelton, T., Dupaul, G., & Guevremont (1993). Parent training for attention deficit hyperactivity disorder : Its impact on parent functioning. *Journal of Abnormal child psychology, 21,* 581-596.

Angold, A., & Costello, E. J. (1993). Depressive comorbidity in children and adolescents : Empirical, theoretical, and methodological issues. *American Journal of Psychiatry, 150,* 1771-1779.

Applegate, B., Lahey, B., Hart, E., Waldman, I., Biederman, J., Hynd, G., Barkley, R. A., Ollendick, T., Frick, P., Greenhill, L., McBurnett, K., Newcorn, J., Kerdyk, L.,

Garfindel, B., & Shaffer, D. (1997). *Journal of the American Academy of Child and Adolescent Psychiatry, 36*, 1211-1221.

Arnold, L., & Jensen, P. (1995). Attention-deficit disorders. In H. Kaplan, & B. Sadock (Eds.), *Comprehensive textbook of psychiatry* (6th ed., Vol. 2, pp. 2295-2310). Baltimore : Willians & Wilkins.

Baker, D., & McCal, K. (1995). Parenting stress in parents of children with attention-deficit hyperactivity disorder and parents of children with learning disabilities. *Journal of Child and Family Studies, 4*, 57-68.

Baldwin, K., Brown, R., & Milan, M. (1995). Predictors of stress in caregivers of attention deficit hyperactivity disordered children. *American Journal of Family Therapy, 23*, 149-160.

Ball, J. D., & Koloian, B. (1995). Sleep patterns among ADHD children. *Clinical Psychology Review, 15*, 681-691.

Banks, S., Guyer, B., & Guyer, K. (1995). A study of medical students and physicians referred for learning disabilities. *Annals of Dyslexia, 45*, 233-245.

Bar-Josef, H., Mester, R., & Rothenberg, M. (1995). Delayed detection of attention deficit disorder : A research study, *International Journal of Adolescent Medicine and Health, 8*, 53-64.

Barkley, R. A. (1997) A review of stimulant drug research with hyperactive children. *Journal of Child Psychology and Psychiatry, 18*, 137-165.

Barkley, R. A. (1990a). *Attention-deficit hyperactivity disorder : A handbook for diagnosis and treatment.* New York : Guilford Press.

Barkley, R. A. (1990b). Comprehensive evaluation for attention deficit disorder with and without hyperactivity as defined by research criteria. *Journal of Consulting and Clinical Psychology, 58*, 775-789.

Barkley, R. A. (1991). *Attention-deficit hyperactivity disorder : A clinical workbook.* New York : Guilford Press.

Barkley, R. A. (1994). Can neuropsychological tests help diagnose ADD/ADHD? *ADHD Report, 1*, 1-3.

Barkley, R. A. (1997). *ADHD and the nature of self-control.* New York : Guilford Press.

Barkley, R. A., & Biederman, J. (1997). Toward a broader definition of the age-of-onset criterion for attention-deficit hyperactivity disorder. *Journal of the American Academy of Child and Adolescent Psychiatry, 36*, 1204-1210.

Barkley, R. A., & Anastopoulos, A. (1992). Adolescents with attention deficit hyperactivity disorder : Mother-adolescent interactions, family beliefs and conflicts, and maternal psychopathology. *Journal of Abnormal Child Psychology, 20*, 263-288.

Barkley, R. A., Fisher, M., Edelbrock, C., & Smallish, L. (1990). The adolescent outcome of hyperactive children diagnosed by research criterion : 1. An 8-year prospective follow-up study. *Journal of the American Academy of Child and Adolescent Psychiatry, 29*, 546-557.

Barkley, R. A., Grodzinsky, G., & DuPaul, G. (1992). Frontal lobe functions in attention deficit disorder with and without hyperactivity : A review and research report. *Journal of Abnormal Child Psychology, 20*, 163-188.

Barkley, R. A., & Murphy, K. (1993). differential diagnosis of adult ADHD : Some controversial issues. *ADHD Report, 1*, 1-3.

Baumgaertel, A., Wolraich, M., & Dietrich, M. (1995). Comparison of diagnostic criteria for attention deficit disorders in a German elementary school sample. *Journal of the American Academy of Child and Adolescent Psychiatry, 34*, 629-638.

Behar, D. (1984). Sugar challenge testing with children considered behaviorally "sugar reactive." *Nutrition and Behavior, 1*, 277-288.

Bell, N., & Vogel, E. (Eds.) (1961). *A modern introduction to the family* (rev. ed.). Glencoe, IL : Free Press.

Bemporad, J., & Zambenedetti, M. (1996). Psychotherapy of adults with attention-deficit disorder. *Journal of Psychotherapy Practice and Research, 5*, 228-237.

Bernard, J. A.(1995). *ADHD and the "freedom of distractibility" factor : Is there a relationship?* Paper presented at the seventh annual meeting of CHADD, Washington, DC.

Berry, R., Shaywitz, E., & Shaywitz, B. (1985). Girls with attention deficit disorder–A silent minority : A report on behavioral and cognitive characteristics. *Pediatrics, 76*, 801-809.

Biederman, J. A., Baldessarivi, R., Wright, V., Knee, D., & Harmatz, J. (1989). A double-blind placebo controlled study of desipramine and the treatment of ADD : 1. Efficacy. *Journal of the American Academy of Child and Adolescent Psychiatry, 28*, 777-784.

Biederman, J. A., Faraone, S., Keenan, K., Knee, D., & Tsuang, M. (1990). Family-genetic and psychosocial risk factors in DSM-III attention deficit disorder. *Journal of the American Academy of Child and Adolescent Psychiatry, 29*, 526-533.

Biederman, J. A., Faraone, S., & Lapey, K. (1992). Comorbidity of diagnosis in attention deficit hyperactivity disorder. In G. Weiss (Ed.), *Child and adolescent psychiatry clinics of North America : Attention deficit hyperactivity disorder* (pp. 335-360). Philadelphia : Saunders.

Biederman, J. A., Faraone, S., Spencer, T., Wilens, T., Norman, D., & Lapey, K. (1993). Patterns of psychiatric comorbidity, cognition, and psychosocial functioning in adults with attention deficit hyperactivity disorder. *American Journal of Psychiatry, 150*, 1792-1798.

Biederman, J. A., Milberger, S., Faraone, S., Kielly, K., Guite, J., Mick, E., Ablon, S., Warburton, R., & Reed, E. (1995a). Family-environment risk factors for attention-deficit hyperactivity disorder : A test of Rutter's indicators of adversity. *Archives of General Psychiatry, 52*, 464-470.

Biederman, J. A., Munir, K., & Knee, D. (1987). Conduct and oppositional disorder in clinically referred children with attention deficit disorder : A controlled family study. *Journal of the American Academy of Child and Adolescent Psychiatry, 26*, 724-727.

Biederman, J. A., Munir, K., Knee, D., & Habelow, W. (1986). A family study of patients with attention deficit disorder and normal controls. *Journal of Psychiatric Research, 20,* 263-274.

Biederman, J. A., Newcorn, J., & Sprich, S. (1991). Comorbidity of attention deficit hyperactivity disorder. *American Journal of Psychiatry, 148,* 564-577.

Biederman, J. A., & Steingard, R. (1989). Attention-deficit hyperactivity disorder in adolescents. *Psychiatric Annals, 19,* 587-596.

Biederman, J. A., Wilens, T., Mick, E., & Milberger, S. (1995b). Psychoactive substance use disorders in adults with attention deficit hyperactivity disorder : Effects of ADHD and psychiatric comorbidity. *American Journal of Psychiatry, 152,* 1652-1658.

Borden, K. Brown, R. T., Wynne, M. E., & Schleser, R. (1987). Piagetian conservation and response to cognitive therapy in attention deficit disordered children. *Journal of Child Psychology and Psychiatry and Allied Disciplines, 28,* 755-764.

Boszormenyi-Nagi, I., & Spark, G. (1973). *Invisible loyalties : Reciprocity in intergenerational family therapy.* New York : Harper & Row (2nd ed., 1984. New York : Brunner/Mazel).

Bowen, M. (1978). *Family therapy in clinical practice.* New York : Aronson.

Brown, R. T., Abramowitz, A., Madan-Swain, A., Eckstrand, D., & Dulcan, M. (1989, August). *ADHD gender differences in a clinical referred sample.* Paper presented at the annual conference of the American Academy of Child and Adolescent Psychiatry, New York, NY.

Brown, R. T., Borden, K., Wynne, M., & Schleser, R. (1986). Methaylphenidate and cognitive therapy with ADD children : A methodological reconsideration. *Journal of Abnormal Psychology, 14,* 481-497.

Brown, R. T., Borden, K., Wynne, M., & Spunt, A. (1988). Patterns of compliance in a treatment program for children with attention deficit disorder. *Journal of Compliance in Health Care, 3,* 23-39.

Brown, T. E. (1995, October). *Complicated ADDs : Assessment and treatment of comorbidities.* Paper presented at the seventh annual meeting of CHADD, Washington, DC.

Brown, T. E., (1996). *Brown Attention Deficit Disorder Scales.* San Antonio, TX : Psychological Corporation.

Butler, S. F., Arredondo, D., & McCloskey, V. (1995). Affective comorbidity in children and adolescents with attention deficit hyperactivity disorder. *Annals of Clinical Psychiatry, 7,* 51-55.

Cantwell, D. (1985). Psychiatric illness in families of hyperactive children. *Archives of General Psychiatry, 27,* 414-417.

Cantwell, D. (1988). Families with attention deficit disordered children and others at risk. *Journal of Chemical Dependency Treatment, 1,* 163-186.

Cantwell, D. (1994). *Therapeutic management of attention deficit disorder* : Participant workbook. New York : SCP Communication.

Cantwell, D. (1996). Attention deficit disorder : A review of the past 10 years. *Journal of the American Academy of Child and Adolescent*

Psychiatry, 35, 978-987.

Cantwell, D., & Baker, L. (1989). Stability and natural history of DSM-III childhood diagnoses. *Journal of the American Academy of Child and Adolescent Psychiatry, 28*, 691-700.

Carlson, C. L., Lahey, B., & Neeper, R. (1986). Direct assessment of the cognitive correlates of attention deficit disorders with and without hyperactivity. *Journals of Psychopathology and Behavioral Assessment, 8*, 69-86.

Carlson, P. L., Manowitz, P., McBride, H., & Nora, R. (1987). Attention deficit disorder and pathological gambling. *Journal of Clinical Psychiatry, 48*, 487-488.

Castellanos, F., Giedd, J., Marsh, W., Marsh, W., Hamburger, S., Baituzis, A., Dickstein, D., Sarfatti, S., Vauss, Y., Snell, J., Lange, N., Kaysen, D., Drain, A., Ritchie, G., Rajapakse, J., & Rapoport, J. (1996). Quantitative brain magnetic resonance imaging in attention-deficit hyperactivity disorder. *Archives of General Psychiatry, 53*, 607-616.

Chelune, G., Ferguson, W., Koon, R., & Dickey, T. (1996). Frontal lobe disinhibition in attention deficit disorder. *Child Psychiatry and Human Development, 16*, 221-234.

Claude, D., & Firestone, P. (1995). The development of ADHD boys : A 12-year follow-up. *Canadian Journal of Behavioural Sciences, 27*, 226-249.

Cocciarella, A., Wood, R., & Low, K. (1995). Brief behavioral treatment for attention-deficit hyperactivity disorder. *Perceptual and Motor Skills, 8*, 225-226.

Comings, E., Comings, B., & Muhleman, M. (1991). The dopamine D-2 receptor locus as a modifying gene in neuro-psychiatric disorders. *Journal of the American Medical Association, 266*, 1793-1800.

Conners, C. K. (1989). *Conners Parent and Teacher Questionnaires*. North Tonawanda, NY : Multi-Health Systems.

Conners, C. K. (1995). *Conners Adult ADHD History Form*. North Tonawanda, NY : Multi-Health Systems.

Cook, J. R., Mausback, T., Burd, L., & Gascon, G. (1993). A preliminary study of the relationship between central auditory processing disorder and attention deficit disorder. *Journal of Psychiatry and Neuroscience, 18*, 130-137.

Copeland, E. D. (1994). *Copeland Symptom Checklist for Adult Attention Deficit Disorder*. Macon, GA : MCCG Institute for Developmental Medicine.

Costantino, G., Colon-Malgady, G., Malgady, R., & Perez, A. (1991). Assessment of attention deficit disorder using a thematic apperception technique. *Journal of Personality Assessment, 57*, 87-95.

Cousins, L., & Weiss, G. (1993). Parent training and social skills training for children with attention-deficit hyperactivity disorder : How can they be combined for greater effectiveness? *Canadian Journal of Psychiatry, 38*, 449-457.

Culbert, T., Banex, G., & Reiff, M. (1994). Children who have attentional disorders : Interventions. *Pediatrics in Review, 15*, 5-15.

Culbertson, J., & Silovsky, J. (1996). Learning

disabilities and attention deficit hyperactivity disorder : Their impact on children's significant others. In F. Kaslow (Ed.), *Handbook of relational diagnosis and dysfunctional family patterns* (pp. 186-210). New York : Wiley.

Davila, R., Williams, M., & MacDonald, J. (1991). *Clarification of policy to address the needs of children with attention deficit disorders within general and/or special education.* Washington, DC : U.S. Department of Education.

Dicks, H. (1967). *Marital tension.* New York : Basic Books.

Dixon, E. B. (1995). Impact of adult ADD on the family. In K. G. Nadeau (Ed.), *A comprehensive guide to attention deficit disorder in adults : Research, diagnosis, and treatment* (pp. 236-259). New York : Brunner/Mazel.

Douglas, V. (1984). The psychological processes implicated in ADD. In L. M. Bloomingdale (Ed.), *Attention deficit disorder : Diagnostic, cognitive and therapeutic understanding* (pp. 78-96). New York : Spectrum.

Edwards, M., Schulz, E., & Long, N. (1995). The role of the family in the assessment of attention deficit hyperactivity disorder. *Clinical Psychology Review, 15,* 375-394.

Erhardt, D., & Baker, B. (1990). The effects of behavioral parent training on families with young hyperactive children. *Journal of Behavioral Therapy and Experimental Psychiatry, 21,* 121-132.

Estrada, A., & Pinsoff, W. (1995). The effectiveness of family therapies for selected behavioral disorders of childhood. *Journal of Marital and Family Therapy, 21,* 403-440.

Everett, C. A., Halperin, S., Volgy, S., & Wissler, A. (1989). *Treating the borderline family : A systemic approach.* New York : Allyn & Bacon.

Everett. C. A., & Volgy, S. (1983). Family assessment in child custody disputes. *Journal of Marital and Family Therapy, 9,* 342-355.

Everett. C., A. & Volgy-Everett, S. (1998). *Short-term therapy with borderline patients and their families.* Iowa City, IA : Geist & Russell.

Eyre, S., Rounsaville, B., & Kleber, H. (1982). History of childhood hyperactivity in a clinical population of opiate addicts. *Journal of Nervous and Mental Disorders, 170,* 522-529.

Faigel, H., Sznajderman, S., Tishby, O., & Turel, M. (1995). Attention deficit disorder during adolescence : A review. *Journal of Adolescent Health, 16,* 174-184.

Faraone, S., Biederman, J., Keenan, K., & Ysuang, M. (1991). A family-genetic study of girls with DSM-III attention deficit disorder. *American Journal of Psychiatry, 148,* 112-117.

Faraone, S., Biederman, J., & Milberger, S. (1995). How reliable are maternal reports of their children's psychopathology? One-year recall of psychiatric diagnoses of ADHD children. *Journal of the American Academy of Child and Adolescent Psychiatry, 34,* 1001-1008.

Fehlings, D. L., Roberts, W., Humphries, T., & Dawe, G. (1991). Attention deficit hyperactivity disorder : Does cognitive behavioral therapy improve home behavior? *Journal of Development and Behavioral Pediatrics, 12,* 223-228.

Framo, J. L. (1992). *Family-of-origin-therapy :*

An intergenerational approach. New York : Brunner/Mazel.

Frick, P. J., Lahey, B., Christ, M., & Loeber, R. (1991). History of childhood behavior problems in biological relatives of boys with attention-deficit hyperactivity disorder and conduct disorder. *Journal of Clinical Child Psychology, 20*, 445-451.

Gabel, S., Schmitz, S., & Fulker, D. (1996). Comorbidity in hyperactive children : Issues related to selection bias, gender, severity, and internalizing symptoms. *Child Psychiatry and Human Development, 27*, 15-28.

Gadow, K., & Sprafkin, J. (1994). *Child Symptom Inventories.* Stony Brook, NY : Checkmate Plus.

Gadow, K., & Sprafkin, J. (1996, April). *Assessing comorbidities in children with ADHD.* Paper presented at the annual meeting of the National Association of School Psychologists, Atlanta, GA.

Gascon, G. G., Johnson, R., & Burd, L. (1986). Central auditory processing and attention deficit disorders. *Journal of child Neurology, 1*, 27-33.

Gilles, J., Gilger, J., Pennington, B., & DeFries, J. (1992). Attention deficit disorder in reading-disabled twins : Evidence for a genetic etiology. *Journal of Abnormal Child Psychology, 20*, 303-315.

Gittelman, R, Mannuzza, S., Shenker, R., & Bonagura, N. (1985). Hyperactivity boys almost grown-up: 1. Psychiatric status. *Archives of General Psychiatry, 42*, 937-947.

Goodman, R., & Stevenson, J. (1989). A twin study of hyperactivity : 2. The aetiological role of genes, family relationships, and perinatal adversity. *Journal of Child Psychology and Psychiatry, 30*, 691-709.

Gordon, M. (1986). How is a computerized attention test used in diagnosis of attention deficit disorder? *Journal of Children in Contemporary Society, 19*, 53-64.

Gordon, M., & Metelman, B. (1988). The assessment of attention : 1. Standardization and reliability of a behavior-based measure. *Journal of Clinical Psychology, 44*, 682-690.

Greenberg, L., & Waldman, I. (1993). Developmental normative data on the test of variables of attention (T.O.V.A.). *Journal of Child Psychology and Psychiatry and Allied Disciplines, 34*, 1019-1030.

Halikas, J., Meller, J., Morce, C., & Lyttle, M. (1990). Predicting substance abuse in juvenile offenders : Attention deficit disorder versus aggressivity. *Child Psychology and Human Development, 21*, 49-55.

Hallowell, E. M., & Ratey, J. J. (1994). *Driven to distraction.* New York : Pantheon Books.

Halperin, J., Wolf, L., Pascualvaca, D., & Newcorn, J. (1988). Differential assessment of attention and impulsivity in children. *Journal of the American Academy of Child and Adolescent Psychiatry, 27*, 326-329.

Hartmann, T. (1993). *Attention deficit disorder : A different perception.* Novato, CA : Underwood-Miller Press.

Hartsough, C., & Lambert, N. (1982). Some environment and familial correlates and antecedents of hyperactivity. *American*

Journal of Orthopsychiatry, 52, 272-287.

Harvey, J. R., & Chernouskas, C. (1995, October). *Diagnosis and description of attention deficit/hyperactivity disorder with the Woodcock Johnson Psychoeducational Battery-Revised.* Paper presented at the seventh annual meeting of CHADD, Washington, DC.

Heath, C., & Kush, J. (1991). Use of discrepancy formulas in the assessment of learning disability. In J. E. Obrzut, & G. W. Hund (Eds.), *Neuropsychological foundation of learning disabilities* (pp. 287-307). San Diego : Academic Press.

Hechtman, L. (1996). Families of children with attention deficit hyperactivity disorder : A review. *Canadian Journal of Psychiatry, 41*, 350-360.

Henry, G. (1987). Symbolic modeling and parent behavioral training : Effects on noncampliance of hyperactivity children. *Journal of Behavior Therapy and Experimental Psychiatry, 18*, 105-113.

Hinshaw, S., Buhrmester, D., & Heller, T. (1989). Anger control in response to verbal provocation : Effects of stimulant medication for boys with ADHD. *Journal of Abnormal Child Psychology, 17*, 393-407.

Holdnack, J. A., Moberg, P., Arnold, S., & Gur, R. (1994). MMPI characteristics in adults diagnosed with ADD : A preliminary report. *International Journal of Neuroscience, 79*, 47-58.

Holdnack, J. A., Moberg, P., Arnold, S., Gur, R., & Gur, R. (1995). Speed of processing and verbal learning deficits in adults diagnosed with attention deficit disorder. *Neuropsychiatry, Neuropsychology and Behavioral Neurology, 8*, 282-292.

Hopkins, J., Perlman, T., Hechtman, L., & Weiss, G. (1979). Cognitive styles in adults originally diagnosed as hyperactives. *Journal of Child Psychology and Psychiatry, 20*, 209-216.

Hoza, B., & Pelham, W. (1995). Social-cognitive predictors of treatment response in children with ADHD. *Journal of Social and Clinical Psychology, 14*, 23-35.

Huessy, H. R. (1990). *The pharmacotherary of personality disorder in woman.* A paper presented to the annual meeting of American Psychiatric Association, New York, NY.

Huessy, H., & Howell, D. (1985). Relationship between adult alcoholism and childhood behavior disorders. *Psychiatric Journal of the University of Ottawa, 10*, 114-119.

Hynd, G., Semund-Clikeman, M, Lorys, A., Novey, E., & Eliopulos, D. (1990). Brain morphology in development dyslexia and attention deficit disorder hyperactivity. *Archives of Neurology, 47*, 919-926.

Interagency Committee on Learning Disabilities (1987). *Learning disabilities : A report to the U. S. Congress.* Washington, DC : U. S. Government Printing Office.

Jaffe, S. L. (1991). Intranasal abuse of prescribed methylphenidate by an alcohol and drug abusing adolescent with ADHD. *Journal of the American Academy of Child and Adolescent Psychiatry, 30*, 505-523.

Jensen, J., Burke, N., & Garfinkel, B. (1988). Depression and symptions of attention deficit disorder with hyperactivity. *Journal of the American Academy of Child and Adolescent Psychiatry, 27,* 742-747.

Jerome, L. (1995). Comorbidity of central auditory processing disorder and attention-deficit hyperactivity disorder: Comment. *Journal of the American Academy of Child and Adolescent Psychiatry, 34,* 126-127.

Johnson, C. (1996). Parent characteristics and parent-child interactions in families of non-problem children and ADHD children with higher and lower levels of oppositional-defiant behavior. *Journal of Abnormal Child Psychology, 24,* 85-104.

Johnson, C., & Behrenz, K. (1993). Childrearing discussions in families of nonproblem children and ADHD children with higher and lower levels of aggressive-defiant behaviors. *Canadian Journal of School Psychology, 9,* 53-65.

Kaufman, A. (1980). Issues in psychological assessment : Interpreting the WISC-R intelligently. In B. Lahey, & A. Kawdin (Eds.), *Advances in clinical child psychology* (Vol. 3, pp. 177-214). New York : Plenum Press.

Kelly, K. (1995). Adult ADD support groups. In K. G. Nadeau (Ed.), *A comprehensive guide to attention deficit disorder in adults : Research, diagnosis, and treatment* (pp. 352-374). New York : Brunner/Mazel.

Klee, S. H. (1996). The clinical psychological evaluation of attention deficit disorder. *Psychiatric Annals, 16,* 43-46.

Klorman, R, Brumaghim, J., Fitzpatrick, P., & Borgstedt, A. (1991) Methylphenidate speeds evaluation processes of attention deficit disorder adolescents during continuous performance test. *Journal of Abnormal Child Psychology, 19,* 263-283.

Kramer, J. (1986). What are hyperactive children like as oung adults? *Journal of Children in a Contemporary Society, 19,* 89-98.

Kuehne, C., Kehle, T., & McMahon, W. (1987). Differences between children with attention deficit disorder, children with specific learning disabilities, and normal childrens. *Journal of School Psychology, 25,* 161-166.

Lahey, B., Schaughency, E., Hynd, G., Carlson, C., & Nleves, N. (1987) Attention deficit disorder with and without hyperactivity : Comparison of behavioral chracteristics of clinic-referred children. *Journal of the Academy of Child and Adolescent Psychiatry, 26,* 718-723.

Latham, P. S., & Latham, P. H. (1995). Legal rights of the ADD adult. In K. G. Nadeau (Ed.), *A comprehensive guide to attention deficit disorder in adults : Research, diagnosis, and treatment* (pp. 337-351). New York : Brunner/Mazel.

Levine, M. (1985). *The ANSER system.* Cambridge, MA : Educators Publishing Service.

Linden, M., Habib, T., & Radojevic, V. (1996). A controlled study of the effects of EEG biofeedback on cognition and behavior of children with attention deficit disorder and learning disabilities. *Biofeedback and Self-Regulation, 21,* 35-49.

Loeber, R., Green, S., & Keenan, K. (1995).

Which boys will fare worse? Early predictors of onset of conduct disorder and hyperactivity. *Journal of the American Academy of Child and Adolescent Psychiatry, 34*, 499-509.

Lomas, B. (1995). Diagnosing attention deficit hyperactivity disorder in adults. *American Journal of Psychiatry, 152*, 961-962.

Lubar, J., Bianchine, K., Calhoun, H., Lambert, E., Brody, Z., & Nielsen, J. (1985). Special anaysis of EEG differences between children with and without learning disabilities. *Journal of Learning Disabilities, 18*, 403-408.

Mannuzza, S, Klein, R., Bonagura, N., Malloy, P., Giampino, T., & Addalli, K. (1991). Hyperactivity boys almost grown up : V. Replication of psychiatric status. *Archives of General Psychiatry, 48*, 77-83.

Mannuzza, S., Klein, R., Bessler, A., Malloy, P., & Hynes, M. (1997). Educational and occupational outcome of hyperactivity boys grown up. *Journal of the American Academy of Child and Adolescent Psychiatry, 36*, 1222-1227.

Mannuzza, S., Klein, R., Bessler, A., Malloy, P., & LaPadula, M. (1993). Adult outcome of hyperactivity boys : Educational achievement, occupational rank, and psychiatric status. *Archives of General psychiatry, 50*, 575-576.

Marshall, V., Longwell, L., Goldstein, M., & Swanson, J. (1990). Family factors associated with aggressive symptomatology in boys with deficit hyperactivity disorder : A research note. *Journal of Child Psychology and Psychiatry, 31*, 629-636.

McBrunett, K. (1995). The new subtype of ADHD : Predominantly hyperactive-impulsive. *Attention, 1*, 10-15.

McCarney, S. (1995). *Attention Deficit Disorders Evaluation Scale*. Columbia, MO : Hawthorne Educational Services.

McGee, R, Stanton, W., & Sears, M, (1993) Allergic disorders and attention deficit disorder in children. *Journal of Abnormal Child Psychology, 21*, 79-88.

McGee, R, Williamson, S., & Feehan, M. (1992) Attention deficit disorder and age of onset of problem behaviors. *Journal of Abnormal Child Psychology, 20*, 487-502.

Miller, K. J. (1994, October). *Medication for attention deficit disorder : A guide for parent and educators*. Paper presented at the sixth annual meeting of CHADD, New York, NY.

Minuchin, S. (1974). *Families and family therapy*. Cambridge, MA : Harvard University Press.

Moffitt, T., & Silva, P. (1988). Self-reported delinquency, neuropsychological deficit, and history of attention deficit disorder. *Journal of Abnormal Child Psychology, 16*, 553-569.

Molt, L. F. (1996). An examination of various aspects of auditory processing in clutters. *Journal of Fluency Disorders, 21*, 215-225.

Morgan, H., Hynd, G., Ricco, C., & Hall, J. (1996). Validity of DSM-IV ADHD predominantly inattentive and combined types : Relationship to previous DSM diagnoses/subtype differences. *Journal of the American Academy of Child and Adolescent Psychiatry, 35*, 325-333.

Morrison, J., & Stewart, M. (1971). Family study of the hyperactive child syndrome.

Biological Psychiatry, 3, 189-195.

Morrison, J., & Stewart, M. (1973). Evidence of polygenic inheritance in the hyperactive child syndrome. *American Journal of Psychiatry, 130*, 791-792.

Munir, K, Biederman, J., & Knee, D. (1987). Psychiatric comorbidity in patients with attention deficit disorder : A controlled study. *Journal of American Academy of Child and Adolescent Psychiatry, 26*, 844-848.

Murphy, K. R. (1995). *Out of fog : Treatment options and coping strategies for adult attention-deficit disorder.* New York : Hyperion.

Nadeau, K. G. (1995a). ADD in the workplace : Career consultation and counseling. In K. G. Nadeau (Ed.), *A comprehensive guide to attention deficit disorder in adults : Research, diagnosis, and treatment* (pp. 308-334). New York : Brunner/Mazel.

Nadeau, K. G. (1995b). *Adult ADHD Questionnaire.* Annandale, VA : Chesapeake Psychological Publishers.

Nadeau, K. G. (1997). *ADD in the workplace : Choices, changes, and challenges.* New York : Brunner/Mazel.

Nichols, W. C., & Everett, C. A. (1987). *Systemic family therapy : An integrative approach.* New York : Guilford Press.

O'Brien, J., Halperin, J., Newcorn, J., & Sharma, V. (1992). Psychometric differentiation of conduct disorder and attention deficit disorder with hyperactivity. *Journal of Development and Behavioral Pediatrics, 13*, 274-277.

O'Brien, J., Phillips, W., & Stein, M. (1994). *Gender differences in attention deficit hyperactivity disorder and attention deficit disorder-undifferentiated.* Paper presented at the fifth annual meeting of CHADD, San Diego, CA.

Pantle, M., Ebner, D., & Hynan, L. (1994). The Rorschach and the assessment of impulsivity. *Journal of Clinical Psychology, 50*, 633-638.

Paternite, C., Loney, J., & Roberts, M. A. (1995). External validation of oppositional disorder and attention deficit disorder with hyperactivity. *Journal of Abnormal Child Psychology, 23*, 453-471.

Payne, N. (1994, October). *Romancing the inattentive : Assessing the ADHD symptomatic behaviors in the intimate relationships of diagnosed adults.* Poster presented at the fifth annual meeting of CHADD, New York, NY.

Pelham, W., Swanson, J., Furman, M., & Schwindt, H. (1995). Pemoline effect on children with ADHD : A time-response by dose-response analysis on classroom measures. *Journal of the American Academy of Child and Adolescent Psychiatry, 34*, 1504-1513.

Phillips, W., Gutermuth, L., O'Brien, J., Szumowski, B., & Stein, M. (1993). *Gender differences in attention deficit hyperactivity disorder : Cognitive and behavioral characteristics.* Paper presented at the annual meeting of the American Psychological Society, Chicago, IL.

Pisterman, S., Firestone, P., McGrath, P., Goodman, J., Webster, I., Mallory, R., & Goffin, B. (1992). The role of parent training in treatment of preschoolers with ADHD. *American Journal of Orthopsychiatry, 62*, 397-408.

Pisterman, S., McGrath, P., Firestone, P., & Goodman, J. (1989). Outcome of parent-mediated treatment of preschoolers with attention deficit disorder with hyperactivity. *Journal of Consulting and Clinical Psychology, 57*, 636-643.

Popper, C. W. (1989). Diagnosing bipolar vs. ADHD. *Newsletter of the American Academy of Child and Adolescent Psychiatry,* Summer, 5-6.

Prescott, D. (1993). The relative validity of a computer attention test and teacher rating scales to predict attention deficit disorder and other diagnostic categories. *Dissertation Abstracts International, 53*, 3789.

Quinn, P. (1997). *Attention deficit disorder : Diagnosis and treatment from infancy and to adulthood.* New York : Brunner/Mazel.

Reiff, M., Banez, G., & Culbert, T. (1993) Children who have attentional disorders : Diagnosis and evaluation. *Pediatric Review, 12*, 455-465.

Robin, A. L. (1998). *ADHD in adolescents : Diagnosis and treatment.* New York : Guilford Press.

Robin, A. L., Bedway, M., Tzelepis, A., & Gilroy, M. (1995, October). *Impact of multiple ADHD on the family : A descriptive study.* Poster Presented at the seventh annual meeting of CHADD, Washington, DC.

Roth, N., Beyreiss, J., Schlenzka, K., & Beyer, H. (1991). Coincidence of attention deficit disorder and atopic disorders in children : Empirical findings and hypothetical background. *Journal of Abnormal Child Psychology, 19*, 1-13.

Routh, D. K. (1983). Attention deficit disorder : Its relationship with activity, aggression, and achievement. *Advances in Developmental and Behavioral Pediatrics, 4*, 125-163.

Satterfield, J., Swanson, J., Schell, A., & Lee, F. (1994). Prediction of antisocial behavior in attention-deficit hyperactivity disorder boys from aggression/defiant scores. *Journal of the American Academy of Child and Adolescent Psychiatry, 33*, 185-190.

Sattler, J. (1988). *Assessment of children* (3rd ed.). San Diego : J. M. Sattler.

Schubiner, H., & Tzelepis, A. (1996, May). *Treating the substance abusing adult with ADD.* Paper presented at the second annual meeting if the National Attention Deficit Disorder Association Adult ADD Conference, Pittsburgh, PA.

Schubiner, H., Tzelepis, A., Isaacson, J., Warbasse, L., Zachorek, M., & Musial, J. (1995). The dual diagnosis of attention-deficit/hyperactivity disorder and substance abuse : Case reports and literature review. *Journal of Clinical Psychiatry, 56*, 146-150.

Seidel, W., & Joschko, M. (1990). Evidence of difficulties in sustained attention in children with ADHD. *Journal of Abnormal Child Psychology, 18*, 217-229.

Seidel, W., & Joschko, M. (1991). Assessment of attention in children. *Clinical Neuropsychologist, 5*, 53-66.

Seidman, L., Biederman, J., Faraone, S., Milberger, S., Norman, D., Ceiberd, K., Benedict, K., Guite, J., Mick, E., & Kiely, K.

(1995). Effects of family history and comorbidity on the neuropsychological performance of children with ADHD : Preliminary findings. *Journal of the American Academy of Child and Adolescent Psychiatry, 34,* 1015-1024.

Shaywitz, S., & Shaywitz, B. (1988). Attention deficit disorder : Current perspectives. In J. Kavanaugh, & T. Truss (Eds.), *Learning disabilities : Proceedings* (pp. 369-523). Parkton, MD : York Press.

Shekim, W., Asarnow, R., Hess, E., Aaucha, K., & Wheeler, N. (1990). A clinical and demographic profile of a sample of adults with attention deficit hyperactivity disorder, residual state. *Comprehensive Psychiatry, 31,* 416-425.

Simeon, J., Ferguson, H., & Van Wyck Fleet, J. (1986). Bupropion effects in attention deficit and conduct disorders. *Canadian Journal of Psychiatry, 31,* 581-585.

Soltys, S., Kashani, J., Dandoy, A., & Vaidya, A. (1992). Comorbidity for disruptive behavior disorders in psychiatrically hospitalized children. *Child Psychiatry and Human Development, 23,* 87-89.

Spencer, T., Biederman, J., Wilens, T., Faraone, S., & Li, T. (1994). Is attention deficit hyperactivity disorder in adults a valid diagnosis? *Harvard Review of Psychiatry, 1,* 326-335.

Stierlin, H. (1973). A family perspective on adolescent runaways. *Archives of General Psychiatry, 12,* 56-62.

Stierlin, H. (1974). *Separating parents and adolescents : A perspective on running away, schizophrenia, and waywardness.* New York : Quadrangle.

Strober, M. (1996). Childhood onset of bipolar disorder : Identification and treatment. *Psychiatric Times Bipolar Disorder Letter, 2,* 1-3.

Summers, J., & Caplan, P. (1987). Laypeople's attitudes toward drug treatment for behavioral control depend on which disorder and which drug. *Clinical Pediatrics, 26,* 258-262.

Triolo, S. J. (1995). *Attention-Deficit Scales for Adults.* New York : Brunner/Mazel.

Tzelepis, A. (1997, February). *Diagnosing ADHD in adults.* Paper presented to the third annual meeting of the National Attention Deficit Disorder Association, St. Louis, MO.

Tzelepis, A., & Schubiner, H. (1995, October). *Psychiatric comorbidity and psychosocial functioning in adults with attention deficit hyperactivity disorder.* Paper presented at the sixth annual meeting of CHADD, New York, NY.

Tzelepis, A., Schubiner, H., & Warbasse, L. (1994). Differential diagnosis and psychiatric co-morbidity patterns in adult attention deficit disorder. In K. G. Nadeau (Ed.), *A comprehensive guide to attention deficit disorders in adults* (pp. 280-309). New York : Burner/Mazel.

Ullmann, R. K. (1985). ACTeRS useful in screening learning disabled from attention deficit disordered (ADD-H) children. *Psychopharmacology Bulletin, 21,* 547-551.

Ullmann, R. K., Sleator, E., & Sprague, R. (1984). A new rating scale for diagnosis and monitoring of ADD children. *Psychopharmacology*

Bulletin, 20, 160-164.

Ullmann, R. K., Sleator, E., & Sprague, R. (1990). *ADD Comprehensive Teacher Rating Scale.* Champaign, IL : Metritech.

Vandermay, S., & Robin, A. L. (1994). *Adolescent self-report of ADHD symptoms.* Poster presented at the fifth annual meeting of CHADD, New York, NY.

van der Vlugt, H., Pijinenburg, H., Wels, P., & Koning, A. (1995). Cognitive behavior modification of ADHD : A family system approach. In H. van Bilsen, P. Kendall, & J. Slavenburg (Eds.), *Behavioral approaches for children and adolescents : Challenges for the next century* (pp. 65-75). New York : Plenum Press.

Walker, J., Lahey, B., Hynd, G., & Frame, C. (1987). Comparison of specific patterns of antisocial behavior in children with conduct disorder with or without coexisting hyperactivity. *Journal of Consulting and Clinical Psychology, 55,* 910-913.

Warneke, L. (1990). Psychostimulants in psychiatry. *Canadian Journal of psychiatry, 35,* 3-10.

Weiss, G., Hechtman, L., Milroy, T., & Perlman, T. (1985). Psychiatric status of hyperactives as adults : A controlled prospective 15-year follow-up of 63 hyperactive children. *Journal of the American Academy of Child Psychiatry, 23,* 211-220.

Weiss, L. (1994). *The attention deficit disorder in adults workbook.* Dallas, TX : Taylor.

Wender, E. (1985). The Utah criteria in diagnosing attention deficit disorder. *Psychopharmacology Bulletin, 21,* 222-231.

Wender, E. (1995). Attention-deficit hyperactivity disorders in adolescence. *Journal of Developmental and Behavioral Pediatrics, 16,* 192-195.

Wender, P. H. (1995). *Attention-deficit hyperactivity disorders in adults.* New York : Oxford University Press.

Wender, P. H., & Reimherr, F. (1990). Bupropion treatment of attention deficit hyperactivity disorder in adults. *American Journal of psychiatry, 147,* 1018-1020.

Wender, P. H., Reimherr, F., Wood, D., & Ward, M. (1985). A controlled study of methylphenidate in the treatment of attention deficit disorder, residual type, in adults. *American Journal of Psychiatry, 142,* 547-552.

Wilens, T. E. (1998). *Straight talk about psychiatric medications for kids.* New York : Guilford Press.

Wilens, T. E., & Biederman, J. (1992). The stimulants. In D. Shafer (Ed.), *The psychiatric clinics of North America* (pp. 191-222). Philadelphia : Saunders.

Wilens, T. E., Biederman, J., Spencer, T., & Frances, R. (1994). Comorbidity of attention deficit hyperactivity disorder and the psychoactive substance use disorders. *Hospital and Community Psychiatry, 45,* 421-435.

Wilens, T. E., Biederman, J., Spencer, T., & Prince, J. (1995a). Pharmacotherapy of adult attention deficit/hyperactivity disorder : A review. *Journal of Clinical Psychopharmacology, 15,* 270-279.

Wilens, T. E., & Lineham, C. (1995). ADD and substance abuse : An intoxicating combination. *Attention, 3,* 24-31.

Wilens, T. E., Prince, J., Biederman, J., & Spencer, T. (1995b). Attention-deficit hyperactivity disorder and comorbid substance use disorders in adults. *Psychiatric Services, 46*, 761-763.

Wolraich, M., Hannah, J., Pinnock, T., Baumgartel, A., & Brown, J. (1996). Comparison of diagnostic criteria for attention-deficit hyperactivity disorder in a country-wide sample. *Journal of the American Academy of Child and Adolescent Psychiatry, 35*, 319-324.

Wood, D., Wender, P., & Reimherr, F. (1983). The prevalence of attention deficit disorder, residual type, or minimal brain dysfunction, in a population of male alcoholic patients. *American Journal of Psychiatry, 140*, 95-98.

Zagar, R., Arbit, J., Hughes, J., & Brusell, R. (1989). Developmental and disruptive behavior disorders among delinquents. *Journal of the American Academy of Child and Adolescent Psychiatry, 28*, 437-440.

Zametkin, A., Liebenauer, L., Fitzgerald, G., & King, A. (1993). Brain metabolism in teenagers with attention-deficit hyperactivity disorder. *Archives of General Psychiatry, 50*, 333-340.

Zametkin, A., Gross, M., King, A., Semple, W., Rumsey, J., Hamburger, S., & Cohen, R. (1990). Cerebral glucose metabolism in adults with hyperactivity childhood onset. *New England Journal of Medicine, 323*, 1361-1366.

Zametkin, A., & Papoport, J. (1987). Neurobiology of attention deficit disorder with hyperactivity : Where have we come in 50 years? *Journal of the American Academy of Child and Adolescent Psychiatry, 26*, 676-686.

Zarski, J., Cook, R., West, J., & O'Keefe, S. (1987). Attention deficit disorder : Identification and assessment issues. *American Mental Health Counselors Association Journal, 9*, 3-13.

|찾아보기|

인 명

내 용

저자 소개

Craig A. Everett, Ph. D.

미국 결혼가족상담협회 회장을 역임하였다. 현재 Arizona 가족상담센터의 원장으로 Arizona Tucson에서 상담소를 운영하고 있고, '*The Journal of Divorce and Remarriage*'의 편집장으로 14권의 책을 저술했다. 가장 잘 알려진 책으로는 『건강한 이혼(Healthy Divorce)』과 『경계선 성격장애 단기 가족상담(Short-Term Family Therapy for Borderline Patient)』이 있다. 부인 Sandra Volgy Everett과 함께 저술활동을 하고 있다.

Sandra Volgy Everett, Ph. D.

Arizona 가족상담센터 임상교육 소장(director)으로 Arizona Tucson에서 상담소를 운영하고 있다. 또한 Craig A. Everett과 함께 많은 책을 집필하였으며 가족상담과 이혼가정의 아동 상담에 관한 많은 논문을 저술하였다.

역자 소개

김동일(snuprofessor@hanmail.net)

현재 서울대학교 사범대학 교육학과 교수로 재직하고 있다. 서울대학교 교육학과를 졸업하고 교육인적자원부 국비유학생으로 선발되어 미네소타대학 교육심리학과에서 석사, 박사학위를 취득한 후, Developmental Studies Center 선임연구원, 한국청소년상담원 상담교수, 경인교육대학교 교수를 역임하였다. 『학습부진영재아동』『특수아동상담』『학습장애아동의 이해와 교육』을 비롯하여 30여 권의 (공)저서가 있으며, 100여 편의 학술논문과 20여 편의 상담사례 논문을 발표하였다.

ADHD 가족치료

2006년 1월 10일 1판 1쇄 발행
2009년 3월 20일 1판 4쇄 발행

지은이 • Craig A. Everett / Sandra Volgy Everett
옮긴이 • 김 동 일

펴낸이 • 김 진 환
펴낸곳 • **학지사**

121-837 서울시 마포구 서교동 352-29 마인드월드빌딩 5층
전 화 • 330-5114(대) / 팩스 324-2345
등 록 • 1992년 2월 19일 제2-1329호
http://www.hakjisa.co.kr

ISBN 978-89-5891-146-3 93180

정가 16,000원